品牌蓝皮书

ZHONGGUO XIANGCUN ZHENXING PINPAI BAOGAO

中国乡村振兴品牌报告

（2022）

主 编：周志懿 姜卫红

新华出版社

图书在版编目（CIP）数据

中国乡村振兴品牌报告 . 2022 / 周志懿，姜卫红主编 .
—北京：新华出版社，2023.3
（品牌蓝皮书）
ISBN 978-7-5166-6767-5

Ⅰ . ①中… Ⅱ . ①周…②姜… Ⅲ . ①农村—社会主义建设—品牌战略—研究报告—中国—2022 Ⅳ . ① F320.3

中国国家版本馆 CIP 数据核字（2023）第 046479 号

中国乡村振兴品牌报告 . 2022

主　　编：	周志懿　姜卫红		
责任编辑：蒋小云		封面设计：华兴嘉誉	

出版发行：	新华出版社		
地　　址：	北京石景山区京原路 8 号	邮　　编：	100040
网　　址：	http://www.xinhuapub.com		
经　　销：	新华书店、新华出版社天猫旗舰店、京东旗舰店及各大网店		
购书热线：010-63077122		中国新闻书店购书热线：010-63072012	
照　　排：	华兴嘉誉		
印　　刷：	北京明恒达印务有限公司		

成品尺寸：170mm × 240mm			
印　　张：22.25		字　　数：342 千字	
版　　次：2023 年 4 月第一版		印　　次：2023 年 4 月第一次印刷	
书　　号：	ISBN 978-7-5166-6767-5		
定　　价：	52.00 元		

版权专有，侵权必究。如有质量问题，请与出版社联系调换：010-63077124

编委会

主　任：
税　立　《中国名牌》杂志社社长
潘海平　新华社总经理室副总经理，民族品牌工程办公室负责人

副主任：
荣　彦　《中国名牌》杂志社编委会副主任
任海军　《中国名牌》杂志社编委会副主任

编委会成员：（按姓氏笔画顺序）
关锐捷　原农业部巡视员、研究员
刘晓山　国家乡村振兴局开发指导司原副司长
沈建明　浙江省政府原副秘书长、研究室原主任、党组书记
闫彦明　上海社会科学院经济研究所原研究员、本书副主编
沈桂龙　上海社会科学院世界中国学研究所所长，研究员、博士生导师
张兆安　全国人大代表、上海社会科学院原副院长，研究员、博士生导师
罗子明　北京工商大学艺术与传媒学院原院长、教授，品牌传播研究中心主任
周志懿　《中国名牌》杂志社总编辑，硕士生导师，华东师范大学国家品牌战略研究中心研究员
杨曦沦　中国农业大学MBA客座教授、北京国信品牌研究院院长
姜卫红　上海社会科学院学者、上海品牌发展研究中心执行主任
赵胄豪　品牌中国战略规划院副院长，中国社会科学院研究生院MBA教育中心教授、硕士生导师
娄向鹏　中国人民大学品牌农业课题组组长、福来咨询创始人
魏玉栋　美丽乡村建设评价国家标准专家审查组组长，原农业部美丽乡村创建办公室主任

撰稿组成员：（按章节顺序）

姜卫红　周志懿　邓　壮　孙小雁

陆　超　闫彦明　徐思源　周　莹

梁文懿　江婷婷　蔡炳贞　汪　军

倪海郡　金　一　关锐捷　杨　虹

序言一 / FOREWORD

绘就乡村振兴品牌建设的新篇章

刘振华

推进乡村振兴品牌建设是社会主义现代化强国高质量发展的重要命题，是乡村振兴落实高质量发展这一首要任务，实现农业强、农村美、农民富的重要抓手与路径选择。

自改革开放以来，我国经历了从温饱不足到总体小康、从脱贫攻坚到乡村振兴的历史性伟大转变。面对未来，习近平总书记强调："全面推进乡村振兴是新时代建设农业强国的重要任务，人力投入、物力配置、财力保障都要转移到乡村振兴上来。"他又着重指出，"产业振兴是乡村振兴的重中之重，要落实产业帮扶政策，做好'土特产'文章，依托农业农村特色资源，向开发农业多种功能、挖掘乡村多元价值要效益，向一二三产业融合发展要效益，强龙头、补链条、兴业态、树品牌，推动乡村产业全链条升级，增强市场竞争力和可持续发展能力"。2018年中央一号文件，即《中共中央、国务院关于实施乡村振兴战略的意见》印发以来，历年中央一号文件均将品牌建设作为必不可少的工作内容之一，持续推进。中共中央、国务院印发的《国家乡村振兴战略规划（2018—2022年）》，还有第十三届全国人民代表大会常务委员会第二十八次会议通过的《中华人民共和国乡村振兴促进法》等，均以一定篇幅，对农业品牌建设明确了具体目标任务，充分发挥品牌在乡村振兴中的标杆引领作用，为农业高质量发展奠定了坚实基础。

乡村振兴品牌建设当然不仅包括产业品牌振兴，还包括文化品牌振兴、人才品牌振兴、生态品牌振兴和组织品牌振兴，体系宏富。从实践来看，亦是如此。例如，中共中央办公厅、国务院办公厅印发的《关于加快推进乡村人才振兴的意见》明确要求培育乡村工匠、培育一批叫得响的劳务品牌等。为此，人社部、国家发改委等20部门印发《关于劳务品牌建设的指导意见》，对"十四五"期间劳务品牌建设提出三方面具体目标：一是建立健全劳务品牌建设的促进机制和支持体系；二是在全国各省市县分层打造本地叫得响的品牌的基础上，推出一批地域鲜明、行业领先、技能突出的领军劳务品牌；三是树立劳务品牌良好社会形象。

乡村振兴品牌建设事关我国深层次破解"三农"问题，建立现代产业体系，体现绿色发展方式，驱动农业强国建设，有效满足人民美好生活的至关重要的方法论，是践行绿水青山就是金山银山理念的生动写照。通过乡村振兴品牌建设，能高效配置各类要素资源，实现聚焦发展和高附加值化发展，能持续高层级提高乡村振兴中的科技创新能力、文化创意能力、知识产权保护能力和质量基础设施建设能力、市场网络营销能力等，推动乡村"人口红利"向"人才红利"转变，进而在很长一段时期，形成"人口红利"与"人才红利"并存的良好格局，多方位显示我国宜居宜业和美乡村强劲的发展动力。

乡村振兴品牌建设极大地延展了我国品牌建设的范畴，极大地增强并丰富了我国品牌建设的内涵，在我国品牌建设中具有举足轻重的地位。《中国乡村振兴品牌报告（2022）》对乡村振兴品牌的科学体系进行了初步架构，填补了我国品牌研究领域在这方面的空白，对我国自实施乡村振兴战略以来促进乡村振兴品牌建设的法治、政策以及不同实践等进行了相对系统的阐述，对我们充分认知并把握乡村振兴品牌建设客观规律，进而对全面把握未来统筹部署、协同推进、抓住重点、落到实处，推进乡村振兴品牌建设具有重要的促进作用。

衷心希望《中国名牌》与国内外权威的专业机构与专家和衷共济，持续深化研究，把论文写在祖国广阔的大地上，为我国乡村振兴品牌建设作出更多的前沿探索。

是为序！

刘振华

2023年3月15日

（刘振华：品牌中国战略规划院创始人，山西省人民政府原省长，第十届、第十一届全国人大内务司法委员会副主任委员，第十六届中央委员）

序言二

发挥品牌在乡村振兴中的引领性作用

张 季

党的十九大报告明确提出实施乡村振兴战略，探索乡村创新发展的新路子，成为我国全面建设社会主义现代化强国的重要路径选择，实现中华民族伟大复兴的重大历史任务。党的二十大报告再次明确要求"全面推进乡村振兴"。五年多来，全国各地按照"产业兴旺、生态宜居、乡风文明、治理有效、生活富裕"的乡村振兴总要求，从立法、规划到具体政策措施等方面科学推进"五个振兴"，即产业、人才、文化、生态和组织等振兴，阶段性成效极其显著。"产业是关键，品牌是抓手"的观念渐成广泛共识。

习近平总书记多次提到乡村振兴与品牌的关系。2020年12月28日，他在中央农村工作会议上指出，"要深入推进农业供给侧结构性改革，推动品种培优、品质提升、品牌打造和标准化生产"。同时，他进一步分析，"从全国面上看，乡村产业发展还处于初级阶段，主要问题是规模小、布局散、链条短，品种、品质、品牌水平都还比较低，一些地方产业同质化比较突出。要适应城乡居民消费需求，顺应产业发展规律，立足当地特色资源，拓展乡村多种功能，向广度深度进军，推动乡村产业发展壮大"。在2021年全国"两会"期间，他参加内蒙古代表团、青海代表团审议时均谈及乡村振兴品牌发展问题，指出"要发展优势特色产业，发展适度规模经营，促进农牧业产业化、品牌化，并同发展文化旅游、乡村旅游结合起来，增加农牧民收入"。"乡村振兴要靠产业，产业发展要有特色"。他在全国各地考察乡村时，不断强调加强品牌建设对乡村振兴的必要性、重要性，并提出具体方法。党的二十大甫一结束，2022年10月26日至28日，他便分别考察了延安市安塞区高桥镇南沟村苹果园、安阳林州市红旗渠纪念馆等。就安塞苹果品牌，他指出大力发展苹果种植业可谓天时地利人和，这是最好的、最合适的产业，大有前途。就红旗渠，他指出红旗渠精神同延安精神是一脉相承的，是中华民族不可磨灭的历史记忆，永远震撼人心。红旗渠精神无疑是乡村振兴品牌文化的历史赓续，在新时代乡村振兴品牌建设中应进一步发扬光大。总书记的以上重要指示，是推进乡村振兴品牌建设的根本遵循与指引，是习近平经济思想的有机组成。

乡村振兴品牌不仅包括产业品牌，还包括人才品牌、文化品牌、生态品牌和组织品牌，它们彼此支持，彼此赋能，共同构成乡村振兴的品牌图谱。新华社作为唯一的国家级媒体智库，及时传达习近平总书记、党中央和国务院等关于乡村振兴的新要求，积极服务乡村振兴国家战略，主动发掘乡村振兴领域的经典品牌案例，不断传播全国各地乡村振兴的新经验，责无旁贷地贡献自己的媒体与智库力量。2022年，新华社唯一的品牌专业媒体《中国名牌》杂志社专门成立乡村振兴研究中心，并在有关行业主管部门的大力支持下，启动"《中国名牌》乡村振兴示范基地"推选工作，连续发布两批入选名单，取得了良好的社会效果。

《中国名牌》乡村振兴研究中心还持续开展乡村振兴品牌相关课题研究，旨在借助国内权威的智库专家团队的研究力量，积极探索助力乡村振兴品牌建设、推动县域品牌经济发展等方面的有效路径，尝试对乡村振兴品牌进行科学定义与分类，并分别梳理出各领域不同品类的乡村振兴品牌类型，以此突出品牌在乡村振兴事业中的引领作用，为我国乡村振兴品牌建设提供一套权威、科学、实用的标准体系。在此基础上，编撰出首部《中国乡村振兴品牌报告（2022）》蓝皮书，反映五年多来我国乡村振兴品牌建设所取得的成就，有前沿理论研究成果，有相应典型案例，等等，有启迪可学习，可复制可推广。此报告作为开创性探索，倾注了许多人的精力和心血，无疑是群体智慧的结晶。

民族要复兴，乡村必振兴。党的二十大报告着重指出，加快构建新发展格局，着力推动高质量发展。高质量发展是全面建设社会主义现代化国家的首要任务，已成为时代主题。乡村振兴品牌化发展既是乡村振兴高质量发展的重要标志，又是乡村振兴高质量发展的关键抓手。期待新华通讯社继续发挥党和国家的高端智库作用，为我国乡村振兴的品牌化各级、持久实现高质量发展做出应有贡献。

希望本报告持之以恒，办出特色、办出水平，在我国乡村振兴事业中打造成为一个靓丽的品牌。

2023 年 3 月

（张季：中国工业合作经济学会会长，十三届全国政协社会和法制委员会原副主任、中共中央政策研究室原副主任）

序言三 / FOREWORD

我国乡村振兴品牌建设的有益探索

朱保成

《中国乡村振兴品牌报告（2022）》作为蓝皮书正式印行，尚属首次。因为是首次，所以具有开创性、建设性和启示性。

众所周知，品牌是产品的名片，凝聚的是产品的品质、口碑、地理属性、市场信任度乃至一个产业发展的文化价值，所以从本质上说，品牌是产业发展的根基。多年来，特别是改革开放以来，我国农产品品牌建设有了一定的发展，一大批农业品牌如雨后春笋，遍布全国各地，大江南北，标志着农业产品商品化程度的不断提高。现在我们在全国无论何地，随意走进一个超市，都能看到货架上琳琅满目的农业商品，其中相当一部分是标注着品牌的，按照牌子来选购农业商品的顾客日益普遍。

看似容易，成来艰辛。农业品牌建设过程中，企业发挥了主力军的作用，政府有关机构、教科研单位乃至社会群团组织都做出了重要贡献。值得强调的是，农业品牌建设的成果不仅仅是在外化形式上表达为品牌化程度的显著提高，更具有启示意义的成果是品牌建设思想观念的变化、政策制度的创新、产业形式的探索，也包括国外经验的借鉴和我国进一步推进品牌建设的思考。尤其是党的十九大以来提出乡村振兴战略，为农业品牌建设进一步指明了方向，使得越来越多的具有思想价值的成果蓬勃绽放，面对百年未有之大变局，品牌建设所标注的战略高度愈益凸显。记录和表达这些成果，也就更加具有重要的意义。当然，这也是这本蓝皮书印行的初衷。

蓝皮书共分三篇、八章，从综合分析、专题研究、案例研究等三个维度对我国乡村振兴品牌建设的战略背景、政策框架、发展概况、理论观点、区域特点、评价方法、国际经验、数字乡村、地方典型、市场案例等进行"全景式"描述和分析，体现战略与政策、理论与实践、全局与区域、定性与定量四个方面的有机结合。内容突出资料性、前沿性、原创性、典型性、实操性等特点，力争体现逻辑清晰、图文并茂、客观公允等皮书类出版物的要求。

在这里特别需要说明，本书所指的品牌，不仅包括产业品牌，还包括文化品牌、人才品牌、生态品牌和组织品牌等等，体系相当宏富。从实践来看，这些品牌振兴包含了乡村振兴五大方面，这使得蓝皮书具有了更加宽广的视角。

真诚地期待《中国乡村振兴品牌报告》进一步加强与政府、理论界、科技领域以及市场主体等互动，成为国内外了解我国乡村振兴品牌建设的一个富有特色的重要窗口。

2023 年 3 月

（朱保成：十二届全国政协委员，原农业部党组成员、中纪委驻部纪检组组长，中国优质农产品开发服务协会原会长）

目录

序言一　绘就乡村振兴品牌建设的新篇章 / 刘振华 ················ I
序言二　发挥品牌在乡村振兴中的引领性作用 / 张季 ················ III
序言三　我国乡村振兴品牌建设的有益探索 / 朱保成 ················ VI

综 合 篇

第一章　总报告：擘画乡村振兴品牌建设新蓝图 ················ 003
　　第一节　乡村振兴品牌建设加速启航 ················ 004
　　第二节　乡村振兴品牌建设制度保障坚强有力 ················ 012
　　第三节　坚持夯实乡村振兴品牌建设基础 ················ 019
　　第四节　践行乡村振兴品牌建设各展优长 ················ 030
　　第五节　中国乡村振兴品牌建设存在的问题与对策建议 ··· 045

专 题 篇

第二章　乡村振兴与农业品牌集群——产业集群视角的分析 ····· 055
　　第一节　乡村振兴与农业品牌集群 ················ 056
　　第二节　农业品牌集群与区域经济发展：经济圈视角的
　　　　　　分析 ················ 059
　　第三节　农业品牌集群与产业集群融合式发展 ················ 068
　　第四节　政企"双轮驱动"打造区域农业品牌 ················ 073
　　第五节　农业品牌集群助力乡村振兴存在的问题与对策 ··· 076

第三章　国际农业品牌发展模式分析与启示 ……… 079

第一节　原产地名称保护制度：法国葡萄酒品牌 ……… 081
第二节　区域公用品牌：日本一村一品 ……… 084
第三节　联合体企业品牌：新西兰佳沛奇异果 ……… 089
第四节　有机食品领导者品牌：美国全食超市 ……… 093
第五节　启示与借鉴 ……… 097

第四章　中国乡村振兴品牌评价体系初探 ……… 099

第一节　准确把握乡村振兴品牌的定义、内涵、特点 …… 100
第二节　乡村振兴品牌评价模型探索 ……… 103
第三节　乡村振兴品牌产业分类目录 ……… 122
第四节　数据统计及指数计算 ……… 128
第五节　乡村振兴品牌评价结果简析 ……… 132
第六节　结论与启示 ……… 138

第五章　夯实数字化基础，推动乡村振兴品牌建设 ……… 142

第一节　数字乡村的建设背景与发展意义 ……… 143
第二节　我国乡村数字化发展现状与趋势 ……… 146
第三节　乡村产业数字化发展概况与区域差异特点 ……… 150
第四节　乡村数字生活发展概况与区域差异 ……… 154
第五节　存在的问题与挑战 ……… 159
第六节　思考与建议 ……… 161

案 例 篇

第六章　乡村振兴品牌建设的区域实践案例与启示 ……… 167

第一节　综合治理类区域实践案例 ……… 168
第二节　产业驱动类区域实践案例 ……… 186
第三节　特色园区类区域实践案例 ……… 194
第四节　经验启示 ……… 200

第七章 乡村振兴品牌建设的市场主体案例分析 ………… 202

第一节 研究框架概述 ………… 203

第二节 依托农副产品的典型案例分析 ………… 205

第三节 依托加工贸易产品的典型案例分析 ………… 247

第四节 依托旅游产品的典型案例分析 ………… 285

第八章 品牌经济为乡村振兴注入新动能
——基于福建省南平市拓展全域绿色食品的调查 ………… 323

第一节 区域公用品牌发展综述 ………… 324

第二节 区域公用品牌发展成效 ………… 327

第三节 区域公用品牌发展经验 ………… 329

第四节 完善南平模式的对策建议 ………… 331

后 记 ………… 337

综合篇

第一章

总报告：擘画乡村振兴品牌建设新蓝图[①]

摘要：本报告紧扣自2017年"十九大"报告以来的中央一号文件、《国家乡村振兴战略规划（2018—2022年）》《中华人民共和国乡村振兴促进法》，扫描五年来乡村振兴品牌建设所取得的丰硕成果，整体反映近年来我国乡村振兴品牌发展态势。在剖析我国乡村振兴品牌发展中存在的相关问题基础上，探索对未来乡村振兴品牌建设提出对策建议。报告内容可为各级政府部门、社会组织以及企业了解我国乡村振兴品牌建设情况，推动乡村振兴品牌化、高质量发展提供参考。

---

① 执笔人：姜卫红、周志懿、邓壮。上海社会科学院硕士研究生徐思源参与本章部分数据、图表制作。

立足新发展阶段，贯彻新发展理念，构建新发展格局，党中央对坚持不懈解决好"三农"问题、举全党全社会之力全面推进乡村振兴做出全面部署，提出一系列战略要求。在新一轮全球化进程中，国际战略竞争更趋复杂激烈，全面推进乡村振兴也成为我国承续历史根脉、参与全球竞争的重大战略和关键举措。党的十九大报告明确提出实施乡村振兴战略，报告明确要求，我国要积极顺应未来世界发展趋势，紧密结合中国特色社会主义现代化建设的全局和战略高度，正确把握和处理工农关系和城乡关系，稳步推动我国改革开放以来扶贫攻坚、全面实现小康后向全面实现乡村振兴的伟大的历史性转变，开启城乡融合发展和现代化建设新局面。从战略意义来看，乡村振兴品牌建设在这一伟大的历史性转变中具有独特的地位，并应发挥战略抓手的作用。

综合中央系列文件精神，乡村振兴品牌建设应以振兴乡村为己任，有效促进乡村实现"产业兴旺、生态宜居、乡风文明、治理有效、生活富裕"，有效推动我国由农业大国向农业强国转变，有效促进我国品牌强国建设，有效打造我国现代乡村发展新范式，有效弘扬中华优秀文化、提升中国品牌形象。全面推进乡村振兴品牌建设，是我国现代乡村发展与传统乡村发展相区别、农业大国向农业强国转变的重要标志以及崭新的方法与路径。在乡村振兴品牌建设过程中，乡土特色鲜明的各类品牌，将对乡村高质量发展、可持续发展，满足人民群众更高层次美好生活需要具有至为关键的标杆引领作用，是我国推动农村农业供给侧和需求侧升级的关键载体。

第一节 乡村振兴品牌建设加速启航

2018年到2022年，是我国实施乡村振兴战略的第一个五年。五年来，国际政治经济格局处于深刻调整之中，我国把握新的战略机遇，全面推进落实乡村振兴战略，区域性整体贫困得到根本解决，规划目标顺利实现，农业供给侧结构性改革深入推进，农业质量、效益和竞争力不断提高，走出了一条颇具中国特色的减贫道路。当前，我国经济进入"加快构建以国内大循环为主体、国内国际双循环相互促进的新发展格局",但又骤遭世界性新冠疫情影响,需求收缩、供给冲击、预期转弱,使乡村振兴战略面临前所未有的严峻挑战。五年来,习近平总书记把舵定向,亲自谋划,亲自推动,党中央、国务院坚强领导,乡村振兴全面推进,乡村振兴品牌建设获得巨大进展。习近平总书记在2018年9月21日重要讲话中提出"把乡村振兴战略作为新时代'三农'工作总抓手"的战略要求,并就乡村振兴品牌建设作出一系列重要指示,从而为我国乡村振兴品牌建设擘画了崭新蓝图,也将是我国乡村振兴品牌建设的根本遵循和行动指南。

一、乡村振兴品牌建设的内涵、特点与方向

(一)乡村振兴品牌建设的内涵

乡村振兴品牌建设内涵极其丰富。乡村,指城市建成区以外具有自然、社会、经济特征和生产、生活、生态、文化等多重功能的地域综合体,包括乡镇和村庄等。乡村振兴品牌便是这种地域综合体独特的经济载体,通过其延伸至政治、经济、社会、文化和消费领域,展示出乡村的综合竞争力,以此吸引经济流、人才流、信息流和科技流等,实现可持续发展。同时,乡村振兴品牌建设是乡村振兴过程中品牌化发展方式的综合展现,既反映为全面体现农村经济建设、政治建设、文化建设、社会建设、生态文明建设和党的建设"六大建设",也全面体现乡村产业、人才、文化、生态和组织振兴的"五大内容"。通过全面推动乡村振兴品牌化发展,有助于实现乡村地区的个性化、差异化、特色化发展,推动现代乡村实现高人文化、高科技化和高附加值化发展,有效避免同质化、低价值、不可持续的发展方式,同时也有助于推动乡村地区由过去粗放式、资源型的发展方式向集约型、创新型发展方式转变,实现乡村振兴的理论创新、实践创新、制度创新。

(二)乡村振兴品牌建设的特点

乡村振兴品牌建设特点极其鲜明,概括来看有如下八个方面:

一是时代化。推进乡村振兴品牌建设是我国步入社会主义小康社会,经济发展进入新常态,由高速度增长向高质量发展转型的客观反映,将有

效破解我国人民日益增长的美好生活需要和不平衡不充分的发展之间的矛盾以及城乡二元发展的矛盾，有效化解乡村发展中的土地、资源等日益突出的瓶颈，有效推动乡村经济从要素驱动向创新驱动和价值驱动转变。如图1-1所示，我国产业结构中，虽然第一产业长期保持了持续、稳定的增长，但显著滞后于第二、三产业。这也客观反映出第一产业仍有巨大的增长空间，加快推进乡村振兴品牌建设正在成为实现新时代中国式现代化的重大时代课题。

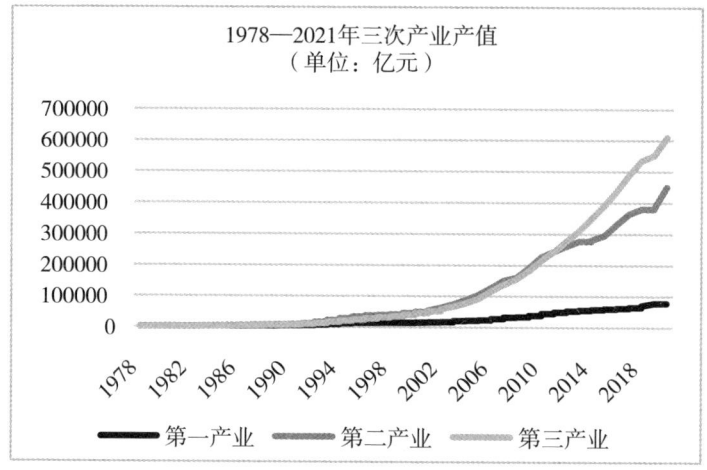

图1-1 我国三次产业结构长期变化情况

资料来源：根据国家统计局公开数据整理绘制而成

二是科技化。近年来，在乡村振兴战略指引下，我国农业科技化建设持续推进，据统计，2022年中国农业发明专利申请以62.83万件保持全球第一，并保持着持续增长的良好态势。符合农业发展特点的科技创新活力得以不断激发，农业新产业、新业态、新产品不断进发，生态农业、立体农业、有机农业、集约农业、数字农业、设施农业、循环农业和智慧农业等新型农业品牌类型不断涌现，科技成果成为乡村振兴品牌拥有自主知识产权的关键支撑。

三是品质化。农业领域的主要矛盾正在由总量不足转变为结构性矛盾，如绿色优质农产品需求大但供应不足，龙头型品牌产品较少。在产品结构中，初级农产品比重较大，产后处理、精深加工及储藏物流等水平不高，亟须绿色引领、标准引领，做亮优势特色产业，优先发展优质农产品，这是乡村振兴品牌建设的必要路径。

四是多元化。推进乡村振兴品牌发展，必须满足城乡广大消费者对农产品日益增长的多元需求，加快实现"有没有"向"好不好"的转变，"低质简陋"向"丰富多样"的转变，拓展农业多种功能，发展多种形式的休闲观光、农事体验、农家乐等，推动一二三产深度融合，以此延伸产业链，提升价值链。

五是数字化。数字化贯穿于乡村振兴品牌建设各环节，充分发挥数字消费潜能，实现数字创意设计、数字传播、数字营销，精准满足消费群体的个性化需求。从理念到产品，融入农业文化遗产等优秀传统文化，在"新国潮"风中，全面展示乡村文化的深刻内涵和新的魅力。

六是资本化。乡村振兴快速推进，正在成为产业资本新的投资方向，资本日益成为全面推进乡村振兴品牌建设和巩固农业基础地位的重要助推力量。根据国家乡村振兴局公开数据，2020年我国乡村建设投入、农业固定资产投资规模分别达到1.15万亿元、2.95万亿元，同比增速分别达13.14%和19.10%，增长态势良好。在资本化发展过程中，亦应体现合理引导资本市场有序发展的要求，充分挖掘项目商业价值，创新乡村振兴运营模式，放大乡村振兴效益和整体合力，避免野蛮生长。

七是国际化。立足新发展格局，乡村振兴品牌建设将在更加开放的环境下不断推进，在国际范围内统筹国际国内两个市场、两种资源的整合力，有效提升我国农业国际竞争力，不断彰显中国农业的自主发展与自我保障能力，有力展示我国"三农"工作的国际引领力与国际标识度。面对国际市场激烈竞争，这个国际化进程将是长期的。从以下图表中可以反映出，我国农产品进出口贸易多年来保持稳中有升的格局，但也存在贸易逆差有所增大的挑战。从农产品出口前十位主要市场的结构看，除了美国外，占比最高的绝大部分是周边国家。这反映依托乡村振兴品牌建设，推进农业产品国际化、提升出口竞争力等方面仍任重道远。

表 1-1　中国农产品对外贸易年度变化情况（亿美元,%）

日期	进出口总额	占全部商品比重	出口额	进口额	出口－进口
2013 年	1866.92	4.49	678.25	1188.67	−510.42
2014 年	1944.99	4.52	719.6	1225.38	−505.78
2015 年	1875.62	4.74	706.82	1168.81	−461.99
2016 年	1845.55	5.01	729.86	1115.69	−385.83
2017 年	2013.88	4.9	755.32	1258.56	−503.24
2018 年	2177.08	4.71	804.48	1372.6	−568.12
2019 年	2300.68	5.03	790.98	1509.7	−718.72
2020 年	2485.43	5.34	765.31	1720.11	−954.8
2021 年	3064.67	5.06	850.05	2214.61	−1364.56

资料来源：根据农业农村部公开资料整理

下图进一步反映了我国主要农产品出口的产品类别情况，其中占比最高的包括水产品（24.93%）、蔬菜（18.55%）、水果（8.83%）、畜产品（7.09%）、食用油籽（1.83%）等，这些农产品基本上都是生产生活日常必需的食品或原料，也体现出这些领域的农产品品牌已有一定的国际接受度。

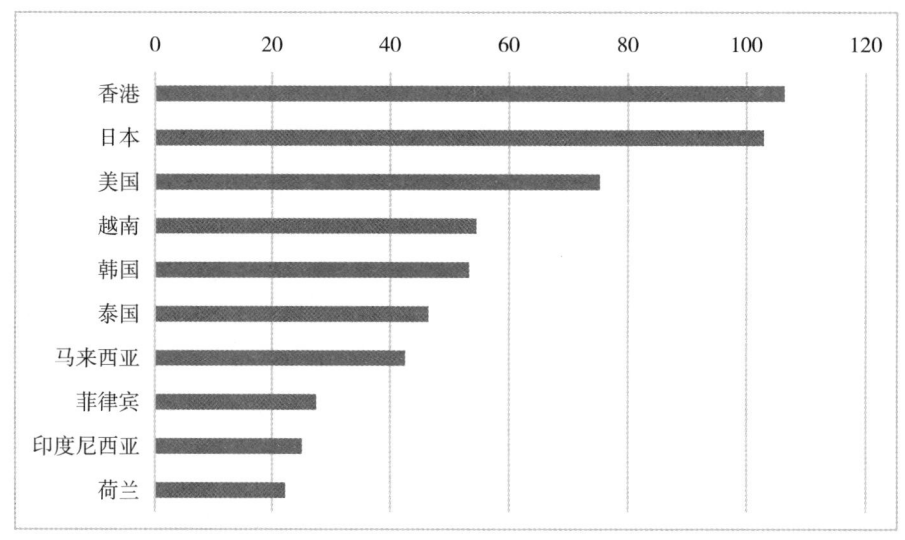

图 1-2　2021 年中国农产品出口主要市场（亿美元）

资料来源：同上图

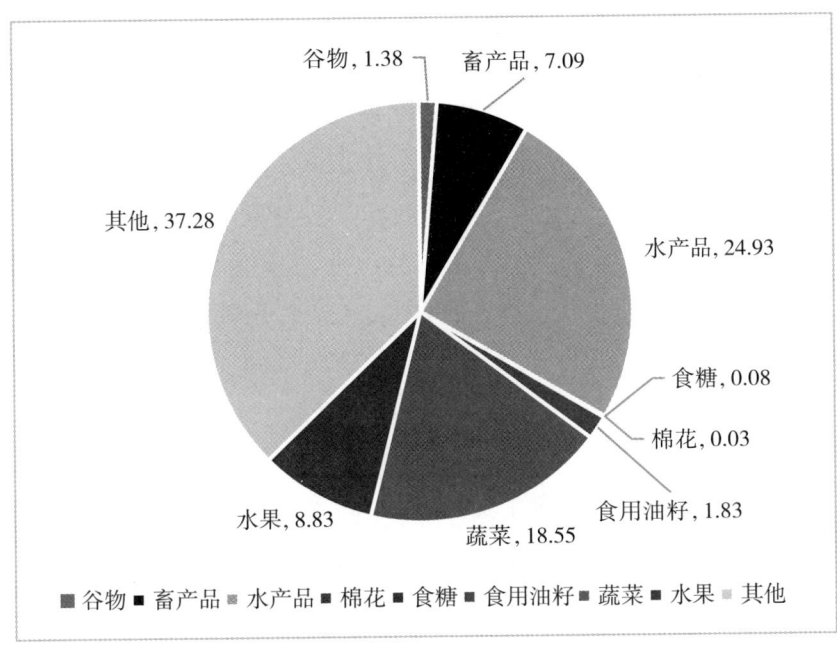

图1-3 2021年主要农产品占农产品出口额比重（%）

资料来源：同上图

八是品牌延伸。随着"三农"领域快速发展，乡村振兴品牌建设也从经济范畴逐步延伸到绿色生态、智慧乡村、乡村治理和乡村文化等各个方面，通过品牌化发展，形成各具特色、各有所长、形态多样的乡村振兴品牌，例如，乡村治理中的党建品牌、社会组织品牌等，从而整体提升乡村振兴水平。

综合上述分析，各地方应深刻把握乡村振兴品牌建设的客观规律以及特殊性，以创新、协调、绿色、开放、共享的新发展理念为指引，以品牌化发展方式践行绿水青山就是金山银山、人与自然和谐共生的发展之路，并长期实现高附加值化发展、可持续发展、高质量发展，有效破解农产品供给质量以及供给效率不高等长期存在的普遍问题，有力提升农业市场竞争力以及农村农业农民的整体发展水平。

（三）通过乡村振兴品牌建设，深入推进我国农业供给侧结构性改革

有效推动农业农村供给侧实现深刻变革，是乡村振兴品牌建设的主攻方向。通过生产要素合理配置，创新供给方式，在数字化等新兴技术快速发展的时代里，充分激发企业创新创造活力，着力培育龙头品牌、强势品牌，推动生产组织方式网络化、智能化，提高产品质量和服务质量，培强核心竞争力，提升品牌影响力，推动产业体系整体升级。有效满足人民群众对于农业产品日益增长的个性化、多样化等不断升级的品质需求。显著提高农业劳动效率、资本效率、土地效率、资源效率、环境效率、科技进步贡献率，显著提高全要素生产率。从产业链价值链看，投资者有回报、政府有税收、企业有利润、生产者有稳定收入，反映出各自贡献的市场价值，从而实现生产、流通、分配、消费等高质量循环畅通，使国民经济在更高质量上获得良性发展。

为此，2020年12月28日，习近平总书记在中央农村工作会议上指出，"要深入推进农业供给侧结构性改革，推动品种培优、品质提升、品牌打造和标准化生产"。基于对乡村实际情况的深入分析，习近平总书记指出，"从全国面上看，乡村产业发展还处于初级阶段，主要问题是规模小、布局散、链条短，品种、品质、品牌水平都还比较低，一些地方产业同质化比较突出。要适应城乡居民消费需求，顺应产业发展规律，立足当地特色资源，拓展乡村多种功能，向广度深度进军，推动乡村产业发展壮大"，"推动品种培优、品质提升、品牌打造和标准化生产"。[①]习近平总书记的这些讲话既从供给侧，同时又从需求侧，为乡村振兴品牌建设指明了方向，明确了乡村振兴品牌建设的侧重点。国家乡村振兴局公布的相关数据也客观显示出习近平总书记所点问题的必要性和迫切性。例如，2021年我国农产品加工转化率为70%，仍有提升空间；而全产业链产值超百亿元的产业集群有112个、超10亿元的镇174个、超1亿元的村249个。对标中央战略部署与要求，各省市应因地制宜，将相关经验在全国复制推广。

二、筑牢乡村振兴品牌产业兴旺新优势

品牌化是农业现代化的重要标志，是我国转方式、调结构的重要抓手。

[①] 习近平：《坚持把解决好"三农"问题作为全党工作重中之重，举全党全社会之力推动乡村振兴》，《求是》杂志，2020年第7期。

在国内国际双循环战略背景下，日益激烈的国际农产品贸易竞争对我国构建乡村振兴产业新优势提出新要求。

近年来，围绕农业品牌建设，习近平总书记多次做出重要指示。2021年3月22日，习近平总书记在福建考察时有针对性地指出："要统筹做好茶文化、茶产业、茶科技这篇大文章，坚持绿色发展方向，强化品牌意识，优化营销流通环境，打牢乡村振兴的产业基础。"2021年4月26日，习近平总书记在广西考察时指出："发展特色产业是地方做实做强做优实体经济的一大实招，要结合自身条件和优势，推动高质量发展。要把住质量安全关，推进标准化、品牌化。"

在实践方面，近年来，我国从国家到地方深入推进以增品种、提品质、创品牌和标准化生产为主要内容的"三品一标"工作，各地方政府结合省情、市情、县情、乡情、村情，立足本地特色，具体实施，形成了蔚为可观的品牌规模，为农业发展夯实了新基础，展示出我国农业发展潜力、内需规模，体现了我国农产品需求结构优化趋势。

在应对国际化竞争方面，各地坚持国际化导向，妥善应对国际农产品贸易不确定性以及国际市场风险，有效提升农业品牌的国际竞争力。坚持满足城乡居民日益增长的美好生活的新需求，深度激发农业生产潜力，增强优质种源、农业机械、农药化肥等品牌化发展，保障优质农产品供给力度，催生了一批区域公用品牌、企业品牌和产品品牌，成为乡村振兴领域的璀璨明珠、乡村振兴新优势的新标志，也成为乡村振兴发展的一条关键主线。

三、确立乡村振兴品牌发展新理念、新路径

在漫长的农业社会里，我国形成了一批随岁月而沉淀的品牌，涉及中国历史文化名镇、名村、非物质文化遗产、中华老字号和中国重要农业文化遗产等。进入工业社会，乡村品牌建设备受工业社会品牌建设影响，有着鲜明的工业品牌烙印，乡村品牌发展在起伏中推进。在农业经济、工业经济和数字经济交互下的数字经济社会，我国全面推进乡村振兴品牌建设，以"创新、协调、绿色、开放、共享"发展新理念为指引，从理论到实践，

再从实践到理论，从政府到市场，协同发力，中国乡村振兴品牌建设体系初具框架，以此形成乡村振兴一系列新方法、新路径和品牌化发展新思路。各地深刻认识到品牌就是市场影响力、竞争力，体现着乡村可持续发展能力，汇集形成了当下以及未来农业优先发展、创新发展、绿色发展、高质量发展的共识，着力提升乡村振兴品牌专业能力。

乡村振兴品牌建设主要分两大类型，一是公共类乡村振兴品牌，二是市场类乡村振兴品牌。公共类品牌，通常具有公共属性。乡村振兴公共品牌，意指在县域范围内，各级党组织和政府为建设主体，打造具有区域特点的共有品牌，体现公共、公用、公益等特征。例如，特色小镇、生态乡村品牌、智慧乡村品牌、乡村治理品牌和乡村文化品牌等都属于此类品牌。市场类乡村振兴品牌，是指由市场主体运营，基于乡村又服务乡村，主要以市场化方式，追求社会效益与经济效益双丰收，以经济效益为主、注重集约发展的品牌。具体包括企业品牌、产品品牌等，涵盖了一、二、三产业。如除农业品牌外，建材、家居、加工机械、文旅民宿、农用交通施工工具等都在此列。公共类乡村振兴品牌与市场类乡村振兴品牌发展到一定程度可以相互转化。

在市场化竞争中，各地尝试通过综合运用品牌创新、品牌保护、质量品牌、商标品牌、诚信、设计、传播、营销和资本等手段，积极塑造品牌，培育出一批地域特色突出、产品特性鲜明的区域公用品牌，一大批具有强劲市场竞争力的企业品牌，以及一批批"大而优""小而美"、有影响力的市场类乡村振兴品牌，努力推动品牌管理贯穿于乡村振兴产业发展全过程，推动中国优质农业品牌融入"双循环"，与国内国际产业链、供应链和价值链深度融合，很好地诠释并向世界展示了中华民族的智慧与文化。

第二节　乡村振兴品牌建设制度保障坚强有力

坚持党的领导是我国乡村振兴品牌建设的最大政治保障。2017年10月24日，中国共产党第十九次全国代表大会通过的《中国共产党章程（修正案）》，庄严写入实施"乡村振兴战略"。之后相继印发了《中国共产党农村工作条例》《中国共产党农村基层组织工作条例》等，乡村振兴充分体现党的坚强领导和新时期战略方针。在党的领导下，乡村振兴工作的体制机制获得历史性深刻转变，乡村振兴品牌建设制度获得开创性创新性发展。

一、以中央"一号文件"为总抓手

党的十九大作出中国特色社会主义进入新时代的科学论断，明确提出实施乡村振兴战略的重大历史任务。2018年中央一号文件《中共中央、国务院关于实施乡村振兴战略的意见》印发，该文件对谋划新时代乡村振兴做出顶层设计，全面开启我国乡村振兴工作。该文件提出"到2035年乡村振兴取得决定进展，农业农村现代化基本实现""2050年，乡村全面振兴，农业强、农村美、农民富全面实现"等战略目标。一方面说明我国乡村振兴是一项长期工作，不可能一蹴而就；另一方面体现目标清晰、路径科学。站在新的历史起点，农业要强盛、农村要美丽，农民要共同富裕，是全党全国人民共同的期盼以及共同要为之奋斗、共同要实现的中国梦，文件的发布也具有里程碑意义。围绕农业品牌建设，文件也多次提及，例如，"深入推进农业绿色化、优质化、特色化、品牌化，调整优化农业生产力布局，推动农业由增产导向转向提质导向""推进特色农产品优势区创建""实施产业兴村强县行动，推行标准化生产，培育农产品品牌，保护地理标志农产品，打造一村一品、一县一业发展新格局。打造区域公用品牌，开展农超对接、农社对接，帮助小农户对接市场"，等等。品牌建设成为兴农强农，落实乡村振兴的有效抓手。

自此，历年以来中央一号文件均以实施乡村振兴战略为总抓手，各有侧重，持续推动乡村振兴品牌工作，一张蓝图绘到底。2019年发布的《关于坚持农业农村优先发展做好"三农"工作的若干意见》提出，大力发展紧缺和绿色优质农产品生产，推进农业由增产导向转向提质导向。培育一批跨国农业企业集团，提高农业对外合作水平。因地制宜发展多样性特色农业，倡导"一村一品""一县一业"。支持建设一批特色农产品优势区。健全特色农产品质量标准体系，强化农产品地理标志和商标保护，创响一批"土字号""乡字号"特色产品品牌。2020年发布的《关于抓好"三农"领域重点工作确保如期实现全面小康的意见》中提出，继续调整优化农业结构，加强绿色食品、有机农产品、地理标志农产品认证和管理，打造地方知名农产品品牌，增加优质绿色农产品供给。2021年为"十四五"开局之年，《关于全面推进乡村振兴加快农业农村现代化的意见》文件中指出，深入推进农业结构调整，推动品种培优、品质提升、品牌打造和标准化生产。培育农业龙头企业标准"领跑者"。开发休闲农业和乡村旅游精品线路。加强农产品质量和食品安全监管，发展绿色农产品、有机农产品和地理标志农产品。2022年发布的《关于做好2022年全面推进乡村振兴重点工作的意见》中提出，开展农业品种培优、品质提升、品牌打造和标准化生产提升行动。

二、以规划引领彰显品牌作用

2018年9月，秉承党的十九大要求以及2018年中央一号文件要求，中共中央、国务院印发《国家乡村振兴战略规划（2018—2022年）》，该文件对乡村振兴品牌建设提出更为明确的任务，如壮大特色优势产业，支持特色农产品优势区建设品牌与市场营销体系，采用国际通行的良好农业规范，塑造顶级农产品品牌等。通过实施产业兴村强县行动，培育农业产业强镇，打造一乡一业、一村一品的发展格局。

文件着重要求培育提升农业品牌，实施农业品牌提升行动，加快形成以区域公用品牌、企业品牌、大宗农产品品牌、特色农产品品牌为核心的农业品牌格局。推进区域农产品公共品牌建设，擦亮老品牌，塑强新品牌，引入现代要素改造提升传统名优品牌，努力打造一批国际知名的农业品牌和国际品牌展会。做好品牌宣传推介，借助农产品博览会、展销会渠道，充分利用电商、"互联网+"等新兴手段，加强品牌市场营销。加强农产品商标及地理标志商标的注册和保护，构建我国农产品保护体系，打击各种冒用、滥用公用品牌行为，建立区域公用品牌的授权使用机制以及品牌危机预警、风险规避和紧急事件应对机制。该文件又具体要求，要发展壮大农垦国有农业经济，培育一批具有国际竞争力的农垦企业集团。全面推广中国农垦公共品牌，切实加强农垦加工、仓储、物流、渠道等关键环节建设。树立和推介一批休闲农业和乡村旅游精品品牌，培育一批美丽休闲乡村、休闲农庄（园）、休闲观光园区、国家森林步道、康养基地、森林人家、乡村民宿、乡村旅游区（点）等精品。搭建发布推介平台，开展休闲农业和乡村旅游精品发布推介活动。开展农产品加工业提升行动，促进农产品加工业增品种、提品质、创品牌。

遵循中央战略部署和国家顶层设计，各省市地方政府纷纷出台乡村振兴战略规划或实施意见，汇聚各方发展要求和集体智慧，尊重地域特色，注重把握各地差异和特点，品牌建设内容均着重阐述，内容丰富、可操作性强。例如，《江苏省乡村振兴战略实施规划（2018—2022年）》提出培植农业品牌优势，实施农业品牌提升行动，打造一批有影响力的"苏"字号区域公用品牌、知名企业品牌和名特优农产品品牌。突出发展地理标志农产品，挖掘特色农产品资源，鼓励培育地方品牌。总的来看，各省市多措并举着力打造农业品牌，具体反映为：一是鼓励企业获得国际通行的农产品认证，打造国际品牌；二是积极创建地方特色品牌，打造彰显地域以及乡村文化的节庆活动、产品品牌；三是着力提升品牌知名度，充分发挥多媒体作用，开展形式多样的农业品牌推介，组织参加各类国家级展会和境外展销；四是建立生产精细化管理与产品品质控制体系；五是鼓励农业品牌企业积极争创省质量奖、中国质量奖等各级政府质量奖。六是加大品牌建设支持力度，并对品牌创建、规划设计、策划宣传、评价评选、宣传推介、打假维护等给予补贴；七是加强农产品商标管理，注重品牌保护，建立农业品牌目录制度。

三、以法治方式持续推进

2021年4月，第十三届全国人民代表大会常务委员会第二十八次会议通过了《中华人民共和国乡村振兴促进法》，该法着重对乡村产业发展做出一系列明确规定。要求国家采取措施优化农业生产力布局，推进农业结构调整，发展优势特色产业，保障粮食和重要农产品有效供给和质量安全，农业品牌建设主要聚焦"三品一标"，即推动品种培优、品质提升、品牌打造和标准化生产，以此推动农业对外开放，提高农业质量、效益和竞争力，发挥品牌在乡村振兴中的标杆作用。这可以看作是《中共中央、国务院关于实施乡村振兴战略的意见》《国家乡村振兴战略规划（2018—2022年）》在法治化领域的延伸。

各地方人大也加紧乡村振兴立法工作，对品牌建设做出更为详尽的规范。例如，《浙江省乡村振兴促进条例》要求县级以上人民政府应当采取技术指导、财政补贴等扶持措施，推动地方特色农作物品种培优、品质提升和品牌打造，提高优势农产品竞争力。县级以上人民政府还应当推动农产品集体商标、证明商标注册和有机农产品认证，加大对农产品原产地和农产品地理标志的登记保护，建立农产品区域公用品牌生产和管理标准体系，鼓励农产品生产者加强对农产品区域公用品牌的培育、保护和推广。《湖北省乡村振兴促进条例》要求省人民政府应当支持开展绿色食品、有机农产品和农产品地理标志认证，建立地理标志产品重点支持和保护清单，支持创建农业区域公用品牌、企业品牌、大宗农产品品牌、特色农产品品牌，建立健全品牌运营、管理和保护机制，推进品牌强农。《重庆市乡村振兴促进条例》单列一节品牌建设，要求突出农业绿色化、特色化、品牌化，提升产品品质，实施品牌培育，创新品牌营销，强化品牌保护，净化产地环境，提升科技支撑。建立农产品品牌目录制度，构建农产品品牌体系，加强农产品地理标志管理和农业品牌保护。《山东省乡村振兴促进条例》明确推进科技兴农、质量兴农、绿色兴农、品牌强农。鼓励推进优质粮食工程，培育壮大齐鲁粮油、果蔬、畜产品公共品牌，确保粮食和重要农产品供给保障能力持续增强。

四、筑牢法治与行政体制机制保障体系

（一）国家层面

2021年1月，国家乡村振兴局成立，主要负责巩固脱贫攻坚成果，统筹推进实施乡村振兴战略有关具体工作。农业农村部将农业品牌建设列为其市场与信息化司重点工作。2023年3月7日，农业农村部加挂国家乡村振兴局牌子，国家乡村振兴局不再单独设立。根据《中华人民共和国乡村振兴促进法》规定，国家建立健全中央统筹、省负总责、市县乡抓落实的

乡村振兴工作机制。国务院其他有关部门在各自职责范围内负责有关的乡村振兴促进工作。各级人民政府应当将乡村振兴促进工作纳入国民经济和社会发展规划，并建立乡村振兴考核评价制度、工作年度报告制度和监督检查制度。鼓励、支持人民团体、社会组织、企事业单位等社会各方面参与乡村振兴促进相关活动。

（二）地方层面

各地纷纷出台乡村振兴促进条例，在法治层面明确职责，建立乡村振兴工作领导责任制，建立健全城乡融合发展体制机制和政策体系，例如，建立联席会议制度，研究解决乡村振兴工作中的重大问题，统筹推进乡村振兴战略的实施。市（州）、县（市、区）人民政府组织实施本行政区域内乡村振兴工作。乡镇人民政府、街道办事处根据法律法规规定和上级人民政府的要求，结合本地区实际组织开展乡村振兴工作。村（居）民委员会在乡镇人民政府、街道办事处的指导下，组织、动员乡村居民积极参与乡村振兴。

实践中，各地农业农村局/委在其机构设置中明确相关处室具体负责本地区农业品牌工作，结合本地实情，拟定年度工作计划，扎实推进，创造新经验。

五、推进区域品牌建设的重要支撑

近五年来，我国深入实施区域发展战略，均涉及乡村振兴品牌建设。中共中央、国务院先后印发的《长江三角洲区域一体化发展规划纲要》《粤港澳大湾区发展规划纲要》等促进我国区域发展的文件，乡村振兴品牌建设成为这些文件中的重要内容，从而也为相关省市大力推动乡村振兴品牌建设提供国家战略指引与政策依据。其中，《长江三角洲区域一体化发展规划纲要》明确提出"提升乡村发展品质"要求。一是大力实施乡村振兴战略，推动农村一二三产业深度融合，提高农民素质，全面建设美丽乡村。二是加强农产品质量安全追溯体系建设，三是创建区域公用品牌、企业品牌、产品品牌等农业品牌，建立区域一体化的农产品展销展示平台。四是促进农产品加工、休闲农业与乡村旅游和相关配套服务融合发展，发展精而美的特色乡村经济。五是推广浙江"千村示范、万村整治"工程经验。六是推进乡村文化品牌建设，加强独具自然生态与地域文化风貌特色的古镇名村、居住群落、历史建筑及非物质文化遗产的整体性保护。七是建立健全党组织领导的自治、法治、德治相结合的乡村治理体系，促进农村社会全面进步。《粤港澳大湾区发展规划纲要》也明确提出相关要求，一是包括乡村旅游品牌在内的旅游品牌建设，切实推进粤港澳共享区域旅游资源，构建大湾区旅游品牌，研发具有创意的旅游产品，共同拓展旅游客源市场，推动旅游休闲提质升级。建设一批滨海特色风情小镇。二是支持港澳参与广东出口食品农产品质量安全示范区和"信誉农场"建设，高水平打造惠州粤港澳绿色农产品生产供应基地、肇庆（怀集）绿色农副产品集散基地。

六、党政部门协同推进提供坚强组织和政策保障

中央组织部、中央宣传部、国家发展改革委、农业农村部、文化和旅游部、财政部等中央以及国家部委办陆续出台一系列促进乡村振兴的政策文件，其中关于政策措施的部署要求方面，品牌工作成为必不可少的抓手。中央各党政部门发挥协同优势，全面支持乡村振兴品牌建设。重点从财政支持、金融支持、标准、质量、传播、市场渠道建设、人才等多领域、多层次推动农业品牌标准化、特色化、国际化发展，促进公共类品牌与市场化品牌同步建设。例如，2021年9月，人力资源社会保障部、国家发展改革委等20部委印发《关于劳务品牌建设的指导意见》，对加强劳务品牌发现培育、加快劳务品牌发展提升、加速劳务品牌壮大升级等做出部署。2022年2月，民政部、国家乡村振兴局印发《关于动员引导社会组织参与乡村振兴工作的通知》，要求深入开展国家乡村振兴重点帮扶县结对帮扶行动、打造社会组织助力乡村振兴公益品牌行动和社会组织乡村行活动。通过专项行动，启动一批社会组织帮扶重点项目，打造一批社会组织助力乡村振兴服务的特色品牌，推广一批社会组织参与乡村振兴和对口帮扶的典型案例，在全国范围内形成示范带动作用。

农业农村部持续印发推进乡村振兴品牌建设相关的文件，先后印发《农业农村部关于加快推进品牌强农的意见》《农业生产"三品一标"提升

行动实施方案》《关于开展 2022 年农业品牌精品培育工作的通知》等文件。2022 年 7 月，农业农村部、国家乡村振兴局印发《关于开展 2022 年"百县千乡万村"乡村振兴示范创建的通知》，以久久为功之姿，深入促进以"三品一标"为主线的乡村品牌建设。2022 年 8 月，国家发展改革委等部门联合印发《关于新时代推进品牌建设的指导意见》明确提出打造提升农业品牌，将农业农村部实施的农业品牌精品培育计划、"三品一标"、农业品牌帮扶、打造农业领军品牌以及新型农业服务品牌纳入该文件内容，并提出培育区域品牌，充分发挥集体商标、证明商标制度作用，加强区域品牌运用、价值评估和知识产权融资。加强地理标志的品牌培育和展示推广，推动地理标志与特色产业发展、生态文明建设、历史文化传承、乡村振兴等有机融合，提升区域品牌影响力和产品附加值。

第三节 坚持夯实乡村振兴品牌建设基础

为切实推进乡村振兴品牌建设，使乡村振兴品牌建设行稳致远、落到实处，从国家倡导到地方实践，均极为重视基础工作。概括来看，主要包括以下五个方面内容。

一、夯实人才基础

乡村振兴品牌建设的根本是人才振兴。针对乡村振兴人才总量不足、结构不合理、流失严重等问题，尤其是乡村振兴品牌建设人才稀缺等突出问题，各省市对症下药，推出系列针对性政策措施。一是坚持畅通各类人才下乡渠道，支持大学生、退役军人、企业家等到农村干事创业，参与乡村振兴品牌建设。二是大力挖掘农村能工巧匠、经营管理能人，着力加强农业标准化、特色农业和现代农业等技能培训，在培育一批品牌化发展的家庭工场、手工作坊、乡村车间、特色企业、电商企业和规模经营等实践中，形成乡村振兴品牌建设内生型人才。三是在教育方面，培养更多知农爱农、扎根乡村的人才，优化涉农学科专业设置，探索对急需紧缺涉农专业实行"提前批次"录取，满足乡村振兴品牌建设中所需的不同类型人才。四是搭建乡村振兴品牌建设人才流动平台，建立激励导向机制，激活农村人才，在乡村振兴品牌建设中大显身手。通过多年来各方面协同努力，乡村振兴品牌建设的人才振兴领域初步取得成效，如有关部委公开数据显示，截至2020年，全国农村实用人才总量约2254万人，占主体的高素质农民超过1700万人。随着政策措施不断落实，有关人才规模有望持续扩大。

2022年4月，农业农村部和财政部联合实施乡村产业振兴带头人培育"头雁"项目，各省市纷纷加快贯彻落实，发挥高校拥有的学科、师资以及系统课程设计等三大优势，自2022年起依托部分高校力量每年为各县培育10名左右"头雁"，用5年时间培育一支10万人规模的乡村产业振兴带头人，即"头雁"队伍，带动全国500万新型农业经营主体形成"雁阵"，直接惠及乡村振兴品牌建设，影响深远。

各地也因地制宜积极探索人才评价以及培养方法，如重庆市出台的《农村实用人才分类评价实施方案》，根据从业领域的不同，将农村实用人才分为5类，即：生产型人才、经营型人才、技能服务型人才、技能带动型人才、社会服务型人才。江苏省加紧建设高层次农业科技人才队伍，培养一批优秀农业青年科技人才。黑龙江省实施新型职业农民培育工程，建立起教育培训、规范管理、政策扶持"三位一体"新型职业农民培育制度。2018年3月，黑龙江省经过层层选拔，挑选出生产经营规模大、致富带动能力强的30名新型职业农民赴上海培训，培训内容不仅包括技术培训，还包括经营管理培训，学习都市农业、休闲农业和智慧农业等成功经验，并举行黑沪两地新型职业农民农产品对接洽谈会，取得良好成效。

同时，部分省市注重打造农民工劳务输出领域的品牌。通过市场化运作、规范化培育、技能化开发、规模化输出、品牌化推广、产业化发展，领军劳务品牌持续涌现，劳务品牌知名度明显提升，形成"塑造劳务品牌、消费劳务品牌、热爱劳务品牌"的浓厚氛围。河北、山西、青海、吉林、贵州、重庆等省市纷纷提出打造特色劳务品牌，涌现出"张北司炉工""吕梁山护工""天镇保姆""化隆拉面师""辽源织袜工""黔灵女家政""黔龙海运"等劳务品牌。山西省为此提供贯通技能培训、职业能力评价、就业服务、劳动维权等全链条服务；健全技能培训体系和评价体系，打造专业化培训师资队伍；完善品牌标识和标准，加强劳务协作和劳务对接，提高劳务输出的组织化、专业化、标准化水平；到2025年，目标是在全省培育有良好基础或发展潜力的地方特色劳务品牌100个以上。

二、夯实科技基础

科技是农业农村经济增长最重要的驱动力，乡村振兴自主品牌的核心要素。加快农业科技进步，提高农业科技自主创新水平，形成一批自主知识产权的农业科技成果，加速成果转化，为乡村振兴品牌发展拓展新空间、增添新动能，引领支撑农业转型升级和提质增效。据统计，我国已组建了50个国家现代农业产业技术体系，建成了47个国家重点实验室、100个农业科学观测试验站，取得了节水抗旱小麦、超级稻、白羽肉鸡等一批重大标志性成果，农作物种源自给率超过95%。农作物耕种收综合机械化率超过72%，小麦综合机械化率超过97%，基本实现全程机械化，畜牧水产、设施农业等机械化水平有较大提升。农业科技进步贡献率达61%，有力地促进了农产品、农业投入品、农业机械等品牌迭代，优化品牌结构。

国家知识产权局以加强地理标志产业技术扶持作为创新支撑，围绕地理标志产业链开展关键核心技术专利导航，培育高价值专利。深入实施专利转化专项计划，引导相关专利技术向地理标志产业转移转化。遴选一批创新能力强、发展潜力大、市场前景好的地理标志龙头企业作为知识产权优势示范企业。综合发挥专利在助推技术攻关、前瞻布局，地理标志在助推标准管理、品质升级，商标在助推品牌打造、市场拓展等方面的独特优势，服务支撑产品品牌研发、生产、包装、销售等各环节，促进地理标志产业品牌化发展。2022年，农业农村部在全国范围内重点支持200个地理标志农产品发展，通过综合措施使得到支持的地理标志农产品综合生产能力明显增强，产品知名度、美誉度和市场占有率显著提高，形成一批地理标志农产品助力乡村振兴品牌的样板。

各省市也高度重视强化农业科技支撑深入实施创新驱动发展战略，如江苏省构建20个现代农业产业技术体系，实施重大新品种创制工程。到2022年，全省农业科技进步贡献率达72%，实现国家农业科技园区设区市全覆盖，省现代农业科技园涉农县（市、区）全覆盖，全省建成100个左右省级农业科技综合示范基地，全省主要农作物、畜禽良种覆盖率达到98%以上。山东省也围绕粮食安全、盐碱地综合利用、农业智慧化信息化、农业绿色发展等科技需求，开展关键核心技术攻关；实施乡村振兴科技创新提振行动，加快关键技术集成创新和转化应用，推动农业全产业链条创新；通过加强农业科技园区建设，优化结构布局，深入实施农业重大技术协同推广计划，探索建立链条式新型协同技术推广模式；推动科技特派员创新创业共同体建设，组建产业服务团，加速农业科技成果转移转化。江西省探索推行科技特派员制度，选派科技人员开展科技服务，推动人才下沉、科技下乡、服务"三农"。湖南省注重发挥在湘农业领域院士作用，将最新科研成果转化为产品产业优势，提高农产品品质，实施品牌提升计划，提升湖南农产品的知名度和美誉度，使"中国粮·湖南饭"成为湖南"三农"工作的"金名片"；统筹推进科技和人才强农，强化现代农业产业技术体系建设，依托科技专家服务团引导科技人员为农服务；发现和培育农业领域战略科学家，加快农业领域重点实验室、工程技术研究中心建设，实施湖南农业科研杰出人才和杰出青年农业科学家项目。这些措施均因地制宜、针对不足，在实践中取得较好成效。

三、夯实质量基础

（一）建立质量管控机制

质量是乡村振兴品牌的生命线。各地通过建立生产经营主体名录和信用档案，健全质量管理体系，完善生产日志，强化全过程质量控制。通过实施达标合格农产品亮证行动，推动规范开具合格证。通过加强质量标识和追溯管理，完善地理标志农产品监管和服务体系。注重利用现代信息技术，建立并使用智慧生产、营销、监管、服务等信息化平台，推动身份标识化和全程数字化。

（二）建立检验检测认证制度

有关省市积极探索创新乡村振兴工作评定服务模式，以质量认证为手段建立"高标准市场＋高质量产区"的联动模式，对标高端市场需求，通过认证评价方式培育"圳品""丽水山耕"等区域高端质量品牌，健全优质农副产品产销对接机制。鼓励质量认证和检验检测服务下乡，为农业产业园区、农业生产经营企业、农业互助合作社和农户提供精准服务，完善"从田间到餐桌"全过程的食品农产品认证及检验检测体系。鼓励农产品产销企业与农民专业合作社开展绿色食品、有机产品以及危害分析与关键控制点（HACCP）、良好农业规范（GAP）等食品农产品认证，提升农产品质量和附加值，支持绿色农产品基地、生态农场、现代农业产业园区建设。在体系建设方面，探索构建覆盖生产、加工、仓储、运输、配送、保鲜等环节的质量认证和检验检测体系；积极开展有机产品、富硒产品等特色农产品认证和乡村旅游、休闲农业、民宿服务、农耕文化体验、健康养老等服务认证。重点加强种子、农资、农用机械、冷链物流等检验检测能力建设。完善乡村基础设施、公共服务、人居环境等领域质量认证和检验检测技术服务，探索建立美丽乡村第三方评价体系。强化土壤、空气、水环境等检验检测能力建设，服务农业面源污染防治，优化乡村宜业宜居环境。加快推行统一的绿色产品认证和标识体系，有序推进"涉绿"农产品评价制度整合，将更多生态环境影响大、消费需求旺、产业关联性强、社会关注度高、国际贸易量大的产品纳入绿色产品认证目录，探索将对新污染物管控的要求纳入绿色产品认证制度。完善绿色产品认证采信推广机制，推动健全政府绿色采购制度，鼓励社会优先采购获得认证的绿色产品，增加绿色产品供给。培育一批绿色产品专业服务品牌，健全绿色产品技术支撑体系。

（三）加强标准化建设

在国家战略指引下，各省市还注重将标准化建设贯穿于乡村振兴品牌建设各环节，充分彰显标准化在乡村振兴品牌建设中的经济效益、社会效益、质量效益和生态效益。一是加强高标准农田建设，加快智慧农业标准研制，加快健全现代农业全产业链标准。二是加强数字乡村标准化建设，建立农业农村标准化服务与推广平台，推进地方特色产业标准化。三是完善乡村建设及评价标准，开展农村人居环境整治提升标准化建设，加强农村垃圾与污水治理、农村卫生厕所建设改造、农业农村基础设施和公共服务等领域标准制定，完善相关建设、运营管理、监管服务标准。四是推进度假休闲、乡村旅游、民宿经济、传统村落保护利用等标准化建设，促进农村一二三产业融合发展。五是推进全产业链标准化。以传统生产方式为基础，结合现代农业新技术新装备的应用，构建以产品为主线、全程质量控制为核心的全产业链标准体系和标准综合体，加快关键环节标准制修订。六是加大标准化指导、宣贯和培训，加强标准简明化应用，编制模式图、明白纸和风险防控手册等标准宣贯材料，推动标准进企入户、上墙上网。

四、夯实数字化基础

2019年5月，中共中央办公厅、国务院办公厅印发《数字乡村发展战略纲要》并明确指出，数字乡村是数字中国建设的重要方面，同时提出打造品牌农业，即在数字乡村建设中，充分发挥数字化在乡村振兴品牌建设中的作用，具体反映为信息技术创新的扩散效应、信息和知识的溢出效应、数字技术释放的普惠效应，有力提升农业品牌的竞争力，有力支撑乡村生态品牌、数字乡村品牌、乡村治理品牌和乡村文化品牌等技术基础建设，形成现代化的乡村振兴品牌新体系。

2019年12月，农业农村部与中央网信办联合印发的《数字农业农村发展规划（2019—2025年）》，有力促进数字技术与乡村振兴品牌建设融合发展，以乡村振兴产业品牌数字化、以数字乡村振兴产业品牌化为主线，重点以数字化方式推进农产品生产标准化，引导生产经营主体对上市销售的农产品加施质量认证、品名产地、商标品牌等标识，加强公共性与市场化相同步的数字化平台建设，促进农产品品牌迭代升级，强化提升农产品品牌数字创意设计能力、数字传播能力、数字营销能力，促进数字品牌经济发展。2021年中央"一号文件"进一步提出全面推进乡村振兴实施数字乡村建设发展工程。国家发展改革委等部门关于《关于新时代推进品牌建设的指导意见》（发改产业〔2022〕1183号）中进一步明确提出，要围绕智慧农业等领域，"培育优质数字化品牌。实施'数商兴农'，培育电商优质品牌"。

在中央政策的引领支持下，各省市乡村振兴数字化建设取得新的进展。2022年5月，北京大学新农村发展研究院联合阿里研究院发布的《县域数字乡村指数报告》显示，2020年县域数字乡村指数平均为55分，发展水平最高的5个省依次为浙江（82.6）、江苏（70）、福建（69）、山东（66）和河南（66），浙江为全国第一。数字乡村百强县榜单上，浙江又摘得第一，共有32个区县上榜，其中德清、安吉、桐乡、余姚、武义、萧山、慈溪、苍南进入百强榜前十。

表1-2　2020年县域数字乡村指数百强县榜单情况

排名	省份	县（区）	数字乡村指数	排名	省份	县（区）	数字乡村指数
1	浙江省	德清县	122	23	福建省	安溪县	96
2	浙江省	安吉县	113	24	福建省	仙游县	96
3	浙江省	桐乡市	107	25	浙江省	永嘉县	96
4	浙江省	余姚市	107	26	浙江省	天台县	95
5	福建省	闽侯县	106	27	山东省	博兴县	95
6	浙江省	武义县	105	28	浙江省	临海市	94
7	浙江省	萧山区	105	29	河北省	霸州市	94
8	浙江省	慈溪市	104	30	浙江省	海曙区	94
9	浙江省	苍南县	104	31	河南省	镇平县	94
10	广东省	惠城区	102	32	河北省	清河县	94
11	浙江省	嘉善县	101	33	福建省	福安市	94
12	浙江省	东阳市	100	34	浙江省	镇海区	94
13	浙江省	平阳县	99	35	浙江省	海盐县	93
14	福建省	武夷山市	99	36	河北省	平乡县	93
15	浙江省	浦江县	98	37	江苏省	泰兴市	93
16	浙江省	温岭市	98	38	湖南省	长沙县	92
17	浙江省	诸暨市	98	39	山东省	牡丹区	92
18	浙江省	缙云县	97	40	河北省	安平县	91
19	河北省	正定县	97	41	江苏省	东海县	91
20	浙江省	仙居县	97	42	江苏省	睢宁县	91
21	云南省	瑞丽市	97	43	江西省	庐山市	91
22	福建省	集美区	97	44	广东省	普宁市	91

续表

排名	省份	县（区）	数字乡村指数	排名	省份	县（区）	数字乡村指数
45	四川省	新都区	91	71	河北省	晋州市	87
46	江苏省	沭阳县	90	72	河南省	洛龙区	87
47	河北省	高碑店市	90	73	江苏省	泗阳县	87
48	江苏省	丹阳市	90	74	广东省	斗门区	87
49	河北省	桃城区	90	75	浙江省	北仑区	86
50	浙江省	桐庐县	90	76	浙江省	嵊州市	86
51	福建省	海沧区	89	77	浙江省	柯城区	86
52	广东省	博罗县	89	78	河北省	三河市	86
53	山东省	环翠区	89	79	福建省	同安区	86
54	浙江省	建德市	89	80	福建省	城厢区	86
55	广东省	惠东县	89	81	安徽省	天长市	86
56	浙江省	南浔区	89	82	福建省	芗城区	86
57	浙江省	椒江区	89	83	浙江省	富阳区	86
58	广东省	南沙区	89	84	河北省	肃宁县	86
59	山东省	胶州市	89	85	福建省	新罗区	86
60	河北省	裕华区	89	86	河北省	任丘市	86
61	河北省	宁晋县	88	87	河南省	红旗区	86
62	河北省	高阳县	88	88	浙江省	黄岩区	85
63	四川省	郫都区	88	89	河北省	安国市	85
64	河南省	长葛市	88	90	河北省	南宫市	85
65	广东省	海丰县	88	91	浙江省	临安区	85
66	广东省	增城区	88	92	河南省	郾城区	85
67	广东省	龙湖区	87	93	河北省	雄县	85
68	河北省	蠡县	87	94	福建省	荔城区	85
69	江苏省	新沂市	87	95	安徽省	泾县	85
70	福建省	德化县	87	96	江苏省	铜山区	85

续表

排名	省份	县（区）	数字乡村指数	排名	省份	县（区）	数字乡村指数
97	河南省	温县	85	99	山东省	滨城区	84
98	福建省	南靖县	85	100	河北省	广宗县	84

资料来源：北京大学新农村发展研究院、阿里研究院，《县域数字乡村指数报告》（2022）。

  浙江省作为我国农业农村现代化先行省、我国互联网大省和我国数字经济发展先发地，推动形成数字乡村振兴品牌的独特优势和良好基础，坚持以"系统谋划、高效协同""需求牵引、应用导向""综合集成、共建共享""政府引导、市场运作""创新引领、安全可控"等为基本原则，致力打造国家数字乡村建设的展示窗口、乡村数字生活的服务标杆、乡村整体智治的先行样板。农业农村部2020"全国县域数字农业农村发展水平评价"显示，浙江省农业生产数字化发展水平为59.5%，高出全国平均水平35.7个百分点。浙江省通过开发推行"浙农码"，初步实现农业农村主体码上服务、码上监管等功能，初步构建起全省农产品质量安全追溯体系，在精准扶贫、畜牧养殖、农产品追溯、渔船管理等领域得到应用。德清、平湖等25个县（市、区）纳入省级乡村振兴产业发展示范建设范围，筹措安排28亿元，分年落实支持乡村产业数字化发展。全省累计开展2批共163个数字农业工厂试点创建，示范带动1184个种养基地完成数字化改造，西湖龙井茶、浦江葡萄、德清早园笋、桐乡杭白菊等50个单品种全产业链数字化管理系统推进建设。余杭、余姚、永嘉等20个县（市、区）启动实施"互联网+"农产品出村进城工程，"网上农博"平台建设顺利推进，培育了一批具有较强竞争力的县级农产品产业化运营主体和农产品品牌。2020年全省拥有活跃的涉农网店2.4万家，实现农产品网络零售1143.5亿元，涌现出定制农业、创意农业、认养农业、云农场等一批新业态新模式。建德等10个县（市、区）入选首批全国乡村治理体系建设试点县，衢州等4个市以及德清等11个县（市、区）被确定为省级数字乡村试点示范市县，其中临安区、慈溪市、德清县和平湖市入选首批国家数字乡村试点地区名单，2022年全国数字乡村建设现场推进会选择德清县举办。

根据2019年11月广西壮族自治区数字广西建设领导小组印发的《广西加快数字乡村发展行动计划（2019—2022年）》，2022年底广西将通过培育一批数字乡村新业态，培育形成一批农村电商产品品牌，农村电子商务发展通达全区各县（市、区）。在具体项目建设方面，在2022世界5G大会上，中国联通"大国粮仓"5G数字农场（北大荒），通过5G赋能万亩粮田，设施、装备、机械数字化、智能化改造，实现全产链智慧农业，被该大会评为2022年5G十大应用案例之一。

五、夯实社会化协同基础

多年来，企业事业单位、人民团体、社会组织等在服务乡村振兴品牌建设中的积极性、主动性、创造性得到较为充分的鼓励、支持和引导。例如，江苏省农业农村厅组建"省农业品牌与市场建设专家库"，对农业品牌建设工作提出意见建议，提供智力支撑和决策参考、参与江苏农业品牌成果的科普宣传与推介工作。稳步建立政府、市场、社会协同推进的机制。开展品牌评价、品牌推选、价值评估、宣传推介等活动。以下归纳了各地夯实社会化协同基础方面的经验措施：

（一）展览展示、大赛、节庆等活动不断

企业事业单位、人民团体和行业协会等各类社会组织主动协助各级政府部门承办展览会、博览会和节庆活动，打造乡村振兴品牌展示推广平台，推动各类资源对接，推广各类品牌，赋能乡村振兴品牌建设。知名度高、影响力广的活动如，由农业农村部主办的展会中国国际茶叶博览会、中国国际农产品交易会、中国（寿光）国际蔬菜科技博览会、中国长春国际农业·食品博览（交易）会等；农业农村部事业单位举办的系列展会，如农业农村服务业博览会、国际薯业博览会、全国优质农产品展销周等。又如，第一届乡村振兴名品博览会由广东省商务厅等地方政府与企业事业单位联合举办，江苏省也组织了十强农产品区域公用品牌大赛、江苏省农业企业知名品牌30强大赛、江苏品牌农产品营销促销大赛等。

（二）协同开展培训、编制报告以及品牌标准等工作

乡村振兴品牌建设过程中，可以充分发挥高校、科研机构和企业等专业理论研究以及实践经验等特长，开展相关乡村振兴品牌专业服务。开展专业培训方面，例如，浙江大学承接国家乡村产业振兴带头人培育"头雁"项目，于2022年8月正式启动，对来自河北省的100名农村产业带头人进行为期15天的第一阶段培训。编撰专题报告、及时传递品牌建设经验方面，例如，农业农村部市场与信息化司与中国农业大学合作主编《中国农业品牌发展报告》，持续发布，对全国农产品品牌建设具有良好的引导作用。江苏省利用科研机构力量，在全国省级层面率先组织编制并印发《江苏农业品牌发展报告》。编制并发布相关品牌标准方面，各部委、有关省市也积极探索推出各领域农业品牌标准，引领行业规范发展。如国家层面有《品牌价值评价——农产品》《品牌价值评价——酒、饮料和精制茶制造业》《区域品牌价值评价——地理标志产品》《区域品牌培育与建设指南》等，地方层面有《江苏农业企业知名品牌评价规范（试行）》《农产品区域公用品牌管理规范》等。

（三）积极开展乡村振兴品牌宣传推广

各大党政媒体积极广泛开展乡村振兴品牌宣传推广，在及时做好新闻报道的同时，推出富有特色的专项活动，有效增强了乡村振兴品牌建设在我国品牌强国建设中的辩识度、专业度和影响力。例如，新华社推出的新华社民族品牌工程，其中包括黔系列等区域产业集群品牌和鲁花等农业企业品牌。《中国名牌》杂志社会同相关部门与机构共同评选发布"乡村振兴示范基地"名单，为入选的示范基地给予价值100-200万元的传播资源支持，举办中国乡村振兴品牌建设高端论坛。《农民日报》自2018年启动发布"中国农业企业500强排行榜名单"以来，持续探索发布"中国农业产业化龙头企业500强"榜单、"中国农民合作社500强"榜单等。中国品牌建设促进会相关机构举办中国区域农业品牌发展论坛，发布中国品牌·区域农业形象品牌影响力指数，集中推介农业产业品牌。这些榜单的权威性、专业性不断提高，成为社会各界观察农业主体发展和乡村振兴的重要窗口。新华网通过"第八届绿色发展论坛"，推出"2022绿水青山就是金山银山实践典型案例"285个、"2022乡村振兴绿色实践典型案例"68个、"2022金

融创新创优典型案例"24个，展示、推介一批地方政府"在发展中保护、在保护中发展"的鲜活经验，以及各类企业推动实现"生态经济化、经济生态化"高质量发展中的品牌模式，并发起筹办首届乡村振兴品牌大会。

（四）切实增强乡村振兴品牌维权力度

各地在坚持擦亮乡村振兴品牌金字招牌，在增强行政保护、法律保护的同时，加强道德保护、技术保护，充分发挥消费者协会、行业协会和联盟等作用。通过协同开展诚信建设，增强商标注册意识，及时化解商品品牌纠纷，强化舆论保护、口碑保护、消费者认知保护；充分运用先进的技术手段，进行技术保护。2022年5月，中国防伪行业协会经过企业自愿申报、专家评审，在第六个"中国品牌日"，组织召开线上发布会，发布"防伪溯源、保护品牌十大优秀案例"，包括四川省宜宾普拉斯包装材料有限公司为第八代五粮液提供防伪溯源系统和"物理＋信息"防伪标识等，展示微纳光学可变、全息烫印和信息防伪技术，令制假、售假者望而却步。其中乡村振兴品牌防伪占比为80%，引导企业开展先进技术防伪，打击假冒伪劣和侵犯知识产权等行为，积极营造公平竞争、健康清朗的市场环境，有效保障乡村振兴品牌合法权益。

第四节 践行乡村振兴品牌建设各展优长

近年来，各省市通过品牌建设引领乡村振兴全面发展，多种因素同向发力，形成卓有成效的实践经验与丰硕成果，显示乡村振兴品牌建设不再局限于经济领域，已向政治、社会和文化领域延伸。品牌拓展现象越来越突出，使各地乡村振兴品牌建设呈现出立体交叉、有序推进的良好局面，更加彰显出农业品牌在乡村振兴中引领性、支撑性、基础性的地位与作用。随着一批品牌案例的不断涌现，深刻回答了"产业兴旺"如何兴旺的方法与路径。

一、各类品牌齐头并进

为及时并深刻体现乡村振兴战略方向，国家层面以及地方层面，在出台相应政策的同时，坚持选择一批在实践中涌现的典型案例，进行经验推广，充分发挥示范带动作用，是乡村振兴品牌建设的生动写照，为乡村振兴各类品牌齐头并进奠定坚实基础。

（一）"绿色生态品牌"体现乡村环境美

大力推进乡村绿色生态品牌建设，是乡村振兴牢固树立绿水山青山就是金山银山理念，尊重自然、顺应自然、保护自然、促进生态文明建设的具体体现，具体包括绿色治理、环境整治和农业资源利用等重点领域。例如，水流域治理方面，涉及淡水资源保护、水土资源流失治理、水生生物资源养护等；垃圾污染治理方面，涉及畜禽粪污、生活污水治理、垃圾收运与处理等；其他方面，还涉及山水林田湖草沙综合治理，以及大气综合防治、化肥农药使用、农作物病虫害绿色防控、废旧农膜资源化、清洁能源使用、卫生厕所普及，等等。

为此，在国家和地方层面协同推进国家农业绿色发展先行区建设，大力发展绿色食品、有机农产品和地理标志农产品，推进国家农产品质量安全县创建。科学开展大规模国土绿化行动，让绿色生态和经济协调发展、人与自然和谐共生，坚定走生态优先绿色发展道路。部委层面，国家财政部、农业农村部、水利部、住建部和国家林草局分别开展的田园综合体、农业绿色发展先行区、美丽乡村、水美乡村、绿色村庄和森林乡村等认定，形成了一批不同侧重点的乡村生态品牌，是乡村生态品牌建设的重要探索。地方层面，如江西省力推"江西绿色生态"品牌，江西省市场监管局发布了《江西绿色生态农民专业合作社》（DB36/T1490-2021）、《江西绿色生态家庭农场》（DB36/T1491-2021）两项地方标准，对符合评价要求的，授予相应品牌证书和标志，借此赋能新型农业经营主体提档升级，引领家庭农场和农民专业合作社把生态治理和发展特色产业有机结合起来。长沙市重点围绕生态产业化和产业生态化，涌现出"山水换金""文化铸魂""品牌赋能""环境塑形""腾笼换鸟"等五种紧扣长沙地域特色的典型模式并进行展示和推广。

（二）"数字乡村品牌"体现乡村科技美

数字乡村品牌是乡村高科技化、品牌化发展的结晶，主要反映移动互联网、大数据、物联网等现代信息技术全面赋能乡村振兴，而涌现的一批富有数字化特征鲜明的乡村品牌，有效弥补了城乡数字品牌鸿沟，使乡村振兴得以形成科技与品牌有机融合的现代发展方式。它具体包括智慧农业品牌、智慧水利品牌、数字消费品牌、数字供销品牌、农业科技信息管理服务品牌、农产品质量安全追溯品牌、数字金融品牌、数字文化品牌、数字帮扶品牌、数字治理品牌等多种类具体场景的数字品牌形态，不仅夯实了乡村振兴现代技术基础，而且生动呈现了迥异于过往的现代乡村生活形态。

2020 年 10 月，中央网信办等七部门部署开展国家数字乡村试点，包括北京市房山区、平谷区、天津市西青区、津南区等分布全国各省（市）共 118 个县（市、区），是数字乡村品牌建设的积极探索。在一些重点领域，涌现出若干具有代表性、成功的探索案例。例如，在技术基础设施建设方面，山西省忻州市宁武县联通分公司以"宽带引领""数字乡村"两项重点工作内容为导向，把"智慧乡村"建设同乡村全面振兴有效衔接；上马淂山乡智慧乡村建设项目，使淂山乡达到全乡行政村数字化、智能化、高效化的目的。又如，在打造数字化服务模式方面，山东枣庄市山亭区描绘区镇村"一张图"，以打造"亭"好品牌、建设"智"美乡村为目标，整合数字资源，着力建设"亭"好数字农业、"亭"棒数字治理、"亭"靓数字文旅，蹚出一条以数据驱动乡村振兴的山亭模式，被评为山东省数字乡村建设试点区、山东省新型智慧城市建设试点。

（三）"乡村产业品牌"体现产业兴旺

乡村产业品牌旨在反映乡村产业优先发展情况以及综合竞争力，反映乡村生产力水平先进性，并从中反映农民收入水平以及农民消费能力，有效促进一二三产业融合发展，不断催生富于竞争力的新业态、新产品，以满足市场新需求，具体包括三个层面，一是区域公用品牌为标志的相关品牌，例如农产品区域公用品牌、农业区域形象品牌等。二是企业品牌，不仅包括农业企业品牌，而且也包括其他工业、服务业等企业品牌；三是产品品牌，主要反映为农产品品牌、涉农服务品牌，为农产品品牌提供支持的如农机产品品牌等其他各类产品品牌。对此，农业农村部、商务部全力倡导建设完善农业标准体系，塑强一批精品区域公用品牌，带动企业品牌和农产品品牌协同发展；深入推进中国农业品牌目录制度以及中国农垦品牌目录制度等，发布消费索引，流通企业、电商平台纷纷开设品牌农产品销售专区，培育农产品网络品牌，促进品牌农产品销售。同时，深入开展消费帮扶活动，例如，2021年国家发展改革委商有关部门和地方择优推荐并遴选确定54个全国消费帮扶助力乡村振兴优秀典型案例和49个入围典型案例，树立一批支持脱贫地区振兴发展，促进脱贫群众就业增收的消费帮扶品牌，并通过多渠道的典型案例宣传推介，引导各行业、各地区学习借鉴典型案例的经验和创新做法，有力促进了乡村产业品牌建设。

近年来，在绿色发展理念指引下，"乡村游"发展迅猛，乡村旅游品牌成为乡村产业品牌建设重点。各地积极利用乡村自然资源和人文资源，打造独具乡村人文特色、绿色发展、大众消费的旅游品牌，有效促进农村一二三产业融合发展，助力乡村振兴。文化和旅游部自2019年公布首批全国乡村旅游重点村名单以来，至2022年已公布三批、共计1199个重点村品牌。2022年7月，文化和旅游部、中国关心下一代工作委员会联合推出"乡村是座博物馆"全国乡村旅游精品线路128条，主要针对青少年特点，推出一批集乡土乡情、红色文化、考古遗址、自然科普、农耕文明、历史文化、非遗体验为一体的精品线路，同时带动周边民宿景区、特色农产品、文创产品销售的联动发展。

另外，在乡村振兴品牌与地理标志结合方面的经验也颇具特色。我国是欧盟农产品第二大出口市场，也是欧盟地理标志产品五大核心市场之一。2021年3月，中欧地理标志协定正式生效，迄今为止，中欧双方顺利实现共244个地理标志产品的互认互保，地理标志国际合作迈上新台阶。国家知识产权局进一步健全地理标志保护体系，统筹规划国家地理标志产品保护示范区建设布局。陕西省铜川市王益区"孟家原桃"自2020年获得国家农产品地理标志登记保护之后，实施品牌强农战略，多举措保护"孟家原桃"独特的产地环境，提升"孟姜红"品牌价值。同时，依托孟姜女传说这一非物质文化遗产，着力打造"孟姜红"农产品区域公共品牌，对"孟家原桃"实行"统一质量管理、统一产品标准、统一包装、统一销售"的管理模式，优品牌、强产业。山西省洪洞县加快培育"洪洞·老家味道"特色餐饮品牌，全方位推动餐饮、文化旅游、农特产品等产业高质量发展，实现产业化经营。

(四)"乡村治理品牌"体现乡村社会和谐

乡村治理是国家治理的基石,也是乡村振兴的基础。乡村治理品牌深刻地反映了乡村治理中组织与人、人与人之间的良好关系,具体展现出乡村治、百姓安、国家稳的良好态势,有效激发乡村振兴的内生动力,具体包括:政治治理品牌,例如,以充分发挥基层党建战斗堡垒作用,持续夯实乡村振兴基层基础的党建品牌;社会自治品牌,体现出乡村德治水平,促进社会公德、职业道德、家庭美德和个人品德教育,建立乡村道德激励约束机制与展现良好风尚的自治环境;法治品牌,不仅直接反映乡村治安情况,更是为政治治理品牌建设和社会自治品牌建设提供了良好制度保障。2019年6月,农业农村部公布了北京市顺义区"村规民约推进协同治理"、天津市宝坻区"深化基层民主协商制度"、河北省邯郸市肥乡区"红白喜事规范管理"等20个乡村治理典型案例。2019年12月,中央农办、中组部等6部门确定北京市海淀区等115个县(市、区)为乡村治理体系建设首批试点单位;同月,中央农办、农业农村部等五部门联合公布第一批99个乡(镇)入选为全国乡村治理示范乡镇,998个村入选全国乡村治理示范村。2020年12月,农业农村部发布乡村治理54个典型案例。2021年9月,中央农办、农业农村部等6部门共同审核认定北京市门头沟区清水镇等100个乡(镇)为第二批全国乡村治理示范乡镇、北京市朝阳区黑庄户乡小鲁店村等1000个村为第二批全国乡村治理示范村。司法部、民政部自2004年起开展全国民主法治示范村推荐工作,近年来该项工作持续推进,并实行动态化管理,至2022年2月,先后共公布八批;通过复核,共3802个村保留该称号,对促进乡村基层民主法治建设发挥了积极的标杆作用。2020年4月,农业农村部发布首批全国村级"乡风文明建设"优秀典型案例,走进村庄,用农民的话、身边的事,聚焦培育文明乡风和推动移风易俗,引导农民形成健康文明新风尚。

中组部驻甘肃省甘南藏族自治州舟曲县帮扶工作组自2021年以来,指导舟曲县完成212个村(社区)"两委"班子换届工作,实现90.1%的村(社区)完成"一肩挑";指导基层建立551个网格,健全完善了"党组织+网格"管理体系;指导确定42个抓党建促乡村振兴示范点,提升改造18个村级党群服务中心,通过巩固"党建+"模式,带动全县"1+6"产业多点开花。将杰迪村打造成为党建引领乡村振兴"舟曲样板",形成了舟曲乡村治理党建品牌模式。河南省济源市作为全国乡村治理体系建设试点市,坚持把治理体系和治理能力建设作为主攻方向,探索形成党建引领、自治法治德治数治"四治"融合、警源诉源访源"三源"治理、信息化网格化精细化"三化"支撑的乡村治理模式,全域基本实现零上访、零事故、零案件的"三零"目标。济源"道德积分储蓄站"工作法被评为全国典型案例之一;"实施三清单一流程规范村级权力运行"入选第三批全国乡村治理典型案例名单。

(五)"乡村文化品牌"体现现代乡村人文魅力

我国乡村文化历史悠久,博大精深,是乡村发展魂之所系。在时间的粹炼中,积淀了一批传统乡村文化品牌,历久弥新,例如,农村农业非物质文化遗产、重点文物保护单位、历史文化名镇(村)、传统古村落、乡村戏曲、民族村寨、传统建筑、古树名木等。乡村振兴既要塑形,还要铸魂,乡村文化品牌便是塑形与铸魂的完美结合,它反映了兼及传统的现代农村农业农民的文明底蕴以及文明素养,推动乡村基本公共文化服务以及乡村文化创意产业高质量发展,鼓励城市文艺团体和文艺工作者创作优质作品定期下乡演出、支持富于乡土特色的文艺团组、农村非遗传承人、民间艺人、农村优秀戏曲曲艺等实现品牌化发展。福建省提出培育乡村道德文化特色品牌。

2022年5月,联合国粮农组织新认定中国3项全球重要农业文化遗产,至此,我国全球重要农业文化遗产增至18项,数量居世界首位。这些全球重要农业文化遗产项目,是中华农耕文明的"活化石",综合反映了农村与其所处环境长期协同进化和动态适应下所形成的独特的土地利用系统和农业景观。

2013年5月,农业农村部公布了19个传统农业系统为第一批中国重要农业文化遗产,至今已公布六批共139项。青城山-都江堰、皖南古村落的代表西递-宏村、开平碉楼与村落、福建土楼、哈尼梯田、哈尼梯田、三江并流、三江并流、黄渤海候鸟栖息地、武夷山等先后由联合国教科文组织列入世界遗产名录,成为美丽的国家名片。2019年6月,住建部等6部门联合公布第五批2666个中国传统村落名单,至此共计五批6819个,这些传统村落蕴藏了中国农耕文明跨越时空的丰富历史信息和文化景观，活态而立体。

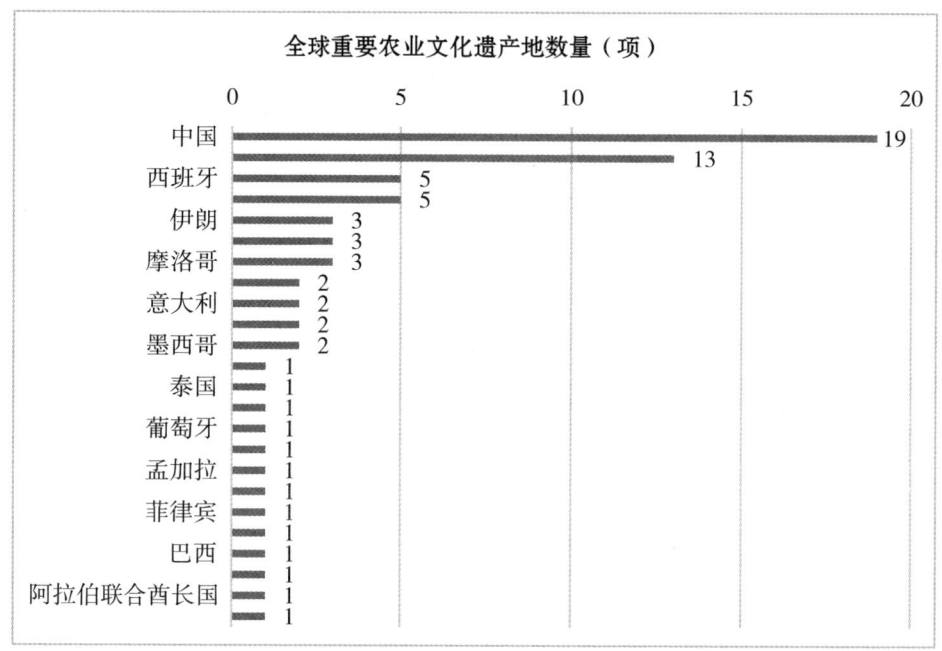

图1-4 我国重要农业文化遗产数量位列全球首位

资料来源：根据公开资料整理

在节日品牌方面，中国农民丰收节是极大地调动中国亿万农民积极性、主动性、创造性，投身乡村振兴建设的标志性活动品牌，延伸出一系列子活动品牌，例如，中国农民电影节已成功举办四届，2022年第五届中国农民电影节则大规模推出千场电影公益放映，被列入农业农村部"我为群众办实事"十件实事之一。

二、农业品牌突飞猛进

农业在中国产业结构中的比重呈不断下降趋势，但依然是提供支撑国民经济建设与发展的基础产业。对此，我国坚定践行农业从供应链、全产业链向以品牌为引领的全价值链转变的发展道路。在政策引领以及在国内外市场竞争中，一批农业品牌脱颖而出，农业区域公用品牌、企业品牌和产品品牌成雁阵发展，推动中国农业经济进入品牌经济时代。在此背景下，农业农村部、国家林业和草原局连续联合发布中国特色农产品优势区名单，农业农村部发布农业产业化国家重点龙头企业名单，国家林业和草原局发布国家林业重点龙头企业，等等，均取得广泛影响。在2019年11月举办的第十七届中国国际农产品交易会上，农业农村部主导的中国农业品牌目录正式发布，包括300个具有代表性的特色农产品区域公用品牌，分果品、蔬菜、粮食、油料、畜禽、水产、茶叶、林特、食用菌、中药材以及其他类。这些典型的特色品牌区域，在推动品种培优、品质提升、品牌打造和标准化生产中，推动农村食品加工产业、农产品、物流配送服务业、民宿文旅等各重点领域快速实现了品牌化发展。

（一）区域公用品牌

近年来，各省市区域公用品牌得到了快速发展。

例如，浙江农产品以区域公用品牌为帆，闯出一片新蓝海，着力打造54个多品类区域公用品牌。衢州"三衢味"成为杭州亚运会官方山珍供应商；"丽水山泉"成功注册，为丽水"山"字系区域品牌再添一位新成员；淳安"千岛农品"发布团体标准，以规范质量体系提升品牌效益。醉忆杭鲜、阿拉宁波、瓯越鲜风、嘉田四季……浙江已经打造了54个多品类区域公用品牌。仅2020年一年，品牌授权企业销售额就超200亿元。"十四五"期间，浙江还将打造一批地域特色突出、产品特性鲜明的区域公用品牌，助力广大农民共同富裕。在区域公用品牌运营方面，德清县莫干山民宿品牌独具特色。莫干山有着悠久的人文历史，它得名于春秋战国时期著名铸剑人夫妇干将莫邪，传说他们在此铸成天下无双的雌雄双剑，是国家级AAAA旅游景区、国家级森林公园，又是我国四大避暑胜地之一，有"江南第一山"之誉，在绿水青山就是金山银山的理念指引下，其国际民宿品牌成为我国民宿产业品牌的龙头品牌；2022年，倾力打造长三角老字号品牌产业集聚区，引入以上海为主的中华老字号老品牌集中入驻，有力地赋能莫干山国际民宿品牌，同时为这些中华老字号老品牌带来了新的品牌文化内涵，相得益彰。

又如，安徽省蚌埠市固镇县依托全国电子商务进农村综合示范县项目，实施本地农产品品牌培育推广和营销体系建设，推动农产品上行，助力乡村振兴。实施品牌培育推广，助力农产品上行。全国电子商务进农村综合示范县项目实施以来，固镇县加强本地农产品品牌培育，打造"皖美固香"区域公共品牌产品，设计了1个"皖美固香"农特产品公用品牌标识，1个"皖美固香"品牌IP形象，制定了"皖美固香"公用品牌的使用规范、战略规划，设计了16款固镇特色产品包装，与仲兴羊肉、绿鑫生态农业、花乡食品、薯香园、畅畅食品、刘安胜种植合作社等10家企业签署了"皖美固香"区域公共品牌授权协议，并围绕"皖美固香"合作产品，支持5家本地企业开展了商标咨询、注册等品牌服务工作。截至目前，区域公共品牌产品累计销售额达300多万元。

（二）企业品牌

多年来，我国农业企业全面、稳步发展，家庭农场达390万户，农民合作社超过220万家，农业社会化服务组织达95万多个。在品牌化发展中，各地涌现出一大批各具特色的企业品牌。例如，江苏省在培育壮大家庭农场、农民专业合作联社等新型农业经营主体时，实施龙头企业提升行动，每个设区市培育一个50亿级的、每个县（市、区）至少培育一个10亿级的行业领军农业龙头企业。到2022年，省级以上农业产业化龙头企业达1000家，国家级农业产业化重点龙头企业突破70家。

2021年底，每日经济新闻与清华大学经济管理学院中国企业研究中心联合出品的《2021中国上市公司品牌价值蓝皮书》正式出版发行。在该总榜的3000家企业中，农业企业共计62家，比2020年增加8家；品牌价值总计2624.72亿元，比2020年增长40.1%。其中，养殖业上市公司占主导，上榜31家，品牌价值合计2151.38亿元，占农业上榜上市公司总计品牌价值的82.0%；农产品加工业上市公司上榜14家，品牌价值282.11亿元；种植业上市公司上榜13家，品牌价值165.96亿元；渔业上市公司上榜4家，品牌价值25.26亿元。新希望位居榜首，品牌价值达到356.84亿元，牧原股份、温氏股份和通威股份的品牌价值也均超过200亿元。其中，2011—2015年上市的公司14家，品牌价值合计841.09亿元，占行业榜单总计品牌价值的32%，排在第一位。2006—2010年上市的公司17家，品牌价值合计636.94亿元，占行业榜单总计品牌价值的24.3%，排在第二位。1996—

2000年上市的公司11家，品牌价值合计579.71亿元，占行业榜单总计品牌价值的22.1%，排在第三位。2001—2005年上市的公司9家，品牌价值合计324.43亿元；2016—2020年上市的公司9家，品牌价值合计141.75亿元；1996年以前上市的公司2家，品牌价值合计100.79亿元。

表1-3 2021中国农业上市公司品牌价值榜单TOP20

序号	证券名称	品牌价值/亿元	增长率/%	地区	上市日期	证券代码
1	新希望	356.84	16.7	四川	1998-03-11	000876.SZ
2	牧原股份	288.40	328.1	河南	2014-01-28	002714.SZ
3	温氏股份	276.64	-17.0	广东	2015-11-02	300498.SZ
4	通威股份	219.16	87.6	四川	2004-03-02	600438.SH
5	海大集团	195.11	24.7	广东	2009-11-27	002311.SZ
6	正邦科技	132.46	44.2	江西	2007-08-17	002157.SZ
7	梅花生物	88.80	-4.5	西藏	1995-02-17	600873.SH
8	大北农	85.06	16.6	北京	2010-04-09	002385.SZ
9	上海梅林	79.97	18.3	上海	1997-07-04	600073.SH
10	禾丰股份	72.44	32.1	辽宁	2014-08-08	603609.SH
11	安迪芬	62.13	-29.5	北京	2000-04-20	600299.SH
12	圣农发展	55.75	12.5	福建	2009-10-21	002299.SZ
13	龙大肉食	53.95	116.0	山东	2014-06-26	002726.SZ
14	唐人神	47.23	26.0	湖南	2011-03-25	002567.SZ
15	雨润食品	37.19	45.9	江苏	2005-10-03	1068.HK
16	天康生物	35.21	45.9	新疆	2006-12-26	002100.SZ
17	海南橡胶	35.53	27.7	海南	2011-01-07	601118.SH
18	苏垦农发	30.59	70.8	江苏	2017-05-15	601952.SH
19	天邦股份	28.73	82.8	浙江	2007-04-03	002124.SZ
20	北大荒	24.92	46.1	黑龙江	2002-03-29	600598.SH

资料来源：梁宏亮，《2021中国农业上市公司品牌价值榜：民营争先》《潇湘晨报》，2022年3月19日。

在企业品牌发展过程中，农业上市公司兼具规模、技术等多方面优势，由此成为中国现代化农业生产模式的探索者。农业上市公司品牌价值逆势增长，很大程度上是均衡财务收益在疫情期间的增长所致，离不开各级政府的政策支持。在多家农业上市公司披露的年度报告中，可以看到政策的扶持效应明显改善了企业的财务状况。例如我国关于"加快恢复生猪生产"相关文件，让主营生猪生产的上市公司品牌价值增长明显，牧原股份增速高达328.1%。

（三）产品品牌

农产品价格机制和市场调控制度进一步完善，优质优价，直接让品牌化的农民在种植中直接受益。各地坚持绿色生态导向，推动农产品品质持续优化升级，使越来越多的绿色优质农产品摆上百姓餐桌。吉林省发挥资源优势和环境优势，加强地理标志农产品建设，打造如吉林大米、长白山人参、吉林杂粮杂豆、皓月牛肉、延边黄牛、双阳梅花鹿等知名产品品牌，通过实施品牌战略提升吉林省农产品的市场竞争力，严格把控农产品质量标准，认真做好农产品质量检测，根据不同产品特点设计品牌定位，突出产品独特卖点，打造不同的产品品牌形象。除此之外加强对地理标志农产品的营销推广和知识产权保护，有效提升品牌知名度、美誉度和忠诚度。

山东淄博市确立了"打造乡村振兴齐鲁样板淄博特色板块"工作目标，力求实现"全域打造、统筹推进、融合发展"，努力"走好充满活力和特色的乡村振兴新路子"。累计打造"三品一标"农产品346个，省级知名品牌33个，数量居全省第4位，市级知名农产品品牌达到109个，淄博乡村振兴战略全面起势。重点培育唐坊（黑牛）、燕崖（樱桃）等2个特色产业强镇和起凤马踏湖生态旅游小镇、东里凤驿小镇等6个省级特色小镇，全市特色产业镇集群和百亿级产业融合发展集群逐渐形成。

近年来，广西南宁市山上林县云桃村把大力发展村级集体经济作为巩固拓展脱贫攻坚成果同乡村振兴有效衔接的重要举措，结合本地特色和资源禀赋优势，不断深入挖掘新的经济增长点，依托村级集体经济发展促进产业振兴，为乡村振兴注入源头活水。2021年，云桃村依托上林大米品牌和后盾单位优势，决定重点采用电商经济的村级集体经济发展模式。该村注册并全力打造"云桃汇"品牌产品，培育村级大米产业链，走上适合当地发展的品牌强村道路。"云桃汇"商标名称和品牌logo目前已获国家知识产权局受理。"云桃汇"第一批云桃香米生产以来,云桃村"两委"全员出动,主动与后盾单位、挂点单位、派驻单位联系对接,借助多方力量和渠道提高产品曝光率,同步上线多个电商销售渠道,订单稳步提高,打开了云桃香米销售之路。该村的品牌发展经验,正如广西电网公司派驻上林县西燕镇云桃村第一书记周开封对云桃村的期盼:"产业振兴是乡村振兴的关键,我们不但要做好'云桃汇'产品,更要通过'云桃汇'讲好云桃故事,以品牌赋能走好乡村振兴这条路。"

2021年,广西农业农村厅公布第四批农业品牌目录"广西好嘢"目录,灵川县共有灵川县伊泉种植专业合作社等4家企业品牌和桂林土当家农业发展有限公司"野山来"甜柿等3个农产品品牌上榜"广西好嘢"农产品品牌目录。近年来,灵川县为抓好特色农产品品牌建设,培育现代农业发展新优势,以优质品牌农业带动乡村振兴,采取一系列措施打造农产品统一品牌"江头一品",创建了"双燕姐"柑橘、灵川秀珍菇等10个名特优农产品品牌。灵川县以"江头一品"品牌为引领,每年组织品牌授权企业到"北上广深"等一线城市参加大型农产品展销活动,与地方营销商对接,推介灵川县"江头一品"系列产品,提高品牌知名度,有效扩大了各类产品的市场影响力。

三、品牌发展经验初探

(一)注重品牌管理升级

从注入品牌发展理念到引入品牌管理,各地政府以及企业在各自不同角度聚焦品牌建设,不断实现品牌管理升级。从政府来说,不仅出台相关政策,而且搭建相关公共服务平台,赋能企业品牌。企业从自身发展出发,在实践中从品牌构成要素角度,不断提升专业化管理能力,实现品牌溢价,品牌综合竞争力显著增强。

山东省莒南县在品牌管理升级方面的经验具有一定代表性:一是推行标准化、强化农产品认证。全县绿色有机农产品总数176个,其中绿色食品61个,有机农产品59个,莒南花生、莒南绿茶、莒南板栗、大店草莓、马馨山银鱼等5个特色农产品获得国家地理标志农产品认证。二是加强品牌文化建设，重点打造花生文化博物馆、茶溪川田园综合体，深入开展金龙湖、沂蒙玉芽、沂蒙雪尖茶旅文化建设。三是扩大品牌影响力，实施地标保护工程、电商平台建设、文化创意等，提升莒南县农副产品品牌知名度，获得中国驰名商标3个。其中，"莒南花生"和"瀚德园牌"肉制品分获山东省区域公用品牌称号。"莒南花生"品牌入选中欧互认农产品地理标志目录，位列2021年中国品牌价值评价信息榜第50位。四是加强质量监管，强化质量监测技术手段建设，加强违禁药物专项整治。探索推行食用农产品承诺达标合格证制度，搭建农产品质量信息管理平台，开展农产品质量追溯、信用评价、等级管理等工作。山东荣成市开始进行诚信建设探索实践以来，征信管理与村规民约融合，将道德引领与制度保障并举，乡村秩序治理的新模式逐渐走向成熟。

（二）注重金融服务创新

充分彰显新时代金融支持乡村振兴品牌的多元价值，将金融服务创新贯穿于乡村振兴品牌建设体系，包括发挥信贷、债券、股权、期货、保险等金融子市场合力作用，着力推进农村信用体系建设。一是推出更多适合乡村振兴品牌建设的差异化金融产品和服务，优化乡村金融服务生态环境，推动乡村特色产业、特色产品和服务走出去。二是支持普惠金融发展示范区建设，向国家重点帮扶县予以倾斜。三是鼓励支持具有国际竞争力和定价权的大粮商品牌参与国际竞争。四是支持打造农产品加工品牌、休闲农业品牌、乡村旅游品牌、农村康养品牌、海洋牧场品牌、农机装备品牌等，打造农业产业集群品牌。五是持续打造"乡村振兴主题卡"服务品牌，作为在中国人民银行指导下，银行业共同的的创新卡产品，为涉农生产的支付结算、资金信贷和农业信息化建设重要需求提供解决方案。2019年4月，中国银联联合中国农业银行等商业银行推出首张乡村振兴主题卡，截至2022年3月底，小微企业卡发卡机构共37家，发卡量超3000万张，乡村振兴卡发卡机构超226家，发卡量超4800万张，为乡村振兴品牌建设注入金融活力。

2022年7月，在上海市知识产权局的指导下，中国银行上海市分行通过质押国家地理标志商标"奉贤黄桃"，向上海市奉贤黄桃业协会内会员单位提供总量5000万元专项信贷支持，成为上海市首单纯国家地理标志商标质押融资业务成功签约。对于有融资需求的黄桃业协会会员，在向该分行申请授信时，可凭借"奉贤黄桃"国家地理标志商标质押增信，从而获得专项信贷投放。既发挥了商标质押"批量增信"的杠杆效应，又将知识产权融资与乡村振兴金融服务创新结合，对惠农助企起到良好示范效应，同时为金融服务"一村一品"乡村特色产业建设提供了创新思路。

（三）注重品牌个性创意设计

独特的品牌个性需要独特的品牌创意设计，根据不同属性的农业品牌，进行有针对性的品牌创意设计，成为各地打造农业品牌的共同选择。这些创意设计紧扣传统历史文化、自然生态等内容，充分体现地域文化属性、故事化、传承性、现代感等特质，反映产品维度形象、区域维度形象、消费者维度形象和产销企业维度形象，既深层次激发消费者消费欲望，又有力地充实、提升了乡村振兴品牌形象。企业对加强品牌农产品视觉符号使用管理的意识得到有力强化，包装标识识别度和使用率显著提高。

一是广泛征集创意设计作品。国家级协会、广东、重庆和河北等地政府纷纷举办各类创意设计大赛，例如，河北连续举办全省农业品牌创新创意设计大赛，通过"媒体+设计专家"调研采风、高校主题宣讲、征集需求、品牌相亲会等一系列活动，广泛宣传发动社会参与，营造推动全社会"懂品牌、唱品牌、买品牌"的浓厚氛围，进行农业品牌创意打造，塑造农业品牌新形象，提升农业品牌溢价能力，创新创意设计大赛扎根燕赵沃土，厚植为民情怀，逐渐发展成为集品牌设计创新、文化展示、宣传推介、延伸服务等于一体的综合性平台。重庆将参赛类别分为"三新一链一榜"，即新科技、新产品、新形象、农业全产业链、揭榜挂帅，在促进企业品牌提升上发挥了积极作用。二是与发展创意农业相结合。在乡村自然禀赋、地域和生产方式的基础上，通过文化植入、景观营造、技术创新等手段，强化农产品差异性。例如，将休闲、旅游、文创等元素融入稻田艺术、稻草雕塑、彩色油菜花、绿色茶园和农作物迷宫等，在体现农业个性化中优化农业产业结构，塑造品牌。三是体现在对传统村落改造与乡村民宿的地域特色追求中。引用当地历史文化、民间文化和自然景观等，使乡村民宿设计富有地域魅力，让游客强烈感受乡村独特的建筑、民俗文化以及生态环境。

（四）注重品牌传播推广

农业品牌肩负着传递和提升地区品牌形象，拉动地方经济发展的重大使命，为此，各地方政府和企业充分利用报刊、电台、电视、互联网等媒体，通过参加国内外展会、打造节庆、举办专项品牌推介会等方式，广泛宣传本地农产品品牌，提高产品、企业以及区域品牌的知名度和品牌形象，极大地增强了中国农业品牌在全世界的知名度、美誉度和影响力。典型案例如，湖北省恩施富硒茶品牌的宣传推广。2018年4月，恩施富硒茶中的佼佼者——恩施玉露和利川红成为习近平总书记和印度总理莫迪在武汉东湖举行非正式会晤时的茶叙用茶，经中央电视台新闻联播、人民日报客户端等报道后"一夜爆屏"。此后，通过在影视作品《延禧攻略》中进行广告植入，并在CCTV—1广告现身，以张贴海报形式现身北京地铁多条线路，当地企业持续进行品牌传播，有效加深年轻消费群体对品牌的认知，成为省内乃至全国知名的区域公用茶叶品牌。

（五）注重品牌营销导向

品牌营销是乡村振兴的核心引擎，对此从国家层面到地方层面，再到行业企业，注重深度挖掘品牌寓意，讲好品牌故事；借助各种传播方式，营造营销氛围；实施爆品战略，领航市场营销；发挥电子商务与融媒体优长，实行跨地区跨国营销；以政府公信力推动品牌营销，彰显政府行政服务能力，进而形成"故事+品质+特色+实体店+电商+直播+口碑+服务＝市场"的品牌营销态势。在互联网与信息技术支持下，各地不断创新品牌营销方式，实施精准营销服务。充分利用农业展会、产销对接会、产品发布会以及设立专柜专营店等营销促销平台。大力发展农业农村电子商务，加快品牌农产品出村上行，拓宽品牌流通渠道，扩大品牌农产品市场占有率。聚焦重点品种，加大海外营销活动力度，支持农业企业"走出去"，参加国际知名农业展会，提升我国农业品牌的影响力和渗透力。部分地区还积极支持建设境外中国农业展示展销中心，搭建国际农产品贸易合作平台。

（六）注重品牌文化建设

中华农耕文化是我国乡村振兴品牌的精髓和灵魂，是乡村振兴品牌文化之根。乡村振兴品牌文化不仅将乡村历史文化、农产品文化、乡村饮食文化、民俗文化等纳入其范畴，同时把时尚文化、红色文化、现代科技文化也纳入其中，进而形成时尚化、颜值化、艺术化、科技化、网络化等构成的新的时代特征，从中折射出新乡土文化。乡村振兴品牌文化不仅限于传统优秀文化的化合与传承，更为重要的是其直接体现为中国农业在国内外市场的强劲竞争力，实现中国乡村振兴品牌文化形象与国内外消费者认同以及与产业创新的价值交互，树立乡村振兴品牌自信。在此方面，各地经验主要有：一是深入挖掘乡村特有的生产、生活、生态和文化等功能，积极促进现代农业产业发展与农业非物质文化遗产、民间技艺、乡风民俗、美丽乡村建设等深度融合，加强老工艺、老字号、老品种的保护、传承与创新，培育具有文化底蕴的中国乡村品牌，使之成为中国品牌走向世界的新载体和新符号。二是以文化赋能与科技赋能，充分挖掘农业多功能性，使农业品牌产品更丰富、业态更多元、形态更高级、价值更高端。三是讲好富有中国特色的乡村品牌故事，形成鲜明的品牌识别，大力弘扬勤劳勇敢的中国品格、源远流长的中国文化、尚农爱农的中国情怀、强大开放的中国包容。以故事沉淀中国特色乡村品牌文化精神，以故事树立中国特色乡村品牌文化形象。

第五节　中国乡村振兴品牌建设存在的问题与对策建议

世界经济竞争已深刻地反映为品牌经济竞争，品牌强则国家强，品牌是一个国家或地区综合竞争力的标志。在我国全面实施乡村振兴战略中，拥有品牌的乡村显著强于没有品牌的乡村，拥有强势品牌的乡村在乡村振兴中具有重要标杆作用。品牌在乡村振兴中应充分发挥引领、示范、辐射效应。多年来，我国乡村振兴品牌建设广泛、持久而深入开展，成效越来越突出，整体推进体系基本形成，对此，应大力推动乡村振兴进一步走品牌化发展之路，不断打造集"五个"总目标为一体的乡村振兴品牌，既是乡村振兴发展的重要抓手、引擎，又是实施乡村振兴战略的重要成就体现。

一、问题剖析

目前，我国乡村振兴品牌建设大体可分为两个阶段：一是产品经济时代及乡村振兴品牌产业基础形成阶段，通过粗放式发展方式缓慢形成较少的区域公用品牌、企业品牌、产品品牌和文化品牌等。二是品牌经济时代品牌基础得以在更大范围形成，各类品牌大量涌现，以品牌化方式推动农村农业经济发展。现在恰同处于这两个阶段交叉发展期，所存在问题显而易见，主要有以下几个方面。

（一）确立新理念与破解深层次问题难

乡村振兴品牌建设是我国新时代"三农"工作、品牌强国建设，构建社会主义现代化经济体系的全新命题，是我国千百年来乡村发展中一场历史性深刻变革，需要理论创新，以此改变旧观念旧方法，确立新的品牌化发展新理念，并付之于伟大实践。事实是理论创新与确立新理念之间、理论创新与实践创新之间衔接不够通畅，特别是政府行政推动与市场机制实现"优质优价优化"发展模式之间衔接不够通畅，甚至是"两张皮"。从政府到企业，再到消费者之间的品牌化发展理念均有待加强，品牌化发展能力、品牌消费意识以及品牌消费能力均有待提高。品牌建设中的土地产权流转、房屋产权流转、乡村基础设施配套投入、投资者与本土居民之间的利益矛盾、投资者与基层政府之间的契约履行以及政策执行力不足等深层次问题均亟须解决。

（二）缺乏顶层设计以及专项战略规划

虽然乡村振兴品牌建设贯穿于乡村振兴各个方面，但更多呈现碎片化状态，缺乏乡村振兴品牌建设顶层设计以及国家层面的专项战略规划，政策指引在农产品的区域公用品牌、企业品牌和产品品牌等领域还有待体系化和细化。农业品牌体系建设中的供应链、产业链、价值链之间的相互促进以及以要素资源的整合能力有待提高。乡村振兴的法治环境、社会环境和文化环境都有待进一步改善。乡村振兴促进法与产品质量法等法律文件之间关于品牌建设的条文有待衔接。

（三）区域间品牌建设水平不够平衡

目前，我国东中西部地区、不同农业区域之间的品牌建设水平差异性较大。一是科技创新能力不够平衡,《2020中国区域农业科技创新能力报告》通过对区域支撑能力、投入能力和产出能力的系统评价,显示东中西部创新能力不平衡,东部较强,中西部相对薄弱。二是农业机械化水平不够平衡,由于创新能力不足,致使我国农机产品"一大两低",数量大、质量低、价格低,高端高质高价产品多为国外品牌,缺乏国产高端农机品牌。国营农场多数使用国外高端农机品牌,而小型农场、合作社多数使用国产农机品牌。北方农机化程度高于南方地区,西南地区农机化程度最低。三是城乡居民消费水平不够平衡。近年来,城乡居民可支配收入虽同向逐年提高,但农村居民的消费能力尚待提高。

(四)市场主体品牌化运营水平亟待提高

乡村振兴品牌建设中市场配置资源的地位亟须加强,市场投入与产出的正循环水平亟须提高。乡村振兴品牌的市场经营主体囿于传统经验,自主创新能力亟须增强,龙头型强势品牌以及产业带动力有待增强,小散弱等问题依旧较为突出,长中短利益难于统一。农产品以及深加工产品品质难于满足需求侧需求,低端农产品相对过剩,科技含量不高,产业链较短,附加值较低。特色地理标志农产品优势不强。市场经营主体讲品牌故事的创意能力、传播能力、营销能力、质量管控能力、品牌保护能力、资本化运营能力等普遍较弱。乡村民宿品牌的环境水平以及服务水平有待提高。

(五)品牌建设的专业服务配套能力亟待提高

全面推进乡村振兴品牌建设的社会共识有待提升,特别是行业协会、高校科研机构等高质量的品牌建设专业服务供给能力普遍不足。政府、社会组织、传播、咨询、营销、维权、资本等与乡村振兴品牌市场经营主体之间的合力有待提高。各地有针对性地对乡村振兴品牌建设市场经营主体的品牌化专业培训,以及持续的跟踪服务明显不足。

二、对策建议

应充分认识到乡村振兴品牌建设的复杂性、艰巨性和长期性,充分认识到乡村振兴品牌建设在实施乡村振兴战略中的重要性、紧迫性和关键性。对此,在国家战略指引下,各省市应牢牢把握如下几方面大的趋势,即:

乡村振兴品牌管理体制机制以及政策体系日益完善、国际化拓展越来越迅猛、农产品品牌高水平竞争日趋激烈、农村人均可支配收入增长快于城镇居民可支配收入增长、专业服务体系市场化协同步入新境、数字化程度越来越深化、品牌泛化现象越来越突出和绿色低碳成为乡村振兴品牌建设遵循的普遍原则等。应广泛借鉴国际乡村品牌建设的成功经验，组合国际国内强大力量，找准符合我国国情的乡村振兴品牌建设发力点，调动方方面面积极性，善于聚焦，使我国乡村振兴品牌发展成效越来越显著，让品牌对于乡村振兴的引领力越来越全面深入，具体建议如下。

（一）积极探索以品牌为引领的乡村振兴新范式

在顺应新发展理念和构建新发展格局中，加强乡村振兴品牌建设理论研究，以新发展理念为我国乡村振兴品牌建设的根本导向，坚持创新理论范式的同时创新实践范式。为此强化顶层设计，在国家层面，可设立国家乡村振兴品牌建设委员会，对乡村振兴品牌建设各类成果进行全面梳理，编制我国乡村振兴品牌建设中长期规划，统筹推动乡村振兴品牌化发展，深度破解乡村振兴品牌建设中深层次问题，推动各地实现根植于本地区资源禀赋的特色化发展、科技化发展和高附加值化发展，推动各地注重品牌伦理实现共同富裕共享发展成果，推动各地与大自然和谐共生，绿色发展，集约发展，推动地区间相互对标实现均衡发展，推动各地向世界开放走向世界实现国际合作共赢，在全球范围内全面提高我国乡村振兴发展水平，形成具有中国特色社会主义乡村振兴范式。

（二）建立并完善乡村振兴品牌建设工作考核体系

深刻认知乡村振兴品牌理论是乡村振兴理论以及品牌强国理论体系的重要构成，既要深刻认知乡村振兴发展的一般规律，同时深刻认知品牌发展一般规律，应侧重在实践层面，促进两者之间交融发展，进而深刻把握乡村振兴品牌发展一般规律，进而掌握打造乡村振兴品牌的一般方法。可由主管部门统筹，构建并不断完善乡村振兴品牌建设体系，及其与国家品牌、城市品牌、区域品牌的交叉支撑体系，与其他产业品牌、企业品牌和产品品牌的交叉互促体系，明确乡村振兴品牌在我国品牌强国战略中的地位与作用。坚持以农业产业品牌为主线，推动构建以品牌化发展为标志的市场机制活跃、微观主体有活力的现代农业产业体系，并形成相应的指标体系、政策体系、科研体系、标准体系、统计体系、绩效体系，建立并完善乡村振兴品牌建设政绩考核体系，创造和完善相应的制度环境。与国家乡村振兴品牌建设委员会、我国乡村振兴品牌建设中长期规划相配套，在强化财政支持的同时，设立中国乡村振兴品牌建设基金，调动诚信、质量、创新、设计、传播、营销、金融等要素资源聚焦乡村振兴品牌建设，促进一二三产业融合发展、品牌化发展，推动乡村生态品牌、智慧乡村品牌、乡村治理品牌和乡村文化品牌等全面发展，互为支撑。

（三）完善法治化营商环境，发挥市场配置资源的基础性决定性作用

坚持社会主义市场经济条件下乡村振兴品牌建设发展之路，注重在法治条件下的乡村振兴品牌建设。在法治保障方面，充分发挥《中华人民共和国乡村振兴促进法》的作用，与《产品质量法》《商标法》等法律文体中品牌建设内容相衔接，统筹推进我国乡村振兴品牌法制建设，加强对各省市立法中对乡村振兴品牌建设工作内容进行指导。利用全国知识产权宣传周、中国品牌日、丰收日等重大节点，集中开展乡村振兴品牌普法宣传，形成乡村振兴品牌建设良好氛围和正确的价值导向。以法律为准则，以事实为依据，加强督促、监管，对群众呼声强烈的乡村振兴品牌建设领域里的不正当竞争、侵犯知识产权等各类侵权行为予以重点执法，严格保护商标权人、原产地地理标志专用权人等的合法权益，严格依法打击"不以使用为目的"的商标注册行为，最大限度地杜绝商标抢注、攀附知名商标等行为。严格依法打击恶意诉讼和专利流氓等行为。完善落实信用惩戒和诚信奖励制度，落实恶意侵犯知识产权的惩罚性赔偿制度。充分发挥电商平台、展会主办方、大型超市、农贸市场、商业百货门店等在品牌知识产权保护中的积极作用，督促相关市场主体履行主体责任。引导市场主体建立并完善品牌管理制度，相关规范原产地地理标志产品的申请使用管理，运用技术手段完善农机、农产品以及农业投入品等的溯源管理等。

（四）积极打造新技术、新模式，大力发展特色鲜明的乡村振兴品牌

品牌源于漫长的农业经济时代，但正是工业经济时代的激烈的市场竞争使品牌得到快速发展。人类从农业经济时代、工业经济时代而至当下数字经济时代，乡村振兴品牌建设的科技条件迥异于过往历史，对此必须牢牢把握数字经济时代的各类新兴技术。在科技兴农中，着力促进新技术催生产品创新、服务创新，加快"三品一标"建设、"农业＋制造＋物流"全产业链融合，拓展农业多种功能，体现农业文化传承，打造"农业＋文化＋科技"的休闲体验式经济等发展方式，培育具有国内外强大市场竞争力以及品牌标识度的区域公用品牌、企业品牌和产品品牌。例如，通过与元宇宙深度结合，形成乡村振兴品牌建设具有元宇宙特征的新产品、新业态、新模式。

（五）着力提高农民品牌消费能力

发挥各方合力，通过提高农业生产效率、农产品附加值、劳务品牌输出和农村集体经济创收，通过创办家庭农场、民宿等经营性收入和财产性收入等各种方式，持续增加农民收入，培育农民品牌消费意识，优化农村农业消费结构，使农民实现美好的品质化生活方式具有强大经济基础，持续缩小城乡收入与消费差距。在引导农民品牌消费中塑造新一代新型农民，推动相关工作成为我国消费拉动经济高质量发展的重要组成部分。通过提振农民品牌消费能力，推动乡村振兴品牌全面发展，展现乡村振兴新魅力，形成富于时代特色的乡村振兴品牌文化。

（六）切实加强市场经营主体品牌运营能力建设

坚持绿色生态导向、智慧化导向、人文化导向、市场化导向、国际化导向和高附加值化导向，加快创立政府引导、市场主体、社会参与的乡村振兴品牌数据中心，统一审核发布各类乡村振兴品牌信息，集聚各类促进乡村振兴品牌建设数据资源，构建综合性、枢纽型乡村振兴品牌建设专业服务平台，为乡村振兴品牌建设提供必不可少的软实力支撑。对标前述瓶颈问题，着力破题突围，激发乡村振兴品牌建设强大内生动力，着力培育具有品牌化运营能力的国内外知名的强势农业区域公用品牌、企业品牌和产品品牌，实现跨区域发展和国际化发展，催生一批深具现代乡村品牌文化意识的农业品牌、跨区域品牌和跨国品牌。

（七）实施中国乡村振兴品牌全球推广计划

支持行业协会、专业机构和龙头企业牵头成立中国乡村振兴品牌联盟、"一带一路"国际农业品牌联盟等，积蓄动能，多措并举，多管齐下，有计划有步骤地实施国际品牌战略，进行中国乡村振兴品牌全球推广，着力扩大中国乡村振兴品牌全球知名度、美誉度和忠诚度。利用文学、电影、电视、戏曲、音乐、舞蹈等多种文学艺术形式，并利用国际电影节、音乐节等国际性活动载体，创立乡村振兴品牌电影电视、音乐专项活动，大力传播我国乡村振兴品牌文化，向世界讲好中国农村农业的品牌故事。利用已有自贸试验区、国际展览会等载体，面向全球市场宣介与营销我国乡村振兴品牌。广泛开展国际农业科技交流、农业教育交流等，赋能我国乡村振兴品牌。深化与世界贸易组织、联合国粮农组织、国际农业发展基金等国际组织交流合作，吸引并获取全球及区域开发性金融机构支持乡村振兴品牌国际金融合作。支持市场经营主体建立乡村振兴品牌全球营销渠道，发展农产品跨境电子商务，推动国际农业贸易，参与国际农业合作园区建设，探索全球品牌化运作模式。

专 题 篇

第二章
乡村振兴与农业品牌集群
——产业集群视角的分析[①]

摘要：我国近年的农业品牌建设实践表明，农业品牌集群发展在推动农业农村现代化、深化农业供给侧结构性改革、促进农民共同富裕方面发挥了重要作用，是我国实施乡村振兴战略的重要抓手。我国从宏观、中观、微观三个层面推进区域公用品牌、产品品牌和企业品牌三位一体的农业品牌体系建设，形成区域内的品牌集聚，有力推动了区域经济发展。在我国从传统农业向现代农业转型跨越的新阶段，农业品牌集群有利于引领农业供给侧结构性改革，加快农村农业现代化，全面推进乡村振兴。

[①] 执笔人：孙小雁，上海社会科学院智库研究中心助理研究员、博士。

第一节　乡村振兴与农业品牌集群

一、乡村振兴与农业品牌集群

从产业集群理论视角出发，本文尝试界定如下：农业品牌集群是指在特定区域中，以优势特色产业集群为依托，通过打造初级农产品、中间产品、精深加工产品及终端消费品等一体的产品体系，形成农产品区域公用品牌、企业品牌和产品品牌等在一定空间范围内集聚的现象。

农业品牌集群的特征包括：一是具有地理集聚的特征，在特定的区域和空间范围内独特的自然生态环境、种养方式和人文历史中形成了优质特色的农产品资源；二是以优势特色产业集群为依托，一二三产业融合发展；三是由产业龙头企业带头发展；四是具备完整的产业链和产品体系；五是以地理标志产品为基础，区域公用品牌与企业品牌、产品品牌等多种品牌相互促进、共同发展。

二、农业品牌集群是我国实施乡村振兴战略的重要抓手

我国实施乡村振兴战略，本质上就是要解决"三农"问题。要推动农业全面升级、构建现代农业产业体系；农村全面进步、人与自然和谐共生；农民全面发展、实现共同富裕。习近平总书记关于"三农"工作的重要论述中阐释了一系列品牌战略思想，强调"中国产品要向中国品牌转变"。他在考察期间多次指出，"要发展优势特色产业，发展适度规模经营，促进农牧业产业化、品牌化，并同发展文化旅游、乡村旅游结合起来，增加农牧民收入""乡村振兴要靠产业，产业发展要有特色"。我国近年来的农业品牌建设实践表明，农业品牌集群在推动农业农村现代化、深化农业供给侧结构性改革、促进农民共同富裕方面发挥了重要作用，是我国实施乡村振兴战略的重要抓手。

首先，农业品牌集群打破了传统农业生产方式经营规模小、力量分散、经济实力较弱、科技水平滞后的格局，通过整合地域优势和品牌资源，形

成了具有一定规模，大而强的品牌体系。农业品牌集群通过引入工业化先进的管理思想和品牌营销模式，引导推动资本、科技、人才、土地等要素集聚，有利于资源优势向质量优势和效益优势的转变，加快农业农村现代化。

其次，品牌必须基于产业才有生命力，因此农业品牌集群也是优势特色产业集群发展到一定程度的表现和结果。产业集群以农业开发、产品研发、技术工艺创新、精深加工、营销于一体，坚持全产业链开发路径，结构合理、链条完整、聚集度高、竞争力强，从而构成区域特色的竞争优势，是品牌集群发展的基础。同时，品牌代表着高端的产品品质、高级的市场竞争模式，品牌经济是一种低能耗、高回报、可持续的经济增长方式，有利于推进产业结构调整和优化升级，促进一二三产业融合发展，推动产业集群的进一步发展，实现乡村产业振兴。

为大力促进乡村产业振兴，我国农业农村部和财政部 2020 年—2022 年共批准建设 140 个优势特色产业集群（表 2-1）。从省、县、镇不同层面，围绕优势特色主导产业建设农业产业集群。通过中央财政资金的支持引导，聚焦重点区域和关键环节，加强生产基地、仓储保鲜、初加工、精深加工、现代流通、品牌培育等各环节建设，促进"产加销服""科工贸金""农文旅教"全产业链发展，建成了一批产值超 100 亿元的优势产业集群，有力带动引领了乡村产业发展。

最后，农业品牌集群主要集聚了农产品区域公用品牌、企业品牌和产品品牌等众多品牌。其中，农产品区域公用品牌是品牌集群的核心和灵魂，运营良好的区域公用品牌可以孵化很多优质的企业品牌和产品品牌。很多地方实践表明，通过培育区域公用品牌这一抓手，可以充分发挥农业合作化组织和农业产业化龙头企业作用，发展区域相关特色产业，带动农户参与组织化生产和产业发展。同时，能充分利用农业科技成果，有效规范农业生产者的生产行为，推动传统农产品提质增效，增加农产品附加值，让农民分享产业发展的红利，真正提高农民的造血功能，促进农民增收，实现共同富裕。

表 2-1 2020-2022 年优势特色产业集群建设名单

序号	2020 年	2021 年	2022 年
1	北京设施蔬菜产业集群	北京蛋鸡产业集群	河北省环京津设施蔬菜产业集群
2	天津都市型奶业产业集群	天津都市型生猪产业集群	河北省平原小麦产业集群
3	河北越夏食用菌产业集群	河北道地中药材产业集群	山西省道地中药材产业集群
4	河北鸭梨产业集群	河北奶业产业集群	内蒙古自治区西部绒山羊产业集群
5	山西旱作高粱产业集群	山西晋南苹果产业集群	辽宁省大豆产业集群
6	内蒙古河套向日葵产业集群	内蒙古科尔沁肉牛产业集群	辽宁省辽河流域粳稻产业集群
7	内蒙古草原肉羊产业集群	内蒙古大兴安岭大豆产业集群	吉林省中部肉牛产业集群
8	辽宁小粒花生产业集群	辽宁良种奶牛产业集群	黑龙江省乳品产业集群
9	辽宁白羽肉鸡产业集群	吉林水稻产业集群	黑龙江省大豆产业集群
10	吉林长白山人参产业集群	吉林黑木耳产业集群	江苏省小龙虾产业集群
11	黑龙江食用菌产业集群	黑龙江鹅产业集群	浙江省湖羊产业集群
12	黑龙江雪花肉牛产业集群	江苏肉鸡产业集群	安徽省亳药产业集群
13	上海都市蔬菜产业集群	浙江"浙八味"道地中药材产业集群	福建省闽西蛋禽产业集群
14	江苏中晚熟大蒜产业集群	安徽小龙虾产业集群	江西省赣中南肉牛产业集群
15	浙江浙南早茶产业集群	福建食用菌产业集群	山东省大花生产业集群
16	安徽徽茶产业集群	江西富硒蔬菜产业集群	山东省沿黄大豆产业集群
17	安徽酥梨产业集群	江西鄱阳湖稻米产业集群	河南省奶业产业集群
18	福建武夷岩茶产业集群	山东沿黄小麦产业集群	河南省花生产业集群
19	江西鄱阳湖小龙虾产业集群	山东沿黄肉牛产业集群	湖北省禽蛋产业集群
20	山东烟台苹果产业集群	河南强筋小麦产业集群	湖北省江汉平原油菜产业集群
21	山东寿光蔬菜产业集群	河南怀药产业集群	湖南省洞庭香米产业集群
22	河南伏牛山香菇产业集群	湖北鄂西南武陵山茶产业集群	湖南省早熟油菜产业集群
23	河南豫西南肉牛产业集群	湖北香菇产业集群	广东省丝苗米产业集群
24	湖北三峡蜜橘产业集群	湖南五彩湘茶产业集群	广西壮族自治区蚕桑产业集群
25	湖北小龙虾产业集群	湖南湘九味中药材产业集群	广西壮族自治区糖料蔗产业集群
26	湖南湘猪产业集群	广东岭南荔枝产业集群	海南省芒果产业集群
27	湖南早中熟柑橘产业集群	广东罗非鱼产业集群	重庆市脆李产业集群
28	广东南粤黄羽鸡产业集群	广西桂系猪产业集群	四川省甘孜牦牛产业集群
29	广东金柚产业集群	广西芒果产业集群	四川省油菜产业集群
30	广西三黄鸡产业集群	海南文昌鸡产业集群	贵州省高原夏秋蔬菜产业集群
31	广西罗汉果产业集群	重庆长江上游榨菜产业集群	贵州省山地冬闲油菜产业集群

续表

序号	2020 年	2021 年	2022 年
32	海南天然橡胶产业集群	重庆三峡柑橘产业集群	云南省咖啡产业集群
33	重庆柠檬产业集群	四川山地肉牛产业集群	西藏自治区绒山羊产业集群
34	重庆荣昌猪产业集群	四川早茶产业集群	陕西省陕北肉羊产业集群
35	四川川猪产业集群	贵州肉牛产业集群	甘肃省道地中药材产业集群
36	四川晚熟柑橘产业集群	贵州山地食用菌产业集群	青海省油菜产业集群
37	贵州朝天椒产业集群	云南肉牛产业集群	宁夏回族自治区滩羊产业集群
38	云南花卉产业集群	西藏藏鸡产业集群	新疆维吾尔自治区棉花产业集群
39	云南高原蔬菜产业集群	西藏那曲藏系绵羊产业集群	新疆维吾尔自治区褐牛产业集群
40	西藏青稞产业集群	陕西陕茶产业集群	新疆生产建设兵团棉花产业集群
41	陕西黄土高原苹果产业集群	陕西秦岭猕猴桃产业集群	
42	陕西关中奶山羊产业集群	甘肃甘味平凉红牛产业集群	
43	甘肃甘味肉羊产业集群	甘肃设施蔬菜产业集群	
44	青海牦牛产业集群	青海藏羊产业集群	
45	宁夏六盘山肉牛产业集群	宁夏奶牛产业集群	
46	新疆库尔勒香梨产业集群	新疆伊犁马产业集群	
47	新疆薄皮核桃产业集群	新疆葡萄产业集群	
48	新疆生产建设兵团红枣产业集群	新疆兵团奶业产业集群	
49	北大荒蔬菜产业集群	北大荒大豆产业集群	
50	广东农垦生猪产业集群	广东农垦橡胶产业集群	

资料来源：中华人民共和国农业农村部

第二节　农业品牌集群与区域经济发展：经济圈视角的分析

中国幅员辽阔，南北跨越纬度近 50 度，东西跨越经度 60 多度，地形多样，各个区域独特的气候、温度、地质及水文条件等自然资源禀赋决定了农产品的特色，且这种特色无法复制到其他区域。因此，农产品本身的独特性和差异性成为品牌创建的支撑，凭借区域农产品的特色可以构筑出区域品牌的"核心竞争力",成为我国实施"一县一业""一乡一特""一村一品"工程的基础。

为进一步推动农业农村经济的发展,基于各区域的农产品特色,我国已全面创建了地理标志产品、农产品区域公用品牌、农产品品牌和企业品牌等,各区域、各省市也形成了一定规模的农业品牌集群。2021年农业品牌摸底调研数据显示,全国省级农业农村部门重点培育的农业品牌中,农产品区域公用品牌约3000个、企业品牌约5100个、产品品牌约6500个。全国已有10个省的区域公用品牌数量超过100个。[1]2022年10月,农业农村部公布75个农业品牌精品培育名单。农业品牌已成为农业现代化和区域经济发展的战略抓手。

表2-2 各省农产品区域公用品牌数量(截至2023年2月)

省/市	区域公用品牌数量(个)	省/市	区域公用品牌数量(个)
北京市	15	天津市	8
上海市	15	重庆市	53
河北省	30	河南省	83
云南省	87	辽宁省	96
黑龙江省	120	湖南省	72
安徽省	63	山东省	250
新疆	107	江苏省	74
浙江省	87	江西省	64
湖北省	131	广西	125
甘肃省	107	山西省	107
内蒙古	117	陕西省	100
吉林省	27	福建省	83
贵州省	99	广东省	47
青海省	62	西藏	19
四川省	157	宁夏	52
海南省	31	台湾省	
香港特别行政区		澳门特别行政区	

资料来源:中国农业品牌公共服务平台

---

[1]《中国农业品牌发展报告(2022)》,中国农业出版社。

根据区域经济一体化的理论，其重要特征之一就是形成以自由贸易为特征的共同市场。从区域发展角度来看，要利用区域内部优势资源来促进经济发展，如开展区域产业合作、跨区域市场开放、从外部寻求资源等；从区域内部管理来看，经济一体化要求区域内部形成自上而下的管理结构，财政投资、基础设施建设和金融管理方面的政策协调，以及对人才资源等市场机制的体系建设。

进一步分析农业品牌集群与区域经济发展之间关系，从供给端看，区域农业品牌集群有利于充分发挥区域内自然资源的比较优势和产业优势，科学合理地布局农业生产，实现区域间农业分工协作，有助于倒逼地方农产品规模化生产，调整和优化农业生产结构，借助品牌溢出效应，发挥各省市在区域经济发展格局中的区位作用，提高农产品的整体综合实力和竞争力，推动区域经济整体发展。从消费端看，区域内的消费市场潜力巨大，区域经济一体化有利于对接农业品牌的区域消费市场，推进农产品市场一体化建设。区域内的农产品集散中心、加工中心和物流配送中心等有利于紧密衔接产供销环节，畅通农产品在区域间的销售渠道，促进农民增收和区域经济发展。

表2-3 2022年农业品牌精品培育计划名单

序号	分类	品类	品牌名称	序号	分类	品类	品牌名称
1	粮食	大米	五常大米	40	茶叶	绿茶	西湖龙井
2			射阳大米	41			信阳毛尖
3			盘锦大米	42			都匀毛尖
4			小站稻	43			黄山毛峰茶
5			舒兰大米	44			恩施玉露
6		马铃薯	定西马铃薯	45		红茶	正山小种
7			恩施土豆	46			宜兴红
8			乌兰察布马铃薯	47		白茶	福鼎白茶
9		玉米	万全鲜食玉米	48	畜禽	猪	荣昌猪
10			忻州糯玉米	49			宁乡花猪

续表

序号	分类	品类	品牌名称	序号	分类	品类	品牌名称
11			洛川苹果	50		猪	陆川猪
12			烟台苹果	51		牛	平凉红牛
13			阿克苏冰糖心苹果	52			科尔沁牛
14		苹果	静宁苹果	53	畜禽		清远（麻）鸡
15			万荣苹果	54			文昌鸡
16			灵宝苹果	55		鸡	崇仁麻鸡
17			昭通苹果	56			汶上芦花鸡
18			宜昌蜜橘	57		贝类	乳山牡蛎
19			奉节脐橙	58			宁德大黄鱼
20			赣南脐橙	59		鱼	前郭查干湖淡水有机鱼
21	果品	柑橘	平和琯溪蜜柚	60	水产		顺德鳗鱼
22			荔浦砂糖橘	61			潜江龙虾
23			永兴冰糖橙	62		甲壳	盱眙龙虾
24		草莓	长丰草莓	63			兴化大闸蟹
25			东港草莓	64		杂粮	兴仁薏仁米
26		荔枝	增城荔枝	65		青稞	西藏青稞
27			阳山水蜜桃	66		板栗	迁西板栗
28		桃	龙泉驿水蜜桃	67		杨梅	仙居杨梅
29			肥城桃	68	其他	红毛丹	保亭红毛丹
30		樱桃	大连大樱桃	69		大葱	章丘大葱
31			烟台大樱桃	70		茎芥菜	涪陵榨菜
32	蔬菜	大蒜	金乡大蒜	71		莲藕	洪湖莲藕
33		姜	莱芜生姜	72		黄花菜	大同黄花

续表

序号	分类	品类	品牌名称	序号	分类	品类	品牌名称
34	蔬菜	辣椒	鸡泽辣椒	73	其他	当归	岷县当归
35		辣椒	遵义朝天椒	74		罗汉果	永福罗汉果
36		食用菌	吉林长白山黑木耳	75		百合	兰州百合
37		食用菌	随州香菇				
38			平泉香菇				
39			东宁黑木耳				

资料来源：中华人民共和国农业农村部

因此，在我国区域经济一体化的战略背景下，长三角地区、粤港澳大湾区、成渝经济圈等经济较发达地区都非常重视推进农业区域一体化发展和区域公用品牌、企业品牌、产品品牌为一体的农业品牌集群发展。

一、长三角地区农业品牌集群与区域经济发展

长三角地区经济发达，是我国重要的优质农产品供应基地，作为全国人口密度最大、农村改革最活跃的地区，农业发展活力位居全国前列，且注重区域协调发展。近年来一直积极探索"农业区域一体化"新发展模式，并形成了较大规模的农业品牌集群，有力推动了区域经济发展。

（一）长三角地区农业品牌集群发展情况

2019年12月印发的《长江三角洲区域一体化发展规划纲要》强调，"大力实施乡村振兴战略，推动农村一二三产业深度融合，加强农产品质量安全追溯体系建设和区域公用品牌、企业品牌、产品品牌等农业品牌创建，建立区域一体化的农产品展销展示平台，促进农产品加工、休闲农业与发展和相关配套服务融合发展，发展精而美的特色乡村经济"。各省市因地制宜开发农村特色产品品牌，推动长三角经济协调发展，是实施长三角一体化发展战略的重要组成部分。2019年，三省一市农业农村部门联合签署长

三角农产品营销一体化协议，构建高效合作机制，搭建品牌和产销交流合作平台。2020年12月，三省一市联合签署长三角农业农村一体化发展备忘录，提出将在多层面联合开展农业农村领域深层次合作。此外，各省市也分别制定并实施若干农业品牌工作的相关政策文件，打造特色农产品区域品牌、企业品牌等，对于促进农业农村经济和区域经济发展取得了良好成效。

区域公用品牌对接区域大市场已成为长三角新一轮农业一体化的一个新特征。中国农业品牌公共服务平台数据显示，截至2023年2月，长三角区域共有239个农产品区域公用品牌，其中，上海15个，浙江87个，江苏74个，安徽63个。上海的马陆葡萄、南汇8424西瓜、南汇水蜜桃等入选全国名特优新农产品名录。江苏省的射阳大米、高邮鸭蛋、阳澄湖大闸蟹、盱眙龙虾、南京盐水鸭，入选"全国百强农产品区域公用品牌榜"，洞庭山碧螺春茶获得"中国优秀区域公用品牌"。

长三角区域在发展农产品优势区、企业品牌、产品品牌等方面也成效显著。上海依托各区农业资源禀赋和特色产业发展基础，打造13个绿色田园先行片区。江苏省创建盱眙龙虾、兴化香葱等12个国家级中国特色农产品优势区。浙江省公布杭州萧山舒兰农业有限公司等33家企业纳入2021年度"品字标浙江农产"品牌企业名单。安徽省农业农村厅发布2022年"皖美农品"六安瓜片、芜湖大米、铜陵白姜等33个区域公用品牌，三只松鼠股份有限公司、安徽燕之坊食品有限公司等35个企业品牌、"吴振东"牌九华黄精、"御膳"牌芝麻油等159个产品品牌。

（二）长三角地区经济圈与农业品牌集群的互促关系

一方面，长三角区域经济一体化的合作机制和丰富的市场要素有利推动了该区域整合农业资源和农业品牌的集聚。在长三角一体化国家战略的背景下，该区域市场经济发展较为成熟，各种要素资源丰富，并具有良好的区域合作发展基础，区域内协同性高，能高效地形成区域合作协调机制，降低交易成本，提高经济效率，为农业品牌集群发展提供制度配套基础和运行机制的保障。在提高农产品质量方面，长三角地区集成区域内的各类资源，对现有农产品标准进行整合，建立了高质量、区域统一的农产品标准，三省一市先后签署了《长三角食用农产品标准化互认（合作）协议》《泛长三角认证认可质量提升行动倡议》等文件，并协调建立长三角区域统一的农产品质量安全追溯体系；在拓展营销渠道方面，打造了区域一体化的农产品展示展销平台和相应的运行机制，把区域优质农产品资源与长三角地区巨大的消费市场精准对接。

另一方面，区域品牌的发展和品牌集群又进一步促进区域统一大市场的形成，推动区域经济发展。区域公用品牌对接区域大市场已成为长三角新一轮农业一体化的一个新特征。通过区域品牌的塑造和集聚，有利于夯实产业基础，传播品牌文化和价值，对接和引进外部优势资源，为产业、企业和农户赋能。

二、成渝地区农业品牌集群与区域经济发展

成渝地区双城经济圈是我国西部人口最密集、市场空间最广阔、开放程度最高的区域，生态禀赋优良、风物多样。巴山蜀水独特的地理环境、风土人情和饮食文化，造就了川渝地区发展独特的标志性农产品。

（一）成渝地区农业品牌集群发展情况

2021年，《成渝地区双城经济圈建设规划纲要》提出建设现代高效特色农业带，大力拓展农产品市场。积极开展有机产品认证，健全农产品质量安全追溯体系。做强地理标志农产品，推广巴味渝珍、天府龙芽等特色品牌，打造川菜渝味等区域公用品牌。强化农产品分拣、加工、包装、预冷等一体化集配设施建设，大力建设自贡等国家骨干冷链物流基地。大力发展农村电商，建设一批重点网货生产基地和产地直播基地。建设国际农产品加工产业园。2021年，四川省印发《关于进一步加强"川字号"农产品品牌培育创建工作的通知》，支持做大做强川茶、川果、川粮油、川猪等特色产业，不断提升"川字号"品牌影响力。重庆市印发《重庆市农业品种品质品牌建设工程实施方案2018—2022年》，对农业品牌建设进行全面部署。鼓励各区县出台农业品牌发展奖补政策，2021年全市共有32个区县对获得"三品一标"、重庆名牌农产品等认证的农业经营主体给予奖励补助或贷款贴息，每年奖补资金达6500万元。

在各项农业品牌规划政策的支持下，成渝地区的地理标志产品、区域公用品牌等各类农业品牌建设工作蓬勃发展。中国农业品牌公共服务平台

数据显示，截至 2023 年 2 月，成渝地区拥有农产品区域公用品牌共 210 个，其中四川省 157 个，重庆市 53 个。四川省在全国范围内打响了"川"字号农产品的招牌。截至 2020 年，"三品一标"农产品达 5729 个，新增全国名特优新农产品 13 个，总数达 25 个。郫县豆瓣、蒲江雀舌等 19 个品牌荣登全国区域品牌（地理标志产品）百强榜。重庆奉节脐橙、荣昌猪、涪陵榨菜等 3 个农业品牌入选农业农村部"2022 农业品牌精品培育计划名单"。重庆市还重点培育江津花椒、潼南柠檬等 20 多个农产品区域公用品牌，根据企业品牌发展优势，重点培育汇达柠檬、恒都牛肉、白市驿板鸭等 500 个企业品牌，形成"1+1+50+500"的农业品牌体系。[①] 汇达柠檬、鱼泉榨菜、派森百橙汁、凯扬农业 4 家农业企业分别跻身全国农业行业蔬菜类、水果类、林特类排名十强龙头品牌。

（二）成渝地区经济圈与农业品牌集群的互促关系

四川、重庆地理相邻、自然生态条件相似、民风民俗相通、主导产业相近，在粮食、油料、生猪等产业方面具有突出优势，有良好的产业集群基础。成渝经济圈主要通过建设成渝现代高效特色农业带、培育特色产业集群来推动品牌集群的发展。2020—2022 年川渝地区一共有 11 个产业集群入选了农业农村部和财政部的特色优势产业集群名单，包括柠檬、柑橘、芒果、脆李、油菜、榨菜、生猪、肉牛、牦牛、早茶等产业。产业集群实现了从产品的"点"到产业的"链"，再到区域经济的"面"。成渝地区在优势特色产业集群基础上形成的区域公用品牌、企业品牌和产品品牌等为一体的农业品牌集群，创造了巨大的市场价值，推动区域经济发展。

成渝地区通过"产业集群+品牌集群"，产生"滚雪球效应"，推动区域经济进入良性发展的轨道，成为拉动区域经济高质量发展的战略引擎。如重庆长江上游榨菜产业集群入选了 2021 年优势特色产业集群建设名单。涪陵榨菜培育了榨菜股份合作社 197 家，榨菜生产企业 41 家，其中榨菜重点龙头企业 21 家，1700 多户加工户，年成品榨菜生产能力 60 万吨以上，催生了全国酱腌菜行业首家上市企业——涪陵榨菜集团股份有限公司，资产规模超 30 亿元，市值超 300 亿元。隔壁万州也有一家榨菜龙头企业，重庆

---

① 中国农业品牌发展报告（2022），中国农业出版社，2022 年 7 月。

鱼泉榨菜（集团）有限公司，在国内市场占有率超过10%，排名行业第二。重庆长江上游榨菜产业集群还孵化了众多的优质产品品牌，有乌江、渝橙、红昇、涪厨娘、渝冬来、涪风、鱼泉、渝杨、宝莎和米亨榨菜等。2022年，涪陵区榨菜产业总产值达130余亿元，"涪陵榨菜"区域公用品牌价值达147.32亿元，100余个产品远销全国各地市场，并出口50多个国家和地区。"涪陵青菜头"品牌价值24.38亿元，已成为"重庆市蔬菜第一品牌"。

三、粤港澳大湾区农业品牌集群与区域经济发展

粤港澳大湾区涵盖香港、澳门和广东省珠三角9市，总面积5.6万平方公里，总人口约8600万人。2021年粤港澳大湾区以全国不到1%的土地面积、5%的人口总量，创造出全国12%的经济总量，是中国开放程度最高、经济活力最强的区域之一。

（一）粤港澳大湾区农业品牌集群发展情况

2022年，农业农村部积极推动粤港澳大湾区"菜篮子"标准建设。对标食品安全国家标准、部令公告和香港、澳门等法规标准，编制《粤港澳大湾区"菜篮子"产品质量安全监控指标体系》，实现了粤港澳三地质量安全标准的互联互通。《广东省推进农业农村现代化"十四五"规划》强调，突出区域特色提升"粤字号"农业品牌。围绕"大而优"大宗农产品和"精而美"特色农产品，开展"粤字号"区域公用品牌、企业品牌、产品品牌创建。支持特色农产品优势产区、现代农业产业园等打造标志性"粤字号"区域公用品牌，力争形成10个品牌价值超百亿元的国家级区域公共品牌，鼓励农业龙头企业、产业化联合体创建企业品牌，引导企业文化发展、企业家精神培育与企业品牌建设相结合。支持"一镇一业、一村一品"、乡村文化游与"小而美"特色农产品品牌创建相结合。

2022年12月，广东34个农产品品牌入选2022年第三批全国名特优新农产品名录，涉及畜禽、水产、水果、稻米、茶叶等多个行业。到目前为止，共有417个农产品入选全国名特优新农产品名录。广东省现有47个农产品区域公用品牌，德庆贡柑、斗门白蕉海鲈、清远鸡、罗定稻米获得"2017年中国百强农产品区域公用品牌"称号。十四五期间，广东省重点支

持岭南特色优势农业品牌提升，打造广东荔枝、龙眼、香蕉、菠萝、柑橘（柑橘橙）、柚六大区域公用品牌和企业产品品牌。打造特色优势水果生产重点县30个，建设100个荔枝高标准示范园。重点培育10个以上品牌价值超百亿元的"粤字号"标杆区域品牌。创建"粤字号"农业品牌联盟，实施"粤字号"农产品品牌"走出去"工程。

（二）粤港澳大湾区经济圈与农业品牌集群的互促关系

粤港澳大湾区以农业品牌集群为引擎，推动区域经济快速发展。粤港澳大湾区历来非常重视创建品牌体系，打造品牌知名度与影响力。他们通过品牌设计、品牌传播、品牌营销、品牌管理和维护来促进集群内新品牌的快速衍生与成长，吸引更多的相关企业到此集聚，扩大和加强集聚效应。集聚本身产生的外部经济是外部企业进入的动力，品牌集群的雏形一旦形成，便进入了内部自我强化的良性循环过程，即吸引更多的相关品牌与企业向该集群聚集，而新增的品牌与企业又增大了集聚效应，如此产生滚雪球效应，品牌集群由此带动了企业发展、产业发展和区域经济整体的发展。

例如，广东实施农业知名品牌创建行动，面向社会发布"粤字号"农业品牌目录，推动区域公用品牌、企业品牌、产品品牌融合发展，围绕"12221"体系建设，形成"一个优势产业、一套标准体系、一个公用品牌、一套名录管理，一批核心企业，一系列品牌产品"的区域公用品牌全链条挂历实践，初步形成广东荔枝、广东博罗等一批省级区域公用品牌的打造和产业升级。"12221"，即建设"1"个农产品大数据，组建销区采购商和培养产区经纪人"2"支队伍，拓展销区和产区"2"大市场，策划采购商走进产区和农产品走进大市场"2"场活动，实现品牌打造、销量提升、市场引导、品种改良、农民致富等"1"揽子目标。

第三节 农业品牌集群与产业集群融合式发展

2017年4月，我国农产品加工业发展和农业品牌创建推进工作会议强调，"要大力推进农产品加工业发展和农业品牌创建，以品牌覆盖带动种养加发展，用品牌覆盖农业全产业链条，打造区域公用品牌、企业品牌、产品品牌'新三品'。与优势区相结合，打造区域公用品牌，与原料基地相结合，打造企业品牌，与安全绿色相结合，打造产品品牌"。在农业品牌国家战略引导和各类政策文件支持下，在国家地理标志产品的基础上，我国已初步打造了区域公用品牌、产品品牌和企业品牌三位一体的农业品牌体系和格局，并在各个特色农产品区域内形成了农业品牌集群，有力带动了产业升级，实现品牌集群与产业集群的融合式发展。

一、三类农业品牌的集聚发展情况

在区域公用品牌、产品品牌和企业品牌三位一体的农业品牌体系中，区域公用品牌夯实产业基础，奠定知名度和产品品类认知基础，是企业品牌和产品品牌的基础和背书。企业品牌和产品品牌是区域公用品牌的载体，在产业中起到引领示范作用。当企业和产品品牌发展壮大后，反哺区域公用品牌，助力区域公用品牌的价值提升与可持续发展。三者三位一体，相互依托，协同并进。例如，"五常大米"在"中国地理标志保护产品"基础上创建为区域公用品牌，"五常市彩桥米业"是企业品牌，"十月稻田"是其中最知名的产品品牌，三个品牌三位一体，推动了五常大米市场的发展。

（一）农产品区域公用品牌

农产品区域公用品牌通常是在一个具有特定自然生态环境、历史人文因素的区域内，相关机构、企业和农户等共有的品牌。在生产地域范围、品种品质管理、品牌授权使用、产品营销与传播等方面具有共同标准和行为规范，共同创建和经过授权方可使用的品牌。作为特色农产品的"地域名片"，区域公用品牌与地理标志产品类似，一般由"产地名+产品名"构成。区域公用品牌是为特定区域内各类主体所共有的特殊公共物品，具有鲜明的外部性与非排他性、非竞争性。

农业的特殊性决定了区域公用品牌建设的重要性。我国幅员辽阔，不同区域自然资源数量和质量不同、生态环境各异，生产的农产品在品种和品质方面也存在差别。古人云，"橘生淮南则为橘，生于淮北则为枳"。正是农业生产的这一特点，决定了农产品具有鲜明的地域性，在特定的自然资源和生态环境下生产的农产品具有独特的品质。因此，打造标识农产品独特品质的农产品区域品牌、推进农产品区域品牌建设，对于转变农业发展方式、推进农业现代化具有重要意义。建设区域公用品牌，要立足地方特色，优化配置生产要素，实现农产品的规模化生产、标准化管理和产业化经营，把特色打造成品牌，以品牌增强市场竞争力，有效提高农业经济效益。

近年来，随着品牌强农战略的加快实施，各地区域公用品牌数量快速增长，品牌效益显著提升，为助推农业转型升级、提质增效提供了有力支撑。数据显示，目前我国省级重点培育的区域公用品牌3000多个，脱贫地区品牌农产品平均溢价超过20%。

（二）企业品牌

农业企业品牌是指在农产品区域品牌影响及覆盖下的农业企业所创建的单属于企业自身的涉农品牌，由一个企业注册、打造和权益独享的品牌。农产品企业品牌不仅代表产品，更代表企业的价值观、文化与愿景。

我国农业企业起步晚，近年来国家及各省相关部门都加大对农业产业化国家重点农业龙头企业的培育，积极推进农业企业品牌建设。2022年，全国县级以上农业产业化龙头企业9万余家，其中国家级重点龙头企业1959家。在"2022年中国农业企业500强"中，前五位的分别是北京市中粮集团有限公司（营业收入6649亿元）、四川省新希望控股集团有限公司（2526亿元）、北京首农食品集团有限公司（1831亿元）、香港万州国际有限公司（1761亿元）、黑龙江省北大荒农垦集团有限公司（1674亿元）。总的来看，500强农业企业在经营规模、科技创新、品牌建设、联农带农、市场竞争力等方面都有显著提升，日益成为乡村产业发展的"领头雁"和推动乡村全面振兴以及建设农业强国的重要力量。

从区域分布看，东部地区的入围企业共有271家，占总数的54.20%；西部地区的为86家，占17.20%；中部地区的78家，占15.60%；东北地区的64家，占12.80%。香港特别行政区有1家企业位列第四名。从省际分布看，入围企业前三名的省份分别为山东（77家）、广东（62家）、黑龙江（43家）。此外，500强农业企业数量超过15家的省份共有12个。

从产业分布来看，500强农业企业覆盖农业全行业及全产业链，包括粮油生产、食品加工、畜牧水产、动物饲料、饮料酒类、农业投入品及农产

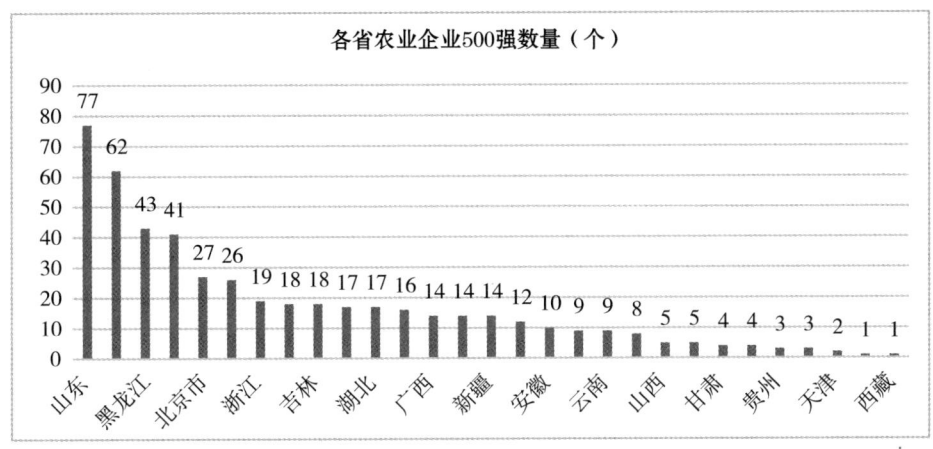

图 2-1　中国农业企业 500 强的区域分布情况（2022 年）

资料来源：根据"2022 年中国农业企业 500 强名单"整理绘制而成

品流通等各行业。其中，食品加工与粮油行业的农业企业仍然是主体，食品加工类企业数量最多，为 117 家，占 23.4%；粮油生产类企业占 16.2%，农产品流通类企业占 14.2%。与往年相比，呈现行业多元化分布格局，饮料和酒类、农业社会化服务类企业入围数量有所增加，说明农业企业产业垂直一体化速度加快，产业结构逐步优化，产业链条不断完善。

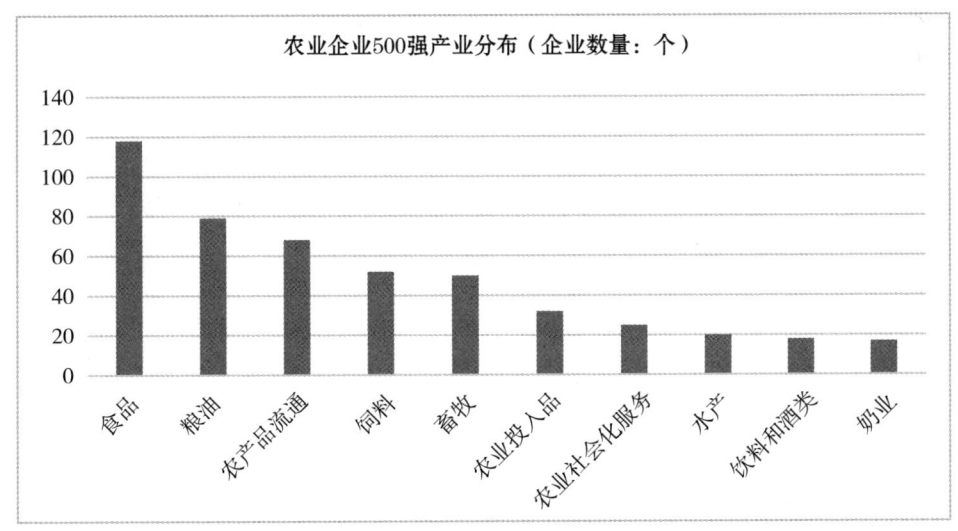

图 2-2　中国农业企业 500 强的产业分布情况

资料来源：同上图

随着农产品供需关系和消费结构的转变，农业企业日益重视企业品牌的塑造，从产品质量把控、品牌形象设计、品牌宣传到销售渠道拓展等方面。同时，构建全产业链资源优势促进企业品牌建设。他们整合资源，向产业链的上下游延伸，构建全产业链，推进企业进一步发展。例如，中粮企业依靠资源优势布局全产业链，电子商务业务领域搭建自有的物流体系，肉类行业向前延伸至饲料，向后延伸至商品销售环节。

（三）产品品牌

农产品品牌是由企业注册、打造和权益独享的代表产品的品牌。具有广泛市场知名度的农产品品牌往往是基于区域公用品牌的产业基础、知名度和产品品类认知，由该区域的重点龙头企业集中资源打造的"灵魂产品"，不仅具有区域特色，还是高品质的代表，最终获取消费者的品牌偏好。通过产品品牌的打造，可以达到以点带面的效果，促进企业品牌和区域公用品牌提质增效、产业优化升级和区域经济的发展。

"乌江榨菜"是区域公用品牌"涪陵榨菜"中最知名的产品品牌，由重庆市涪陵榨菜集团注册。涪陵榨菜集团公司专业生产"乌江牌"榨菜，"乌江"品牌知名度、市场占有率均为行业第一，出口美国、日本、东南亚及西欧等国家和地区。"乌江牌"榨菜先后荣获40项国际国内奖项。涪陵榨菜集团因而成为国家农业产业化重点龙头企业，市值超300亿元，是我国酱腌菜行业唯一一家上市公司，2020年实现营收近23万亿元。

"德青源"品牌由北京德青源农业科技股份有限公司注册并持有。德青源鸡蛋蛋壳上有品牌、有生产日期、有农场追溯码，结束了中国几千年的鸡蛋"三无"（无标准、无生产日期，无品牌）的历史，推动并参与制定了中国第一部鸡蛋标准，开创了中国鸡蛋品牌之先河。坚持欧盟标准防智能蛋壳清洁和绿色纯粮喂养，无抗生素、无致病菌、无药残蛋，打造高品质的鸡蛋，是国家质检总局的"365放心产品"，2019年成为"中国航天事业合作伙伴"。现有蛋鸡规模2055万只，鸡蛋年产量58亿枚，并带动26万余人脱贫。德青源生态鸡蛋目前在北京品牌鸡蛋市场占有率70%以上，是消费者最信赖的鸡蛋品牌。

二、农业品牌集群与区域经济发展的互促机制分析

（一）产业集群是农业品牌集群的先决条件

产业集群是品牌集群的基础，产业集群有助于培育高品质产品，塑造具有高知名度和高美誉度的产品品牌、企业品牌和区域公用品牌。产业集群是构建区域品牌的先决条件，但并不是有产业集群就一定能够塑造出品牌集群，这取决于该集群所拥有的知名的产品品牌和企业品牌的数量和质量。产品品牌是消费者认知企业品牌的便利通道，当产品品牌关联到企业品牌，而企业品牌有指向其所在地时，消费者便会将产品与地域联系起来，构建一种直接的认知。产业集群往往能够使人们形成对产业集群所在区域内该产业的整体评价。

（二）农业品牌集群是产业集群增强竞争力的载体

品牌是商誉的重要载体，企业在市场竞争中通过提供高质量的产品及优质服务，不断创造和积累商誉，也依托商誉维护和开拓市场。品牌能够分享企业内部积累和创造的商誉，从而提升产业集群整体影响力。同时，品牌也能将其不断增值的商誉转化反馈至内部，帮助使用品牌的企业获得消费者信赖和认可，从而在竞争中更有优势。

（三）农业品牌集群有利于增强产业集群的吸引力

产业集群的建设离不开产业规模的扩大，并依赖于产业投资的增长。品牌是文化的载体，向潜在投资者传递出该区域的市场文化，从而更有效、更直观地吸引相关潜在投资者的关注，并使投资者对投资行为和预期收益作出正向判断。品牌在产业集群区域与投资者之间架起沟通的桥梁，有助于产业集群不断吸纳优质资源，从而不断扩大规模，并形成资金、人才、技术等各类要素的集聚优化，为区域经济实现高质量发展作出重要贡献。

第四节 政企"双轮驱动"打造区域农业品牌

我国通过多年农业品牌建设的实践，在打造以区域公用品牌、企业品牌、农产品品牌为主的农业品牌集群中，将"有形的手"和"无形的手"

有机结合起来，在区域农业品牌建设运营的微观层面，探索出了符合中国国情的"政府主导 + 企业主营"双轮驱动的农产品区域品牌发展模式。

一、政府主导

政府主导是指在农业品牌建设中，政府起主持和引导作用，做好顶层设计、资源整合和服务平台搭建等，做企业和农户想做而做不了、做不好的事情。一是产业选择与培育，二是区域品牌打造。具体包括产业规划，品牌战略制定，品牌文化挖掘，品牌的传播、推广与管理，资源整合，平台搭建，市场主体培育与组建等。因为我国农村是以一家一户分散的小农经济为主，每家农户的生产资料少，能力和技术有限，组织化程度低，规模少，产品质量不稳定。因此，仅仅依靠农户自身的力量，是无法打造走向市场化的农业品牌的。产业性、基础性的工作需要地方政府的顶层设计、组织、协调和投资，发挥政府的作用。

例如，安吉白茶在发展初期，茶企、茶农建设品牌的意识和愿望还不迫切。安吉县政府站在品牌建设的最前端，不断地对安吉白茶的品种、产业发展做规划，对农户、茶企制定优惠政策，鼓励全县农户和企业发展白茶产业。白茶产业在具备一定发展规模的基础上，安吉县政府再带领茶企和茶农走出安吉参加各种展览、评奖，随着品牌知名度越来越大，再完成商标注册，并由国资发起成立安吉茶产业集团有限公司，打造极白、峰禾园、芳羽等产品品牌，进一步推动和引领白茶产业发展。[①]

二、联合体企业主营

品牌是市场经济的产物，品牌创建是专业化、现代化的工作，需要专业的组织和人才来进行品牌的战略规划、挖掘塑造品牌价值、创意设计品牌视觉体系、构建营销体系、整合产业资源、搭建传播和销售平台、对接市场销售资源等。这些工作都需要由市场经营的主体——企业来承担。

---

① 娄向鹏，品牌农业 3: 农产品区域品牌创建之道，中国发展出版社，2019 年 7 月。

在农产品区域品牌创建中承担市场经营主体的企业是指联合体企业，是在 2017 年《关于加快构建政策体系培育新型农业经营主体的意见》中倡导的"农业产业化联合体"新型经营主体基础上的实践与延伸。联合体企业在政府主导或引导下，由龙头企业、中小企业、合作社和家庭农场组成，以区域公用品牌为基础，以分工协作为前提，以规模经营为依托，以利益联结为纽带，以企业品牌和产品品牌为抓手，形成实体化、法人式的一体化新型经营主体，代表产业和品类进行市场经营。

例如，涪陵榨菜区域公用品牌和乌江榨菜企业品牌的成功，首先源于政府组建了重庆市涪陵榨菜集团这个国有控股市场经营主体，并通过体制机制创新，持续激活企业做大做强。广西的"永福罗汉果"品牌集聚了 28 家主体，成立了广西永福"福中福品牌联合体"，联合前各主体分散，单个企业年产值 690 万元—3900 万元不等，联合后覆盖全县罗汉果 40% 的生产规模，产值达 8.1 亿，成为全国罗汉果市场有影响力的市场主体。①

三、政府与企业有机协同，探索双轮驱动模式

农业区域品牌创建过程中，政府和企业各司其职，互为依托，发挥所长，相互配合，缺一不可。政府和企业双轮驱动，才能把农产品区域品牌做大做强。双轮驱动首先从政府主导开始，区域经济发展要依托特色产业，特色产业的规划与发展必须由政府来主导。没有政府主导，产业像一盘散沙。联合体企业作为市场经营的主体，要把分散的农民和小企业组织起来，振兴品类和产业，并在区域公用品牌之上，打造企业品牌，引领市场的经营，带动农民共同致富。可以说，没有企业主营，政府主导的产业规划也就无法落实。双轮驱动模式抓住了农业品牌建设的两大核心力量：政府和企业。从顶层设计做起，站在区域产业经济发展的高度和角度，既重视产业布局和规划，又注重品牌和市场；既做区域公用品牌，普惠企业和农户，又突出重点，扶持有担当的经营主体，打造联合体企业品牌，科学而实效。

---

① 中国农业品牌发展报告（2021），中国农业出版社，2021 年 5 月。

以"盱眙龙虾"为例,从 2000 年起,盱眙县委、县政府敏锐地发现了小龙虾里面的大商机,把小龙虾作为一个产业来支持和发展,并将一二三产业融合起来,通过举办龙虾节来推动和引领产业。2015 年由盱眙政府主导,盱眙县国资公司发起,盱眙龙虾产业协会入股,成立了联合体企业——盱眙龙虾产业发展(集团)股份有限公司,并推出了企业品牌"盱小龙"。[①] 目前,集团产业链布局完整,现有下属全资控股子公司 6 家,构建了从苗种选育到精细养殖、从餐桌消费到精深加工、从文化创意到品牌管理多业态产业链条。围绕"高品质龙虾"战略路线,形成"政府+企业"双轮驱动的区域品牌建设模式,有力地推动了产业的升级与发展,从最初的"捕捞+餐饮"逐步形成了集苗种繁育、养殖、加工、物流、餐饮、文化节庆于一体的完整产业链。为进一步促进产业集聚集群发展,盱眙县委、县政府解放思想、大胆创新,2017 年引进战略投资机构金诚集团。金诚集团携手盱眙打造全国首个龙虾小镇,总投资 70 亿人民币,金诚集团将整合周边资源,建立技术研发中心、龙虾交易市场、龙虾产业金融孵化基地、世界龙虾之窗、龙虾衍生文化基地、品牌餐饮连锁等第三产业。2022 年"盱眙龙虾"品牌价值超 300 亿元。全县有 10 万人从事龙虾养殖、贩运、烹饪等,走上了脱贫致富的道路。

第五节　农业品牌集群助力乡村振兴存在的问题与对策

一、存在的主要问题

(一)农产品区域品牌建设缺乏总体规划和规范

很多地方缺乏农产品区域品牌建设的总体规划,品牌定位不准。在打造农产品区域品牌时,没有充分考虑地方特色、自然条件、生态环境、区域优势、市场需求、种养习惯等因素,导致农产品区域品牌与地方资源禀赋有一定的偏差,品牌增强农业竞争力、提高农业经济效益的作用有限。

---

① 娄向鹏,品牌农业 3:农产品区域品牌创建之道,中国发展出版社,2019 年 7 月。

还有一些地区热衷打造全品类的区域公用品牌，忽视了单品区域公共品牌的核心价值，导致品牌与产业关联性弱、品牌辨识度低、传播成本高、产业带动力不突出、促进消费作用不明显等问题。由于区域公用品牌具有公共属性，有些地区尚未建立有效的品牌运营管理机制，造成品牌建设权责不清、利益机制不健全、运营能力弱等问题，从而使得区域公用品牌产值偏低、销售范围较窄，品牌影响力局限在较小的区域。

（二）农业特色优势产业不明晰，产业配套建设滞后

不同地区由于特色优势产业差异，相关产业配套也不相同。如东北地区人口较少、土地相对较多，适合发展大规模的粮食生产；东部及中部地区农业资源丰富，劳动力、技术、信息等资源具有优势，适合发展多样化农业与都市农业等。但是，目前与各地农业特色优势产业相配套的产业建设比较滞后，甚至缺失，不能适应农业特色优势产业发展的需要，制约着农业特色优势产业的发展。由此也使得农业品牌竞争力影响力不够。

（三）农业品牌集群化程度低，龙头企业薄弱

我国很多地区农业产业分散，集群化程度不高，产品同质化现象严重，没有差异性和互补性，无法发挥各自优势，阻碍了农产品品牌集群化发展。而且，区域龙头企业资金有限，经营规模不大，经营效率较低，并且大多数企业都是独立经营缺少联合，没有集中优势资源打造龙头企业，无法发挥对品牌集群的领头羊作用。例如，我国肉制品行业前三强：双汇、雨润和金锣的加工总量不到我国生猪屠宰总量的5%，而美国前三强肉类加工企业的总体市场份额已超过65%。

（四）政府主导和组织力量不够，影响品牌协同推进力度

农业本身投资大、周期长、见效慢、风险多，农村经济高度分散，大企业、大农户占比很小，大部分政府和行业协会职能发挥不够，产业竞争力薄弱。各地在加强区域公用品牌、企业品牌和产品品牌的协同发展中虽然已取得了积极进展，但是依然存在资源投入不均衡、协调发展机制不健全、品牌共建共促作用不明显等问题。区域品牌管理维护监管不力，导致区域公用品牌使用混乱，搭便车现象严重，出现劣币驱逐良币的情况。政府对企业品牌扶持力度不够、产品品牌营销推广不足。

二、对策建议

（一）科学合理制订区域公用品牌战略规划

在实践中能实现产业振兴、乡村振兴的，多是单一品类区域公用品牌。根据区域内独特的自然禀赋，找出优势特色产业，找准品牌发展定位，科学合理制订战略规划，建立强烈的品牌辨识度。通过优势特色产业延伸深加工、包装、仓储、运输、销售等环节，促进一二三产业融合发展。

（二）因地制宜，集中资源打造优势特色产业

立足区域的资源禀赋，聚焦人、财、物，以一个优势产业为主导，谋划产业集群发展战略蓝图，构建产业集群的资源禀赋、产业基础、标准支撑、项目载体、龙头纽带、品牌旗帜，推动区域的生产要素优化、产业结构升级、核心基地辐射、三产深度融合、新型经营主体集聚，以产业集群发展带动农业品牌集聚。

（三）增强品牌集聚度，打造龙头企业

以培育龙头企业发展为核心，围绕主导产业，在渠道、资金以及相关政策等方面支持建设区域优势产业基地，以产业化、规范化、标准化的理念打造政府、行业组织、龙头企业及农户多方联动的集群化农业发展模式。以对区域品牌支撑力强、对产业带动力大的企业为重点，支持打造核心竞争力，加快构建利益联结机制，做强企业品牌，推介优质农产品品牌。

（四）发挥政府宏观调控作用，推动品牌建设

坚持农业农村优先发展总方针，协同创新涉农财政、土地、税收、金融等政策，确保财政投入与产业集群、品牌集群的要求相适应。设立品牌集群建设发展基金。发挥政府宏观调控作用，夯基础、立项目、补资金、聚要素，建平台、引智力、惠税收。同时，"政府+企业"双轮驱动，为集群要素融合迭代提供均等化和全覆盖的公共服务支撑。

第三章

国际农业品牌发展模式分析与启示①

摘要： 本章以绿色有机、高标准高品质农业作为切入口，考察法国、日本、新西兰及美国四个国家的有代表性的农产品品牌建设案例与经验。法国原产地名称保护制度是欧盟和我国地理标志产品的前身，法国波尔多红酒便是受益于原产地名称保护制度的典型案例。日本一村一品运动孵化出了众多的高品质的农产品区域公用品牌，让国货成为日本消费者的首选。新西兰佳沛奇异果是联合体企业品牌打造的经典案例，佳沛也成为新西兰的国家品牌。全食超市是美国有机农业的领导品牌，盒马鲜生被认为是中国版的全食超市，这两个案例研究对于如何推动发展有机农业具有很大的启发意义。

---

① 执笔人：陆超，住建部特色小镇培训班特邀讲师、法国巴黎市工程师学院硕士，乡懿创始人，著有《读懂乡村振兴：战略与实施》。

习近平总书记高度重视农业品牌在现代农业、乡村振兴中的战略意义，曾在多个场合多次提及农业品牌建设的重要性。2013年12月，习近平总书记在中央农村工作会议上指出，"要大力培育食品品牌，让品牌来保障人民对质量安全的信心。" 2015年7月，他在吉林考察时提出，"粮食也要打出品牌，这样价格好，效益好。农业的品牌化经营目前已经成为普遍共识。" 在2020年中央农村工作会议上，习近平总书记进一步指出，"现在城乡居民食物消费结构不断升级，今后农产品保供，既要保数量，也要保多样、保质量。要深入推进农业供给侧结构性改革，推动品种培优、品质提升、品牌打造和标准化生产"。习近平总书记在党的二十大报告中提出"中国式现代化"，具有重大的里程碑意义，其中推动实现农业农村现代化是其核心要义之一。而加强农业品牌的培育、创建和推广，是实现乡村振兴、农业农村现代化的必由之路。农业品牌化是农业强国的主要标志之一，习近平总书记在2022年底的中央农村工作会议上提出"锚定建设农业强国目标"，则意味着我国农业品牌的建设进入了一个新的发展阶段。

民以食为天，食以安为先，安以质为本。质量立农、绿色兴农、品牌强农。品牌化的农业必然是建立在安全化、标准化、绿色化之上的高质量农业。从"吃不饱"到"吃到饱"，再到"吃得好"，当下中国的农产品需求结构已经发生了重大的变化，人们已经不再为吃饱问题而烦恼，对农产品的需求已经日渐转向中高端、多元化和个性化。绿色农产品、有机农产品、特色农产品等代表着高质量与品牌化的农产品面临着巨大的发展机遇。

本章聚焦农产品的高质量发展，从绿色、有机、特色以及农产品的标准化作为切入视角，考察国际上的一些农产品品牌建设案例与经验，以期对我国农产品高质量发展与农业品牌化建设提供借鉴启示。本章研究的四个案例分别是法国的原产地名称保护制度、日本的一村一品运动、新西兰联合体企业品牌佳沛奇异果和美国的有机食品领导品牌全食超市。

第一节　原产地名称保护制度：法国葡萄酒品牌

作为世界知名的农业大国与农业品牌强国，法国在塑造农业品牌与建设农业标准化的过程中，创造性地建立起了"原产地名称保护制度"。从原产地认证出发，以质量认证为基础，从质量严格管控和政府扶持入手，引导农产品品牌健康有序发展。

一、制度背景

法国对原产地名称的保护可以追溯至14世纪，当时的法国国王查理五世专门颁发了"皇家特许证"以规范洛克福地区的奶酪生产。1905年8月，法国颁布了第一部关于地理标志的法，规定"政府有职责对原产地名称做出行政认可，即为使用特定名称的产品划定界限。"1919年，法国又颁布了《关于原产地名称的1919年5月6日法》，该法明确原产地名称是一种集体产权，"产地的标识属于整个社区的生产商，原产地名称不得落入公共区域，也不得视为通用名称"。

法国是欧洲最早推动原产地名称保护制度的国家，究其原因，这与法国红酒的广受欢迎脱不开关系。100多年前，法国葡萄酒广受全球市场欢迎，好的地区的葡萄酒成了香饽饽，这引发了其他地区的觊觎。于是，市场上出现了挂羊头卖狗肉的行为，例如，一些酒商会将便宜的朗格多克酒灌成价格更高的勃艮第酒来出售。这大大地侵害了这些地区酒商的利益，也对优质葡萄酒的市场信誉造成了巨大的损害。为了防止乱标产地，规范市场运行，1919年，法国通过颁布《关于原产地名称的1919年5月6日法》对葡萄酒的生产地理范围作了严格的规定与限制。例如，根据规定，Cote d'Or的葡萄酒必须产自金丘，而不能产自其他地方。

法国这样解释原产地名称，它是"一个国家、地区或地方的名称，该名称被用来表示来源于该地方的产品，产品的质量和特征归因于其地理环境，包括自然和人文因素"。也就是说，原产地名称不仅仅是产品来源的说明，而且还是产品质量和特征的保证，该产品必须和特定的风土存在一定的关系。法国在授予原产地名称时主要遵循了四个原则：一是原产地名称必须是地理名称；二是使用在产品上，该地区生产该产品必须用历史悠久的传统方式生产；三是可象征或表彰该产品所具有的质量或其他特性，这些质量或特性持续稳定，符合特定的监测标准；四是该质量或特性必须完全或主要归因于这个地理的风土。①

二、葡萄酒原产地名称保护

以法国葡萄酒的原产地名称保护为例。1935 年，法国政府通过了《关于葡萄酒之受监控原产地名称的 1935 年 7 月 30 日法令》，建立了葡萄酒受监控的原产地名称制度，并设立了专门制定产品生产规则的机构"国家原产地名称局"（INAO）。法国葡萄酒分为原产地命名控制葡萄酒（AOC）、优质葡萄酒（VDQS）、地区餐酒和日常餐酒 4 个等级。其中，AOC 和 VDQS 可以使用原产地名称，归 INAO 认定和管理。我们可以从 AOC 的认定过程一窥法国原产地名称保护制度的严格。

首先，原产地命名控制葡萄酒（AOC），只能用原产地种植的葡萄酿制，且不可与其他葡萄汁勾兑。其次，从葡萄的种植到酒的加工、销售都需要细致的监督管理和相关许可证书，证书数量多，包括种植许可证、葡萄品种卡、采摘证、压榨薄、收摘申报表、储存申报表、产地证书、行业卡、营业证、运输许可证等。最后，在认定程序上，还要由 INAO 组织检测，由 INAO 制定的委员会进行品尝，邀请行业协会和相关部门参加。只有通过严苛的各种测试，才能颁发合格证书。②

三、制度意义

法国原产地名称保护制度意义重大，它不仅成功实现了对法国葡萄酒知识产权的保护，避免优质生产者陷入不正当竞争的陷阱，而且从制度建

---

① 傅余：法国原产地名称保护制度及借鉴，安徽农业科学，2008 年 36 卷 16 期。
② 傅余：法国原产地名称保护制度及借鉴，安徽农业科学，2008 年 36 卷 16 期。

设上促进了法国葡萄酒的品质提升，巩固了法国葡萄酒的高端地位，更为法国葡萄酒内部的有序竞争提供了制度基础。

如今，法国原产地名称保护制度已经从葡萄酒拓展到了各类农产品领域。迄今为止，法国一共有 500 多种农产品受到原产地名称保护。作为欧盟的第一大农业强国，世界农产品出口的贸易大国，法国葡萄酒、奶酪、矿泉水等都是原产地名称保护制度的受益者。法国通过若干年的摸索与实践，建立了一套生产者与公共机构紧密合作的认证体系，形成了独特的组织架构。这套制度后来被欧盟吸收，变化成为地理标志的概念，成为一种应用范围更为广泛的知识产权。

根据世界知识产权组织的定义，地理标志是具有特定地理来源并因该来源而拥有某些品质或声誉的产品使用的一种标志。地理标志强调的是产品的原产地，即认为产品的质量、特性或声誉与其生产的地理位置相关，因此对地方特产产品以产地命名的方式进行保护和控制。1992 年，欧盟通过了关于保护农产品和食品地理标志和原产地名称条例，标志着这套基于原产地的保护制度在欧盟扩展开来。

20 世纪 90 年代，借鉴法国和欧盟的经验，我国也开始了地理标志的探索之路。1999 年 8 月，原国家质量技术监督局发布《原产地域产品保护规定》，标志着具有中国特色的地理标志产品保护制度的初步确立。2000 年 1 月，绍兴酒成为中国第一个受到保护的地理标志产品。2005 年，质检总局制定发布了《地理标志产品保护规定》，标志着地理标志产品保护制度的进一步完善。截至 2022 年 10 月，我国累计批准地理标志产品已经达到 2495 个，核准地理标志作为集体商标、证明商标注册 7013 件，地理标志产品直接产值突破 7000 亿元。2021 年，中国与欧盟签订的《中欧地理标志协定》生效，134 个欧盟地理标志、100 个中国地理标志分别在两地得到保护，这个从法国与欧盟出来的保护制度在中国得到了本土化，成为提升中国农产品品质、促进区域经济和对外贸易的重要手段。

第二节　区域公用品牌：日本一村一品

一、发展背景

如果你走进日本高速公路旁的一家休息站，就不难注意到商品货柜里琳琅满目的各种农副产品，许多都是地方的特色品牌，如静冈的茶叶、山梨的水蜜桃、津久见的橘子、新潟的大米和青森的苹果等，这些都是日本家喻户晓的农业品牌。时至今日，日本粮食的自给率已经低至不足四成，但在大多数日本国民眼中，日本生产的农产品是国外的舶来品无法比拟的，本国的农产品无论是在安全、口味还是在质量方面都要优于进口农产品。

日本国民对本国农产品的巨大自信就来自日本品牌农业战略的成功。像中国一样，日本战后的农业发展也经历了一个从量转向质的过程，农产品数量越来越多，但质量参差不齐，难以满足新兴消费阶层的需求。随着农业生产基本满足了国民温饱的要求之后，日本农业面临着一个如何应对高质量发展的挑战。日本品牌农业战略的启动，可以追溯至20世纪70年代末的"一村一品"运动。大分县知事平松守彦从贫困地区大山町的致富路径中得到启发，提出"孕育本地特产、活跃地方经济、培养专业人才、促进文化发展"的区域经济振兴理念。"一村一品"本质上是希望通过挖掘或生产具有地方特色的产品，可以是农作物、手工艺品，也可以是文化活动或者地方传统节日等，使得地方至少拥有一种具备地域特色的拳头产品，并力图形成产业基地，打入国内外市场。

二、典型案例：大山町

大山町是一村一品运动的骄傲先驱。这个耕地面积稀缺、人口流失严重的小村镇穷则思变，雄心勃勃地提出了"New Plum & Chestnuts"运动（梅子和板栗运动），将原先单一的水稻种植逐步向高附加值的特色农产品生产加工转变。大山町的梅子一炮而红，并且迅速发展出梅子加工行业，梅酒、梅干颇有特色，还有每年举办的青梅大会异常火爆，吸引了大量的外来游客，大山町农协的收入在短短 10 年内就翻了 10 倍。[①]大山町的成功实验让时任大分县知事的平松守彦看到了机会和信心，在这个被称为"一村一品"之父的推动下，大山町的经验迅速被推广到大分县其他地方。

"我们村里没有资源""我们没有学校""道路条件太差"，20 世纪 70 年代末的大分县和今天很多中国村庄一样，面临着各种短缺与困难，然而经过 20 年的发展，人口仅有 120 万人的大分县共计推广特色产品超 300 种，其中 15 项产品价值超千万美元，120 多项产值过百万美元，大分县的人均收入在 1994 年达到惊人的 27000 美元。香菇、丰后牛肉和卖烧酒三大品牌风靡日本，其他地区性的知名农产品品牌更是不计其数。"一村一品"运动迅速由大分县蔓延至全日本，启动了日本的"品牌农业"战略。山梨县因为拥有日本最大的葡萄产地而顺势打造水果之乡的"山梨品牌"，盛产茶叶的静冈县打出日本茶的"静冈品牌"，而围绕东京圈的千叶县则主导蔬菜和特色水果，"千叶品牌"家喻户晓。之后日本还陆续推出了其他战略和制度，如"本场本物""本地生产、本地销售"，等等，为日本农产品的品牌化打下了坚实的基础。

表 3-1　日本大分县特色农村社区建设[②]

町村名称	特色产品	创意活动	智力支持	重要策略
大山町	梅、栗、夏菇、加工食品	种植梅、栗，去夏威夷！	"了解世界之余"组织	创造"农村般的村镇""村镇般的农村"
汤布院町	高冷地卷心菜、番茄、香菇、茶	一头牛牧场绝叫大会	展望明天的由布院之会	综合开发农业和观光；充实学校教育和社会教育；自然与人调和的城镇
姬岛村	对虾、海胆	姬岛舞 野营场		充满大自然之美的村庄；富有生产性与活力的村庄；健康文明的村庄；互相体贴、富人人情味的村庄

---

① 参见陆超：《读懂乡村振兴：战略与实践》，上海社会科学院出版社，2020 年 4 月，第 112 页。
② 张婧：日本一村一品运动走向世界对中国乡村振兴的启示，日本问题研究，2019 年第 5 期。

续表

町村名称	特色产品	创意活动	智力支持	重要策略
玫珠町	米、肉用牛、香菇、吉四六酱菜	以隐士作为牌名称利用童话作家资源举行童话节		有美丽绿化和新鲜空气与水的乡镇；提高生产，富有活力的乡镇；爱护孩子和老人的乡镇；富有文化注重教育的乡镇
大田村	香菇、栗子、牛	举办传统"浊酒节"发展空运产品集中区		创建卓有成效的大田村产业；建设具备适宜居住的村庄；建设充满乡土爱的"故乡"
竹田市	臭橙、香菇、蕃红花	发展臭橙乌饮料、香味粉、香母醋、臭橙酱油、香母醋	委托大学和企业的研究机构	进行资源再开发，创建特色产业；建设同自然和传统文化相融合的有生气的城镇；建设生产疏通与文化协调的城镇；建设健康的充满欢乐的城镇
天漱町	梨、葡萄、香菇、萝卜	农村食堂制作外卖盒饭	农协 以妇女为主持生活改善小组	自然环境与生活调和的绿色和温泉之町；生活环境井然有序的健康之町；发展观光农业之町；尊重人性和传统的文化之町
上津江村	杉木、山葵菜、茶叶	一所房子林业	林业研究组	能明快、健康地生活的村庄；有净水、绿化和清流的村庄；健康而又充满情趣的村庄；环绕在青山翠谷之中的村庄
宇佐市	稻米、柑橘、黄瓜、西瓜		宇佐青年经营者接班人 宇佐理想会	不破坏自然色彩的田园工业城镇；人情味淳厚、居住舒适的福利城镇；有个性和情趣的文化教育城镇

资料来源：详见脚注。

2001年，日本农林水产省加大了农产品品牌战略规划的力度，提出了"品牌日本"的整体性农产品品牌形象。规划要求，日本农产品以高品质为核心抓手，农产品生产不片面追求高产，而是通过不惜成本地提高产品的营养成分，改善口感，从而在产品层面达到"品牌日本"的高附加值效应。[①] 2006 年，日本开始实行区域团体商标，其中超过 50% 是农产品和食品。而早在 2009 年，日本区域团体商标就超过了 400 个。日本几乎所有都道府县都有支持区域品牌的对策，市町村一级也一直在推动品牌化的发展。

三、运动着力点

日本"一村一品"运动主要从几个方向入手。

第一，找出地方特色农产品，创建产业基地。特色是农产品品牌的灵魂所在，按照市町村的各自优势，找出独具一格的农产品品类，并围绕特产品类建立产业基地。

第二，加大研发，提升品质，打造品牌。以生产橘子的津久见为例，因为原先的橘子品种没有优势，市场一直难以打开，津久见大胆地扬弃原有品种，改种"太阳女神"新品种，进而获得了消费者的青睐。同样，许多地方的农产品在质量、口味、外观等方面都存有各种不足，由于大胆的引入研发中心，原有的产品质量都得到了较大的提升，如大分县的香菇，由于原有品种得到提升，其出口量一跃占到了全国市场的 20%。

第三，强而有力的宣传营销。品牌的成功始终离不开宣传营销，而大分县的成功与平松守彦的亲力亲为是分不开的。平松守彦亲自上马，倡导"爱用本县产品"。他放下知事的架子，身着民族服装，亲自在东京繁华的街区，向过往的路人推销大分县的柑橘、酸橙，引发了媒体广泛的关注。这多少让人想起这两年国内很多县长市长直播带货的场景。当日韩首脑会谈落户大分县时，平松守彦又及时推出本地产品制作的特色宴席来招待两国首脑，并利用媒体大肆推广大分美味。平松守彦更是依托自身的人脉关系，将大分县一款名不见经传的"吉四六"麦烧酒打造成了日本麦烧酒行业的冠军。每次平松守彦前往东京办事，他都会把酒带进高级饭店、高级料理店等高端场所与政府官员、公司高管共饮，并不厌其烦地将烧酒的饮法传授给店主，随着逐步拥有知名度，且在高端圈层流行，"吉四六"开始走向银座等中心区域，并顺利登上了首相府的酒单。"吉四六"麦烧酒

[①] 参见陆超:《读懂乡村振兴:战略与实践》，上海社会科学院出版社，2020 年 4 月，第 115 页。

不仅在日本高居行业榜首，而且顺利进军国际市场，成为日本烧酒的代表品牌。

四、借鉴启示

2017年，农业农村部发布《关于2017年农业品牌推进年工作的通知》，强调把农产品品牌化作为农业供给侧结构性改革的重要抓手。这也是新中国成立以来，中国政府第一次提出将某个具体年度命名为农产品品牌年。因此，业界也把2017年作为中国农产品品牌的元年，把它认为是中国进入农产品品牌大时代的一个里程碑。

2022年农业农村部印发《农业品牌打造实施方案（2022—2025年）》，提出到2025年重点培育300个精品农产品区域公用品牌，带动1000个核心企业品牌，3000个优质农产品品牌。截至2021年，全国省级农业农村部重点培育的区域公用品牌也已经将近3000个，企业品牌5100个，产品品牌约6500个。

五六年来，各类农产品品牌特别是区域公用品牌的申报工作非常活跃，各种机构协会牵头的各种申报评选活动频频见诸报端，然而学界对中国农产品区域公用品牌发展所存在的问题也洞若观火。

第一，农产品生产缺乏标准化，产品质量良莠不齐。我国小农经济为主的生产方式，决定了许多区域公用品牌之下农产品供给都是以小规模的生产方式呈现，这也导致了农产品生产缺乏标准化，虽然有公用品牌加持，但地方特色农产品的质量良莠不齐，这让消费者对区域公用品牌的信任度大打折扣。

日本很早就在农产品的标准化方面做足了功课。日本农产品从田间土地到消费者手上要经过层层考验，无论是形状、色泽、口感、品质等都需经过严格控制和分级，这也是日本农产品品质好、价格贵的主要原因之一。日本一村一品、一县一品战略主导下的农产品品牌更加对标准化、高质量提出了要求，这也是为什么日本消费者独爱本国农产品的核心原因。

第二，区域品牌真伪难辨，假冒现象搭便车现象普遍存在。"公地困局"一直是困扰区域公用品牌的一个难题。公用品牌火了，自然有许多小企业、个体经营者希望搭便车，最为典型的便是阳澄湖大闸蟹和五常大米现象——假冒现象突出，市场上流通交易的大闸蟹和五常大米经常能达到正宗原产地产品产量的5—10倍。

日本在农产品品牌建设过程中无疑也遇到过类似的现象。比如说宇治茶，2004年，日本市场出现了大量的假冒的宇治茶，拉低了市场价格，损害了品牌价值。为了维护区域品牌现象，日本随后发布了宇治茶的定义及地理界定，使得宇治茶的年产量锐减40%，从而有效地保护了品牌价值。原产地的认证以及知识产权保护是中国区域公用品牌亟须解决的问题。

第三，组织载体职责不清，品牌建设不力。农产品区域公用品牌的建设需要依靠一定的组织载体来负责品牌建设的具体工作，这往往涉及地方政府和地方龙头企业。目前，我国的很多区域公用品牌经营的组织载体不清，地方政府对此意识不足，地方企业实力不够，原子化的农户又难以在资金投入、综合运营、品牌推广等方面承担起相应的作用。

日本在品牌农业的建设过程中，给予了大力的行政干预和政策扶持。第一，对农产品品牌给予财政支持。通过设立专项基金，对生产加工、研发培育、商标注册等进行全方位财政支持；第二，成立农产品品牌相关机构。政府牵头设立农产品产业协会，专注品牌问题，联合专家学者、企业和社会团体，设立专门的工作组，制定农产品品牌发展战略，为区域品牌提供全面长期的智力支持。

第三节　联合体企业品牌：新西兰佳沛奇异果

一、品牌背景

小农在无序的市场竞争中往往面临产品品质不一、个体力量不足、经营各自为政、竞争互相内耗等多元问题，这种原始的自然竞争状态自然很难应对现代信息社会的竞争要求。

联合体企业品牌是一种新型的品牌农业建设方式。这方面的国际佼佼者当首推新西兰奇异果的著名品牌佳沛。

作为新西兰著名的农业品牌和国家名片,佳沛奇异果占据了该品类全球市场的 1/3,产品遍布全球 70 多个国家和地区。奇异果并非新西兰的土生土产,而是来自中国的舶来品,其祖先是中国的猕猴桃。1904 年,由一位名叫伊萨贝尔的女教师带到新西兰之后,生命力顽强的猕猴桃便在新西兰遍地开花了。刚开始,新西兰人称其为"宜昌醋栗"或是"美龙瓜",但都没有被市场接受,直到 1959 年,人们发现猕猴桃与新西兰的国鸟 Kiwi bird 非常相似,都有着毛茸茸的身体,这才给其正式命名为"kiwi fruit",音译过来便是"奇异果"。

味道酸酸甜甜的奇异果非常受市场欢迎,不仅仅是新西兰人,全球消费者都是它的拥趸。20 世纪 50 年代之后,新西兰几乎垄断了全世界的奇异果市场,产品供不应求,大量的分散的种植户加入其中,形成了庞大的种植阵营,种植户们的公司也赚得盆满钵满。直到 20 世纪 80 年代,随着意大利、法国、西班牙和智利等国也加入种植的行列,新西兰奇异果的优势被一下子碾平了。意大利和智利凭借低成本和不错的质量,迅速抢占了原本属于新西兰的出口市场。这让新西兰果农猝不及防,在大打了一番价格战之后,产品品质也随之一落千丈,市场口碑、议价能力都难以与往昔同日而语。更为严峻的是美国在 1988 年掀起的反倾销政策让新西兰奇异果的垄断地位遭遇了灭顶之灾。

在遭遇到惨痛厄运之后,新西兰政府意识到分散小农在残酷的国际竞争面前的无能为力。只有在政府的扶持之下,广大果农抱团取暖,才有反败为胜的可能。一场奇异果的自救运动就此启动,这也成为 20 世纪农业品牌崛起的一个经典案例。

新西兰奇异果营销局随之而成立,它将以往分散的出口渠道整合为一个出口,对整个产业的品种选育、种植、采收、包装、储藏、物流、配售、广告推广等进行了统一的设计和规划。2700 多名果农纷纷注销了自己的品牌,加入了新西兰奇异果营销局。[①]1997 年,营销局推出"ZESPRI"作为奇异果的统一品牌,营销局更名为"ZESPRI 佳沛新西兰奇异果国际行销公司",全面统一负责新西兰奇异果在全球的销售,这标志着新西兰奇异果从

---

① 娄向鹏:《品牌农业 5:娄向鹏看世界农业》,机械工业出版社,2022 年 1 月版本,第 69 页。

以往松散的组织化走向了全面垄断的联合体企业。

二、品牌模式

这个庞大的联合体企业有着明晰的架构与分工。公司由2700多名果农所拥有，所有果农按照种植面积和产量大小共同出资入股，并根据股份多少决定资金投入和年终分红，最终形成紧密的利益共同体。果农的收入主要来自四个部分：基础收入、奖金收入、额外激励和股权分红。有权益自然有义务，对于众多的果农，公司要求其产品必须符合佳沛统一的质量标准（A级果）——只有经过佳沛严格的检测之后，合格的产品才能贴上佳沛的logo，继而销售到世界各地。佳沛对所有农户进行统一管理，将所有的管理和规定精细化、规范化和标准化，从而做到产品的标准化。每年四五月份收成季来临，果农的大考就来了。所有的奇异果都要通过"农产品品质检测中心"的成熟度认证，检测项目包括重量、硬度、果肉颜色、籽颜色、干物质比例、水分、甜度等多道关卡，以确保果实标准合格。公司给所有农场配备了包装线、自动机械选果车间、冷库以及各种必需的机械装备，甚至连采收的木框都是统一定制的。

联合体企业品牌的成立，使得新西兰奇异果发展摆脱了过去小散乱的窘境，走上了一条规范化、一体化、国际化的高速公路。与此同时，佳沛将自身的定位瞄准了高端市场，在佳沛看来，在日趋激烈的国际市场上，只有拥有一流的品质，成为高端市场的领导者，才能拥有较大的利润空间，从而立于不败之地。

佳沛将核心消费人群定位于高端白领，尤其是年轻的女性群体。佳沛也以一种"优质高价"的全新形象展现在全世界面前。在"论斤"都不好卖的猕猴桃面前，后辈奇异果早已在"论个"卖了，而且价格不菲。高端的品牌必须有高品质和高端品种以支撑，佳沛高度重视品种培育，每年投入数百万美元的研究经费以培育新品种。佳沛与新西兰皇家植物与食品研究院签订长期独家品种培育协议，提前十年开始品种培育和研发，以保证佳沛的品种永远领先于行业。对于每一个新品种的研发，佳沛有四个重要的考量指标：口味、果肉颜色、抗病虫能力以及货架期。2015年，历经14

年的培育，佳沛正式推出"阳光金果"，薄透的果皮、浑圆的外形、丰沛的汁液，还有多层次的清爽口感，符合亚洲人偏甜的口味，一举在全球市场获得了巨大成功。而近两年，佳沛花费十年潜心研发的红心奇异果也已经上市，这将成为佳沛持续占领高端市场的坚实根基和撒手锏。[①]2021年，佳沛全球实现总营收181亿元人民币，占据了全球33%的猕猴桃市场，更是直接成了高端奇异果的代名词。

三、借鉴启示

新西兰佳沛品牌的成功之道，相信可以给到国内众多农业品牌以发展借鉴与启示。在现代农业发展过程中，同一品种种植的小农户的抱团发展是不二的趋势，联合体企业经营是现代农业的航母，是被实践所证明的一种行之有效的发展模式。

第一，联合体企业经营有利于将分散的小农集聚，反向通过标准化要求，提升产品品质——只有达到规定品质与要求的产品才能贴上联合体企业品牌的logo，这大大地保障了农产品的标准化与高品质。

第二，联合体企业经营杜绝了小农经营存在的一些根深蒂固的内耗问题，包括低价竞争、以次充好、搭顺风车等问题。通过同一品牌、同一公司、同一生产模式让广大小农户凝聚成一股合力。

第三，联合体企业经营作为规模化经营的代表模式之一，有利于拓展产业链条的后端，在品牌建设、产品研发、市场营销、国际竞争等方面有施展拳脚的空间，代表着农业品牌化发展的方向。

第四，联合体企业经营有利于保障广大小农户的利益，在取得市场竞争成功的同时，让小农户普遍享受到了农业现代化的红利，带动了农户致富、共同富裕和乡村振兴。

联合体企业品牌将是未来广大中国种养殖小农抱团取暖的一种重要的品牌发展模式，随着中国提出农业强国的目标，农业品牌的强大化被提上议事日程，而联合体企业品牌作为现代农业的"航空母舰"，是中国农业品

---

① 娄向鹏：《品牌农业5：娄向鹏看世界农业》，机械工业出版社，2022年1月版本，第73页。

牌发展绕不过去的一种发展模式。

近年来，国内一些知名的区域公用品牌也纷纷试水联合体企业品牌，如盱眙龙虾产业发展股份有限公司，其是由盱眙政府主导，盱眙县国资公司发起，盱眙龙虾产业协会入股，成立的联合体企业，并且推出了自己的企业品牌"盱小龙"。又如山东寿光推出的"寿光农业发展集团"，也是一家由寿光市政府主导，寿光国有资产监督办公室全资组建的寿光蔬菜联合体企业，企业品牌为"漫耕芸"。

第四节 有机食品领导者品牌：美国全食超市

一、品牌背景

2017年美国电商巨头亚马逊的一桩并购交易，将全食超市（Whole Foods）这个美国高端有机生鲜连锁品牌拉入了全球消费者的视线之中。亚马逊花费了高昂的137亿美元一次性收购了全食超市400多家门店，这桩交易也成为亚马逊有史以来最大的一笔并购交易。

全食超市是美国有机食品零售的行业领导者，在美国可谓家喻户晓。全食超市创立于1978年，在近40年的发展历程中一直顺风顺水，并于1992年顺利登陆纳斯达克。截至亚马逊收购之时，全食超市已经成长为一家拥有456家门店、8.7万名员工、年销售总额超157亿美元的巨无霸。2018年12月，在世界品牌实验室编制的《2018世界品牌500强》中，全食超市名列第117名。2020年英国品牌价值咨询公司"品牌金融"发布的"2020年全球最具价值品牌年度报告"中，全食超市排名431位。

二、品牌特色

全食超市是一个特立独行的物种，自创建以来就另辟蹊径，在倡导健康生活的同时，只卖有机食品。数据显示，全食超市的食物价格普遍要比普通超市的贵起40%以上。尽管如此，全食超市的顾客还是络绎不绝，生意是越来越好。观察家们把全食超市的成功主要归因于几点。

第一，第一个"吃螃蟹者"。全食超市是全美首家获得认证的有机生鲜杂货零售商，2003年同样成为美国首个通过有机认证的食品超市。全食超市的领先一步取决于创始人约翰·麦基对有机食品市场的前瞻视野，同样也来自其对有机食品宗教般的虔诚信仰。他认为经营有机食品是一桩有使命感的生意，"做食物的正宗经销商，为人类和地球创造健康和福祉"。

第二，严苛的食品品控。全食超市对供应商提出了严格的品控要求，加入全食超市的供应商需要填写长达39页的申请表格，除了满足国家有机产品的标准之外，全食超市还对动物喂养、放养和清洁，以及农作物种植环境、生产周期等细节均做了详细规定。人工调味剂、人工色素、人工防腐剂、抗生素等禁止出现在全食超市的菜单中。此外，门店还专门设置了质量监督委员会评估监督并建立食品安全档案，一旦发现问题立即启动产品召回机制。

第三，强大的供应链管理。全食超市从全美1400多个农场进行产品采购，拥有11个区域配送中心，同时在全球建立自有商品基地，遍布30多个国家。全食超市鼓励地方生产，地方消费，即在一定的半径范围内建立配套供应链，以保障食品的新鲜与安全。全食超市是美国农业全产链整合化的一个杰出代表，超市一头连着美国的农场，一头连着终端的家庭，从田间到餐桌的距离从未如此的接近。

"罗西是一只生活在有机农场的鸡，天天过着幸福的生活，直到被送进屠宰场，经过一道道工序，变成了摆放在加州格兰戴尔全食超市冰床上的精美袋装鸡肉。罗西的一生是在加州葡萄美酒之乡的定制鸡舍中度过的。她的鸡舍通风、采光良好，陶质的地面上铺有干净的谷壳。她生前不是悠闲地啄食黄澄澄的玉米粒，就是在鸡舍外的院子中散步。和多数食品店出售的家禽不同，罗西从来没用过抗生素或生长激素。"

全食超市除了为客户提供最新鲜最健康的食物之外，还高度重视消费者的体验感——让他们关注产品背后的故事。上述这样的宣传册是全食超市的特色所在，这增强了消费者对全食超市的信任感，也进一步提升了他们对天然、健康、有机理念的认同。

全食超市的成功背后是美国有机食品零售规模快速增长的20年。数据显示，自2000年以来，全美居民食品消费支出的年均复合增速为3.5%，而有机食品市场的增速达到了惊人的14.1%。美国快速膨胀的中产阶层以及高收入群体对健康食品与健康生活方式的青睐，使得这一狭小的市场异军突起。全食超市的选址都会选择在高收入和高知识人群集聚区，如曼哈顿中央公园对面的繁华商业地段，等等。全食超市摇身一变成为某种时尚消费空间，在美国去全食超市购物，更像是一种身份的彰显，是一种生活态度，一种类似苹果公司的"果粉"的体验。[1]正是因为有了众多的新贵和中产高收入人士的支持，全食超市成了过去20多年美国零售市场的一颗明星，即使在2008年金融危机之后，全食超市依旧保持着超过10%的复合增速。

三、借鉴启示：盒马鲜生

有机食品作为一个小众的商品品类长期游离于普罗大众的视野之外，"价格高""分不清真假""可望不可及"等印象让消费者望而却步。而在另一端，"不使用化肥农业""不使用生长调节剂""需符合有机土壤标准"等烦琐高企的标准又让种养殖农户望洋兴叹。然而，这又是一个生机勃勃的充满无限想象力的品类市场，根据《2022年中国有机产品认证与有机产业发展》报告显示，2021年中国有机产品的销售额接近千亿元，同比增长高达18.3%，已经位列全球第四。

全食超市的案例对于中国有机食品行业的发展具有典型的启发意义。从终端市场入手，建立零售龙头企业，反过来通过食品品控及标准建立、供应链管理等方式方法以控制上游有机种养基地，将田间到餐桌无限缩短一脉打通，在控制有机食品品质的同时将成本价格打下来，从而使得有机消费不再是一个奢侈行为，而变成一门能走进千家万户的生意。

就在亚马逊联姻全食超市的几个月后，阿里系的盒马鲜生开始布局有机食品。后者也被公认为是最像全食超市的中国品牌。

盒马最早通过简单贸易的方式与一些有机农场发生关联，接着借助阿

---

[1] 参见陆超：《读懂乡村振兴：战略与实践》，上海社会科学院出版社，2020年4月，第123页。

里"互联网+农业"的透明供应链优势,通过"订单农业"的合作模式与上游生产者建立起一种更为稳固的契约关系,这种模式给上游种植基地带来了巨大的红利。与盒马合作,使得蔬果有了稳定的销路,产量和质量也有了更好的保障。以最早与盒马合作的"时和岁丰"为例,以往这家从事有机菜种植的基地需要通过多品种种植来打开销路,问题就产生了:一是无法形成规模效应,导致价格居高不下;二是销路无法保障,企业效益自然难以保障,不能专心投入到有机种植中去。盒马的介入使得这家企业的单品从40多个减少到5个,日供量却增长了5倍,大大提升了有机种植的规模效应,同时,由于销路得到了稳定,企业可以把更多的精力放到如何提升产品的质量上去。①

盒马在有机生鲜的龙头地位已经愈发清晰。截至2022年,盒马已经将有机菜的市场份额做到了全国30%左右。2021年盒马全国有机菜商品数量增长了6.6倍,销售额狂增107倍。一方面,盒马有机生鲜的共建种植区从最初的4个扩张到了100多个,覆盖全国20多个省市;另一方面,有机蔬果的价格在盒马变得亲民了许多,从过去四五倍的差价降至了现在的两倍左右,有机食品真正地飞入了寻常百姓家。

盒马从全食超市的案例中学到了很多。首先是打造一条稳定高效的有机供应链,让上游产业的规模化、标准化和科学化,从而实现有机食品价格的亲民化;其次通过有机食品的上位规划指导与严苛管理,使得有机食品的品质能够得到有效保障。盒马于2022年提出了有机食品战略,将有机食品扩大到水果、肉蛋禽和粮油等七大品类,并明确提出打造国内最大的有机生鲜食品一站式购物平台。

盒马的有机战略也带动了乡村振兴,让一些村庄和农户找到了致富之道。以云南昆明盘龙有机盒马村为例,通过打造有机村,原有产业形成了生产、加工、物流一体化的产业链条,直接带动了当地五六百户农户的增收,实现了生态效益、经济效益和社会效益的三大丰收,为云南打造世界一流的绿色食品基地做出了贡献。

数据统计,我国有机食品消费市场正以每年25%的速度在快速增长。

---

① 参见"盒马要做中国版 Whole Foods 全食超市?",新零售财经,2022年9月26日。

全食超市和盒马鲜生这两个品牌的案例介绍，我们或许可以从中一窥有机生鲜行业与品牌发展的一条成功之道。

第五节　启示与借鉴

自2017年中国农产品品牌元年以来，特别是在2022年底习近平总书记提出建设农业强国的背景下，无论是中央部委、地方政府、广大农业企业还是普通消费者，都意识到了农业品牌化的重要性与急迫性。2022年农业农村部印发《农业品牌打造实施方案（2022—2025年）》，更是标志着中国农业品牌化正式进入到快车道。农业如何品牌化，显然不是朝夕之功，更隐藏着许多陷阱，这就需要我们广开言路，吸收借鉴国际上一些农业发达国家的成功经验为我所用。

法国的原产地名称保护制度对我国地理标志产品的出现具有重要的意义，它宝贵的开创性实践经验让欧盟乃至全球农业的高质量发展都能从中受益，它为地方特色农业、高质量农业的发展提供了制度保障基础。日本一村一品运动是区域公用品牌探索的一个代表性案例，它孵化培育出了众多的地区性的公用品牌，带动了地方发展和乡村振兴，对于当下我国完善提升区域公用品牌，推动乡村振兴，特别是产业振兴具有良好的借鉴意义。新西兰佳沛奇异果是联合体企业品牌的经典代表，通过一家公司、一个品牌、一套生产模式的方式，将众多种植奇异果的农户集中起来，在消弭了农户内部恶性竞争的同时，保障了农产品的供给品质，同时通过抱团取暖的方式让企业有能力向品牌建设、产品研发、市场扩张和国际竞争等产业链后端延伸，大大提升了自身综合竞争力，改变了过去农户各自为政、恶性内耗的局面。联合体企业品牌也将是未来我国区域农产品高质量发展、品牌化发展的一条重要可借鉴之道。美国全食超市是美国有机农业的龙头品牌之一，它从零售端反向整合、规范、提升上游有机农业种养殖企业，通过整合产业链条，保障了有机农产品的供给质量，同时将有机产品的价格通过规模化的方式降低了下来，让有机食品走进了千家万户，成为中产家庭的日常消费。盒马鲜生被认为是中国版的全食超市，它将给中国有机农业的发展、提振乡村振兴品牌经济都将带来很好的示范样板效应。

主要参考文献：

1. 傅余：法国原产地名称保护制度及借鉴，安徽农业科学，2008 年 36 卷 16 期
2. 张婧：日本一村一品运动走向世界对中国乡村振兴的启示，日本问题研究，2019 年第 5 期
3. 陆超：《读懂乡村振兴：战略与实践》，上海社会科学院出版社，2020 年 4 月
4. 娄向鹏：《品牌农业 5：娄向鹏看世界农业》，机械工业出版社，2022 年 1 月
5. "盒马要做中国版 Whole Foods 全食超市？"，新零售财经，2022 年 9 月 26 日 https://baijiahao.baidu.com/s?id=1745013201132344093&wfr=spider&for=pc

第四章

中国乡村振兴品牌评价体系初探[①]

摘要：近年来，党中央、国务院对实施乡村振兴战略作出全面部署，各相关部委及省市密集发布了一批推动乡村振兴品牌建设的政策文件，从而形成了政府、企业、经济组织有机协同发展的联合格局。在此过程中，一批具有广泛影响力的乡村振兴品牌脱颖而出，学界业界则掀起了关注研究乡村振兴品牌建设问题、开展相关品牌客观评价的热潮。本文尝试在对标国家战略、参考同类评价模型、切合品牌发展实践的基础上，从区域公用品牌、企业品牌、产品品牌三个维度构建"乡村振兴品牌参考评价体系"及简化后的操作评价模型。通过综合梳理国内各大排行榜信息，归纳出评价样本库，进而采用互联网大数据与案例征询数据两种方式获取综合评价数据。根据综合评价结果，本文尝试归纳提出我国乡村振兴品牌建设的现状特点，及综合评价得分总体有待提升、区域与产业企业不均衡发展等问题，进而提出相关启示建议。

[①] 本文研究过程中，得到了原农业部巡视员、研究员关锐捷等专家的指导帮助。具体执笔：姜卫红、闫彦明、邓壮。

党的十九大报告明确提出实施乡村振兴战略，从产业兴旺、生态宜居、乡风文明、治理有效、生活富裕五个维度提出总要求。近年来，历次中央农村工作会议高度重视，对实施乡村振兴战略作出了全面部署，提出坚持质量兴农、绿色兴农，加快推进农业由增产导向转向提质导向。从2018年到2022年，是我国实施乡村振兴战略的第一个五年，五年来，国际格局处于深刻调整之中，我国持续落实"一带一路"倡议，历史性地解决了绝对贫困问题，为全球减贫事业作出了重大贡献。党的二十大报告对乡村振兴战略进一步深化，指出乡村振兴依然是全面建设社会主义现代化国家最艰巨最繁重的任务，要求"加快建设农业强国，扎实推动乡村产业、人才、文化、生态、组织振兴"，全方位推进乡村振兴。

为科学测评我国乡村振兴品牌发展水平，依据习近平总书记《论"三农"工作》重要论述、近五年中共中央一号文件和《中华人民共和国乡村振兴促进法》《国家乡村振兴战略规划（2018—2022年）》要求，在借鉴国内外有益经验的基础上，吸纳乡村振兴领域专家意见，笔者探索设计中国乡村振兴领域品牌评价评价体系，开展相关指数评价工作，力图管中窥豹、为相关研究做出铺垫。本报告尝试对乡村振兴品牌的内涵进行剖析界定，结合乡村振兴产业品牌分类目录，根据互联网大数据统计数据，从乡村振兴区域公用品牌、企业品牌、产品品牌三个维度进行分析，为我国乡村振兴品牌建设提供参考。

第一节　准确把握乡村振兴品牌的定义、内涵、特点

一、乡村振兴品牌的定义与特点

全面乡村振兴是实现中华民族伟大复兴的一项重大任务，是习近平新时代中国特色社会主义建设极其重要的组成部分，同时也具有重要的时代意义和突出的国情特征。对其定义、内涵与特点进行深入探讨和归纳，将是更好开展相关评价的重要基础和逻辑起点。

（一）乡村振兴品牌的定义

根据中央文件精神和一系列部署要求，乡村振兴品牌建设是乡村振兴过程中品牌化发展方式，突出地反映为全面体现农村经济建设、政治建设、文化建设、社会建设、生态文明建设和党的建设"六大建设"，全面体现产业兴旺、生态宜居、乡风文明、治理有效、生活富裕"五大方针"，全面体现乡村产业、人才、文化、生态和组织振兴"五大内容"，全面推动乡村振兴实现个性化、差异化、特色化发展，推动现代乡村实现高人文化、高科技化和高附加值化发展，避免同质化、低价值、不可持续的发展方式，持续不断地推动乡村振兴实现以品牌为标志的高阶发展的理论创新、实践创新、制度创新。

综合中央战略部署与各部委文件，前文已探索对乡村振兴品牌给出的定义，即乡村振兴品牌是指以振兴乡村为己任，有效促进乡村实现产业兴旺、生态宜居、乡风文明、治理有效、生活富裕，特色鲜明的各类品牌。例如，乡村振兴产业类品牌聚焦乡村地域的独特的经济活动，对乡村高质量发展、可持续发展，满足人民群众更高层次美好生活的需要具有至为关键的标杆引领作用，是农村农业供给侧和需求侧升级的方向，有效推动我国由农业大国向农业强国转变，有效促进我国品牌强国建设，有效打造我国现代乡村发展新范式，有效弘扬中华优秀文化、提升中国品牌形象，是我国传统乡村发展与现代乡村发展相区别、中国共产党团结带领全国各族人民向第二个百年奋斗目标进军的重要标志以及全新的方法与路径。

（二）乡村振兴品牌建设的主要特点

《中共中央国务院关于全面推进乡村振兴加快农业农村现代化的意见》强调指出，全面推进乡村振兴的深度、广度、难度都不亚于脱贫攻坚，必须采取更有力的举措，汇聚更强大的力量。进一步看，乡村振兴品牌建设作为庞大的系统工程，应立足我国国情，准确把握归纳其特点，为后文更为深入客观地构建评价体系提供思路。结合前文总报告与理论分析，乡村振兴品牌建设的主要特点包括七个方面，即时代化、科技化、品质化、多元化、数字化、资本化、国际化等。

因为前文在总报告部分对相关特点已有阐述，此处不再赘述，但值得提出的是，对这些特点的深刻把握，是对乡村振兴品牌建设进行综合、客观评价的重要基础。

二、乡村振兴品牌建设的功能类型

从乡村振兴品牌的定义和特点出发，从其经济功能视角来看，乡村振兴品牌主要可分两大类型，一是公共类乡村振兴品牌，二是市场类乡村振兴品牌，具体又可细分为一些子项。分类情况如下图所示。

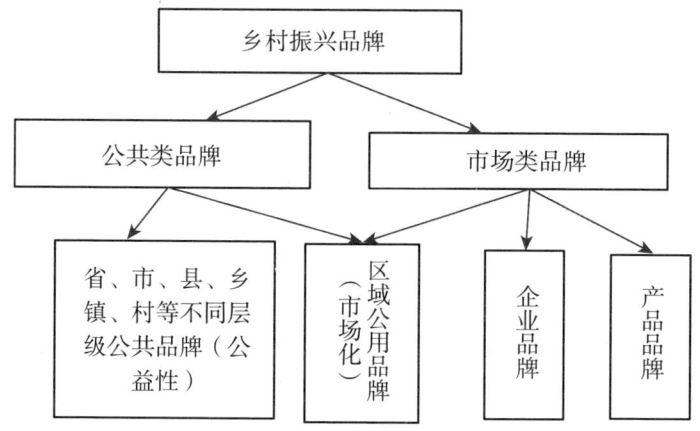

图 4-1　乡村振兴品牌建设的功能分类示意图

资料来源：作者根据有关政策文件、理论观点整理绘制

上述分类的具体情况可大体说明如下。

公共类乡村振兴品牌，一般指公共品牌，按照行政层次可细分为省、市、县、乡镇、村等不同层级公共品牌，因此都与经济区域结合紧密。①本文聚焦研究基层代表性的乡村振兴公共品牌，意指在县域范围内，以乡村为行政单位，各级党组织和政府为建设主体，具有不可交易性，并且不以营利为目的，公共、公用、公益等特征，例如，特色小镇、生态乡村品牌、智慧乡村品牌、乡村治理品牌和乡村文化品牌等。

---

① 区域公共品牌的最早提出者是英国的学者西蒙·安霍特。他提出区域公共品牌是特定区域内的某特色或优势产业集群，经过长期发展、沉淀和成长而形成，具有较高的市场竞争力、良好声誉和影响力的集体品牌。参阅："晋商品牌文化研究"报告，《乡村振兴下，各地为何纷纷助推区域公共品牌？》，2022年3月11日。

市场类乡村振兴品牌，由以营利为目的的市场经营主体运营，从推行绿色食品、有机食品、农产品地理标志认证以及质量监管转向以价值提升为目标的品牌建设，具体包括农产品区域公用品牌、企业品牌、产品品牌等，涵盖了农业所有品牌层次。

——中国乡村振兴区域公用品牌指在一个具有特定自然生态环境、历史人文因素的区域内，由相关组织所有，制定标准、统一管理，由若干生产经营者共同使用的品牌，一般由产地名和产品名构成。原则上产地应为县级或地市级以及产业园区、乡镇、特色小镇等，有明确的区域范围。

——中国乡村振兴企业品牌指以企业名称为品牌名称的品牌，传达企业的经营理念、企业文化、企业价值观念以及对消费者的态度等，能有效突破地域之间的壁垒，进行跨地区经营活动。乡村振兴企业品牌是乡村振兴实现产业振兴的标杆以及主力军。

——中国乡村振兴产品品牌指产品/服务的名称、术语、标记、符号、设计等方面的组合体，代表有关产品/服务的一系列品牌附加值，主要涉及功能和心理两方面的利益点，产品品牌标识的质量与数量，是乡村振兴相关企业的核心价值所在。

第二节 乡村振兴品牌评价模型探索

随着我国乡村振兴品牌建设战略的提出，学界业界关注度日益提升，也涌现出一些研究成果。如饶清华、游武等（2022）曾构建"乡村振兴绩效评估指标体系及模型"，从"农业强""农村美""农民富"3个方面构建了37个二级指标，并对评估指标体系中各个指标的权重计算以及绩效评估模型进行了理论设想。在由《中国名牌》主办的中国乡村振兴品牌建设高端论坛暨《中国名牌》乡村振兴示范基地"（首批）发布仪式上，关锐捷（2022）强调，如何客观评估和准确把握乡村振兴的发展现状、潜力差距、振兴路径、提升重点和务实举措是亟待解决的关键问题。因此，尽快研究建立中国乡村振兴品牌评价指标体系势在必行。江苏省品牌学会农业品牌研究院（2023）发布《2022中国农业产业强镇品牌声誉评价报告》，该报告是其课题组开展的第三轮中国地理标志农产品品牌声誉评价研究；报告选取了1568个获得中国农业农村部及原农业部、国家知识产权局的两个及以上部门登记（或注册商标）保护的地理标志农产品品牌，进而通过基于互联网的"消费者评价信息搜集系统""中国农业品牌信息搜集系统"等，对互联网信息平台、大众传媒、社交媒体、短视频平台和电商零售平台等海量数据进行汇集，并构建"中国农业品牌声誉评价模型"对前述数据进行分析处理，最终形成品牌声誉评价结果。该评价体系在专业性、模型科学性、样本广度等方面都具有较好的参考价值。

综合国内相关文献，本文尝试构建可量化、可操作、可比较的"乡村振兴品牌评价体系"。作为本领域研究的一种探索，课题组将致力于在评价思路上紧扣国家战略、模型方法上贴近乡村品牌建设实际、样本范围上逐步积累拓宽。如前文关于分类的阐述，本评价体系如能适用并覆盖乡村振兴相关的区域公用品牌、企业品牌、产品品牌建设成效的检查与评价为宜。考虑到各领域差异与特点，评价体系中的指标既包括可以量化的绝对指标，也包括总结定性的相对指标；既包括统计部门发布的权威数据，也包括实地调查分析获得的评价结果，从而真实客观反映中国乡村振兴高质量发展的综合变动程度和变化趋势。

一、指标构建原则

科学地进行中国乡村振兴品牌评估，需要完善合理的评价指标，指标的选取是最为关键一环，是构建系统融合、逻辑清晰、结构严谨的评价体系的基础。在相关指标的选取上主要遵循以下原则。

（一）科学性

评价体系的设计与乡村振兴国家战略要求相协同，围绕品牌价值要素进行设计，以此清楚地了解中国乡村振兴品牌塑造的基本框架和体系，乡村振兴建设的发展程度、所处阶段、不同地区间的差异以及未来建设的目标。评价指标在理论上有政策根据，在实践上切实可行，根据乡村振兴、品牌经济、统计科学等理论，正确认识中国乡村振兴品牌体系的基本内涵和主要任务，保证设计的指标含义明确、表达口径统一、测算方式标准、统计方法规范，能充分反映乡村振兴科学发展的内涵和目标的实现程度。

（二）系统性

乡村振兴战略是一个系统工程，主要包括"产业兴旺、生态宜居、乡风文明、治理有效、生活富裕"等多项要求，因此乡村振兴品牌评价评价体系设计按照乡村振兴体系和品牌经济建设体系有机结合，指标设计应相对全面、逻辑清晰、层级分明、顺序有致，从评价目标出发对相关要素进行分解，建立系统化的评价体系。

（三）特征性

为充分体现我国乡村经济区域特征，结合乡村振兴的地域特征、经济基础、区域文化、社会治理、生态文明等特质和实际情况，选取最为关键的典型指标，力求突出乡村振兴发展的本质要素，充分体现对区域经济、社会、文化、科技、生态等各个领域发展贡献以及核心竞争力价值。

（四）动态性

乡村振兴品牌建设是一个长期动态的过程，许多建设目标并不能一蹴而就，因此选取评价指标要从我国乡村振兴品牌的实际出发，因时制宜、因地制宜，同时根据国内外经济形势和发展环境变化，力求每一项指标都能反映乡村振兴品牌的主要特征、时代特点和未来需求。随着社会经济发展变化，评估指标的结构、范围都应发生变化，使评价结果更加科学公正，接近实际。

（五）实操性

可操作性主要体现"可量化"上。

"层次性"指主体层次鲜明，各有侧重，评价体系不仅要逐层细化，下一级指标要尽可能完整表达上一级的含义，越基层的指标越具体，越高层的指标越综合、越抽象。层次性还体现在一个地区乡村振兴建设中的约束性指标和预期性指标，既有基础性、强制性，又有宏观性、指导性。

"可量化"是评价体系适用于一个地区乡村振兴品牌建设水平不同历史时期的纵向比较，同时又能进行不同区域之间的乡村振兴品牌发展横向比较，从而以全局视角刻画一个地区乡村振兴品牌建设情况。指标尽可能与国家相关指标规范统一，采用可统计、可量化的指标，对于无法精准度量的指标，可考虑设置层级或进行程度划分。

二、评价体系设计的理论依据

（一）乡村振兴战略要求

实施乡村振兴战略是党和国家为了从根本上解决"三农"问题、决胜全面建成小康社会提出的重大战略举措，具有深刻的时代背景、理论内涵和明确目标。党的十九大报告明确提出，"实施乡村振兴战略。农业农村农民问题是关系国计民生的根本性问题，必须始终把解决好'三农'问题作为全党工作重中之重。要坚持农业农村优先发展，按照产业兴旺、生态宜居、乡风文明、治理有效、生活富裕的总要求，建立健全城乡融合发展体制机制和政策体系，加快推进农业农村现代化"。报告中明确了乡村振兴战略的20字总方针，从五个方面对乡村振兴提出总的建设要求。乡村振兴品牌指标设计也应充分体现乡村振兴战略的要求和内涵，充分体现"五大功能"结构：生态环境、科技创新、经济发展、社会治理、文化生活。

（二）品牌经济理论

品牌经济是人类步入文明社会后的产物，是产品生产信誉、品质等在经济活动中的体现，古今中外一代代品牌不断兴衰，见证着人类经济社会发展历史。诺贝尔经济学奖得主罗伯特·蒙代尔（Robert Mundell）教授曾指出，现代经济的一个重要特征就是品牌主导，体现出品牌经济的重要性。近年来，国内外学者关于品牌经济的研究久盛不衰。在实证研究领域，也涌现出一批具有代表性的机构，专注于品牌经济与品牌企业的分析评估，如目前全球关于品牌价值的评估最具代表性的有三大机构，分别是Interbrand、BrandZ和世界品牌实验室，这些机构运用各具特色的分析评价指标模式和数据收集渠道，长期动态对全球最具影响力的企业品牌进行评估，成为反映品牌经济发展的重要风向标。

归纳相关观点，本报告认为，品牌经济是后工业时代以及相对应的现代农业时代，品牌作为一种稀缺性优质资源，整合各种经济、社会和文化要素，推动经济实现高市场化、高品质化和高价值化发展的一种经济形态，其目标是满足人类日益增长的物质需求与精神需求，在工商文明中占据引领地位。① 从构成要素看，品牌经济的构成可概括为五方面：诚信为本、科技创新、质量保证、消费引领、情感维护。

（三）评价体系与权重

乡村振兴品牌评价体系设计是一项复杂的系统工程，在指数设计过程中坚持约束性指标和弹性指标相结合，为实现可操作性，本着宜简不宜繁、宜粗不宜细的原则，按照"上中下衔接"的思路——遵循中央战略部署、适应区域乡村振兴工作需求、符合地方基层实际等要求，力求通俗易懂、简便易行，从乡村振兴的区域公用品牌、企业品牌、产品品牌三个方面进行设计，探索由"品牌建设、有形资产、无形资产、质量水平、创新水平、服务水平、品牌效益"（品牌经济"五要素"、品牌价值"五要素"和举措、效果）等构成一级指标，并进行指标说明。值得提出的是，以下评价体系是综合品牌经济理论、乡村振兴政策与实践，经过专家组深入讨论而形成的理论框架和指标，可考虑作为乡村振兴品牌评估的理论模型与指引，为政府决策、学界研究、业界发展提供参考，后文亦将在此基础上，从各指标的数据可得性、操作性出发，进一步精简指标，并开展实证评估。

表 4-1　乡村振兴区域"公用品牌"参考评价体系

一级指标	二级指标	三级指标
品牌建设	1. 品牌管理	是/否设立区域公用品牌管理服务机构
		是/否编制区域公用品牌战略发展规划
		是/否拥有区域公用品牌年度计划
		是/否区域公用品牌建设纳入地方国民经济和社会发展规划
	2. 政策支持	政府有否区域品牌建设税收支持政策
		政府有否区域公用品牌建设专项资金投入
		政府对区域公用品牌有否奖项活动（相关公共设施改善投入规模）
		对区域公用品牌有否以奖代补、以工代赈、资本运作等政策

---

① 姜卫红著，《站在新的文明起点上》，商务印书馆，2022 年 2 月第 1 版，第 5 页。

续表

一级指标	二级指标	三级指标
品牌建设	3.宣传推介	是/否建立品牌识别系统
		品牌宣传是/否采用创新宣传手段，如新媒体、融媒体等
		是/否创立品牌文化
		品牌文化是/否对乡村传统文化的吸收、融合、运用并形成特色
		近三年品牌宣传推介投入总规模（万元）
		年度新媒体、融媒体等品牌传播关注人数/阅读次数（人次）
		年度省级及以上媒体新闻媒体报道次数（次）
	4.培育投入	年度品牌培育资金投入（万元）
		近三年品牌培育资金平均增长率（%）
有形资产	5.总产值	年度产品和服务总产值（万元）
		近三年品牌产品和服务产值平均增长率（%）
	6.总投入	年度投资总量（万元）
		近三年投资平均增长率（%）
	7.总资产	当年年末总资产（万元）
		近三年总资产平均增长率（%）
		年度区域公用品牌产品种植面积（亩）
		年度区域公用品牌产品养殖规模（头/只）
	8.营业额	年度主营业务收入（万元）
		近三年主营业务收入平均增长率（%）
	9.净利润	年度区域公用品牌使用主体合计净利润（万元）
		近三年净利润平均增长率（%）
	10.授权数	获得区域公用品牌授权的企业数量（家）
		区域公用品牌涉及产品种类数（个）
无形资产	11.信用等级	国家信用信息公示系统查询情况（次）
		获得区域公用品牌授权的企业银行信用等级3A占比（%）
	12.商标注册	马德里（国际）商标注册数量（件）
		国内商标注册数量（件）

续表

一级指标	二级指标	三级指标
无形资产	13. 权属获得	区域公用品牌主体获得专利数量（件）
		区域公用品牌主体获得著作权数量（件）
		区域公用品牌主体拥有非物质文化遗产数量（件）
	14. 品牌数量	区域内企业获得农业农村部农产品地理标志登记的农产品数量（个）
		进入省（市）级、国家级农业品牌目录数量（个）
		获得中国驰名商标认定数量（个）
		获得省（市）级品牌认证数量（个）
		获得省（市）级以上品牌培育示范企业认定数量（家）
		获得地级市以上老字号认定数量（个）
	15. 市场拓展	主导产品在国内市场占有率（%）
		主导产品在国际市场占有率（%）
质量水平	16. 质量管理	区域内持有公用品牌的单位设立质量管理部门的占所有单位比例（%）
		区域内持有公用品牌的单位采取质量策划、管理、保证、控制、改进等举措（是/否）
		建立质量追溯系统（是/否）
	17. 认证检测	区域公用品牌相关产品是/否获得绿色认证
		区域公用品牌相关产品是/否获得有机生态认证
		区域公用品牌相关产品是/否获得国际农产品认证
		产品检验检测合格率（%）
	18. 荣获奖励	区域内持有公用品牌的单位获得省（市）级以上质量奖（家）
		区域内持有公用品牌的单位获得标准奖（家）
	19. 标准制定	牵头或参与制定国际、国家、行业、地方质量相关标准数量（套）
		制定企业质量标准的数量（套）

续表

一级指标	二级指标	三级指标
创新水平	20.科技运用	区域内持有公用品牌的单位在数字化、互联网、智能化方面建设投入规模（万元）
		农业科学技术的普及推广覆盖率（%）
		区域内持有公用品牌的单位产权保护覆盖率（%）
		持有区域公用品牌的单位设立县级及县级以上科技研发平台数量（家）
	21.科研投入	近三年政府或区域公用品牌持有单位对科技研发资金投入总额（万元）
		近三年政府或区域公用品牌持有单位对科技研发资金投入平均增长率（%）
	22.获得荣誉	获省（市）级以上科技奖的数量（项）
		获省（市）级以上专利奖、版权奖数量（项）
		持有区域公用品牌的单位获得国家或省级高新技术企业数量（家）
		持有区域公用品牌的单位获得国家或省级知识产权示范企业数量（家）
服务水平	23.体系建设	区域公用品牌进驻国内外大批发市场、配送公司、连锁商店网点数量（个）
		区域公用品牌进驻电子商务平台数量等（个）
		是/否建立完善的售后服务体系
	24.客户服务	年度品牌产品或服务被消费者投诉统计次数（人/次）
		消费者投诉处理平均花费天数（天）
		近三年成功处理危机公关次数（次）
	25.服务评价	第三方销售平台提供的消费者购买产品或服务后消费者满意度评价（%）
		区域公用品牌管理组织开展的消费者满意度评价结果（%）
		消费者投诉处理后反馈满意度（%）

续表

一级指标	二级指标	三级指标
品牌效益	26. 经济效益	近三年区域公用品牌产值占区域 GDP 的平均比重（%）
		持有区域公用品牌的单位纳税占区域税收比重（%）
	27. 社会效益	近三年区域公用品牌带动吸纳劳动力就业总数（人）
		近三年区域公用品牌相关组织雇佣劳动者人均收入平均增长情况（%）
		近三年为当地残疾人、低保户、烈军属等提供劳动岗位数量（个）
		持有公用品牌的市场主体履行社会责任情况，如开展公益事业、捐款捐物等数量（项/件）
		开展科技普及、农民工就业技能培训和新职业新业态培训以及文化教育活动次数（人次）
	28. 生态效益	持有公用品牌的市场主体拥有的绿色食品、有机农产品和地理标志农产品产量占区域公用品牌农产品总产量比重（%）
		农业面源污染综合治理情况（%）
		畜禽粪污资源化利用率（%）
		农膜科学使用回收率（%）
		秸秆综合利用率（%）
		节水灌溉、土壤改良率（%）
共七大方面	共28项二级指标	共91项三级指标

注：表中括号数字为指标权重（%）或评价分值。

表 4-2 乡村振兴"企业品牌"参考评价体系

一级指标	二级指标	三级指标
品牌建设	1. 品牌管理	企业设立品牌管理部门（是/否）
		编制企业品牌战略发展规划（是/否）
		制定品牌年度发展计划（是/否）
	2. 企业文化	企业是否创立品牌文化（是/否）
		企业文化与企业发展实际契合度（0-10区间专家打分）

续表

一级指标	二级指标	三级指标
品牌建设	3. 品牌标识	企业是否拥有品牌标识（是/否）
		企业品牌标识评价（与企业契合度、易识别性，0-10区间专家打分）
	4. 培育投入	年度品牌培育资金投入（万元）
		近三年品牌培育资金平均增长率（%）
	5. 宣传推介	是否建立品牌识别系统（是/否）
		品牌宣传是否采用创新宣传手段，如新媒体、融媒体等（是/否）
		近三年品牌宣传推介总投入（万元）
		当年新媒体、融媒体等品牌传播关注人数、阅读次数（人/次）
		当年省级及以上新闻媒体报道次数（次）
有形资产	6. 总产值	年度产品和服务总产值（万元）
		近三年品牌产品和服务产值平均增长率（%）
	7. 总投入	年度投资总量（万元）
		近三年投资平均增长率（%）
	8. 总资产	年末总资产（万元）
		近三年总资产平均增长率（%）
	9. 营业额	年度营业收入（万元）
		近三年营业收入平均增长率（%）
	10. 净利润	年度企业合计净利润（万元）
		近三年企业净利润平均增长率（%）
	11. 总税收	当年企业创造税收总金额（万元）
		近三年企业创造税收平均增长率（%）
无形资产	12. 信用等级	国家信用信息公示系统查询情况（三等十级）
		企业银行信用等级（参考中国银行十级）
	13. 商标注册	马德里（国际）商标注册数量（件）
		国内商标注册数量（件）

续表

一级指标	二级指标	三级指标
无形资产	14.品牌水平	企业主导产品在国内市场占有率（%）
		企业主导产品在国际市场占有率（%）
		是否获得农业农村部农产品地理标志登记（是/否）
		企业产品进入省（市）级、国家级农业品牌目录（是/否）
	15.品牌数量	获得中国驰名商标认定数量（件）
		获得省（市）级品牌认证数量（件）
		获得省（市）级以上品牌培育示范企业认定数量（件）
		获得地级市以上老字号认定数量（件）
质量水平	16.质量管理	企业是否设立质量管理部门（是/否）
		是否建立质量管理体系（是/否）
		是否建立质量追溯系统（是/否）
	17.认证检测	企业产品是否获得绿色认证（是/否）
		企业产品是否获得有机生态认证（是/否）
		企业产品是否获得国际农产品认证（是/否）
		企业产品检验检测合格率（%）
	18.标准制定	牵头或参与制定国际、国家、行业、地方质量相关标准数量（牵头按80%权重；参与按20%权重）
		制定企业质量标准的数量（项）
	19.荣获奖励	近三年企业获得省（市）级以上质量奖数量（项）
		近三年企业获得标准奖数量（项）
创新水平	20.科技运用	近三年企业在数字化、互联网、智能化方面建设总投入（万元）
		农业新科学技术的运用情况，专利技术转为产品生产进入市场比重（%）
		企业知识产权保护情况（有/否）
		企业拥有县级及县级以上科技研发平台数量（个）
	21.科研投入	当年企业在科技研发方面资金投入（万元）
		近三年企业对科技研发资金投入平均增长率（%）

续表

一级指标	二级指标	三级指标
创新水平	22.获得专利	企业获得国内专利数量（件）
		企业获得国际专利数量（件）
	23.获得荣誉	获省（市）级以上科技奖的数量（项）
		获省（市）级以上专利奖、版权奖数量（项）
		企业是否获得国家或省级高新技术企业（是/否）
		企业是否获得国家或省级知识产权示范企业（是/否）
服务水平	24.体系建设	企业在国内外大批发市场、配送公司、连锁商店网点数量（个）
		企业进驻电子商务平台数量等（个）
		企业是否建立完善的售后服务体系（个）
	25.客户服务	当年品牌产品或服务被消费者投诉次数（次）
		处理消费者投诉平均花费天数（天）
		近三年成功处理危机公关次数（次）
	26.服务评价	第三方销售平台提供的消费者购买产品或服务后消费者满意度评价（%）
		企业组织开展消费者满意度评价结果（%）
		消费者投诉处理后反馈满意度（%）
品牌效益	27.经济效益	企业产值占县域GDP的比重（%）
		企业纳税占县域税收比重（%）
	28.社会效益	近三年企业带动吸纳劳动力就业总数（人）
		近三年企业雇佣劳动者人均收入增长率（%）
		近三年为当地残疾人、低保户、烈军属等提供劳动岗位数量（个）
		企业开展公益事业、捐款捐物总价值金额（万元）
		企业开展农业科普教育、职工培训人次（人/次）
	29.生态效益	近三年企业对排放废弃物综合治理总投入（万元）
		畜禽粪污资源化利用率（%）
		农膜科学使用回收率（%）
		秸秆综合利用率（%）
		节水灌溉、土壤改良率（%）

续表

一级指标	二级指标	三级指标
共七个方面	共29个二级指标	共82个三级指标

注：表中括号数字为指标权重（%）或评价分值。

表 4-3　乡村振兴"产品品牌"参考评价体系

一级指标	二级指标	三级指标
品牌建设	1. 品牌管理	企业设立品牌管理部门（是/否）
		编制企业品牌战略发展规划（是/否）
		制定产品品牌年度发展计划目标（是/否）
	2. 品牌文化	企业是否创立品牌文化（是/否）
		产品理念是否与企业文化契合（是/否）
	3. 品牌标识	产品是否拥有品牌标识、包装设计（是/否）
		产品标识度（根据包装设计的显著性、易识别性、引起消费者购买兴趣综合评价）
	4. 培育投入	年度品牌培育资金投入（万元）
		近三年品牌培育资金平均增长率（%）
	5. 宣传推介	是否建立品牌识别系统（是/否）
		品牌宣传是否采用创新宣传手段，如新媒体、融媒体等（是/否）
		近三年品牌宣传推介总投入（万元）
		当年新媒体、融媒体等品牌传播关注人数、阅读次数（人，次）
		当年产品品牌被省级及以上新闻媒体报道次数（次）

续表

一级指标	二级指标	三级指标
有形资产	6. 总产值	年度该产品总产值（万元）
		近三年该产品产值平均增长率（%）
	7. 总投入	年度对该产品投入总量（万元）
		近三年企业对该产品投入增长率（%）
	8. 总资产	当年末企业总资产（万元）
		近三年企业总资产平均增长率（%）
	9. 营业额	年度该产品营销收入（万元）
		近三年该产品营销收入平均增长率（%）
	10. 净利润	年度该产品净利润（万元）
		近三年该产品净利润平均增长率（%）
	11. 总税收	当年企业创造税收总金额（万元）
		近三年企业创造税收平均增长率（%）
无形资产	12. 信用等级	国家信用信息公示系统查询情况（三等十级）
		企业银行信用等级（参考中国银行十级）
	13. 商标注册	该产品品牌是否注册国内商标（是/否）
		该产品品牌是否注册马德里（国际）商标（是/否）
	14. 品牌水平	该产品在国内市场占有率（%）
		该产品在国际市场占有率（%）
		该产品品牌是否获得农业农村部农产品地理标志登记（是/否）
		该产品品牌是否进入省（市）级、国家级农业品牌目录（是/否）
	15. 品牌数量	该产品品牌获得中国驰名商标认定（是/否）
		该产品品牌获得省（市）级品牌认证（是/否）
		该产品品牌获得地级市以上老字号认定（是/否）
质量水平	16. 质量管理	企业是否设立质量管理部门（是/否）
		是否建立质量管理体系（是/否）
		是否建立质量追溯系统（是/否）

续表

一级指标	二级指标	三级指标
质量水平	17. 认证检测	该产品是否获得绿色认证（是/否）
		该产品是否获得有机生态认证（是/否）
		该产品是否获得国际农产品认证（是/否）
		该产品检验检测合格率（%）
	18. 标准制定	牵头或参与制定国际、国家、行业、地方质量相关标准数量（牵头80%权重，项；参与20%权重，项）
		企业对该产品制定专门企业标准（是/否）
	19. 荣获奖励	近三年企业获得省（市）级以上质量奖数量（项）
		近三年企业获得标准奖数量（项）
创新水平	20. 科技运用	近三年企业在数字化、互联网、智能化方面建设投资规模（万元）
		农业新科学技术在该产品生产过程中的运用：近三年投入资金规模（万元）
		该产品相关知识产权保护情况（有/否）
	21. 科研投入	当年企业在科技研发方面资金投入（万元）
		近三年企业对科技研发资金投入增长率（%）
	22. 获得专利	获得与该产品相关的国内专利数量（件）
		获得与该产品相关的国际专利数量（件）
	23. 获得荣誉	与产品相关的省（市）级以上科技奖的数量（件）
		与产品相关的省（市）级以上专利奖、版权奖数量（件）
服务水平	24. 体系建设	企业在国内外大批发市场、配送公司、连锁商店网点数量（个）
		产品进驻电子商务平台数量（个）
		企业是否建立完善的售后服务体系（是/否）
	25. 客户服务	当年该产品被消费者投诉次数（次）
		处理消费者投诉平均花费天数（天）
		近三年成功处理危机公关次数（次）

续表

一级指标	二级指标	三级指标
服务水平	26.服务评价	第三方销售平台提供的消费者购买产品后消费者满意度评价（%）
		企业组织开展消费者满意度评价结果（%）
		消费者投诉处理后反馈满意度（%）
品牌效益	27.经济效益	产品品牌所属企业产值占县域GDP的比重（%）
		产品品牌所属企业纳税占县域税收比重（%）
	28.社会效益	近三年企业带动吸纳劳动力就业总数（人）
		近三年年企业雇佣劳动者人均收入平均增长率（%）
		近三年为当地残疾人、低保户、烈军属等提供劳动岗位数量（个）
		企业开展公益事业、捐款捐物总价值金额（万元）
		企业开展农业科普教育、职工培训人次（人次）
	29.生态效益	近三年企业对排放废弃物综合治理投入规模（万元）
		畜禽粪污资源化利用率（%）
		农膜科学使用回收率（%）
		秸秆综合利用率（%）
		节水灌溉、土壤改良率（%）
共7大方面	共29个二级指标	共78个三级指标

（四）实证估算模型

中国乡村振兴品牌评价估算模型主要参考《品牌价值评价——农产品》（GB/T 31045—2014）[①]中关于品牌强度测算的方法，以及国内常用的指标评价体系研究方法，结合近年来相关政策文件精神，尝试在前述中国乡村振兴区域"公用品牌""企业品牌""产品品牌"等三类评价参考体系基础上，

[①] 2014年12月5日，《品牌价值评价—农产品》（GB/T 31045-2014）作为国家标准，由中华人民共和国国家质量监督检验检疫总局、中国国家标准化管理委员会发布；12月31日，该标准正式实施。

按照数据可得性、操作性为原则对指标体系进行精简，进而结合相关数据来测算品牌综合指标得分。

1. 测算公式

中国乡村振兴品牌综合指标得分 K 可按式（1）计算

$$K = \sum_{i=1}^{n} K_i \times W_i \qquad (1)$$

式中：

K —— 品牌评价综合指标总分；

K_i —— 第 i 个一级指标；

W_i —— 第 i 个一级指标对 K 的影响权重。

一级指标 K_i 得分由二级指标构成，可按式（2）计算

$$K_i = \sum_{j=1}^{n} K_{ij} \times W_{ij} \qquad (2)$$

式中：

K_i —— 第 i 个一级指标得分；

K_{ij} —— 第 i 个一级指标下的第 j 个二级指标得分；

W_{ij} —— K_{ij} 对 K_i 的影响权重。

二级指标得分由三级指标构成，方法同上。

2. 评价指标编码

测算指标与前述中国乡村振兴区域"公用品牌""企业品牌""产品品牌"评价体系对应。以中国乡村振兴区域公用品牌测算指标为例，可尝试按照如下代码方法构建实测评价体系，以便于录入操作和统计：

表 4-4　乡村振兴区域"公用品牌"评价体系的代码示例

一级指标代码	二级指标代码	三级指标代码
品牌建设（K1）	品牌管理（K11）；政策支持（K12）；宣传推介（K13）；培育投入（K14）	K111；K112；…… K121；K122；…… K131；K132；…… K141；K142；……

续表

一级指标代码	二级指标代码	三级指标代码
有形资产（K2）	总产值（K21）；总投入（K22）；总资产（K23）；营业额（K24）；净利润（K25）；授权数（K26）；……	K211；K212；…… K221；K222； K231；K232； K241；K242； K251；K252； K261；K262；
无形资产（K3）	信用等级（K31）；商标注册（K32）；权属获得（K33）；品牌数量（K34）；市场拓展（K35）；……	K311；K312； K321；K322； K331；K332； K341；K342； K351；K352；
质量水平（K4）	质量管理（K41）；认证检测（K42）；荣获奖励（K43）；标准制定（K44）；……	K411；K412； K421；K422； K431；K432； K441；K442；
创新水平（K5）	科技运用（K51）；科研投入（K52）；获得荣誉（K53）；……	K511；K512； K521；K522； K531；K532；
服务水平（K6）	体系建设（K61）；客户服务（K62）；服务评价（K63）；……	K611；K612； K621；K622； K631；K632；
品牌效益（K7）	经济效益（K71）；社会效益（K72）；生态效益（K73）；……	K711；K712； K721；K722； K731；K732；

上表用"K"体系进行代码显示，包括前述七个方面一级指标、二级指标，以及操作层的三级指标代码示意情况，以便于下一步统计操作。同时，乡村振兴"企业品牌""产品品牌"测算指标也可按相同方式处理。

3. 数据处理方法

一是对申报主体未填写且不同申报主体之间数据相差较大的部分指标作为 0 处理。

二是对于申报主体未填写的逆向指标值以已填申报主体的最大值处理。

三是对于不同申报主体差异化较大的指标，设定区间，低于区间最低值按 0 处理，高于区间最高值，按最高值处理。

四是考虑到数据口径和指标单位存在差异，需要对各分项指标的数据进行标准化处理，去除单项指标量纲对品牌得分的影响，计算公式如下：

$$x_i = \frac{x_i' - x_{\min}}{x_{\max} - x_{\min}}$$

其中，x_i 为第 i 个指标标准化后的数值；x_i' 为第 i 个指标标准化前的数值；$x_{\max}$ 为第 i 个指标标准化之前的最大值，$x_{\min}$ 为第 i 个指标标准化之前的最小值。

4. 专家打分确定权重

关于评价体系的权重打分方法，大体分为主观赋权方法、客观赋权法，前者如层次分析法 AHP、德尔菲法、权值因子判断表法、模糊分析法、二项系数法等等，后者如主成分分析、因子分析、回归分析法、变异系数法、均方差法、熵值法等。其中，后者对历史数据的连续性、完备性要求较高，因此主观赋权方法也是常用方法，其中专家打分法是指通过匿名方式征询有关专家的意见，通过对专家意见进行统计、处理、分析和归纳，达到综合多位专家意见并对各指标赋权的效果，实操性较强、实用性较广，体现了民主集中制。

课题组结合本评价指标体系的特点与专业性要求，邀请相关专家对三级指标的权重打分。其步骤主要是：第一，由各位专家在不包含权重的指标体系中，按照 100 分对各一级、二级、三级指标在打分，并使得板块内合计为 100 分；第二，对各位专家的选取结果采用加权平均的方法进行处理，可得出最后结果。计算公式为：

$$\bar{x} = \frac{\sum x_i f_i}{\sum f_i}$$

式中：$\bar{x}$ 代表某指标或因素权重系数；x_i 代表各位专家所赋权重得分（按照百分制赋分）；f_i 是对各位专家按照专业性、影响力赋予的打分权重系数（百分比，全部专家合计为 100%）。

第三节　乡村振兴品牌产业分类目录

乡村振兴品牌的评价对象包括乡村振兴区域公用品牌、企业品牌、产品品牌，这三类对象也可按照行业进行细化分类。为全面把握和区分乡村振兴品牌主体类型，课题组参考国民经济行业分类目录，即2017年6月30日由国家质检总局和国家标准委联合发布的《国民经济行业分类》（GB/T4754—2017），同时，结合各省市发展实际，选择一批发展基础较好、对乡村振兴建设带动能力强、代表性强的区域和企业品牌并将其产业门类进行归纳，从而形成便于按照前述指标评价体系进行专家评审的分类目录。综合整理后的"乡村振兴品牌产业分类目录"分为十大类、100小类，十大类分别为种植业、畜牧业、水产业、林草业、乡村文旅、建筑建材、机械仪器、数字乡村、乡村服务、区域发展，详见下表：

表4-5　乡村振兴品牌产业分类目录

大类	小类	简要说明
1.种植业	1.粮食生产与加工	包括大米、面粉、小米、玉米、杂粮等
	2.油料生产与加工	包括油菜、大豆、花生、芝麻等
	3.水果生产与加工	包括苹果、梨、草莓、枣等
	4.坚果生产与加工	包括核桃、开心果、腰果、松子、榛子等
	5.蔬菜生产与加工	包括青菜类、根菜类、薯芋类、葱蒜类、食用菌等
	6.茶叶生产与加工	包括绿茶、红茶、青茶、黑茶、白茶、黄茶等
	7.中草药生产与加工	主要用于中药配制以及中成药加工的各种中草药材作物以及其他中药材
	8.棉麻丝生产与加工	棉纺纱生产加工、棉织造加工、麻纤维纺前加工和纺纱、丝绢生产纺织加工
	9.花卉生产与加工	花卉以及其他园艺作物的种植加工活动
	10.种子生产与加工	包括种子种苗培、生产、加工
	11.酒类生产与加工	指酒精、白酒、啤酒及其专用麦芽、黄酒、葡萄酒、果酒、配制酒以及其他酒的生产活动

续表

大类	小类	简要说明
1. 种植业	12. 糖类生产与加工	指以甘蔗、甜菜等为原料制作成品糖，以及以原糖或砂糖为原料精炼加工各种精制糖的生产活动
	13. 预制菜生产与加工	以各类农、畜、禽、水产品为原辅料，配以调味料等辅料（含食品添加剂），经预选、调制等工艺加工而成的半成品或成品
	14. 调味品生产与加工	包括味精、酱油、食醋及其他调味品的生产加工
	15. 饲料生产与加工	包括食用动物养殖饲料、宠物食品等
	16. 香料生产与加工	各种香料、香精的生产加工
	17. 设施农业	采用工程技术手段，进行高效生产的设施种植及设施食用菌等
	18. 肥料制造	包括有机肥料、无机肥料和微生物肥料生产
	19. 农药制造	包括化学农药、微生物农药、生物化学农药，以及仓储、农林产品的防蚀和河流堤坝、铁路、机场、建筑物等场所用药的原药、制剂生产
2. 畜牧业	20. 畜牧养殖繁育	指对牛、马、猪、羊、骆驼以及其他牲畜的饲养活动，包括相关初级产品
	21. 禽类养殖繁育	指对鸡、鸭、鹅以及其他家禽的饲养活动
	22. 畜禽肉生产与加工	牲畜、家禽肉的生产和加工
	23. 禽蛋产品生产与加工	禽类蛋相关生产加工品
	24. 奶类产品生产与加工	哺乳动物奶类产品生产与加工
	25. 蜂蜜产品生产与加工	蜂蜜产品生产与加工
	26. 动物皮毛生产与加工	动物皮毛、禽羽绒等产品的生产与加工
	27. 设施畜牧养殖	采用工程技术手段，进行动物高效生产的设施养殖
	28. 兽药制造	包括畜药、禽药、水产药、蜂药、蚕药、宠物药等

续表

大类	小类	简要说明
3.水产业	29.鱼类养殖生产与加工	指利用海水或在内陆水域，对鱼类的养殖、加工活动
	30.虾类养殖生产与加工	指利用海水或在内陆水域，对虾类的养殖、加工活动
	31.贝类养殖生产与加工	指利用海水或在内陆水域，对贝类的养殖、加工活动
	32.藻类养殖生产与加工	指利用海水或在内陆水域，对藻类的养殖、加工活动
	33.水产捕捞生产与加工	包括内陆捕捞、沿岸捕捞、近海捕捞、外海捕捞、远洋捕捞
	34.设施水产增养殖生产	采用工程技术手段，进行水产养殖品种高效生产的设施增养殖
	35.水产养殖品种繁育	对各类水产品种苗的繁育
4.林草业	36.林木繁育	选育、繁殖林木良种，繁殖林木新品种，核心的栽植材料的林木遗传改良
	37.草种繁育	选育、繁殖草种良种，繁殖草种新品种，核心的栽植材料的林木遗传改良
	38.竹藤加工	指除木材以外，以竹、藤、棕、草等天然植物为原料生产制品的活动
	39.棕草加工	以竹材和藤材为主要材料，配以其他辅料制作各种家具的生产活动
	40.木材加工	指以原木为原料，利用锯木机械或手工工具将原木加工，对木材进行干燥、防腐、改性、染色加工，及其他未列明的木材加工，木质制品制造
	41.橡胶制造	指以天然橡胶为主要原料，生产橡胶板状、片状、管状、带状、棒状和异型橡胶制品的活动，各种橡胶零件的制造
5.乡村文旅	42.休闲康养	在乡村以各种方式照顾生命、增强体质、预防疾病、延年益寿的经营活动
	43.乡村民宿	乡村民宿规划、策划、建造、运营等

续表

大类	小类	简要说明
5. 乡村文旅	44. 特色餐饮	以满足顾客需求,有独特的菜品设计、良好的服务态度、鲜明的就餐氛围等,形成一定社会影响和美誉度,如中华美味餐饮、中华特色小吃、中式预制菜肴等
	45. 观光游览	花园、牧场、渔村、农场等农业生产的观光体验
	46. 文化遗产	与物质文化遗产、非物质文化遗产相关的乡村旅游活动
	47. 历史村落	具有悠久历史的自然古村落相关旅游活动
	48. 艺术文创	与乡村文化活动、艺术活动、文创项目等相关的乡村旅游活动
6. 建筑建材	49. 工程建筑	包括房屋建筑、水利设施建筑、道路建筑及其他与乡村振兴相关的工程建筑
	50. 建筑安装	指建筑物主体工程竣工后,建筑物内各种设备的安装活动,以及施工中的线路敷设和管道安装活动,包括建筑的电气、管道和设备等安装。
	51. 建筑装饰	指对建筑工程后期的装饰、装修、维护和清理活动,以及对居室的装修相关活动
	52. 结构材料	建筑中承重。包括木材、竹材、石材、水泥、混凝土、金属、砖瓦、陶瓷、玻璃工程塑料、复合材料等
	53. 装饰材料	装饰建筑物内外墙壁、制作内墙,并在装饰的基础上实现部分使用功能,包括各种涂料、油漆、镀层、贴面、各色瓷砖、具有特殊效果的玻璃等
	54. 专用材料	指用于防水、防潮、防腐、防火、阻燃、隔音、隔热、保温、密封等功能的材料
7. 机械仪器	55. 种植机械	种植业各种专业机械
	56. 农业仪器	农业专用仪器制造
	57. 农用车	农业生产运输相关车具
	58. 渔船及辅助船	渔业捕捞用的渔船及辅助船
	59. 捕捞机械	捕捞作业中操作渔具进行捕捞或捞取渔获物的机械设备
	60. 助渔导航仪器	渔业捕捞中使用的助渔导航仪器,包括探鱼仪、定位仪、卫星导航仪等

续表

大类	小类	简要说明
7.机械仪器	61.水产养殖机械	包括增氧、投喂、排灌、消毒、电力、捕捞等设备
	62.水产品保鲜加工机械	水产品保鲜、运销、加工过程中相关设备
	63.渔获物起卸运输装置	将渔获物从鱼舱或网具中起卸输送给渔获物运输船或陆上的机械设备。主要有鱼泵,以及鱼箱起舱机、吊杆等组成的机械式卸鱼装置等
	64.营林采伐与运输机械	林业采伐、运输过程中使用的机械设备
	65.木材生产加工机械	木材加工成产过程中使用的机械设备
	66.畜牧业机械	畜牧业、养蜂等初加工和处理过程中使用的各种专业机械
8.数字乡村	67.网络建设	乡村基础网络设施建设
	68.智慧种植	利用现代科学与传统农业来进行作物种植,可以实现无人化,智能化生产
	69.智慧畜牧	利用现代科学与传统农业来进行畜牧养殖,可以实现无人化,智能化生产
	70.智慧渔业	利用现代科学与传统农业来进行渔业养殖,可以实现无人化,智能化生产
	71.农业遥感	利用遥感技术进行农业资源调查,土地利用现状分析,农业病虫害监测,农作物估产等农业应用的综合技术
	72.农村电商	以三农为服务目标的电子商务业态
	73.风险管控	运用现代技术手段对农业生产活动进行风险管控,
	74.农用无人机	农用无人机设计、研发、生产企业
9.乡村服务	75.科技研发	与乡村振兴产业相关的科技研发和试验
	76.科技推广	专业从事与乡村振兴相关的科技成果转化、推广
	77.教育培训	专业从事与乡村振兴相关的人才教育、培训
	78.规划设计	专业从事与乡村振兴相关的规划、策划、设计、包装、运营等

续表

大类	小类	简要说明
9.乡村服务	79.品牌推广	专业从事与乡村振兴相关的品牌策划、塑造、传播、运营等
	80.批发零售	乡村振兴产业相关产品的批发零售
	81.信息咨询	乡村振兴产业信息咨询、信息服务，向客户提供解决问题的方案、策略、建议、规划或措施等信息产品
	82.知识产权	乡村振兴相关的著作权、专利权和商标权服务活动
	83.产品运输	农林牧渔及乡村生活用品交通运输
	84.仓储配送	农林牧渔及乡村生活用品仓储管理、生鲜配送
	85.经营租赁	从事农林牧渔产品、物资、设备、机械等经营租赁业务
	86.生态保护	乡村生态保护相关的服务产业
	87.环境治理	从事与乡村振兴密切相关的土壤污染治理与修复、水污染治理与修复、大气污染治理生态环保治理以及农业农村废旧物资回收利用服务
	88.检验检测	乡村振兴产业相关产品的检验、检测服务
	89.认证认可	乡村振兴产业相关产品的认证、认可服务
	90.防伪质保	乡村振兴产业相关产品的防伪、质保服务
	91.法律服务	为相关主体提供律师、公证、仲裁、调解等活动
	92.乡村金融	银行、保险、农信社、小额信贷、证券、信托、产业基金、期货等
	93.乡村治理	基层党建品牌、乡村综合治理
10.区域发展	94.种植类农业园区	以种植类产品为主的现代农业示范园区
	95.养殖类农业园区	以养殖类产品为主的现代农业示范园区
	96.加工类产业园区	以农、林、牧、渔业相关产品加工生产为主的产业园区
	97.美丽乡村	建设基础较好、发展成效显著，获得省级以上认同、表彰
	98.特色小镇	省级以上审核批复的、已产生明显建设效益的特色小镇

续表

大类	小类	简要说明
10.区域发展	99.绿色发展	国家绿色名县、国家级生态县
	100.田园综合体	集现代农业、休闲旅游、田园社区为一体的乡村综合发展模式

注：(1)各大类、小类选自现行《国民经济行业分类》；(2)在各小类中还包含更为具体的产品子类，其简要情况说明是由课题组根据行业分类中小类的分类情况、结合搜集样本案例及其产品情况来简要概括体现；如小类1中细分为大米、面粉、小米、玉米、杂粮等产品，小类2细分为油菜、大豆、花生、芝麻等产品，小类3细分为苹果、梨、草莓、枣等产品，小类4细分为核桃、开心果、腰果、松子、榛子等产品，其他各小类情况类同。

资料来源：基于《国民经济行业分类》(GB/T4754-2017)及课题组收集的案例情况综合整理而成。

从表中情况看，主要有以下特点：一是产业分类基于《国民经济行业分类》，又结合乡村振兴品牌建设特点进行微调，有助于突出特色、聚焦重点；二是按照产业分类表进行评价的乡村振兴品牌客体，涵盖符合企业品牌和产品品牌标准的微观企业主体，以及符合区域公用品牌标准的管理部门、经济组织等；三是目录十大类指标下的100小类并非等量分布，覆盖小类数量从高到低依次为：种植业（19小类）、乡村服务（19小类）、机械仪器（12小类）、畜牧业（9小类）、数字乡村（8小类）、水产业（7小类）、乡村文旅（7小类）、区域发展（7小类）、林草业（6小类）、建筑建材（6小类）。

第四节　数据统计及指数计算

乡村振兴品牌评价数据来源主要包括两方面，互联网大数据统计和企业申报数据统计。基于前述评价体系，本课题组大体采集情况如下。

一、通过大数据技术手段采集数据

大数据技术搜集数据均来源于互联网公开信息与数据。具体方法是，首先，搜索近几年各省市政府部门、行业协会、第三方评价机构等在网络公开发布的与农业农村相关的品牌榜单或品牌目录，从中筛选出品牌主体。从汇总情况来看，涉及涉农品牌榜单名录有20多项、覆盖各类品牌主体1万多家。这些榜单主要有"中国农业企业500强""中国品牌价值评价信息发布""农业产业化国家重点龙头企业""农业上市公司品牌价值榜""中国农业品牌目录""中国地理标志农产品品牌声誉前100位""农业农村信息化示范基地""全国乡村旅游精品线路""绿色建材获证企业名录""中国美丽休闲乡村"等。其次，按照品牌在榜单中国出现的排名、频次，品牌主体知名度、规模等维度从榜单中初步筛选样本名单，其中乡村振兴区域公用品牌80个，企业品牌734个，产品品牌208个。

二、基于数据可得性形成可操作的简化评价体系

（一）构建简化指标体系

由于原评价体系具有复杂性，更多体现为开展乡村振兴品牌评价研究的理想模型，可以随着持续、深入的研究，而不断完善相关数据收集途径、构建体系完整的数据库。然而，这需要较长的时间过程和工作积累。为提高评价体系及数据征询对象填报的可操作性，本文尝试在前述互联网数据搜集、各类品牌样本主体抽烟调查的基础上，形成简化的评价体系，这个评价体系更加简洁、突出重点、实操性强。具体聚焦于企业实力、品牌传播、品牌影响力、品牌保护、数字营销等五个方面，重点关注品牌依托互联网的传播力、影响力、美誉度与营销能力、保护能力。同时，从产值、利润、销售额、品牌规划、品牌授权数等指标反映品牌价值及品牌建设水平，这五个维度能够大体体现品牌建设综合水平。再结合品牌建设实际，遴选具体的二、三级指标。

（二）专家打分赋予权重

邀请来自政府部门、科研院所、企事业单位的10位专家，按照前述专家

打分法对简化指标进行赋权，经过综合计算，现形成以下简化的评价模型。

表 4-6　乡村振兴品牌互联网大数据简化评价模型

一级指标	二级指标	三级指标
企业实力 （K1，15%）	营业收入（K11，4.5%）	K111：当年总产值（4.5%，亿元）
	利润（K12，3%）	K121：当年利润总额（3%，亿元）
	销售额（K13，3%）	K131：当年销售额（3%，亿元）
	企业注册资金（K14，4.5%）	K141：当年注册资金（4.5% 万元）
品牌传播 （K2，20%）	自媒体影响力（K21，10%）	K211：抖音粉丝数（3%，万人）？ K212：是否有官方网站（4%，是/否） K213：是否有微信公众号（3%，是/否）
	媒体报道数（K22，10%）	K221：新华网报道（3%，条） K222：人民网报道（3%，条） K223：央视网报道（2%，条） K224：经济日报报道（2%，条）
品牌影响力 （K3，25%）	品牌榜单表现（K31，7.5%）	K311：农业产业化国家重点龙头企业排名（3%，） K312：中国农业企业 500 强排名（2.25%，位次） K313：中国品牌价值评价（农业） 排名（2.25%，位次）
	品牌荣誉（K32，7.5%）	K321：中国驰名商标（2.25%，是/否） K322：获得省（市）级以上质量奖数量（2.25%，项） K323：省级以上标准奖数量（1.5%，项） K324：获省（市）级以上科技奖的数量（1.5%，项）
	不良信用记录（K33，10%）	K331：中国信用信息平台数据评价等级（10%，等级）
品牌保护 （K4，20%）	专利数（K41，10%）	K411：国家专利网专利数（10%，件）
	版权数（K42，4%）	K421：国家版权局版权数（K421，4%）
	商标数（K43，6%）	K431：国家商标注册量（3%，件） K432：国际商标注册数（3%，件）

续表

一级指标	二级指标	三级指标
数字营销（K5，20%）	电商平台表现（K51，20%）	K511：知名电商A平台的官方店铺关注数（8%，家） K512：知名电商B平台的官方店铺关注数（8%，家） K513：知名电商C平台的官方店铺关注数（4%，家）

注：表中括号内百分比数字为指标权重（%）。

三、通过品牌主体征询方式采集数据

乡村振兴品牌评价主体涉及区域公用品牌、企业品牌、产品品牌，数量庞大，以目前的收集渠道和技术条件难以实现穷尽申报、穷尽数据采集，采用广撒网的方法请企业等主体申报，也未必能筛选出想要的品牌。因此，互联网大数据采集和评价的过程也是遴选品牌的过程，在此基础上开展品牌主体申报可做到有的放矢。

品牌主体申报的征询材料依据上述乡村振兴品牌简化评价体系设计，在互联网大数据评价结果的基础上，由课题组通过《中国名牌》杂志社及相关部门渠道进行广泛发送，邀请代表性品牌主体填写征询材料，品牌主体自愿申报，主动参与。因此，乡村振兴品牌评价是一个双向选择的过程，更能有效筛选出合理的品牌样本。

作为首次数据资料征询尝试，本文力图将有效的反馈材料及数据，结合所涉及主体的互联网大数据，进行综合汇算和评价。在后续年份的跟踪研究中，课题组将致力于推动以下方面的完善：一是对简化的评价体系及指标进行不断校正，使其更加符合国家关于乡村振兴品牌建设的战略要求与经济实践情况；二是逐步拓展、完善征询材料发放与回收的渠道，使样本覆盖范围跟广、样本量更为丰富，从而更加客观、全面地反映我国乡村振兴品牌建设的现状。

第五节　乡村振兴品牌评价结果简析

课题组探索结合互联网大数据层面、征询案例样本层面所获取的综合数据，开展乡村振兴品牌评价，形成乡村振兴区域公共品牌、企业品牌、产品品牌评价结果。以下将汇总结果情况进行简要剖析。

一、区域公用品牌

我国许多乡村振兴品牌的发展，是基于区域公用品牌而得名并发展起来的。在机制上，得益于当地政府的扶持推动、资源整合，通过政产学研有机结合，一些适应当地气候环境条件的农产品市场得以有效组织起来，从而产生了产品优质、闻名遐迩、品牌红利等良性发展现象，在各省市同类产品中脱颖而出。

（一）茶叶类区域公用品牌实力最高

从单品类区域公用品牌来看，进入统计范围的60个样本品牌在品类分布上如下图所示，茶、畜类、水产、水果、加工食品、禽类、中药品牌占大多数，也从侧面反映出这些品类对品牌建设的需求较高。60个单品类区域公用品牌综合得分平均值为0.125，就具体品牌得分情况看，普洱茶得分最高（0.330），排名前十的品牌有普洱茶、郫县豆瓣、五常大米、赣南脐橙、烟台苹果、安溪铁观音、安吉白茶、洛川苹果、武夷岩茶、盱眙龙虾，其中有4个品牌属于茶叶品牌，具

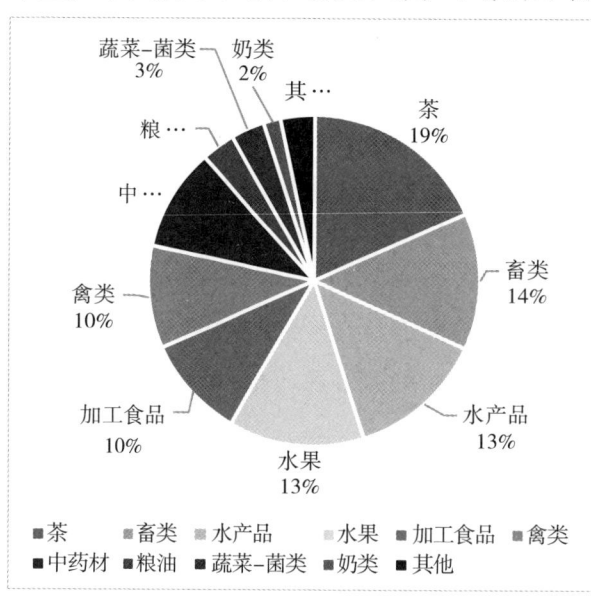

图4-2　单品类区域公用品牌品类分布

有浓郁的中国特色。

（二）不同区域公用品牌实力差距较大

从组成品牌实力的五个维度来看，样本品牌总体得分都有待提升。其中，品牌主体实力平均得分为0.029，最高得分是潜江龙虾（0.068）；品牌传播平均得分0.008，最高得分是普洱茶（0.094）；品牌保护平均得分0.013，最高得分是郫县豆瓣（0.060）；品牌影响力平均得分是0.069，最高得分是赣南脐橙（0.154）；数字营销平均得分是0.007，最高得分是普洱茶（0.130）。图中情况显示，一是总体来看不同维度得分差异较大，品牌影响力总体得分最高、反映出若干乡村振兴公共品牌已深入人心，数字营销得分最低、是品牌建设薄弱环节。二是结合数据最高值和平均值的组合情况看，反映出头部品牌与其他品牌得分差异较大，其中头部品牌在品牌传播、品牌数字营销、品牌影响力方面有更高的表现；例如，普洱茶、赣南脐橙、烟台苹果、盱眙龙虾等一批农产品领域涌现出不少知名区域及龙头企业，其已通过网上商城旗舰店、直播营销、微信商城及品牌网站等现代化信息手段开展大量的市场营销，并在全国消费者中具有很高知名度。

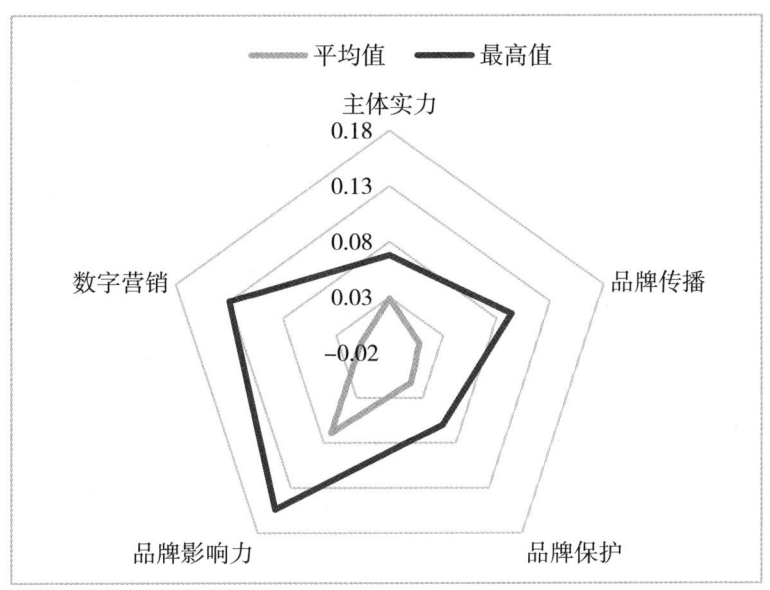

图4-3　一级指标维度平均值和最高值比较

二、企业品牌

在乡村振兴品牌建设中,企业是数量最多、经营最活跃、能动性最强的一类主体,在推动乡村振兴中发挥着极为重要的作用。虽然其在所有制结构、产业类别、经营方式等方面多种多样,但要成为企业品牌却需要或长或短的时间积淀、有效的生产和销售组织、卓越的品牌管理等诸多因素作为支撑。结合前述评价情况,企业品牌的主要特点有:

(一)企业品牌品类集中度高

课题组按照企业主要经营业务对进入"中国农业企业500强""中国品牌价值评价信息发布(农业)""农业产业化国家重点龙头企业""农业上市公司品牌价值榜"等品牌榜单的企业进行行业类别划分,并按照前述乡村振兴产业分类目录十大类别进行分类统计,结果如下图所示。可以看出乡村振兴企业品牌行业集中度较高,其中种植业企业品牌占比超过一半,种植业和畜牧业企业品牌数量加起来占比接近80%,这客观上符合我国作为

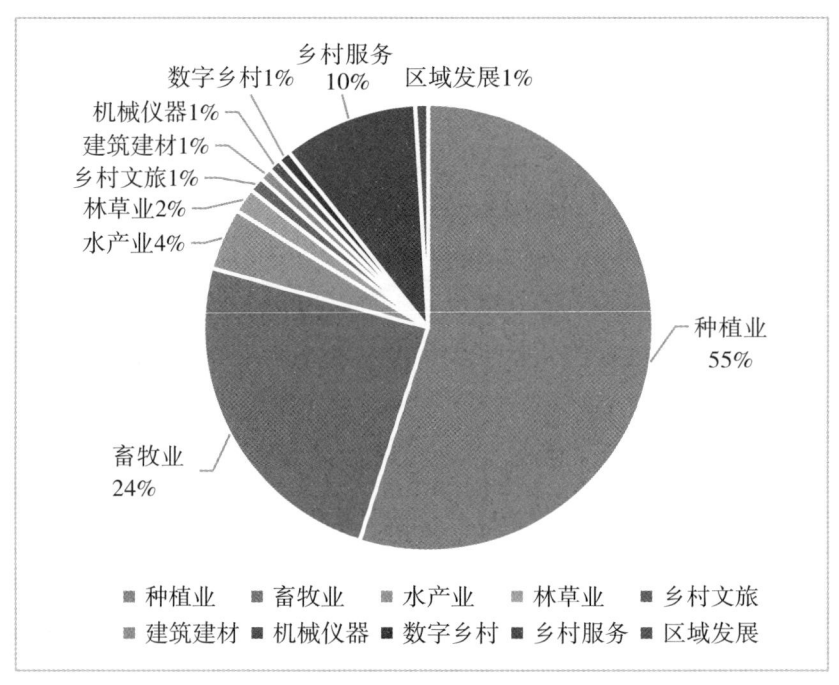

图4-4 乡村振兴企业品牌数量分布图

农业大国的实际情况。在细分产业方面同样具有集中化特点，如种植业中以粮食、蔬菜、水果、饲料、茶叶的生产与加工为主，占据种植业超60%的比例，这也从供给侧数据反映出我国农产品生产与消费的结构性特点。

（二）不同行业得分存在较大差异

从行业得分来看，不同行业得分差异较大，其中种植业、畜牧业、水产业、林草业、乡村服务业总得分较高，建筑建材、机械仪器、数字乡村、区域发展总得分较低，这种差异也体现在品牌数字营销方面。①其他如企业实力、品牌传播、品牌影响力、品牌保护等维度依旧是传统的农、林、牧、渔业得分较高。

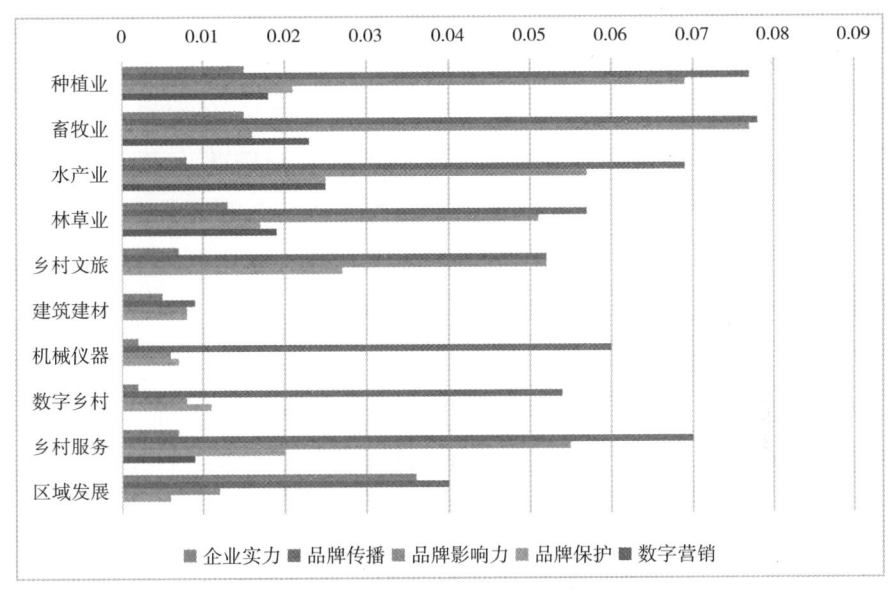

图4-5 乡村振兴企业品牌维度得分对比图

进一步通过统计函数测算，各行业企业在综合得分及其在企业实力、品牌传播、品牌影响力、品牌保护、数字营销等分项指标得分方面的标准差也有较大差异，如综合得分的标准差为0.06，而5个细分指标方面，"企业品牌影响力"标准差最高（0.028）、品牌保护标准差最低（0.008），这反

---

① 值得提出的是，由于行业特性和获取数据难度影响，在本次首期评价中，乡村文旅、建筑建材、机械仪器、数字乡村、区域发展等行业的数字营销数据欠缺，最终得分按0处理，课题组将在后续进一步评价中通过针对性案例征询等方式弥补这个缺陷。

映出各行业企业品牌影响力差异较大,而在品牌保护方面虽差异相对较小但也暴露出普遍得分较低等情况。

三、产品品牌

乡村振兴品牌建设归根结底是体现为一个个具体的农产品品牌,随着近年来我国"三农"领域的不断深耕建设,农业生产的品牌意识也普遍增强,涌现出一大批质优价廉、满足我国生产和消费领域实际需求的知名农产品。从评价情况看,主要特点有。

(一)与居民日常生活密切关联的品类占比较高

如前所述,本次乡村振兴产品品牌评估过程中,尝试采纳全国农产品地理标志产品目录体系并作为重要考量指标,其按照产品类别分为十大类:果品、蔬菜、粮食、油料、畜禽、水产、茶叶、食用菌、中药材、其他,其数量分布如下图所示。其中,果品、蔬菜、畜禽、粮食类产品占较大比例,四大类加起来占比达71%,这四类与老百姓日常饮食密切相关,且食用数量和频率较高。其余的品类则占比较小。

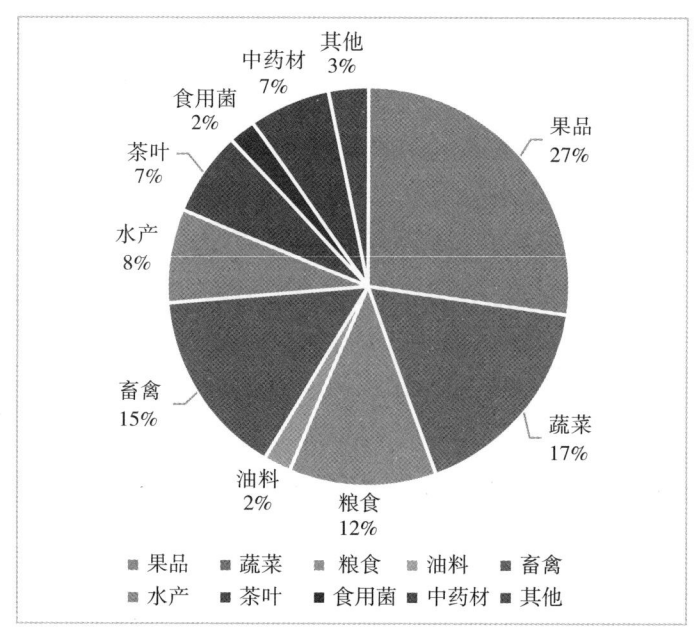

图4-6 乡村振兴产品品牌数量分布图

（二）产品品类得分相对较为均衡

与企业品牌得分相比，产品品牌综合得分差异相对不大，较为均衡，综合得分超过 0.3 分的品类有果品（0.334）、粮食（0.303）、茶叶（0.308）、食用菌（0.302），最高得分和最低得分差小于 0.1。一级指标得分最高的品类比较集中，其中果品和茶叶表现良好。主体实力最高得分为果品（0.122），品牌传播最高得分为茶叶（0.211），品牌影响力最高得分为粮食（0.619），品牌保护最高得分为茶叶（0.5），数字营销最高得分为果品（0.198）。整体来看产品品牌各维度得分也较为均衡，差异相对较小。

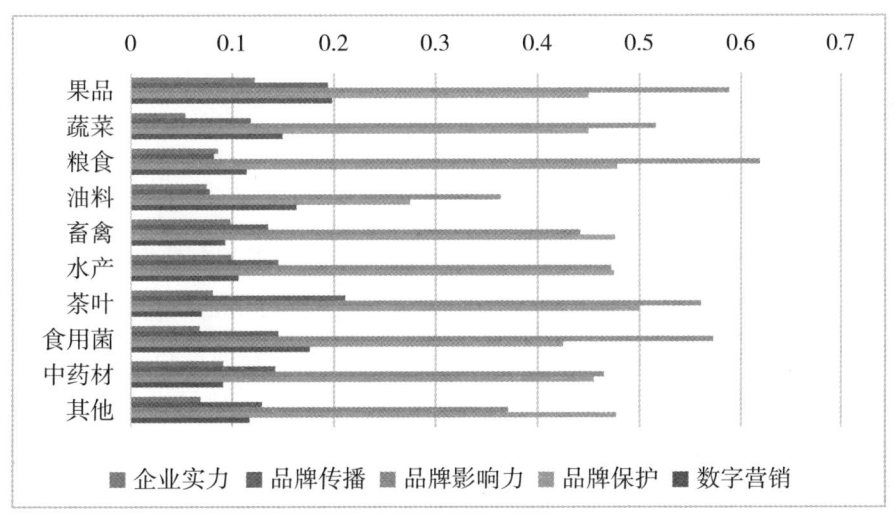

图 4-7　乡村振兴产品品牌维度得分对比图

上述分析极其简要地将课题组基于前述乡村振兴品牌评价模型，并结合国内各代表性"榜单"、互联网大数据、乡村振兴品牌征询材料回收信息而开展的评估探索情况进行简析，得出了一些显性特点和初步结论。然而，就评价数据深挖的角度看，还有大量的工作可以开展，例如，可结合各省市区域对评价指标得分情况进行细分和比对，以发现各地区在推进乡村振兴品牌建设方面的成效和特点差异；可结合相关产业、企业的投入产出数据，详细剖析其品牌建设效率效果，找到共性的经验或不足、发现导致品牌效率差异的深层次原因等。然而，受人力、篇幅、数据完备性等因素所限，相关研究还有待在后续研究中不断深化，从而在我国"三农"发展实践中，不断校验评价模型，不断完善分析框架，为读者呈现更为丰富、可读、有启发的分析报告。值得肯定的是，借此机会，课题组努力收集了一大批专题性的资料数据，期待与学界业界进行深入交流。

第六节 结论与启示

本文尝试在我国全面乡村振兴宏伟战略背景下，从理论与实践结合角度构建具有针对性的乡村振兴品牌建设评价体系。作为新的探索，本文在框架与指标体系设计、数据分析挖掘、结论观点归纳等方面都存在持续改善的空间。基于前述分析，课题组大致归纳出以下几点结论和启示。

一、主要结论

（一）我国乡村振兴品牌建设由点到面、广泛推进、态势良好

课题组按照评价体系结构，结合国内各大榜单，将乡村振兴品牌的评价对象按照区域公用品牌、企业品牌、产品品牌三大类进行划分，并依照《国民经济行业分类》进行"矩阵"式结合，形成了相对完整的数据收集框架。从互联网大数据、品牌案例资料征询情况看，样本涉及区域公用品牌80个，企业品牌734个，产品品牌208个。其特点进一步归纳如下：一是结合经济行业分类情况看，这些品牌除了少数较为新兴、冷门的领域，绝大部分的细分产业都有品牌上榜，其中区域公共品牌中茶、畜类、水产、水果、加工食品、禽类、中药品牌数量占优；其中企业品牌中果品、蔬菜、畜禽、粮食类产品占较大比例；其中产品品牌中种植业数量占优，特别是在粮食、蔬菜、水果、饲料、茶叶的生产与加工等领域更为突出。这种情况既符合我国经济生活发展的客观需求特点，也反映出乡村振兴品牌建设全面开花的良好局面已初步形成。二是从各领域品牌分布特点看，"头部"集中的特点也比较显著，反映出一大批知名品牌已深入人心、发展良好。例如，在单品类区域公用品牌中，排名前十位的知名品牌包括普洱茶、郫县豆瓣、五常大米、赣南脐橙、烟台苹果、安溪铁观音、安吉白茶、洛川苹果、武夷岩茶、盱眙龙虾等，这些品牌早已是家喻户晓、声名远播，成为我国乡村振兴的领跑者；其在评价体系中的综合得分与排名靠后的品牌相比，具有遥遥领先的优势。总体上看，我国乡村振兴品牌建设经过多年来的不懈努力，已初步形成了全面发展的良好态势。

（二）综合评价得分总体有提升空间，反映出还需加大品牌建设力度

从课题组最终梳理、汇总的评价结果中，在区域公共品牌、企业品牌、产品品牌三大维度上，各细分评分表的总体得分偏低，包括各领域单项得分、综合得分普遍不高。例如，在前述"乡村振兴企业品牌维度得分对比图"中，种植业、畜牧业、水产业、林草业、乡村文旅等代表性行业中企业的平均得分均低于0.2（满分为1）；"乡村振兴企业品牌维度得分对比图"中，果品、蔬菜、粮食、油料、畜禽等代表性产品的得分均在0.3上下（满分为1），均匀较大提升空间。又如，在各细分评分表中，区域公共品牌、企业品牌和产品品牌在企业实力、品牌传播、品牌影响力、品牌保护、数字营销五个一级指标上的得分表现也均不够理想，如乡村振兴企业品牌维度得分对比图/表中种植业在一级指标上的单项得分均不足0.2，其中在品牌保护、数字营销两大指标中得分最低，这反映出我国乡村品牌建设在各细分领域中仍存在不少薄弱环节，亟待改善。

（三）各行业领域差异较大，呈现出区域、产业、企业不均衡发展特点

各细分评分表中均呈现出"长尾"特点，即除了少数"头部"品牌具有突出的领先优势外，绝大部分的品牌领域都处于初级发展阶段。例如，前述单品类区域公用品牌中，排名前十位的知名品牌在评价体系中的综合得分与排名靠后的品牌相比，得分差距有6倍之多；前述乡村振兴企业品牌中，以种植业中的"粮食生产与加工"子类别为例，即使是排名前十位的企业，得分最高的中粮集团有限公司与排名第十的江苏省农垦农业发展股份有限公司得分也相差4倍之多，如果从全部734家入选企业的得分进行对比则相差更为显著，达到10倍以上。管中窥豹，这些情况在一定程度上反映出，在我国各省市、产业和微观的企业层面，乡村振兴品牌建设情况差异巨大，既有一些经过长期积累获得成功的领跑者，也有大量发展不畅或仍处于起步阶段的"曲折探索者"和"后来者"。

二、启示与展望

2023年"中央一号文件"《中共中央 国务院关于做好2023年全面推进乡村振兴重点工作的意见》对做好2023年全面推进乡村振兴重点工作做出新的全面部署，从九大方面提出三十三条具体要求，这也将是我国各省市加快推进乡村振兴品牌建设的纲领性文件。在品牌建设领域，2022年农业农村部发布《农业品牌精品培育计划（2022—2025年）》，具体针对"加快农业品牌打造，夯实基础支撑，加强营销推广，提升服务能力，促进消费升级，全面提升农业品牌竞争力影响力带动力"做出部署要求，同时也明确指出"我国农业品牌多而不精、大而不强问题依然存在，品牌竞争力影响力带动力仍有待提升"等实际问题。对标中央战略部署和各部委规划要求，结合前述分析情况，主要的启示有：

首先，加快推进乡村振兴品牌建设，将相关工作及早提上日程。品牌建设是具有长期性、连续性、复杂性的系统工程，无论是区域公共品牌、企业品牌还是产品品牌的建设都不是一蹴而就的。在中央连续多年出台系列相关政策背景下，加快推进乡村振兴品牌建设具有迫切性。结合本文的品牌评估情况看，一些起步早、品牌意识强、品牌规划思路明晰、品牌资源积累较为丰富的地区和行业，其得分在横向比较中通常都处于"头部"地位。当然，其中也有一部分品牌虽然起步较早，但在发展中也经历了曲折、挫折，导致其未能顺利发展起来，但这仅是个例。综合课题组搜集的案例中的成功经验和曲折教训来看，只有尽早树立品牌意识、形成符合自身禀赋特点的发展思路、加大品牌建设投入、形成可持续的品牌战略和方案，才有可能在激烈的品牌竞争中脱颖而出。

其次，各方协同发力，共同营造乡村振兴品牌建设良好氛围。区域公共品牌、企业品牌及产品品牌虽然在层次、定位上存在显著差异，但从各地区、行业的成功案例情况看，品牌的成功塑造均离不开政策引领与支持、企业主体作用、拳头产品品牌的相互支撑、共同发展。例如，我国是茶文化的故乡，中国人发现并利用茶，据说已有4700多年的历史，而各地名茶的发展也是长期经济社会积淀的结果，前文评价提及的名茶在各类农产品品牌中占比较高，普洱茶、安溪铁观音、安吉白茶等一批区域公用品牌异军突起，也涌现出湘丰茶业、闽榕茶业、萧氏茶业、勐海茶业等一批领军企业和代表性产品。这些案例的成功经验中，一个共同特征就是地方政府重视、企业有序竞争、产品研发活跃，如云南省普洱市的名称即与茶品牌互为表里，该市立足长远，推出《普洱市普洱茶产业"十四五"规划和2035年远景目标纲要》，明确一批普洱茶产业重点工程（如古茶资源保护工程、有机茶发展工程、平台建设工程、数字茶业工程）等，这为茶产业的持续发展提供了有力保障，即使在新冠肺炎疫情冲击下的2021年仍实现全年茶叶产量13.67万吨、增长14.7%的良好成绩，实现了产业、企业和产品品牌互促发展的有利格局。

最后，加强品牌管理与技术引用，在品牌建设中"拉长补短"。近年来，电商平台、网络商城、微信商城等新的营销方式正颠覆着传统农产品的经营模式，一些经营灵活、创新意识敏锐的乡村振兴品牌经营主体率先"入网"并取得先机，在互联网大潮中实现了品牌建设性的飞跃，其中不乏"弯道超车"的"逆袭"案例。在前文"乡村振兴产品品牌维度得分对比图"中，果品、蔬菜、粮食及水产业、畜牧业等细分行业既是传统农产品品牌集聚的代表性行业，同时也在"数字营销"专项指标中得分较高，体现出一些区域公共品牌管理主体和当地的品牌企业在"拉长补短"、数字化转型方面成为先行者。①可以预见，能否深刻把握数字经济机遇、加快实现企业和产品品牌管理转型，将成为未来数年各地全面推进乡村振兴品牌建设的重要"分水岭"。

---

① 根据电商平台阿里巴巴公布的2023财年第三季度财报数据，2022年，累计8000万斤果蔬通过菜鸟产地仓从田间走上消费者餐桌；截至11月7日，淘宝直播间累计卖出3549万件农货，160个国家乡村振兴重点帮扶县的农货销售额同比增长35%，超4.6万款农货销售额同比增长超100%。

第五章

夯实数字化基础,推动乡村振兴品牌建设[①]

摘要: 数字乡村是我国乡村振兴的战略方向,也是建设数字中国的重要内容,本篇通过对近五年我国乡村数字化发展建设相关数据的调查分析,从互联网普及、产业数字化发展、数字生活发展等角度建立相关指数模型,并对全国各省份的乡村数字化发展水平进行量化评估,以此揭示我国数字乡村发展的现存问题与挑战,为未来乡村振兴及乡村振兴品牌建设领域的学术研究、政策制定、企业布局等提供参考。

---

① 执笔:极光·月狐数据课题组。成员:蔡炳贞,极光月狐研究院院长;周莹、梁文薏、江婷婷,极光月狐研究院分析师。

第一节　数字乡村的建设背景与发展意义

强国必先强农，农强方能国强，必须坚持不懈把解决好"三农"问题作为全党工作重中之重，举全党全社会之力全面推进乡村振兴，加快农业农村现代化。作为推进中国式现代化的重要引擎，构筑国家竞争新优势的有力支撑，数字中国建设，对全面建设现代化国家、全面推进中华民族伟大复兴具有重要意义和深远影响，既是全面推进乡村振兴的重要抓手，也是实现农业农村现代化发展的应有之义。

一、战略背景

2023年2月，中共中央、国务院印发的《关于做好2023年全面推进乡村振兴重点工作的意见》与《数字中国建设整体布局规划》中均提出，要深入实施数字乡村发展行动，以数字化赋能乡村产业发展、乡村建设和乡村治理；推动数字化应用场景研发推广。加快农业农村大数据应用，推进智慧农业发展。

习近平总书记指出，"农业现代化，关键是农业科技现代化"。因此，互联网、云计算、物联网、人工智能等数字技术与"三农"的深度融合，将进一步提升农业生产、产业发展、资源开发、乡村治理的效用与水平。

根据党中央、国务院一系列战略部署与文件，数字乡村建设是以新一代数字化基础设施为基础，以知识和信息数据为要素，以数字技术创新为核心驱动力，以现代互联网信息平台为重要载体，实现数字化对土地、劳动力、技术等生产要素的赋能，以信息流带动资金流、物资流、人才流，激活乡村各种要素，助理农村积极发展提质增效。同时，网络化、信息化和数字化在乡村普及，将有助于提高乡村教育、医疗、卫生体系建设水平，有助于提升乡村应对自然灾害的能力与治安管理水平，实现乡村治理从经验式治理转向精准化治理，提高乡村综合治理效能。

从国际范围来看，数字乡村建设下的农业数据日益成为新型农业生产要素，部分发达国家和地区构建了自有农业科技研发系统，利用农业大数据支持现代农业发展。同时，通过大数据智能决策可以提高农业生产效率，降低水资源、农药化肥使用率，促进农业生产绿色发展。此外，数字技术已成为农业高质量发展新引擎，以美国为代表的大田智慧农业、以德国为代表的智慧养殖业以及以日本为代表的小型智能装备农业，均已演化出成熟的技术产品与商业模式，数字农业正在提升全球各国农业产业标准化、集约化、品牌化发展水平。

综合国家战略部署要求、国际市场经验与我国国情，课题组尝试梳理出以数字化推进乡村振兴品牌建设的主要领域方向、典型问题及突破方向，从而较为系统地反映数字乡村建设的战略背景。

二、发展意义

概括而言，主要体现为三个方面。

首先，数字技术提升农业生产水平与效率，降本增收，提升农产品附加值与溢价空间，是助力乡村振兴品牌建设的重要支撑。

其次，数字乡村建设将全方面赋能农业品牌的内容创造、品牌价值建立、品牌信任度培养及品牌资产增加等。

最后，数字乡村将提高乡村经济与民生发展水平，满足农民美好生活向往与需求，为农业品牌建立意识、品牌消费意识打下坚实基础。

进一步结合数字乡村建设的五个维度，课题组尝试对其数字化推动乡村建设、乡村振兴品牌发展的方向和意义细化归纳，体现在下表中。

表 5-1　数字乡村建设的意义：五个维度的思考

品牌建设	农产品附加值低，缺乏品牌建立基础	通过物联网提升农产品质量与溢价空间，提高农产品附加值；通过互联网电商销售，实现农产品上行高端消费市场，直接提高产品价格；通过移动互联与手机使用，培养农民品牌消费与建设意识
	农产品价格低，品牌建设投入过大	
	农民消费者品牌消费能力弱，且缺乏品牌建设意识	

续表

农业生产	农业生产工具落后	通过互联网、云计算和物联网等技术，依托部署在农业生产现场的各种传感节点和通信网络，实现农业生产的智能感知、智能预警、智能决策、智能分析、专家在线指导
	农业育种效率低	
	农业生产抗御自然灾害能力不强	
	农业水质健康下降	
乡村经济	第一产业供应链技术水平不高，导致农产品供需不匹配	通过电子化、网络化方式完成农产品或服务的销售、购买和支付等电商业务
	传统旅游业模式单一，且乡村二、三产业发展缓慢	利用互联网、大数据等技术形成的新型产业组织形态，构建智慧乡村旅游
	乡村融资难、融资贵、融资慢	借助数字化技术减少金融服务中的信息不对称，精准匹配资金需求
乡村民生	乡村教育资源匮乏，教师资源少，网络覆盖普及率与城市存在差距	将互联网等新一代信息技术与教育深度融合，推动乡村学校网络覆盖、城市优质教育资源与乡村对接
	乡村医疗卫生基础设施薄弱，医疗水平不高	开发新的医疗健康应用、创新医疗健康服务模式
乡村治理	乡村治安水平不高	用数据挖掘、人像比对、智能预警、地理信息系统等技术建设信息化管理平台
	自然灾害应急管理水平不高	通过物联网、云计算、大数据和人工智能等技术对突发事件进行管理和处置
	乡村居民居住较分散，政府力量有限等因素导致乡村治理存在诸多难点	利用互联网、大数据、云计算等技术手段，构建一体化政务服务平台

资料来源：公开资料，极光月狐研究院整理

总之，数字乡村建设是我国乡村振兴的重要战略方向，也是落实农业农村现代化发展的具体行动，其总体发展目标是以解放和发展数字生产力、激发乡村振兴内生动力为主攻方向，着力发展乡村数字经济，着力提升农民数字素养与技能，着力繁荣乡村网络文化，着力提高乡村数字化治理效能，为推动乡村振兴品牌体系建设、农业农村现代化迈出新步伐、数字中国建设取得新成效提供有力支撑。

第二节 我国乡村数字化发展现状与趋势

一、关于乡村数字化发展指数模型

本篇尝试从农村互联网普及、产业数字化发展、数字生活发展三个角度出发，对乡村数字化发展进行全面研究，并采用乡村数字化发展指数模型对不同省份地区的乡村数字化发展水平进行量化评估，比对不同区域的发展差异，为未来在数字乡村及乡村振兴领域的学术研究、政策制定、企业布局工作提供参考。

目前国内已有的同类指标体系，如阿里研究院发布的《县域数字乡村指数》主要构建的乡村数字化发展指数模型，同样是基于极光月狐大数据在移动互联网方面积累的丰富数据资源所搭建起的指标体系，可覆盖到全国范围的人群，且涉及的互联网应用类型相对更加丰富，能够较全面地反映互联网在农村地区的渗透情况以及在农村产业、生活场景中的应用情况。

（一）模型研究思路

该研究模型从互联网普及、产业数字化发展、数字生活发展三个维度对乡村数字化发展总指数进行测度：信息化基础设施建设是实现数字乡村建设的硬件基础，而固定宽带网络以及移动互联网的普及程度可以反映农村地区信息化基础建设以及农村居民使用网络的情况；产业数字化升级是数字乡村的关键任务，也是乡村振兴的核心驱动力，数字商贸和快递物流的应用一定程度上可以反映农村地区在农业产业数字化供应链上的发展情况，而数字金融的应用情况可以反映出农村地区是否具有较好地实现产业升级的金融环境；数字生活是数字乡村的重要组成部分，是数字技术赋能农村居民日常生活的直接体现，而生活服务消费、数字泛娱乐、数字教育、数字就业、数字政务等不同细分类型的移动应用在农村地区的应用情况则能够较全面地反映农村数字生活发展水平。

（二）数据可得性

本研究模型充分发挥极光月狐在移动互联网领域的大数据优势，并结合国家统计局公布的农村相关数据，从多个层面拓展乡村数字化发展指标体系，共纳入 13 个指标进行指数测算，其中宽带网络普及指数采用的数据源于国家统计局公布的农村宽带接入用户数及农村常住人口数，移动互联网普及、数字商贸应用、快递物流应用、数字金融应用等其余的 12 个指标采用的数据均来源于极光月狐大数据。

（三）指数分类

乡村数字化总指数由乡村互联网普及、产业数字化、数字生活三大类共 13 个具体指数构成，重点关注移动互联、数字贸易、快递物流、生活服务、消费娱乐、医疗卫生等领域。其中，一级指标的权重分别为：乡村互联网普及指数（0.3），乡村产业数字化发展指数（0.4），乡村数字生活发展指数（0.3）。

表 5-2 乡村数字发展总指数

乡村数字发展总指数	乡村互联网普及指数	宽带网络普及指数	反映农村地区居民接入和使用固定宽带网络的规模和比例
		移动互联网普及指数	反映农村地区居民通过手机设备接入和使用移动互联网的用户规模和比例
	乡村产业数字化发展指数	数字商贸应用指数	反映网商及移动购物类应用在农村地区的渗透情况
		快递物流应用指数	反映快递物流应用在农村地区的渗透情况
		数字金融应用指数	反映手机银行、分期借贷、互联网保险、基金券商、投资理财等应用在农村地区的渗透情况
	乡村数字生活发展指数	生活服务消费应用指数	反映本地生活服务，同城出行，旅游出行等应用在农村地区的渗透情况
		数字泛娱乐应用指数	反映视频、音乐、游戏、阅读、资讯等应用在农村地区的渗透情况
		数字教育应用指数	反映教育类应用在农村地区的渗透情况
		数字就业应用指数	反映求职、招聘应用在农村地区的渗透情况
		数字政务应用指数	反映电子政务应用在农村地区的渗透情况
		数字办公应用指数	反映线上办公类应用在农村地区的渗透情况
		数字健康应用指数	反映在线医疗、健康管理类应用在农村地区的渗透情况
		智能互联网应用指数	反映智能家居、智能穿戴、智能汽车等应用在农村地区的渗透情况

研究模型来源：极光月狐研究院

数据来源：本研究模型所采用的数据主要来源于极光月狐大数据，部分数据来源于国家统计局

二、我国乡村互联网普及概况与区域差异特点

（一）我国农村地区网络接入条件已基本完善，互联网普及率持续提升

截至 2022 年 6 月，我国现有行政村已全面实现"县县通 5G、村村通宽带"，全国行政村通光纤比例从不到 70% 提升至 100%，光纤平均下载速率超过 100Mb/s，基本实现与城市同网同速。说明农村地区的网络接入条件已基本完善，为农村互联网普及和数字化发展奠定坚实的基础。

从目前农村地区的互联网实际应用情况来看，互联网普及率在持续提升，农村固定宽带接入率从 2017 年至 2021 年提升了近 15 个百分点，达到 31.6%，与城镇地区的宽带接入率差距不断缩窄；移动互联网方面，统计数据显示，截至 2022 年 11 月，农村地区的手机用户规模已达到 2.9 亿，移动互联网普及率为 56.9%，在未来仍有较大提升空间。

（二）我国东部北部沿海农村地区整体信息化基础设施发展水平相对较高

从各省市得分情况看，江苏农村互联网普及指数位列第一。综合各个

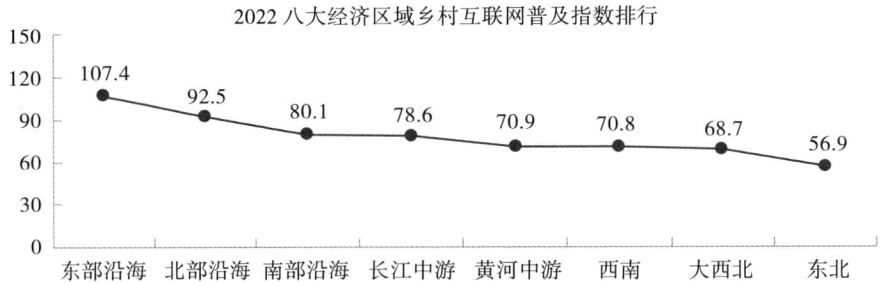

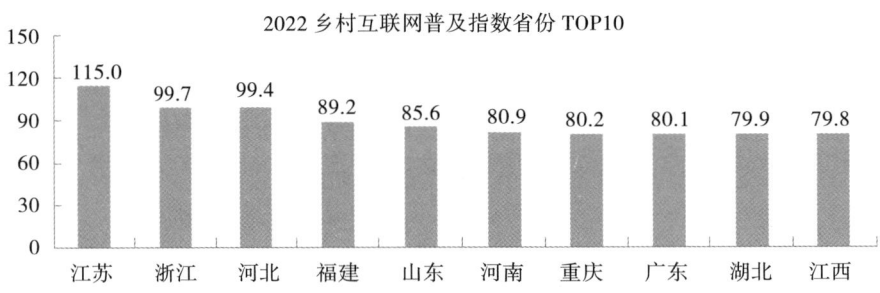

图 5-1　2022 八大经济区域乡村互联网普及指数排行、
2022 乡村互联网普及指数省份 TOP5

数据来源：极光月狐大数据；取数周期 2022 年 11 月

地区固定宽带及移动互联网的普及程度来看，东部沿海地区的乡村互联网普及指数最高，其次是北部沿海地区，而东北、大西北等偏远地区的农村信息化基础设施发展相对落后，与沿海地区形成较大的差距，互联网普及程度有待提升。从具体省份来看，江苏省在乡村互联网普及指数上排名第一，其次是浙江省和河北省，福建和山东农村地区也凭借较高的互联网普及水平排进全国前五。

（三）江苏、河北分别为农村固定宽带网络和移动互联网普及程度最高的省份

江苏省农村地区的宽带网络普及指数最高，其次是浙江、河北、福建等，这意味着这些地区的农村家庭、商户、单位等接入固定宽带的情况更加普遍；而在移动互联网方面，河北和山西的乡村移动互联网普及指数超过江浙地区，分别位列全国前二，反映出这两个省份的农村居民使用手机上网的比例更多。

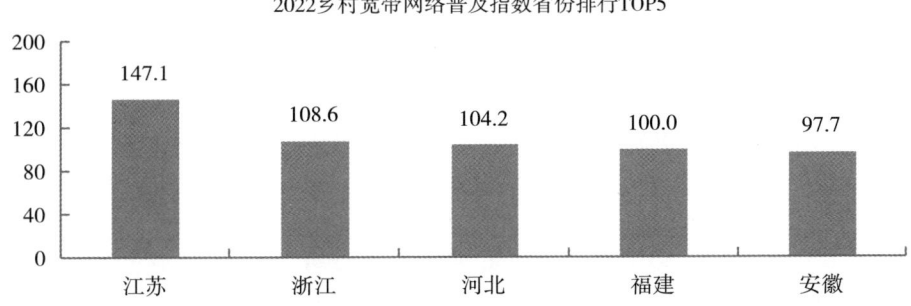

图 5-2　2022 乡村宽带网络普及指数省份排行 TOP5

数据来源：极光月狐大数据；取数周期 2022 年 11 月

第三节 乡村产业数字化发展概况与区域差异特点

近年来，在政府和多方社会资本的协同作用下，农村电商、农村快递、农村数字金融等取得长足发展，农村产业数字化发展进程得以稳步推进。

一、农村电商发展方面

农村电商建设水平不断提高，截至2021年底，全国累计建成1647个国家级电子商务进农村综合示范县，已覆盖全国88%的县和县级市；农产品流通效率不断提升，2022年全国农产品网络零售额达5314亿元，同比增长9.2%，农产品网络零售额占农村网络零售额的比重较2021年增加近4个百分点；农村电商持续带动农户增收，截至2021年底，全国农村网商、网店数量达1632.5万家，带动农村就地创业就业3600万人，截至2022年6月，全国各类返乡入乡创业创新人员累计达1120万人。

二、农村快递物流方面

伴随着交快、邮快、快快等合作进一步深化，共同配送、客货邮融合等新模式不断涌现，我国县域及农村物流体系正逐步完善，为农产品上行、工业品下乡提供驱动力。截至2022年，我国共建成县级寄送公共配送中心990个，村级快递服务站点27.8万个，95%的建制村实现快递服务覆盖率。此外，农村地区冷链物流体系建设不断完善，截至2021年底，全国超过70%的农产品批发市场建有冷链设施。

三、农村数字金融方面

在政府、银行、金融机构的共建下，农村数字普惠金融产品和服务不断丰富，农村地区数字金融发展水平得到明显提升，截至2022年底，全国已有1100多个涉农县区与网商银行合作签约，发展数字普惠金融。

四、移动购物、手机银行 App 在农村地区已达到较高的装载率

农村网民对数字商贸、快递物流、数字金融类 app 的使用情况一定程度上反映了农村地区产业数字化发展的成效，数据显示，农村网民对移动购物类 APP 的安装率达 91.7%，对网商类 APP 安装率为 12.4%，电商平台成为加快工业品下乡、农产品进城的重要媒介；与数字商贸向匹配的快递物流方面，农村网民对此类 APP 的安装率为 19.9%，"快递进村"进程需加速；数字金融方面，随着越来越多商业银行积极打通农村金融服务，手机银行 APP 已成为农村地区覆盖度最高的数字金融工具，安装率达 66.8%，其次是分期借贷类 APP，安装率为 18.4%。

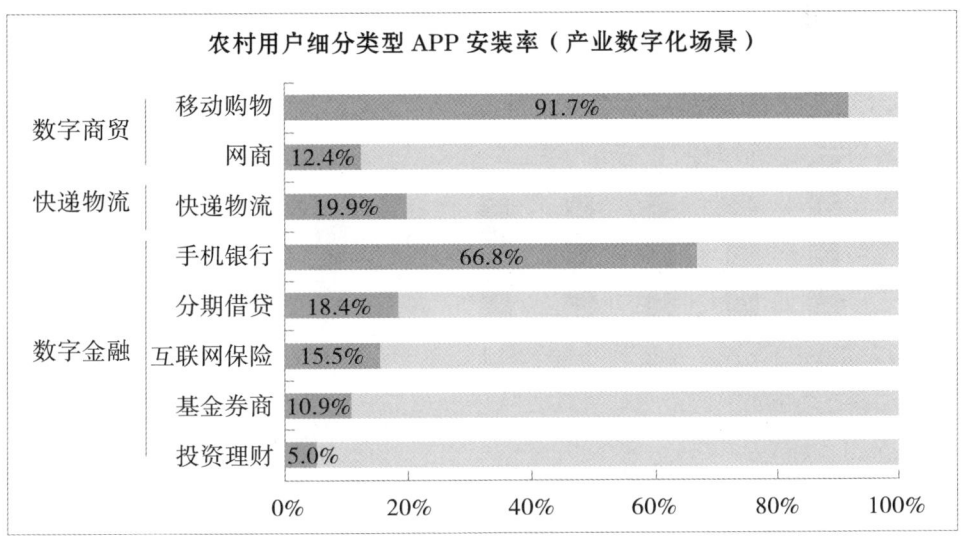

图 5-3 农村用户细分类型 APP 安装率（产业数字化场景）

数据来源：极光月狐大数据；取数周期 2022 年 11 月

五、东部沿海地区为乡村产业数字化发展先驱，其中浙江省位居全国首位

综合考量数字商贸、快递物流、数字金融的发展，沿海地区依旧是乡村产业数字化发展的先进代表，其中东部沿海农村地区领先，而东北

及大西北农村地区产业数字化发展水平相对落后。具体省份来看，浙江省的乡村产业数字化发展指数位居全国首位，其次是江苏、福建、山东、河北等。

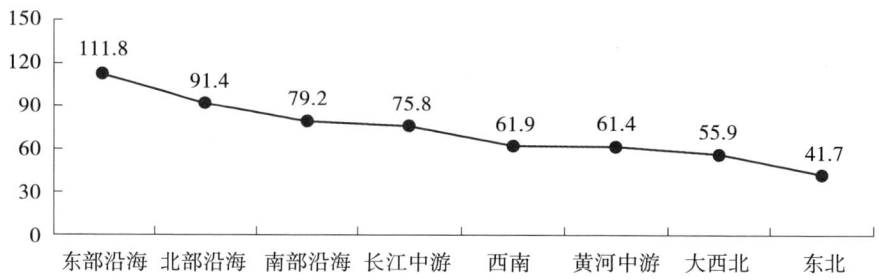

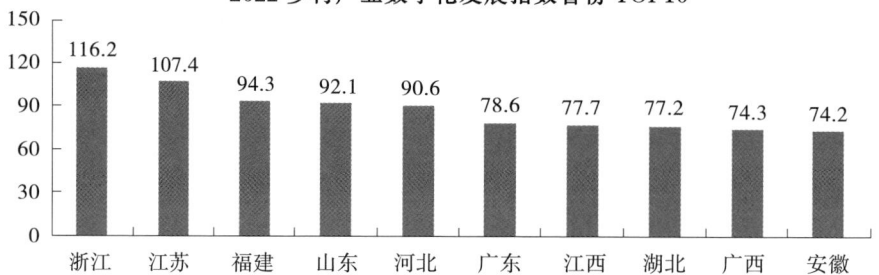

图 5-4　2022 八大经济区域乡村产业数字化发展指数排行、
2022 乡村产业数字化发展指数省份 TOP10

数据来源：极光月狐大数据；取数周期 2022 年 11 月

六、科技强省浙江乡村"数字商贸 + 数字金融"强势领跑，江苏成为农村快递物流产业发展的典范

拆分细分领域来看，在电商领域上具有先发优势的浙江省在农村电商产业的发展上也结出了显著的成果，其乡村数字商贸应用指数位于全国之首；而江苏省则在推进"快递进村"工作方面表现亮眼，乡村快递物流应用指数排位第一；数字金融方面，科技强省浙江在数字普惠金融发展方面

持续发挥优势，乡村数字金融应用指数排名第一，此外，值得注意的是山东农村地区的数字金融普及程度也相对较高，乡村数字金融应用指数仅次于浙江省，位居全国第二。

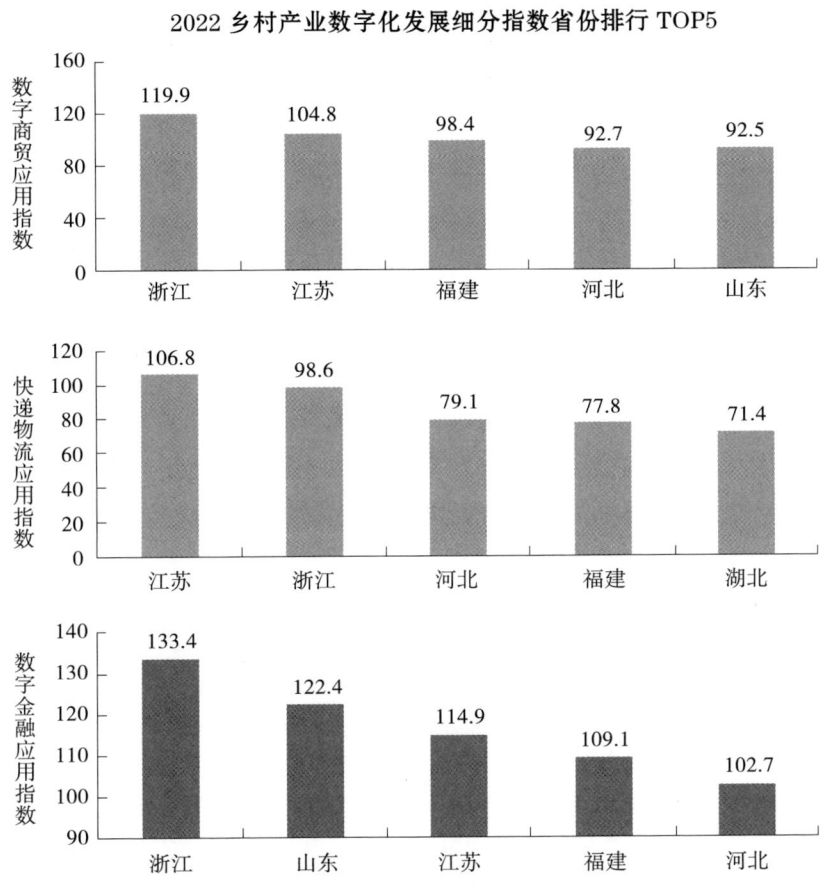

图 5-5　2022 乡村产业数字化发展细分指数省份排行 TOP5
数据来源：极光月狐大数据；取数周期 2022 年 11 月

结合上述情况，乡村产业数字化发展通过电商、物流、金融等服务体系的建立完善，直接助力农产品价格与价值的提升，为乡村振兴品牌建设提供了良好生态环境与配套基础。

第四节 乡村数字生活发展概况与区域差异

一、移动互联网让农村生活发生"变革",娱乐消费类应用成为农村用户的"刚需"

随着农村数字化建设不断深入,互联网科技正在快速渗透到农村居民生活的方方面面,有效解决农村地区文化娱乐、教育及医疗资源贫乏、居民生活不便、基层组织难以管理等问题。

值得注意的是,泛娱乐类APP在农村具有较高的渗透率,尤其是视频直播、数字音乐APP对农村用户来说是"刚需"般的存在,安装率超80%,反映出农村居民较强的线上娱乐消费需求;生活服务消费方面,农村用户

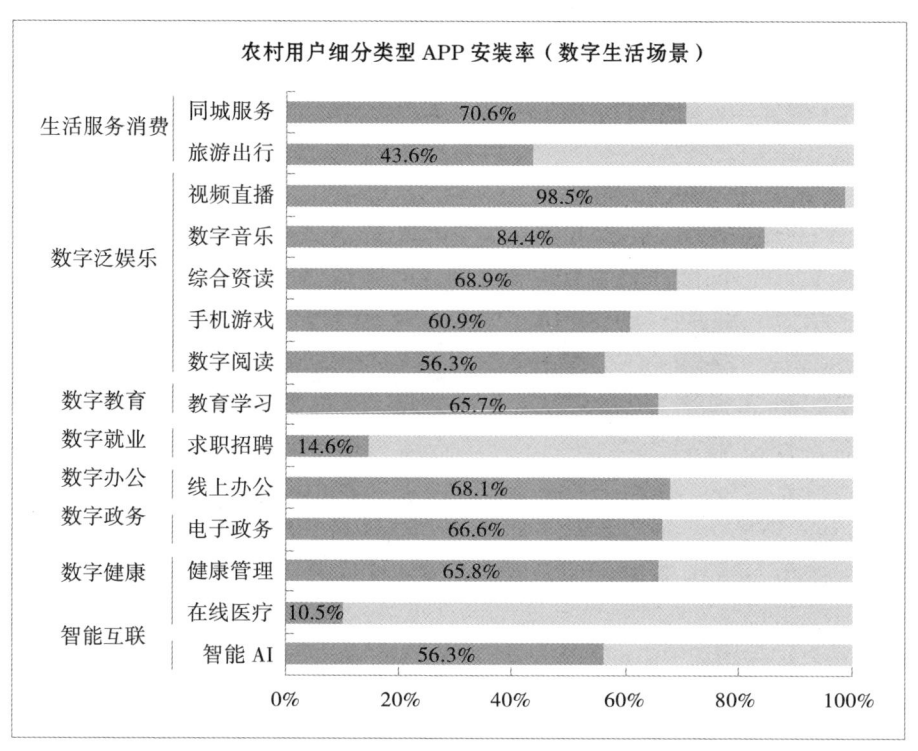

图 5-6 我国农村地区用户细分类型 APP 安装率(数字生活场景)

数据来源:极光月狐大数据;取数周期 2022 年 11 月

对同城服务 APP 表现出较高的使用需求，安装率达 70.6%；而在更专业化的生活场景中，在线教育、线上办公、电子政务、健康管理等 APP 也已在农村用户群体中形成较高的渗透率，安装率达 60% 以上。

按照通常理解，随着农村地区用户细分类型 APP 安装率的提升，该地区乡村振兴品牌的建设将形成更为广泛、扎实的群众基础。而 APP 应用范围、场景的拓展，则进一步有利于乡村振兴的区域公共品牌、企业品牌的发展。

二、东部沿海乡村数字生活发展水平最高，浙江省持续领先地位

整体来看，东部沿海农村地区的数字生活发展指数最高，其次是北部、南部沿海及长江中游农村地区，而西南、大西北、黄河中游农村的数字生活发展指数接近，东北农村地区明显落后。从具体省份看，浙、苏、闽、

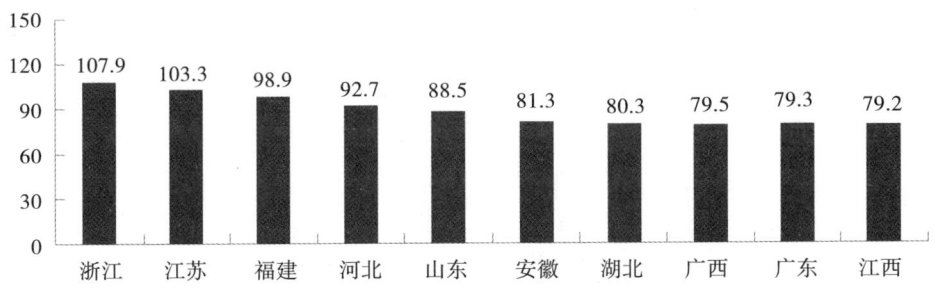

图 5-7　2022 八大经济区域乡村数字生活发展指数、
2022 乡村数字生活发展指数省份 TOP10

数据来源：极光月狐大数据；取数周期 2022 年 11 月

冀、鲁这五个农村互联网普及程度最高的省份在乡村数字生活发展上依旧领先其他省份。

三、福建、广东、江苏省的农村地区分别在数字政务、在线医疗、数字教育领域上表现突出

拆分细分指数来看，部分领域呈现出一定的"区域化特征"，如福建省多年沉淀的数字政府建设经验及优势较好地在农村基层中发挥，获得全国最高的乡村数字政务应用指数排名，而医疗方面，医疗强省广东的乡村在线医疗应用指数则位居第一，教育方面，江苏省教育资源优势持续向农村地区渗透，其乡村数字教育应用指数领先。

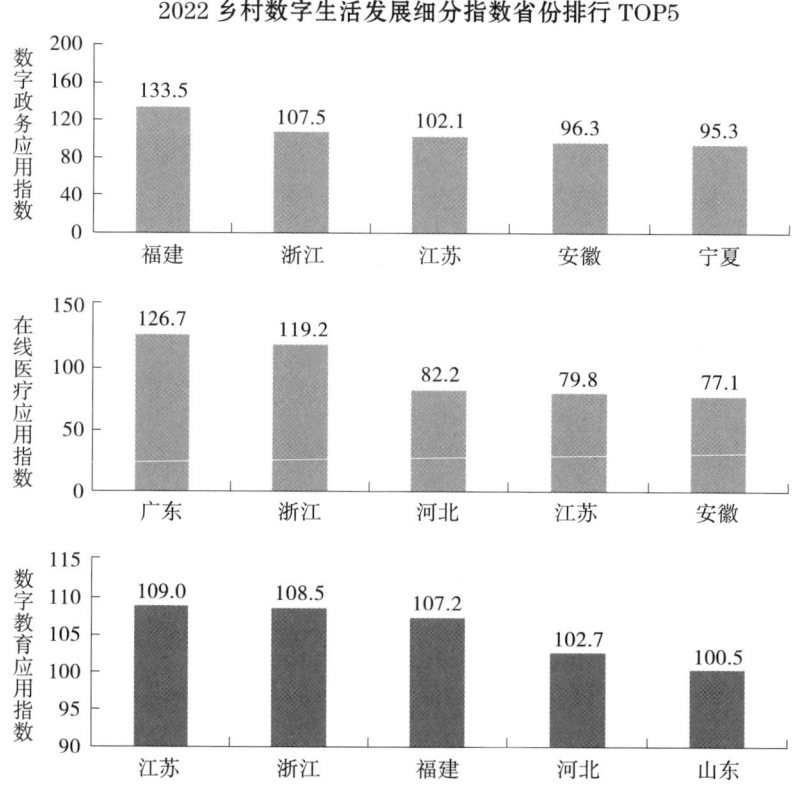

图 5-8　2022 乡村数字生活发展细分指数省份排行 TOP5

数据来源：极光月狐大数据；取数周期 2022 年 11 月

四、全国乡村数字化发展总指数排行情况及区域差异

总指数是指结合前面三大分指数和13个细分指标得出来的综合指标值，最终算出来的结果有些数据大于100，另一方面为了对大数据进行采集和挖掘时减少数据误差，我们对地区样本做了限定，筛选出第一产业 GDP 占比在 3% 以上的县级地区，最终符合条件的地区样本分布在 28 个省份，不包含北京、天津、上海以及港澳湾地区。

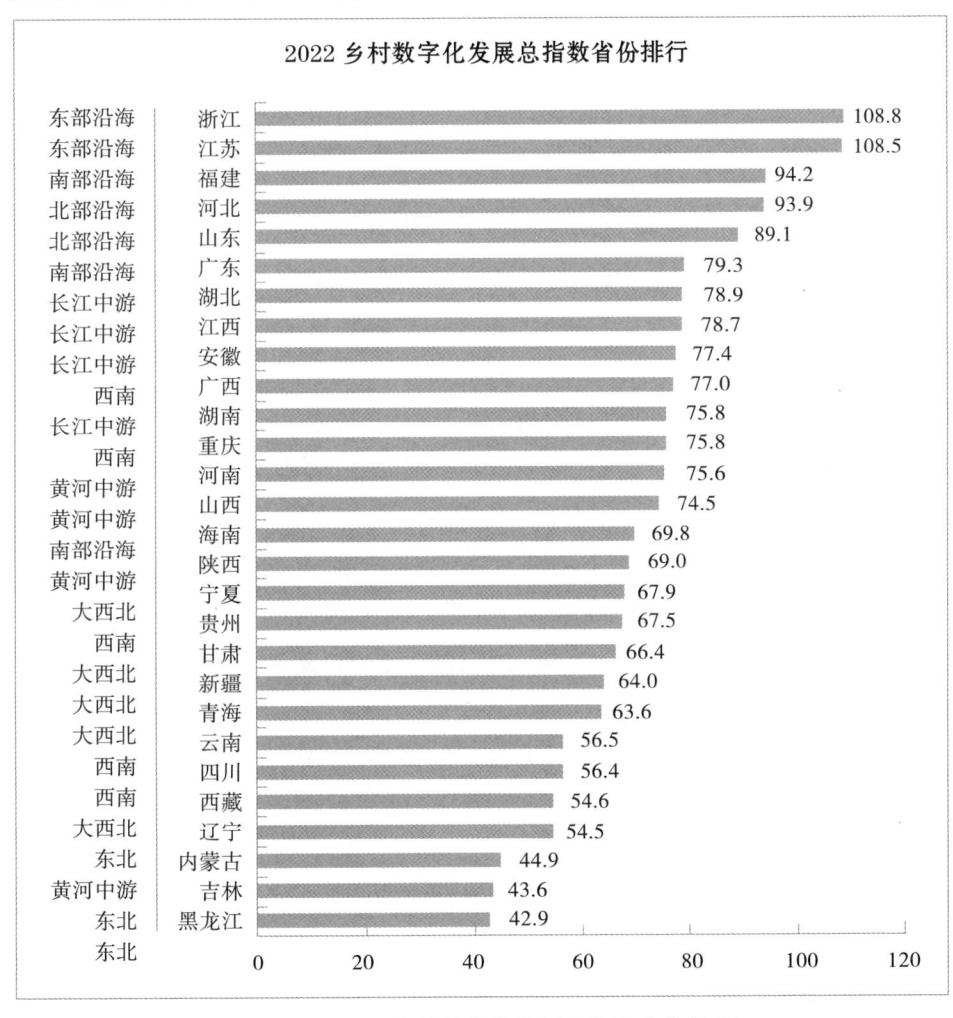

图 5-9　2022 乡村数字化发展总指数省份排行

数据来源：极光月狐大数据；取数周期 2022 年 11 月

五、数字乡村"五大"发展趋势

（一）数字乡村将为乡村振兴品牌建设带来战略机遇

作为农业生产要素，数字技术的普及应用将直接拉升农产品市场价格，打牢品牌建立的溢价基础。同时，数字技术将进一步丰富资金、物流、渠道体系建设水平，构建良好的品牌成长、传播、壮大的生态环境；品牌价值的建立与变现将极大赋能产品品牌，进而推进企业品牌建设质的飞跃，加上消费端的品牌认可度与忠诚度加强，最终引发区域公共品牌的裂变升级。

（二）数字化新基建加速下沉，重构农村生产要素，盘活县域经济

未来随着农村地区信息化基础设施建设不断完善、数字技术得到广泛应用，将推动县域农业、特色产业、文旅教卫、基层治理等数据资源的整合与应用，以及农村土地、资本、劳动力等传统生产要素的改造，实现农村产业升级，带动县域经济增长。

（三）数商兴农工程持续推进，乡村商业生态将呈现繁荣景象

随着数字技术与农村实体经济融合加深，更多的新业态、新模式在农村落地生根，赋能农村经济效率提升；如数字化农业产供销发展模式的完善将有助于区域农业品牌的打造以农产品附加值的提升，互联网平台和技术的赋能也将进一步促进乡村旅游与农业、文化、商业的融合，创造出更多的乡村新消费场景，此外，在数字化技术的推动下，将会有更多的乡村特色产业群加速落地，对提高农村产业发展效率起到重要作用。

（四）数字技术加持下，县域经济决策与乡村基层管理将趋于智能化、精准化

地理信息、大数据、物联网等数字技术的应用让县域和农村地区在民生、产业、经济、政务等各方面的信息能够得到全面采集和系统化管理，而通过人工智能技术的进一步赋能，使乡村数据中枢能够实现多维数据的复杂化和精准化处理，为政府和基层管理组织判断经济运行现状、产业发展情况、民生实事进展及未来发展趋势提供客观、准确的依据，使县域经济决策与乡村基层管理更加智能和精准。

（五）数字乡村建设需求为多个行业带来发展机遇

在乡村振兴和数字乡村建设的发展趋势下，不只是农村地区获益，在

政策引导与需求释放的双轮驱动下，一批参与其中的企业也迎来了巨大发展机遇，从多个方面赋能数字乡村建设，实现社会责任与经济双赢的局面。

第五节　存在的问题与挑战

综合上述调研数据与指数分析，我国数字乡村发展仍处于初期阶段，在地方财力、互联网普及、技术创新、人口结构等方面面临诸多挑战，这同时也对贯彻落实国家关于乡村振兴品牌建设带来多方面的挑战。主要体现为：

一、地区发展不平衡

数字乡村建设受到当地的经济、资源、地理特征、人口结构、政策制定等多个方面因素的影响，因此不同地区之间农村数字化发展水平存在明显差异，尤其是在数字贸易、快递物流、数字金融、数字政府、智慧医疗等领域，基本形成沿海地区领先，西北东北地区落后的发展局面，而且地域之间的分化程度较高，短时间内难以弥合，不利于共同富裕和区域协调发展，也不利于形成乡村振兴品牌发展所需的生态环境。

二、互联网使用率亟待提升

虽然随着乡村信息基础设施建设工作持续推进，各个地区的农村网络覆盖已有较明显的提升，但就互联网的实际使用情况来看，农村地区整体的使用率仍相对较低，且区域之间也存在明显差异，让数字乡村的建设更多的是依赖政府投入，而缺乏农村居民的参与，也由此导致了品牌建立基础薄弱，品牌建设意识不足，品牌传播效率低下等问题，可见解决落后地区互联网使用率低下问题是当前数字乡村发展的关键。

三、数字技术的落地、创新能力不足

目前，我国大数据、云计算、物联网、区块链等技术正处于快速发展阶段，拥有良好的数字技术基础，但从数字技术在农村农业领域的实际应用情况来看，一方面，技术与应用场景的耦合仍需进一步拓宽、加深；另一方面，由于技术创新能力不足，部分地区在数字乡村平台搭建方面存在重复化、同质化、低效化等问题，不利于数字产品在农村地区的推广和应用。也直接导致企业品牌、产品品牌缺乏必要的建设基础要素，也不利于品牌溢价的形成。

四、数字化人才缺失

农村地区年轻人口流失严重，老龄化程度远超全国水平，且劳动人口的受教育水平普遍偏低，因此整体农村居民对于数字化技术的适应能力较弱，互联网难以在农村老年群体中普及开来，对农业农村现代化发展形成较大的阻碍。

五、数字化技术应用场景有待拓展

目前，数字化技术在农村居民日常生活中的应用场景还不够广泛和多元，农村用户对互联网的应用大多局限在网购、泛娱乐等层次，而在教育、医疗、办公、从商、政务等专业场景方面的应用程度仍相对较低，且农村用户的品牌消费能力弱，农业品牌建设的意识淡薄，需要加大力度对农村网民群体进行引导和教育，进一步强化互联网的应用价值，让手机能够真正成为"新农具"，让数字技术及其终端应用为乡村振兴品牌建设赋予新动能。

第六节　思考与建议

一、建立推动数字乡村发展的多元协同长效机制

我国政府正在积极推动和开展数字乡村建设工作，但建设过程需要长期、大规模的投入，政府单一建设力量相对薄弱，因此需要建立以政府为主导、市场多方主体发挥资本和技术能效、农户共同参与的协同运营机制，充分利用硬件设施和数字技术能力赋能农村产业升级，推动乡村振兴品牌建设水平，整体提高农业产业市场价值，以达到农村经济效益提升、农村居民生活质量提高、企业获益的多方共赢局面，其发展机制主要包括：

（一）政策引导数字乡村建设工作向高效方向发展

因地制宜，各地政府结合当地的发展特点制订适配的数字乡村建设任务与发展规划；建立数字乡村标准体系，解决基础设施、信息系统、数据资源难以互联互通问题；牵头打造试点项目实践数字乡村建设，形成经验沉淀和示范带头作用，从部分区域向整体地区稳步推进建设工作。

（二）夯实基础设施建设，为数字乡村发展提供强有力基础

继续强化对农村地区互联网、物联网、人工智能、云计算、数据中心等信息化基础设施的建设；加大落后、偏远地区现代化物流网点、冷链、智能仓库等供应链基础设施的布局密度。

（三）发挥社会资本优势，助力数字乡村发展提速增效

通过政府采购、政企协作、给予优惠政策等手段引导社会资本投入到数字乡村建设工作中；头部企业积极参与数字乡村建设工作，发挥自身的资金、技术、流量等资源优势为不同地区提供个性化数字产品及解决方案，赋能农村产业升级、带动农村经济快速发展。

（四）深化数字技术应用，促进数字乡村场景真正落地

加快搭建信息服务平台、数据共享平台、移动应用等软件设施，充分发挥数据要素的作用；提高数字化技术应用的创新研发能力，拓宽及深化大数据、人工智能、物联网等技术在农村农业领域上的应用场景，积极迭代升级技术服务，让数智产品更具备普适性。

（五）引导公众积极参与，共建数字乡村，共享数字经济红利

通过政策激励年轻人返乡入乡、盘活农村现有劳动力等手段扩充人才资源，为乡村数字化建设提供生产力保障。一方面加快数字技术应用普及教育，强化广大农民的数字适应能力，引导广大农户真正融入数字乡村建设和发展进程中；另一方面要围绕农村居民最直接、现实的需求，切实打造"以人为本"的信息产品和服务，降低数字技术的使用门槛。

（六）以农村产业数字化改革为抓手，弥合地域数字乡村发展鸿沟

不同地区之间的数字乡村发展水平差距主要体现在乡村经济和产业数字化方面，因此需要通过加大政策，资金倾斜，引导社会资本加入，培养专项人才等方式共同推进落后地区乡村产业数字化发展，以弥合地区之间的数字乡村发展鸿沟。

二、案例分析与展望

以下选取了三个数字技术赋能农产品价值、产品升级与品牌转化、品牌建设与消费意识提升的全国各地区发展案例，可作为全国其他地区以乡村数字化推动乡村振兴品牌建设的参考。

"2022年12月江苏省农业农村大数据云平台'苏农云'正式上线，汇聚卫星遥感、大数据、人工智能、云计算、物联网等新一代信息技术，盖种植、畜牧、渔业、乡村建设等十个涉农业务板块，形成数据库85个、数据表3.7万余张、数据总量22亿余条；'苏农云'共享交换系统还能够实现省、市、县之间涉农数据的互联互通，建立数据上下行联动模式，保障全省涉农数据资源的有序流动，成为国内先进数字农业农村建设典范。"

——摘自《构建省级农业农村大数据平台，夯实乡村"智慧"底座》

"山东省高青县以纽澜地牧场为主体积极推动当地特色黑牛产业转型升级，与盒马达成战略合作，构建'黑牛盒马联村党委＋纽澜地公司＋合作社＋农户＋数字技术'的多方利益联结机制，将科技嫁接到黑牛繁育、养殖、屠宰、加工、销售等完整流程中，实现农产品生产标准化、产品质量可追溯、全程管理数字化；此外，纽澜地还在线下入驻家家悦、大润发等大型商超，线上开启淘宝、抖音直播带货，实现线上线下多渠道融合发展，

逐渐成为中国高端牛肉第一品牌,为山东乃至全国农业农村数字化建设提供了可复制、可推广的实践经验。"

——摘自《通过"村社企"合作实现全产业链数字化应用,助力特色产业升级》

"2022年5月,江苏省正式出台《江苏省提升数字素养和技能行动计划(2022—2025年)》,率先建立省级提升全民数字素养与技能统筹协调机制,全面推进实施全民数字素养与技能提升行动;同年启动全民数字素养与技能提升月,持续一个月开展直播新农人培育行动,大学生电商赋能乡村振兴线上'数字教育大讲堂'线下数字素养培训等一系列活动。"

——摘自《大力支持全民互联网应用技能培训,提升农民数字素养》

其他地方建设案例汇总如下。

主要建设领域	案例标题
信息化基础建设	《蓄力打造"乡村数字大脑+应用"体系,拓展农村居民数字经济受益面》
数字化供应链	《开创"共享冷库"发展模式,实现农村资源共享》 《布局"田头智慧小站",打通农产品冷链储藏和运输的"第一公里"》 《"交商邮"融合模式充分调动运力资源,打通快递进村最后一公里》
数字化营销	《多项举措推动农村电商高质量发展,为农民铺设"致富路"》 《"直播+农牧文旅"深度融合发展,新兴营销模式提升收益》
数字金融普惠	《引进数字金融突破产业发展瓶颈,带动县域经济跨越式增长》
数字乡村治理	《深化数字政府改革,发挥数字化、智能化、精细化"乡村治理"能力》
数字人才培养	《建设农民田间学校精准培育"新农人",为乡村振兴持续"造血"》

综合来看,数字乡村发展将提供农业增收、品牌建立、品牌创收等方面多元赋能乡村振兴品牌建设,乡村振兴品牌建立也将进一步提升三农发展水平,促进共同富裕,二者发展相辅相成有机结合。当前我国对乡村振兴、数字中国从战略上进行了全面部署,但各地仍需因地制宜,在加强数字技术在乡村振兴品牌建设品牌中的深度、广度应用方面破解难题,开拓创新,协调政府、企业、农民共同建立推动数字乡村发展的多元协同长效机制,激活政策、技术、资金、公众等发展要素,进一步夯实数字化发展基础,推动乡村振兴品牌建设提质增效。

案 例 篇

第六章

乡村振兴品牌建设的区域实践案例与启示[①]

摘要： 乡村振兴品牌建设的区域实践案例一般从公共类的乡村振兴品牌中选择，包括行政地域名称命名的各个县、乡镇、村的乡村振兴实践案例，乡村振兴相关产业园区、田园综合体、特色小镇等区域类公共品牌都在此列。本章按照综合治理类、产业驱动类、特色园区类对入选的案例进行划分，综合治理类案例一般是村镇按照乡村振兴多个维度建设要求，综合施策，统筹推进，以此塑造典型的乡村振兴公共类品牌。产业驱动类案一般是该地区发展特色产业、培养支柱产业，以产业带动整个地区发展，带动乡村振兴其他方面建设，取得良好成效。特色园区类案例是以特色产业园区为载体，打造特色园区品牌，带动一个地区经济发展。这些公共类品牌推进乡村振兴方面都有比较典型的做法，有许多创新之处，其经验可为其他地区乡村振兴品牌建设提供参考借鉴。

---

① 执笔人：邓壮，上海黄浦江南品牌文化促进中心研究部主任。

第一节 综合治理类区域实践案例

一、雷波县汶水村打造"五彩汶水"品牌

（一）案例概况

雷波县地处凉山东部彝区，属原三区三州深度贫困地区，被确定为160个乡村振兴重点帮扶县之一，境内高山深谷纵横、自然条件严苛，基础设施薄弱、产业相对滞后，群众观念保守、内生动力不足，巩固脱贫攻坚成果任务艰巨，探索乡村振兴道路艰难。为贯彻落实党中央"四个不摘"要求，推动定点帮扶的雷波县巩固拓展脱贫攻坚成果、接续推进乡村振兴。

中央纪委国家监委机关于2021年4月将汶水村确定为定点帮扶村，并选派干部到村担任第一书记，采用"解剖麻雀"的方式分析发展面临的困难及其原因。驻村工作队和村两委一道走村入户调研访谈、拜访部门沟通请教、咨询专家听取意见，总结了汶水村历史悠久、交通便利、物产丰富、风光秀美、基础设施等5个方面优势，分析了面临着产业发展基础薄弱、基础设施仍有短板、民生保障需要加强、社会治理发育不足、村民发展观念滞后等5个方面短板，提出了建设"五彩汶水"的总规划，即坚持党建引领、筑牢基层堡垒，建设红色汶水；推动产业发展、促进群众增收，建设金色汶水；保护生态环境、共建美丽家园，建设绿色汶水；着力改善民生、促进和谐发展，建设蓝色汶水；激发治理活力，树立文明新风，建设橙色汶水。

一年多来，汶水村在驻村工作队和村两委的共同努力下，抓党建、兴产业、优环境、惠民生、强治理，让这个原深度贫困村实现了从落后走向振兴的华丽蜕变，创建了"五彩汶水"乡村振兴新品牌，探索出基础薄弱的原深度贫困地区推进乡村振兴路径。

（二）经验做法

1. 坚持党建引领、筑牢基层堡垒，建设红色汶水

抓好党建是推动乡村振兴的根本保障。汶水村聚焦发挥党建引领作用，以理想信念凝聚人心、以制度建设规范职责、以纪律规矩扭转作风。

一是实施堡垒工程。加强党支部建设，选优配强村"两委"班子，精心选拔基层治理专干、乡村振兴专干，重点抓好"带头人"能力素质提升，奠定了班子强有力的干事创业基础。村党支部书记杨万华被评为四川省"担当作为好支书"。严格执行"三会一课"制度，建立村干部日值班、周例会、月总结制度，梳理村级小微权力清单，编制《汶水村党务村务管理制度汇编》，主动接受群众监督，推动党建工作规范化、制度化。持续开展"我为群众办实事"实践活动，帮助群众解决道路、饮水、灌溉等问题70余件，极大增强了党组织凝聚力、号召力。

二是实施旗帜工程。以清源头、强素质、抓示范为抓手，加强党员队伍建设。积极动员致富带头人、返乡创业人员、退伍军人、高学历人才向党组织靠拢，2022年以来已有15人递交了入党申请书，确定入党积极分子6名，发展党员2名。建立"4个1"学习制度，组织村组干部、党员代表赴宜宾、昭觉等地参观学习，切实提升党员政治水平和能力素质。制定《汶水村党员积分制管理办法》，加强日常管理和考核。组建15名党员志愿者组成的"党员先锋队"，开展"党员亮身份做表率"活动，切实发挥党员先锋模范作用。

三是实施灯塔工程。建立"党建+产业发展"机制，每名支委委员联系1-2个重点产业项目，实时跟踪项目进度，帮助解决问题困难。建立"党建+民主协商"机制，建立线上线下相结合的民意收集渠道，将涉及经济社会发展的重要事、涉及群众切身利益的身边事、涉及人财物的敏感事纳入协商范畴，让群众共同参与重大决策。建立"党建+社会治理"机制，在党支部领导下完善团委、妇联功能，组建"巾帼志愿服务队""红白理事会""青年志愿服务队"等多支党员带头的群众队伍，积极动员群众多角度、多渠道参与基层治理，让党建工作成为一盏明亮的灯塔，为各项村级事务照亮方向。

2. 推动产业发展、促进群众增收，建设金色汶水

产业振兴是乡村振兴的重中之重。汶水村坚持以市场需求为导向，以资源禀赋、群众意愿为基础，因地制宜规划产业布局，做强品牌带动产业升级，多渠道促进村民增收致富。

一是因地制宜，打造立体融合产业格局。在深入调研的基础上，编制

了《汶水村片区村规划》《汶水村乡村振兴规划》《汶水村乡村旅游发展规划》，根据汶水村的自然条件、产业基础、群众意愿等，制定了产业发展的梯次布局。在高海拔山区，利用广阔的草场资源和优良的自然环境，引进龙头企业华润五丰公司带动发展高山生态肉牛养殖产业，建设面积1404亩、存栏950头的高山生态肉牛养殖基地，年产值可达2375万元，直接带动20余户农户增收致富，辐射带动农户300余户。在山间缓坡地带，利用平缓地势建设高山芦笋田园综合体、大棚蔬菜——肉牛循环种养基地等生态环保、附加值高的种养殖业，其中芦笋产品已获得"三品一标"，推动汶水村传统农业向设施农业、生态农业转型升级。在山下集镇，实施易地扶贫搬迁后续扶持项目，建成建筑面积5000余平方米的农贸市场综合体，对集镇风貌进行统一改造建成民俗特色街区，大力发展商贸旅游产业，有效提升汶水发展的区位优势，带动了农产品销售和群众就业。引进两家农产品销售企业落户汶水并和村集体经济组织达成合作关系，创建"汶水田园""彝香汶水"两个区域性公共品牌，打开了汶水农产品的销路，有效提升了农业产业附加值，2022年实现销售收入500余万元，村集体经济分红达30余万元。

图 6-1　汶水村高山芦笋田园综合体已初具规模

二是推动传统产业提质增效。落实"中国人的饭碗要牢牢端在自己手中"的要求，向时间、空间、科技、营销要效益，提高种粮收入。充分利用冬季闲田，采取奖补措施带动171户农户种植冬油菜263.8亩，实现增收1500元/亩。引进科学种养技术，利用高山梯田的水下空间开展鱼稻共生试点，在粮食不减产的同时实现养殖增收 4000 元 / 亩。引进适宜当地的良种水稻、油菜，采用定向采购、奖补等措施鼓励村民种植新品种、采用新技术。积极对接龙头企业，集中收购群众稻谷 1.8 万斤，生产加工绿色无公害高山大米，在提高产品附加值的同时，更多让利于农民。两年来，汶水村复耕和新开垦土地达 800 余亩，群众种粮积极性空前高涨。

三是做大做强集体经济。发挥村集体经济组织的统筹协调作用，将分散的资源集中起来开发利用。建立汶水村集体经济合作社，成立村集体经济合作社全资子公司"汶水田园农业有限公司""汶水田园物业管理有限公司"，采用现代公司治理机制盘活村集体经济资产资源。落实习近平总书记"把产业链增值收益更多留给农民"的要求，建立"土地租金 + 务工收入 + 产业分红"利益联结机制，带动村民人均纯收入实现超过 15% 的增长，村集体经济收入突破 80 万元。加强农村"三资"管理，开展摸底核实、建立台账，制定《汶水村集体经济管理制度》，明确管理范畴、规范使用方向、审批流程和监督机制，切实维护村民合法权益。在做强集体经济的同时，注重发展专合社、家庭农场等新型经营主体，全村现有农民合作社 11 个、家庭牧场 18 个，村民通过土地出租、务工、承包经营等方式参与肉牛养殖基地、高山芦笋种植基地、农贸市场综合体等的建设运营，人均增收 1100 元左右。

3. 保护生态环境、共建美丽家园，建设绿色汶水

绿水青山就是金山银山。良好的自然环境、独特的气候条件是汶水村发展的最大优势。

一是坚持绿色发展理念。对汶水村的生态环境容量和资源承载力进行分析研判，依托山水地貌和环境底数实行绿色规划。严格遵守生态环保、水源保护、耕地保护等政策红线，在环境承载范围内发展产业，建设乡村。大力推广节水灌溉、设施农业、化肥农药减量化等新技术，减少农业生产对环境的影响和破坏。

二是建设美丽宜居乡村。推动实施整村"厕所革命"，组织 193 户群众按照无害化卫生厕所标准新建、改建厕所，全村无害化卫生厕所普及率达到 95.2%。采取奖补措施，带动 64 户农户硬化门前院坝。完善村规民约，严格按照创建卫生示范村的要求，落实"门前五包"、推广"家庭五洗"，

建立"洁美之星"评选制度，每季度组织集中评比，年终进行表彰奖励。充分发挥公益性岗位作用，村组干部、党员、群众代表定期参与村内集中清扫，建立农村垃圾、厕所和污水治理、道路、河道沟渠等公共设施的长效管护制度，秸秆利用处置达到标准化，全村无生活垃圾非正规堆放点，全面消除了黑臭水体，村民小组保洁员配备率达到100%，形成人居环境整治常态化治理格局，化肥、化学农药使用量保持零增长状态。目前，汶水村正在实施以污水管网建设、村庄环境治理为主要内容的人居环境整治项目，着力打造生态宜居新村。

4. 着力改善民生，促进和谐发展，建设蓝色汶水

民生无小事，枝叶总关情。汶水村高度关注民生福祉，努力让更多群众共享发展红利。

一是巩固脱贫成果。紧紧抓住动态监测、精准帮扶两个关键环节，牢牢守住不发生规模性返贫的底线。组建"防返贫监测员"队伍，定期组织脱贫户进行全覆盖走访，建立"一户一档"，每月动态更新信息，及时发现风险隐患。对有劳动能力的，积极动员、鼓励、推荐外出务工一批，实施"以工代赈"吸纳一批，安排公益性岗位保障一批，拓展、稳固脱贫户收入来源。通过出租基础设施、建设产业基地等方式积极盘活扶贫资产促增收，为223户1074名易地搬迁户落实产业分红18万元，户均增收852元。聚焦劳动力不足、有重大疾病、未成年子女多等三类重点人群和遇到突发变故的脱贫户，强化兜底保障，引导社会帮扶，筹建村级防返贫致贫救助基金、困难儿童帮扶基金等，缓解困难群众的燃眉之急。

二是深化教育帮扶。探索"公益捐赠+政府运营+家长自筹"模式，为村里两个幼教点开办食堂，让119名孩子吃上了热饭菜。积极协调各方捐赠资金10万余元，为幼教点配齐改善空调、热水器、净水机等设施设备。组建汶水镇中心校"阿依合唱团"，先后登上央视2023元旦跨年晚会、央视《远方的家》栏目、北师大120周年线上音乐会等舞台。协调落实教育部电化教育馆、北师大帮扶项目，推动优质教育资源走进山村课堂。在汶水镇中心校、汶水初级中学分别建设现代化图书室，让书香浸润孩子们的心田。组织四川农业大学志愿者和本村志愿者团队开展暑期"儿童之家"活动，建设"象雷儿童之家"并常态化开展活动，免费为学生提供作业辅导、

课外阅读、兴趣培养、文体活动等公益服务。联系捐赠资金20万元建立奖学奖教基金，奖励优秀学生、留住优秀师资，为17名学子颁发勤学奋进奖，"读书改变命运"的观念已深入人心。

三是改善医疗条件。推动家庭签约医生政策落实落地，组织村医每月上门为群众提供诊疗服务，定期邀请县人民医院等单位到村开展义诊活动。联系县医保局、县人民医院为全村100余名慢性病患者办理"慢病卡"，享受每年最高2000元的用药补贴。帮助患有先天性心脏病、重度精神病等困难群众到省市县医疗机构诊疗。

5.激发治理活力，树立文明新风，建设橙色汶水

欲筑室者，先治其基。我们积极组织动员群众参与村级事务管理，努力构建共商、共建、共治、共享的基层治理格局。

一是提升为民服务水平。创建凉山州标准化便民服务站，改善汶水村党群服务中心硬件条件，制定完善便民服务规章制度，让老百姓找得到人、办得了事。建成法律服务室，聘请村级法律顾问，现场调解群众法律纠纷，开展线上法律咨询服务，组织开展普法宣传教育，不断加强法治村庄建设。依托凉山州森林草原防灭火"十户联保"机制，将"联保长"的履职范围扩大到收集民情民意、传达政策要求、开展防返贫监测等，进一步细化基层治理单元、下沉基层治理力量。

二是健全村民议事制度。创建四川省民主协商示范村，按照遇事先协商、有事真协商的原则，将涉及经济社会发展的重要事、涉及群众切身利益的身边事、涉及人财物的敏感事纳入协商范畴，建立线上线下相结合的民意收集渠道，确保重大决策由群众共商、共议、共定。

三是大力推动移风易俗。修订《汶水村村规民约》及其实施细则，建立红黑榜制度，制定村民看得懂、能执行的行为规范。建立汶水村红白理事会，广泛动员群众参与治理薄养厚葬、高价彩礼等陋习。开展"文明之星""种养殖能手""勤学奋进奖"等评选表彰活动，树立起村民身边看得见、能学习的先进典型。支持组建达体舞队、合唱团、拔河队等群众团体，组织开展七一党建庆祝活动暨农民运动会，三八国际妇女节、六一儿童节、农民丰收节等庆祝活动，协调文艺下乡演出，不断丰富群众文化生活，寓教于乐改善村风民风。

(三) 主要成效

一年多来，汶水村以"五彩汶水"为蓝图，推动落实各类项目64个，带动村民人均纯收入达到1.5万元，其中脱贫人口人均纯收入达到1.0377万元，同比增长15.59%；村集体经营性资产超6000万元，村集体收入达到80余万元。汶水村先后被评为新华社《中国名牌》乡村振兴示范基地、四川省乡村振兴示范村、四川省乡村旅游重点村、四川省乡村治理示范村、凉山州文明村镇、凉山州乡村治理示范村、凉山州乡村文化振兴样板村等。现在的汶水村白墙灰瓦、道路宽阔，果树林立、稻田掩映，高山养牛、半山种菜，山下集镇商户云集，老百姓脸上洋溢着自信的笑容，已是一派朝气蓬勃的兴旺景象。

下一步，汶水村将深入贯彻落实习近平总书记关于"三农"工作的重要论述，在产业发展中尊重资源禀赋和发展基础，坚持以市场为导向；在民生保障上坚持量力而行、尽力而为，改善教育医疗条件；在社会治理上尊重民族习惯、广泛动员群众，凝聚治理合力，继续巩固拓展脱贫攻坚成果、加强基层组织建设、推进产业提质增效、建设美丽宜居乡村、完善基层治理体系，不断厚植乡村振兴基础。

二、小凉山马边县下好山水彝乡"振兴棋"

(一) 案例概况

马边是全国120个民族自治县、四川省4个自治县之一，是中央纪委国家监委机关、省纪委监委机关定点帮扶县，浙江省绍兴市越城区东西部协作县，峨眉山市对口援彝帮扶县，也是四川省乡村振兴重点帮扶县。地处乐山、宜宾、凉山三市州结合部，既属于乌蒙山区，也属于大小凉山彝区，县域面积2293平方公里，下辖15个乡镇11个社区103个行政村，总人口22.5万人，其中彝族占51.9%。2020年退出贫困县序列，2021年与全国同步全面建成小康社会。荣获"中国彝茶之乡"称号，森林覆盖率达78.87%；有以保护大熊猫及其生态环境为主的大风顶国家级自然保护区；已探明矿产资源15种，其中磷矿储量24.8亿吨，被省委、省政府确定为四川省重要磷化工基地，被列为国家级能源矿产资源基地。

马边县通过筑牢防返贫致贫底线，在产业、就业、人才方面发力，激发乡村振兴活力，打造美丽宜居乡村等举措，下好偏远地区少数民族乡村"振兴棋"，使得当地旧貌换新颜，成效显著。

（二）经验做法

1."监测、帮扶、督导"三位一体筑牢防返贫致贫底线

习近平总书记强调，"脱贫摘帽不是终点，而是新生活、新奋斗的起点"。马边始终牢记时代赋予的新使命，多举措并进，做好巩固拓展脱贫攻坚成果同乡村振兴有效衔接各项工作。

一是健全动态监测机制。建立"4+N"工作机制，由县四大家"一把手"担任片区联合党委第一书记，设立综合、规划编制、产业布局等工作小组，高位推动片区乡村振兴。深化"五定"工作法，多次召开专题会议研究部署，优化调整"领导包乡、部门联村、干部帮户"责任体系，坚持全方位预警、全覆盖排查、全时段监测，建立"村"重点监测、"乡"专项监测、"县"大数据监测的立体防止返贫监测体系，压实摸排网格员、入户核查员、信息比对员、监测帮扶员"四员"责任，每月一次"网格式"入户，组织开展集中排查，累计纳入监测对象527户2350人，建立村级困难农户1120户帮扶台账。

二是做实精准帮扶措施。制定《巩固拓展脱贫攻坚成果同乡村振兴有效衔接实施方案（2022—2025年）》《十四五乡村振兴规划（2021—2025年）》等政策文件43个，保持政策总体稳定。紧盯脱贫不稳定户、边缘易致贫户、突发严重困难户，统筹用好防致贫返贫风险基金、行业救助等政策，投入各类行业救助资金1129万元，稳定消除风险监测对象298户1398人。落实资金3968.7万元激励脱贫户和监测户勤劳创收，投入4531万元采取以工代赈形式实施涉农项目、带动1789户脱贫户务工，调动农户产业就业积极性，脱贫户家庭人均纯收入13794元、同比增长16.8%。

三是强化督导问效考核。坚持把防止致贫返贫监测帮扶纳入乡村振兴重要考核指标，出台《党政领导班子领导干部推进乡村振兴战略实绩考核"月清单+自评、季督查+点评、半年拉练+评比、年度考核+评优"方案》，建立常态化全方位督查考核机制，累计开展综合督查10余次，发现并整改问题800余个。每月进行汇总研判，每季度召开防止致贫返贫专题督导和

调度会议，通报巩固成效综合督查暗访中发现的问题，以"清单制+责任制+时限制"推进问题整改，对工作推进滞后、问题整改不力的采取重点约谈并扣减目标分。

2."产业、就业、人才"三头并进激发乡村振兴活力

促进脱贫群众稳定增收，是增强脱贫群众内生发展动力的关键之一。马边紧盯"产业、就业、人才"要素，三头并进、共同发力，全面激发乡村振兴活力。

一是发展增收致富产业。突出资源优势和产业特色，新（改）建茶叶、竹笋、青梅4.06万亩，茶叶、竹笋、青梅产量6.6万吨。深入挖掘"彝茶"文化底蕴，研发"彝茶"产品，"马边绿茶"区域公用品牌价值达22.1亿元、居全省第四位。持续推进"大园带小园"现代农业园区发展行动，创建省三星级现代农业园区1个，德顺源冻干食品厂出口创汇970万美元。聚焦打造南丝路文化旅游走廊目标，确立"一心三链四区"旅游发展布局，建成运营谷溪美村—溪地阿兰若民宿、烟峰镇大小凉山第一寨、雪口山水上娱乐等特色旅游项目，卡莎莎乡村民宿成功创建为"天府旅游名宿"，福来村被评为省级乡村旅游重点村，茶叶村入选第六批中国传统村落名录，9个村认定为四川传统村落。截至目前，成功创建省3星级现代农业园区1个、市级现代农业园区3个、县级现代农业园区6个，产业发展蹄疾步稳。

二是实施稳岗就业行动。开发公益性岗位安置脱贫劳动力4719人，建成投运马边首家人力资源市场，创建农村劳务合作社24个，举办线上、线下招聘活动120场次，转移输出农村劳动力6.5万余人，实现劳务收入近6亿元。精心举办中国彝茶文化节暨第五届小凉山采茶节和中国彝族风情狂欢节暨第六届小凉山火把节，发布武侠长篇小说《彝茶传奇》，音乐舞台剧《千年彝叹》首演，成功申报获得四川省第十四届（春季）乡村文化旅游节承办权，进一步拓宽城乡居民就业促增收渠道。牢民生兜底保障，做好困难群众帮扶救助，扎实推进30件民生实事，构建"三层五类"救助体系，构建分层分类社会救助体系，发放民生兜底保障资金救助33.9万人次。

三是建强乡村人才队伍。出台《"马边英才"培育计划实施办法》，设立1000万元人才发展资金，推动人才"引育留用"全面发展。以"1+10+N"人才合作模式为抓手，深化与科研院所高校的合作，成立彝茶研

发中心和马边猕猴桃专家大院，开展彝茶、猕猴桃系列产品研发。统筹推进人才"外培内育"，通过优秀援马人才"师徒帮带""集中培训"等方式，培训本地干部人才4600余人次。深入实施"彝乡归雁"工程，评选表扬优秀代表20名、县级实训基地10个，开设"乡村振兴云课堂"远程培训青梅、茶叶等优势产业技术2万余人次，确定"农村家庭能人"培养对象18676人、使用对象9540人。

3."建设、治理、凝聚"三向发力打造美丽宜居乡村

乡村建设是实施乡村振兴战略的重要任务。马边通过"建设、治理、凝聚"三向发力，走出了一条符合民族地区发展实际的美丽乡村建设路。

一是推进美丽乡村建设。制定了《2022年财政涉农资金统筹整合使用方案》，整合实施基础设施、产业、附属工程等项目192个。落实资金960万元，分两批次完成4个乡镇级片区国土空间规划编制。新改建县乡道21公里、村组道路46公里，改造提升供水工程88处，惠及14个乡镇50个村4万余人。提升电讯设施，实施农村电网改造项目41个、惠及群众7000余户，5G覆盖率超70%，被确定为首批四川省数字乡村试点地区。推行"市、县领导联系大中型集中安置点"制度，落实12名市县领导联系200人以上大中型集中安置点，打造易地扶贫搬迁后续扶持示范点2个，培育省、市乡村振兴先进乡镇（村）10个以上。

二是深化基层社会治理。以"三大革命""五清"行动为重点，完成10个乡镇场镇提升工作，清河、清渠、清沟、清路2679公里，清院29025户，新建农村生活垃圾分类房144个、无害化卫生厕所和"三格式"化粪池3150户，建成13个乡镇4592户农村生活污水一体化设施，全县"美丽四川·宜居乡村"创建村占比53%。深化移风易俗，强力推进高价彩礼问题综合治理，聘金、礼金限额基本控制在7万元、2.5万元以内，在114个村（社区）全面推行"积分制"管理模式，构建"11+4+N"类"积分制"管理机制，累计兑换积分46550余分，折合商品价值26万元。创新将民建镇6个社区划分为56个网格，把1800余名机关党员干部编入微单元参与治理，通过"双报到""敲门行动"、志愿服务等活动，深化"我为群众办实事"实践活动。

三是抓实帮扶合力凝聚。用好定点帮扶、东西部协作等资金，成立中

共马边彝族自治县援马工作委员会，创新"四方协同、三地联动"帮扶协作模式，焦产业、教育、文旅、人才等方面，实施项目100多个，"越马青鸟工程"项目成为全市首创的县乡村一体化、规范化、同质化慢病防治体系，"巴蜀云启"班、彝绣车间等工作实绩获四川电视台、四川日报报道。大力开展"活水计划"，通过"乡村振兴专场""99公益日"网络筹款平台，先后募集资金1193.78万元，实施"美好乡村建设"防贫扶弱公益行""桐华扶智行动"等惠民项目120个。组织建设"策马扬边"脱贫攻坚信息化平台，将"数字电视+互联网"与脱贫攻坚工作深度融合，创新打造"越商走马·边货入城"品牌，签订2.1亿元猪肉供销合同，建成"秀美马边"消费扶贫体验馆和美食馆，实现消费帮扶1.1亿元。

（三）主要成效

马边在巩固拓展脱贫攻坚成果同乡村振兴有效衔接的实践过程中不断探索创新，乡村振兴取得显著成效。2022年，全县实现GDP61.21亿元、增长4.9%、增速全市第二，全社会固定资产投资增长11%，规模以上工业增加值增长5%、增速全市第二，城镇居民人均可支配收入40543元、增长4.5%，农村居民人均可支配收入16399元、增长6.8%。

四川马边创新设置"综合党委"发挥帮扶力量"乘数效应"的经验做法获国家乡村振兴局肯定，主要经验成效如下。

1. 创新设置"综合党委"发挥帮扶力量"乘数效应"。马边充分发挥帮扶力量作用，探索组团式帮扶模式，创新设置援马工作"综合党委"，统筹实施资金项目、监测帮扶、人才培育，下好组织领导"先手棋"、一体推进"关键棋"、队伍建设"长远棋"，凝聚巩固脱贫成果"决心"、补齐民生短板"恒心"、推动惠农增收"真心"，铆足科学规划项目"谋劲"、发展特色农业"干劲"、升级文旅产业"闯劲"，汇聚招商引资"星火"、爱心事业"炽火"、干部锤炼"淬火"，充分发挥帮扶力量"乘数效应"，推动巩固拓展脱贫攻坚成果同乡村振兴有效衔接工作上台阶见实效。

2. "越马青鸟"兜牢慢病防线。发挥越城区慢病诊疗和管理优势，组团式实施"越马青鸟工程"医疗帮扶项目，建成慢病中心1个，打造县人民医院"慢病中心"——雪口山镇卫生院"慢病一体化门诊"——永兴村卫生室"慢病门诊"的县、乡、村一体化慢病诊治与管理示范点。目前，已救治患者 1000 余人，建档 400 余份，收治住院 100 余人。通过培训、健康教育等方式提高医护人员的慢病诊疗和管理水平，提升群众的健康意识。

3. "乐在浙里"助力就业增收。深入开展"扩渠拓岗"便民行动，打造"乐在浙里"劳务协作站、"蓝鹰工程""彝领技工"劳务品牌等特色创新项目，实现省外和浙江省转移就业 5986 人。"乐在浙里"项目获第二届浙江公共就业服务专项业务竞赛优胜奖。

4. "越商走马"促进共同富裕。创新打造"越商走马·边货入城"品牌，签约总投资 137.366 亿元，签约项目 29 个。聚焦培育市场主体，签订 2.1 亿元猪肉供销合同，建成"秀美马边"消费扶贫体验馆和美食馆，搭建"政采云"等营销平台，实现消费帮扶 1.1 亿元。

5. 创新"桐华班"圆大龄孩子读书梦。为解决民族地区存在的学生失学厌学难题、化解辍学存量，马边开创性设立"树人班""陆游班""鲁迅班""元培班""阳明班"，大力实施"火种计划"，创新开办针对大龄低年级学生的"桐华培优班"，帮助学生"弯道超车"，变"控辍保学"为"防辍培优"，赢得"人心账""经济账""社会账"，相关做法获国务院扶贫办刊登经验材料向全国推广，取材于"桐华培优班"的微电影《珙桐花开》，在全国脱贫攻坚故事展示展播活动中获得视频类唯一特等奖。

6. 纪检牵线"湖羊"入边富民。在中央纪委国家监委机关协调下，整合定点帮扶、东西协作、企业捐赠等各类资金 500 余万元，在小谷溪村建成占地 5000 平方米、容纳 1500 只羊的标准化养殖场，引进浙江省湖州市湖羊优良品种入驻羊养殖场，稳步探索政府建、养殖大户管的新模式，采用"固定分红 + 场地租赁 + 效益分红"方式，以点带面培养湖羊示范户，实现"扶持 1 个大户、带动 N 户养殖示范户"的目标，村集体经济稳步壮大。

三、百美村庄项目打好乡村振兴"组合拳"

（一）案例概况

为更好适应国家"三农"工作重心转向全面推进乡村振兴的新形势、新任务、新要求，2022 年 6 月，经上级主管部门批准，中国扶贫基金会正式更名为"中国乡村发展基金会"。更名后，基金会深入学习贯彻习近平新时代中国特色社会主义思想，围绕巩固拓展脱贫攻坚成果和全面推进乡村振兴实施项目，推进乡村可持续发展。针对欠发达地区乡村发展落后的现状，中国乡村发展基金会于2013年发起实施百美村庄项目。在有实施项目条件的村庄，通过整体规划和专业设计对传统村庄、旧民居进行内部改造，对村庄和周边生态环境进行维护整治，以开展乡村旅游促进三产融合，培养乡村致富带头人和年轻人回乡就业创业，依托村两委和合作社进行民主协商，构建以合作社为载体，实现成员共享、利益联结的收益分配机制，实施积分管理，开展乡村文明建设，最终将村庄打造成一个产业强、生态美、文化兴、机制活、百姓富的乡村振兴综合示范村。

（二）经验做法

1. 构建"五位一体"发展体系，夯实产业基础

乡村旅游是以"三农"资源为主要载体的特色旅游，是助力乡村振兴的重要抓手。在实践中，百美村庄项目顺应产业发展规律，立足项目地特色资源，开拓产业广度深度，从"吃、住、娱、游、购"五个方面，构建适合乡村资源禀赋的"1+N"的产业发展体系。

一是吃的方面，打造"村儿里的柴火饭"。通过导入运营主体的途径，深度研发村庄特色饮食，开发村庄餐饮业态，带动本地村民自发参与，进而倒逼种植养殖产业不断优化品种、提升品质；

二是住的方面，强调示范带动。延续百美村宿模式，通过建设精品民宿为产业切入，引入头部专业运营团队，打造民宿示范标杆，定基调、树品牌、优服务，强化市场导向。同时，引导村民自主经营民宿、餐厅、工坊等，辅以专业设计进行农家乐品质升级，孵化旅游民宿协会，共享发展成果，逐渐形成"一个百美村宿+多个村民自建民宿"的集群效应，基本没有改变村民原有的生活习惯，没有过分强调商业化，既保持了乡村特有的"土味"和"野味"，也保持了乡村旅游资源的"原汁""原味"；

三是娱和游的方面，注重游客体验。在民宿产业基础上，配套在地体验业态，打造四个品牌体验项目。第一是村游记，结合自然研学、农耕教育需求，利用村庄独特的环境资源，开发与农耕相关的"公益田""认养田"等体验产品，寓教于乐的同时增强游客和项目村庄的黏性；第二是萌宠乐园，将亲子活动与娱乐消费结合起来，例如，"小猪赛跑""无动力乐园"等

产品，让乡村旅游精准满足于游客的亲子互动需求，为提高儿童的动手能力、想象力和探索能力提供了温情有趣的空间场景；第三是农创工坊，以非遗文创为切入点，将项目村庄具有独特地域魅力的传统文化开发成游客可参与的体验产品，以旅游促进非遗保护传承；第四是露营体验，利用村庄优美的生态环境，提供露营用品租赁和场地使用，区别于精品民宿的独特体验，探索乡村旅游小而美的模式，成为乡村产业的有力补充；

四是购的方面，开发百美优品。结合村庄当地优质的农产品，研发具有独特风味的村庄特产，严格标准，严选质量，提高产品附加值，协助做好品牌策划，提升推动农产品增值、产业增效，助力打造农业全产业链，设计与合作社的利益联结机制，进而让村民受益。

2. 强化人才培养，增强乡村振兴活力支撑

人才振兴是关键，实施乡村振兴战略，必须破解人才瓶颈制约。百美村庄项目坚持凝聚培养乡村人才，培养造就一支懂农业、爱农村、爱农民的农村基层干部、人才队伍。强化人才技能培训，开展"数字木兰民宿管家培训计划"，助力提升村民职业技能，赋能乡村文旅高质量发展；开展"星村民计划"，吸引优秀人才下乡，激励新老村民以"星村民"身份参与到乡村发展、乡村振兴，为乡村产业带来多元化增产增收，为村庄文化传承做出贡献；以"片区+三人执行小组"为抓手，把握好"选、育、用、留"四个关键，建立乡土人才成长和发挥作用的长效机制，充分发挥本土干部熟悉家乡一草一木、一人一事的优势，全力培育一批专业素养高的专业性人才；扎实推进人才体系建设，实施"乡村发展开拓者计划"，进一步开阔项目县基层干部视野，拓宽工作思路，建设数量充足、结构合理、梯次递进的本土人才队伍。

一是旅游从业者培训，提升村民职业技能。百美村庄项目分地域设立培训基地，选择优质的合作单位进行系统的培训，提升村庄旅游从业者的综合素质和职业技能水平，培训内容包含民宿基本概念、客房服务、餐饮服务、接待礼仪、沟通表达、常见问题处理技巧等，使乡村民宿从业人员掌握专业理论知识、服务技能，规范服务标准，助力以乡村女性为主的人群获得在本地就业增收的机会，为乡村民宿产业培养合格的管理及服务人员，并为乡村民宿产业的发展塑造良好的环境，推动乡村旅游产业发展与

乡村振兴战略的有机结合。

二是开展星村民计划，涵养乡村振兴人才生态。乡村的魅力在于大有可为，百美村庄项目致力于搭建新老村民共建共享的创新创业平台，坚持广开源头、拓宽渠道，开拓大众创业、万众创新的新发展生态，结合"星村民"计划的实施，有目标、有计划、有针对性地吸引金融投资、运营管理、规划设计、教育公益、文化艺术、创意设计、生态农业7大板块的优秀人才，鼓励吸引一批"有文化、懂经营、会管理"的致富能人到村创业就业，项目为其搭台子、铺路子，为人才递上"橄榄枝"、栽下"梧桐树"、筑好"温馨巢"，厚植乡村振兴人才沃土，涵养乡村振兴人才生态，实现城乡、新老村民、一二三产融合发展，让老村民回家、新村民回流、城市游客回归。

三是设立三人小组，推动本土人才建功立业。百美村庄项目在地工作采取"片区+三人执行小组"的推进模式，片区督导，当地三人小组执行。百美村庄项目县域三人执行小组办公室（简称"三人小组"）设操盘手、合作社理事长、合作社职业经理三个岗位。操盘手，由当地有过乡镇、局委办正职及以上工作经历，有丰富乡村经验、协调能力强的人员担任，主要负责项目实施、协调政府关系，调动县域内的优质资源，支持项目快速落地。合作社理事长，由村民集体推选，主要负责动员村民参与支持项目，策划并实施社区活动，配合操盘手、职业经理推进项目。合作社职业经理聘请本村或邻村愿意长期在家乡发展的青年人担任，协助理事长做好合作社的管理工作，同时在操盘手的指导下负责百美村宿项目落地的具体实施工作，在项目投入运营后，作为合作社专职人员，想方设法提高乡村旅游的经营效率，职业经理受聘于合作社，对合作社理事会及理事长负责。通过2—3年项目建设期的培育，为当地培养一批不走的乡村振兴人才团队；项目投入运营后，百美村庄项目团队继续帮助导入资源、提供支持，扶上马送一程，让更多乡村振兴本土人才和团队更好地成长、壮大。

四是基层干部培训，提升引领方向服务发展能力。以项目县域为范围，挖掘具有操盘人潜质的本土干部人才，进行系统化全方位的理论与实操培训，通过"理论+实操+研学"的方式，为县域及百美村庄项目培养合格的乡村发展开拓者，建强人才方阵，凝聚人才合力，全面提升县域内乡村人才业务潜力和整体素质，助力开拓乡村振兴新局面。

3. 坚持"两山理论"，提升生态建设水平

百美村庄项目牢固树立和践行"绿水青山就是金山银山"理念，坚持生态优先、绿色发展，在提升绿水青山"颜值"中实现金山银山"价值"，聚焦影响环境质量和人居感受的难点、痛点问题，建立"一个原则、三个方向"的生态改善体系，一个原则指政府主导、技术支持、资源赋能，三个方向：一是基础设施提升，通过对村庄整体的规划设计，撬动政府进行水电路讯、三化工程的基础设施建设；二是人居环境提升，突出对当地基础设施建设、村庄风貌和人居环境的影响带动作用，以改良厕所、垃圾治理、污水处理和民居设计提升为抓手，健全完善日常清扫、垃圾收运长效管理机制，持续巩固农村人居环境整治成果；三是韧性社区建设，建立防灾机制，开展减防灾培训，建设避难逃生场所，储备救援物资，提升村庄对自然灾害的应对能力。通过以上生态改善措施，村庄内外道路、亮化、绿化、厕所、排污、垃圾处理等都得到很大程度完善和提升，形成了生态宜居的好环境。

4. 塑造文明乡风，描绘乡村振兴灵魂底色

乡风文明是社会主义核心价值观的重要体现，是乡村振兴的"灵魂"，也是乡村振兴战略中最基本、最深沉、最持久的力量。

百美村庄项目坚持传承发展提升传统文化，以社会主义核心价值观为引领，大力弘扬以爱国主义为核心的民族精神和以改革创新为核心的时代精神，加强农村思想道德建设和公共文化建设，深入挖掘优秀传统文化蕴含的思想观念、人文精神、道德规范，定期开展新时代文明实践活动，制定不同社区营造的主题活动，营造和谐、友好、环境宜居的社区氛围，发扬互帮互助的传统美德，提成社区归属感、责任感、村民幸福感，弘扬主旋律和社会正气，培育文明乡风、良好家风、淳朴民风，改善农民精神风貌，提高乡村社会文明程度，焕发乡村文明新气象，立足项目村庄拥有的特色文化和历史文化底蕴，依托当地村两委制定村规民约，从遵纪守法、勤俭自强、消防安全、尊老爱幼、保护环境、移风易俗等方面规范村民日常行为，倡导社会主义精神文明建设，为实施乡村振兴战略提供强大的精神动力。

5. 激发自治活力，规范乡村振兴根本保障

乡村振兴，治理有效是基础和根基，加快推进乡村治理体系和治理能力现代化是实现乡村振兴的必由之路。百美村庄项目执行过程中，将村庄的治理工作贯穿始终，立足国情农情，努力建设充满活力、和谐有序的善治乡村，努力构建现代乡村治理体系，从而更好为乡村振兴提供制度基础和重要保障。

一是坚持党建引领。百美村庄项目充分发挥基层党组织的战斗堡垒作用，把党建引领内嵌于乡村治理的各环节、全过程，将党的政治优势转化为治理能力。在完善村党组织领导乡村治理的体制机制、发挥党员在乡村治理中的先锋模范作用等方面下功夫，通过建立以基层党组织为领导、村民自治组织和农民合作组织为纽带、其他经济社会组织为补充的村级组织体系，提升农村基层党组织的组织能力，坚持以党组织建设带动其他组织建设，激发乡村各类组织活力，凝聚乡村振兴的整体合力。通过培训村两委干部能力，大力提升基层党组织带头人的自治本领、法治思维、德治素养，打造一支讲政治、善治理、会服务的乡村干部队伍。

二是强化集体经济组织主体作用。项目在村庄推动建立专业合作社，并尽量覆盖全体村民。通过组建合作社，专门负责村庄的乡村旅游发展，聘用懂经营的专职经营人员，实现村庄服务与经营管理有效结合，建立"党支部＋合作社＋运营主体＋农民"的机制，整合村庄闲置资源，搭建合作平台，引入市场机制，实行"三级联动，五户联助"的管理体系，遵循"一个基本，三个原则"的收益分配机制，激发内生动力，带动乡村发展，壮大集体经济。

三是着力发挥数字化支撑作用。探索乡村数字治理新模式，促进信息化与乡村治理深度融合，补齐乡村治理的信息化短板，提升乡村治理智能化、精细化、专业化水平，是国家数字乡村试点工作提出的重点任务。百美村庄项目着力发挥信息化在推进乡村治理体系和治理能力现代化中的基础支撑作用，开发线上积分管理系统，村庄公共通知、政务公开、收入分红等信息随时在手机上获取，村民能及时了解关注村庄的信息，积累村民行为数据，建立公平透明的数字化评价体系，以积分鼓励村民参与村庄的事务，公开分配村庄收益，提高村庄民主治理水平，构建乡村数字治理新体系。

四是推动积分制管理的积极作用。结合数字化管理，将乡村治理中的各项事务转化为数量化指标，通过积分设置将村庄产业、塑造文明乡风、开展农村人居环境整治、保护生态环境、开展社区营造活动等乡村振兴的重点任务有机结合，对村民日常行为进行评价形成积分，并给予相应精神鼓励或物质奖励，让乡村治理工作可量化、有抓手，由"任务命令"转为"激励引导"，形成一套有效的激励约束机制，有助于提升乡村治理的精细化、科学化、透明化、规范化水平。

（三）主要成效

项目自成立以来，累计筹集善款 2.56 亿元，累计支出 2.31 亿元。政府配套资金 7.76 亿元，撬动社会资本和当地居民投入 2.68 亿元，累计项目规模超 13 亿元，累计受益 15.1 万人次。2022 年度，项目直接提供民宿就业岗位 257 个，发放工资累计 598 万元。建设期共 1229 位农民工参与建设，发放农民工工资累计 3070 万元，带动区域内新增民宿数量 91 家，带动周边民宿及餐饮收益累计超过 4039 万元，带动农副产品销售收益累计 558 万元。

截至 2022 年 12 月，百美村庄惠及河北、河南、甘肃、陕西、贵州、湖南、四川、江西、重庆、青海、内蒙古、湖北等 13 省（直辖市/自治区）30 县（市/区）32 村。目前，项目已累积荣获 71 项国内外奖项，其中百美村庄项目获得全国性奖项共计 22 项，所在村庄及民宿荣获全国性奖项 40 项，省级奖项共计 5 项，个人全国性荣誉 4 项。

下一步，百美村庄项目将进一步发挥政府作为业主方的主体作用，主导项目实施。持续强化乡村治理，完善治理体系，将数字化、积分制作为乡村治理体系重要的一环，体现乡村振兴关联性以及借鉴复制价值。

四、案例小结

上述几个案例虽然各有侧重，但也能看出共性特征。首先，对许多农村地区来讲，全面推进乡村振兴战略是在我国脱贫攻坚战取得最后胜利后对乡村建设的进一步提升。许多农村地区脱贫不久，筑牢防返贫致贫的底线显得尤为重要，要坚决巩固脱贫攻坚的成果。其次，这些案例中推进乡村振兴的措施基本包括乡村振兴的各个方面内容，从经济、政治、文化、社会、生态、党建等方面综合施策，协同推进，取得了良好的经济效益和社会效益，可为我国广大农村地区推进乡村振兴建设所借鉴。

第二节 产业驱动类区域实践案例

一、隆回县向家村力推乡村生态旅游产业发展

（一）案例概况

湖南省隆回县向家村是以姓氏命名的行政村。向家村因地处偏僻，交通闭塞，土地贫瘠，常年干旱，老百姓一直在贫困线上挣扎。全村200多户人家中有95户为建档立卡贫困户，贫困发生率高达22%，人均可支配收入低，集体经济收入为零，是隆回县有名的特困村。随着脱贫攻坚取得全面胜利，党和国家把巩固拓展脱贫攻坚成果和实施乡村振兴战略的有效衔接摆到了极其重要的位置。2021年，向家村乡村振兴工作全面启动。隆回县委书记刘军提出了"举魏源旗、打花瑶牌、掘滩头宝、亮向家村、建美丽城"的发展战略，将向家村作为全县乡村振兴的试点列入县委、县政府的重要议事议程。从2014年开始，向家村积极响应党的号召，全力投入"精准扶贫"、美丽乡村建设、旅游开发和乡村振。

（二）经验做法

1. 产业兴旺，旅游先行

为了确保向家村不再返贫并走向富裕之路，从2017年开始，将工作重心转移到旅游扶贫开发和美丽乡村建设。决定扭住乡村旅游产业"牛鼻子"，加速牛天岭景区配套建设，继续开发新的旅游项目，向家村以打造"生态旅游特色村"为目标，紧紧围绕"体育+旅游"做文章，相继推出了荷花观赏、太阳湖游船、彩虹滑道、儿童乐园、亲子乐园、5D战车、音乐喷泉、垂钓中心、卡丁车游乐场、小火车环山观光等12个旅游项目，成立隆回县牛天岭旅游文化公司，对旅游项目进行规范营运和管理，并在培训、就业、增收等方面，与村民建立了稳定的利益联结机制。随着旅游产业的发展，还带动了种、养、加等产业的发展。向家村成立了生态养猪专业合

作社，向洪贵等6户村民每年养殖香猪3000多头，收入300多万元；范长征、向梅生、刘炳奎等10多户产业带头人，发展养猪、养鸡、养鸭、养鹅、养蜂，办起了农家乐和民宿。建成占地面积6400平方米的现代农业科技示范园，主要种植哈密瓜、蓝莓、树莓、草莓和黄瓜等果蔬品种。栽种广西恭城"大秋甜柿"达500亩。乡村旅游产业解决了140多名村民的就业问题。村民人均年收入由2013年的不足2000元提高到2021年的1.8万元，集体经济年收入达到63万元，并实现了可持续发展的目标。今日的向家村山水秀美、产业兴旺，成为人们向往的村庄、向往的家园、向往的生活。

2. 筑牢人才振兴的基石

继续组织开展农业技能培训、返乡创业就业人员培训，培养一批有文化、懂技术、善经营、会管理的高素质人才，为乡村振兴提供人才支持。在文化振兴方面，实施党史进乡村计划，开展党史学习教育，建成向家村村史馆，教育村民爱党爱国爱家乡，坚定不移听党话、跟党走。目前，向家村被省侨联确定为"湖南省华侨文化交流基地"、被省文旅厅确定为"湖南省最美潇湘文化阵地"、被隆回县文明办确定为"新时代文明实践基地乡村振兴示范点"。向家村"归与书院"于5月8日正式开院，内设理论讲坛、图书阅览和音乐教室。家教和家风中华优秀传统文化长廊业已建成，出版了全国楹联大赛优秀作品集《大美向家》，谱写了"村歌"、印制了"美丽新向家"宣传画册，办起了村级花鼓剧团。牛天岭文化广场新增了"孺子牛""拓荒牛""老黄牛"三尊铜铸雕塑，以进一步宣传和弘扬习近平总书记倡导的"三牛精神"。先后举办了"新时代文明实践助力乡村振兴高端论坛"和"魏源与经世致用"主题读书会等系列活动，为乡村全面振兴提供了巨大的智力支持和精神动力。

3. 强化生态振兴理念

牢固树立"绿水青山就是金山银山"的理念，充分保护好古树林和竹海生态旅游资源，大力植树造林，栽花种草，打造红枫花海、榕树绿荫、篱笆田园，将向家村建设成宜居宜业宜游的"乡村公园"。在组织振兴方面，坚持党建引领，充分发挥党组织的战斗堡垒作用和共产党员的先锋模范作用，选拔了一批有文化、有能力、有奉献意识、有开拓精神的年轻党员进入村支两委，同时专门配备了第一书记。村里还成立了"五会一队"

和老科协、妇委会等群团组织，完善了村规民约，强化村民自治，使向家村的基层治理迈上了一个新的台阶，成为全国"乡村治理示范村"，并被邵阳市委党校确定为现场教学基地。

（三）主要成效

通过上述举措，向家村发生了翻天覆地的变化，目前，6.8公里的环村大道已全部拓宽成6米宽的油砂路，新修环山观光游步道3公里、通组公路5条计10.6公里，新修高标准水渠8公里，铺设污水管道8000多米，安装路灯360盏，绿化美化面积达六万多平方米，91户D级危房改造全部竣工，238户完成了改厨、改厕、改栏和"穿衣戴帽"工程，特别是新增产业项目20多个。2020年8月，向家村牛天岭景区正式批准为国家3A级旅游景区，并成功举办了湖南（夏季）乡村文化旅游节，成为远近闻名的乡村旅游网红打卡地。

向家村在推动基层管理创新和乡村振兴方面得到了有关部门和单位的充分肯定，收到了显著的社会效果。向家村先后被评为湖南省"脱贫攻坚示范村"、"美丽乡村建设示范村"、"旅游扶贫示范村"、"同心乡村"、"乡村旅游重点村"、"特色精品乡村"、"农业集聚发展示范村"、全国"文明村"和全国"乡村治理示范村"，并被湖南师范大学授牌为"中国乡村振兴研究院研究基地"。向家村对口帮扶企业湖南省华兴公司也先后荣获全国侨联系统"助力脱贫攻坚先进集体"和湖南省"脱贫攻坚先进集体"称号。向家村的典型事迹先后在新华社、人民日报、中央电视台、农民日报、中国网、人民网等主流媒体和海外华文媒体宣传推介，美丽新向家已经成为隆回的一张靓丽名片。

二、益农"共智富"联合体打造新时代和美乡村样板[①]

（一）案例概况

从2003年"千万工程"到2019年新时代美丽乡村，萧山农村建设一直走在前列。在浙江省高质量发展建设共同富裕示范区背景下，作为促进

---

① 参考文献：萧山益农. 城乡现代社区建设益农在行动⑥|益农"共智富"联合体 打造"乡村让城市更向往"升级版 [EB/OL].https：//mp.weixin.qq.com/s/URKYJvEHkXVzfgSlhmpQ0w，2022-10-22.

共同富裕的乡村建设探索,"未来乡村"应运而生。以群围、三围、民围等三村组建而成的益农"共智富"联合体。这是萧山区唯一一个市级共富联合体,试图打破单个村庄的界线,围绕农村生活链服务需求,以生态化、产业化、数字化为价值导向,进行资源整合抱团发展。在风貌上既保持农村独特韵味,在功能上又比肩城市,引领未来乡村产业、治理、文化、服务等创新方向,满足了村民们对美好生活的向往,成为"乡村让城市更向往"的升级版。

(二)经验做法

1. 数字化赋能,三个村实现有机融合

群围、三围和民围三个村打破单个村庄界线,通过打造共富联合体抱团发展,在实现差异发展的同时,进行资源整合。在乡村治理上,群围是全区率先提出并探索实践乡村智慧化管理的村庄,在与紫光股份旗下新华三集团的通力合作下,这里诞生了我区首个村级应用场景——"智慧小脑",搭建起能够全面归集和治理海量数据、赋能数据价值洞察、引领治理和服务模式全面革新的"乡村数字驾驶舱",并且实现了"1+N"数字治理模式的平稳落地,即 1 个"智慧小脑"和 N 个智能治理设备。"智慧小脑"涵盖基础平台、数据接入、平台对接、数据可视化四大模块,与融入当地基建、治理、产业、服务、生活等内容的"乡村数字驾驶舱"相结合,承载起粮食安全云平台、数字化农田、智慧养老、民主法制等场景化应用,让数据价值推动治理升级。此外,"共智富"未来乡村联合体的后端打造了一体化运维管理系统,将智能运维的实力引入数字化平台的整体设计和建设,提供了网络准入、风险监测、日志管理、资产管理等一系列服务,实现了 5G 网络 100% 覆盖,政务服务 100% "掌上办",即时信息 100% 掌握的同时,普及交通机器人、智慧灯杆等具有亮点化、特色型、实用性的智慧交通设备。

2. 共建共享,开启"强村富民"奋斗路

近两年来,群围村基于新华三集团的"智慧小脑"平台,探索形成了智慧化基层治理新体系。2020 年荣获"全国文明村"称号,并通过市级美丽乡村精品村验收,列入区级美丽乡村示范村名录。三围村以种植大棚蔬菜为特色,闯出了乡村特色产业发展新路子,曾荣获"全国一村一品蔬菜示范村"称号,被农业农村部评为全国乡村特色产业亿元村。民围村以特色产业为支撑，积极探索专业化园区发展路径，通过供应链整合、开拓电子商务新模式，帮助农村电商拓宽销售渠道，2020年入选省级电子商务示范村，目前更是国内纺织品制造加工的重要生产基地之一。

"共智富"未来乡村联合体将重点聚焦"五化十场景"，着力推进"数字治理、产业共富、生态宜居、文化风貌、幸福生活"五位一体建设，努力成为彰显"农业高质高效、乡村宜居宜业、农民富裕富足"的乡村建设示范区。

根据规划，三村将打通村与村的美丽边界，通过党建联实效、治理联未来、产业联共富的三联并举，创新经营方式、拓展增收渠道、规范"三资"管理、盘活存量用地等方式，切实壮大集体经济，开启"强村富民"的共富奋斗路。

3. 不断"输出"，链接更多共富"赶路人"

随着各项工作的逐步推进，"联合效应"目前已经初现。依托群围村的"智慧小脑"系统，三围村正在打造一个线上、线下双结合的蔬菜市场交易中心；民围村以智慧工业园区为载体，立足当地特色产业资源，打造智慧工业系统。

三个村还将共同锚定一批有地理标志的农产品为共富产业主体，以价值链提升、利益链共享为建设重点，作为区域农村经济发展的重要引擎，构建起共富产业联合体。

益农"共智富"联合体已经在"酝酿"一条"采瓜果—钓鱼虾—农家乐—赏风光—住民宿"的农旅路线。从群围村到三围村、民围村，串起的不仅仅是村庄的特色景点，更是共同富裕的"珠链"——充分发挥各自的特色优势，统一规划、统一整合、统一发展，实现"美丽延伸，富裕共享"。

（三）主要成效

在新华三集团"智慧小脑"的驱动下，智慧养老、法制宣传、自助服务中心等服务悉数上线，村民们开始享受到了数字乡村带来的新体验。除此之外，新华三集团通过邻里互助平台让村民生活更有依靠，以"时间银行"为村务管理引入积分制度，同时支持实现村内健身器材的智能化改造，以VR技术实现"云端围垦"，让村内外的村民们生活更加幸福。

三围村、群围村以绿色化、现代化、规模化为引领，抓好"米袋子""菜篮子"建设。2021年，实现蔬菜交易2.4万吨，年销售额达1.5亿元；完成粮食播种面积2000亩，实现总产量120万公斤。民围村的电商产业也迎来蓬勃发展，村内的旮旯宝旗舰店、白色恋人卫浴旗舰店等都是天猫平台各行业零售前50网店。民围村已有54家互联网网点，每年产值已突破30余亿元人民币，带动本村以及周边村庄的村民就业600余人。

未来，"智慧小脑"还可实现数智党建引领全覆盖。线下，建设党建数据大屏、党建活动室等实体化阵地，增强党建工作合力；线上，打造"数智党建平台"，实现党员学习管理实时跟踪、党建信息数据化统计分析，同时打造"云端党建圈"，将党员学习情况通过大数据记录展示，用数据对党员进行"精准体检"。对于"党性亚健康"和"党性不健康"党员进行预警，形成党性教育"体检—整改—再体检—再整改"的工作闭环，真正实现"团体党建"走向"个体跟踪"。

三、集店镇岭东村典型案例

（一）案例概况

集店镇岭东村位于长治市区东、壶关县城北，紧临长安高速长治东高速口，背靠美丽的凤凰山，交通便利，生态良好。全村版图总面积3082亩，其中耕地面积333亩，林地面积2300亩，总人口117户324人。岭东村原来是一个三面环山的小山村，2014年整村搬迁，安居梦圆，从旧窑洞搬进了新楼房。移民搬迁后，组建成立壶关县凤凰山庄乡村旅游专业合作社，探索出了村企发展的最佳结合点和共振点，为集体经济壮大提质注入了源头活水，实现了合作社、村集体、老百姓三方共赢，走出了一条乡村振兴的岭东路径。

（二）经验做法

1. 筑巢引凤，创新合作模式

为盘活旧村闲置资源，增加集体经济收入，村党支部、村委会想方设法筑巢引凤，招商引资，2017年2月，岭东村成功引进壶关县岭源农业开发有限公司，联合组建全市首家乡村旅游合作社——壶关县凤凰山庄乡村旅游专业合作社，创新"支部联建+村企共建"模式，合作社理事长担任村党支部副书记，村支部委员担任合作社理事，支部结对子，活动同开展，合作社谋发展，村集体创环境，村企抱团、共谋振兴。

2. 整体打包，资产折价入股

立足村情实际，盘活闲置资源，将旧村集体山林、道路、水池、窑洞、舞台折价400万元入股合作社，村委持股39%。前三年项目建设期内每年年底给每户村民发放200元的福利分红，从第四年开始，岭东村委在原有资产保值增值基础上，每年至少现金分红10万元。同时，岭东村将争取的产业资金整合投入凤凰山庄，累计投入资金250余万元，按约定比例逐年分红。

3. 光伏电站，带来阳光财富

光伏发电是一种无污染、可再生的新型能源，岭东地势较高、光照充足，发展光伏发电具有得天独厚的条件。2016年，借助国家扶贫政策，立足当前，着眼长远，建设了装机容量为150KW的分布式光伏发电站，实现了"太阳出来就赚钱"，月均发电量1万多度，2017年开始并网发电，为村集体带来年均12万元的阳光财富、稳定收益。

4. 流转土地、发展创汇农业

坚持多元经营，壮大产业板块。从单纯发展乡村旅游向"文旅""农旅"双轨融合发展转变，依托乡村旅游专业合作社，注册成立了山西凤凰山庄农业科技园有限公司，流转岭东村及周边村庄土地，规模发展出口辣椒、旱地西红柿、豆角种植2000余亩，统一规划、统一整地、统一购苗、统一栽植、统一收购，发展辣椒、大蒜等农产品出口业务，规划建设林麝养殖园和酒坊、醋坊等传统作坊，产业要素更加齐全，产业链条得到充分延伸。

（三）主要成效

通过上述措施，凤凰山庄取得明显的经济效益，并获得一系列荣誉。凤凰山庄被授予国家农民合作社示范社，入选山西省首批"太行人家"，岭东村创建为山西省第二批AAA级乡村旅游示范村、全省乡村旅游振兴示范村。

1. 合作社效益好起来了。通过五年多的实践，凤凰山庄由小到大，先后建成了窑洞宾馆、窑洞酒店、跑马场、孔雀园、彩虹滑道、研学基地、出口辣椒基地、林麝养殖基地、幻境凤凰谷沉浸式夜游等项目，打造了梧桐小院、栖山舍等高端民宿，成为长治周边地区团建、研学、休闲、健身的网红"打卡地"，据统计，2021年在新冠肺炎疫情的不利影响下，凤凰山庄全年共接待研学、团建、旅游等各类人员 3 万余人次，营业收入突破 600 万元；往韩国、柬埔寨等国家出口辣椒、大蒜 7000 余吨，创汇 900 多万美元，成为长治市出口创汇最大的涉农企业。五年来累计发放资产收益分红 64.5 万元，务工投劳工资 150 万元，福利慰问金 8.6 万元，实现了较好的经济效益和社会效益。

2. 村集体经济强起来了。结合开展农村集体资产"清化收"工作，聘请第三方公司，对凤凰山庄发展运营情况进行专项审计。依据审计结果，目前凤凰山庄资产总值从成立之初的 1000 万元增至 5000 万元，折合人民币约 1000 万元，五年翻了一番多，实现了资产保值增值、分红逐年增加。五年多来，岭东村从凤凰山庄累计分红收入 52.84 万元，2021 年岭东村集体经济收入达到 32.17 万元，岭东村真正吃上了"旅游饭"，走上了"出口路"，挣上了"阳光钱"。

3. 老百姓腰包鼓起来了。合作社发展了，村集体经济壮大了，最终受益的还是老百姓，岭东村根据家庭状况和评级档次，每年为每户发放 350—800 元现金分红；依托光伏收益，共设置护林员、保洁员 7 名，每人每年发放岗位工资 4000—6000 元；帮扶困难群众，对重病重残、花费较大、家庭生活困难的村民，视情况给予帮扶救助；特别是全村无一闲人，一多半百姓通过就近务工，实现家门口就业、靠劳动致富，全村人均年增收万余元，绘就了一幅村强、民富、景美、人和的幸福岭东新画卷。

四、案例小结

产业振兴是实现乡村产业兴旺的必然要求，振兴乡村产业才能促进农村经济发展。本小节的几个案例都有其特色产业，这些产业品牌在促进地区经济发展，落实国家乡村振兴战略中发挥重要作用。不同地区有不同的资源禀赋，产业发展的侧重点不同。向家村重点发展生态旅游产业，集店镇岭东村建设光伏发电新能源产业，数字化产业在群围、三围和民围三个村联合发展，共同致富方面发挥重要作用。共同点方面，旅游产业是许多乡村振兴建设中大概率会涉及的一个产业，旅游产业与乡村生态环境建设、绿色发展、建设美丽乡村等有着密切联系，是许多乡村产业振兴的主要内容。

第三节 特色园区类区域实践案例

一、林放农博园探索"农业+"发展模式[①]

(一)案例概况

湖南林放农业博览园成立于2015年,坐落于湖南省长沙县安沙镇水塘垸村,总体规划面积2500多亩,园区分为三大板块、四大基地(休闲观光旅游基地、特种水产养殖基地、现代农产品加工与物流配送基地、现代高效农业种植基地)。园区以绿色、低碳、文化、科技、智慧为特色,围绕"农博引领+乡村振兴"战略,发展农业生产、农博观光、农产品加工、仓储物流、种苗培育、生态农业展示、科普培训、健康养生、敬老养老等产业,全力打造湖南贯彻乡村振兴战略标志性项目,服务湖南农业博览综合服务平台,建设湖南农业科技创新服务平台。林放农博园不仅关注农业生产,还探索出一套"农业+"产业发展模式,在康养、科创、文旅、扶贫等方面不断探索,打造"永不落幕的农博盛宴、永续发展的乡村振兴典范"。

(二)经验做法

1. 扎根乡村,不忘初心

湖南林放农业博览园品牌名出自"汤林放"这个人名。汤林放出生于1949年,13岁学艺从事裁缝职业。1991年,在深圳打拼获得成功的汤林放回湖南创办了长沙天登实业有限公司等企业。汤林放女儿杨卓曾经当过公务员,后留学海外,学成归国后受母亲影响开始经商。2015年,杨卓放弃经商回到家乡,说服母亲汤林放及其他家人,在长沙县安沙镇水塘垸社区流转承包2000多亩农田,注册成立了湖南林放农业博览园有限公司。谈到成立湖南林放农博园的初衷,杨卓说"现在流行的大多是都市农业,我想

[①] 参考文献:中国名牌网.林放农博园:推动"农业+养老"生态融合[EB/OL].http://gongyi.chinatopbrands.net/s/1450-6324-48284.html,2023-03-09.
刘国太,湖南政协新闻网.以"农业+"激扬家国情怀——访湖南林放农业博览园有限公司母女企业家汤林放、杨卓 https://www.xiangshengnet.com/info/34564.html?cid=5,2023-03-10.

迎着时代的风,把农业跟健康养老、观光休闲与青少年研学实践等结合起来,走一条不同于传统农民的'新农人'路子"。林放农博园在都市农业、休闲康养等方面发力,吸引都市白领、退休人员来这里休闲游玩,逐步发展乡村康养产业。园区经过8年的发展,杨卓仍然坚守当初创业的初心,面对乡村的不发达和各方面落后的困难,杨卓和她的母亲在这片土地深深扎根,以长久的热情不断投入其中,实实在在做事,为国为民效力。林放农博园积极响应保障"粮食安全"的国家号召,响应地方政府提出耕作双季稻的号召,为实现保面积、保产量目标打下坚实基础。为了保障粮食安全,林放农博园主动调整蔬菜种植区、特种观光种植区和水产养殖区规划,增加了水稻播种面积。

2. "农业+康养"模式

乡村振兴战略的深入推进,重点解决的是生态生产生活的"三生融合"。有数据显示,国内健康养生市场已超过万亿元,到2035年我国60岁以上老人或将超4亿,传统的中药、食疗、药膳等"药食同源"方式,为"农业+养老"注入新的源泉。随着"健康中国"战略加快落实,大健康产业正迅速成为国民经济支柱性产业。虽然现在农业康养产业还存在政策不兼容、标准化程度不高等问题,但是,湖南林放农博园发展农业康养产业,既具先天禀赋,更具后发优势。通过投资生产、引进设备,真抓实干,推动农业康养产业蓬勃发展。汤林放认为,利用智能化、生态化技术,吸引更多社会资本和科技成果与农业融合尤显重要,特别是利用农村偏远山区优良生态环境和资源优势,来培育发展药食两用物品原料,更有利于乡村发展和农民增收。

林放农博园着力打造生态田园、绿色产品基地,保证绿色食材就地取材,为老人制订针对性的绿色健康养生食谱。园区有多个上千平方米的养殖场,喂养畜牧几万只,保证了每天的肉质新鲜美味。另外,农博园种植的植物、花草等上百亩,为客户提供了美丽的景观,同时也为自身带来了新的增收渠道。其蔬菜、稻、虾等的养殖,都是经验团队负责,为中国的"食安"和"孝老"尽绵薄之力。在这里,湖南林放农博园保证一粒米、一棵菜安全、营养、健康,保障每位老人晚年过得舒心、安心、开心。

农业发展化是乡村全面振兴的支点,乡村全面振兴是农业发展的最终目的。湖南林放农博园大力度推进农业产业化发展，统筹推进乡村振兴各项工作。坚持"以农造景、以景带游、以游促农、农游结合、协同发展"，提升农业基础设施，持续吸引人流、客流、财流，做大"农业+养老"的蛋糕，推动"农业+养老"融合迈上新台阶。

3."农业+创新"模式

湖南林放农博园着力强龙头、补链条、兴业态、树品牌，因地制宜选准产业发展突破口，在发展过程中建立了集"耕、种、管、收、储、碾、销"服务于一体的粮油生产一站式全程解决方案，全面实现标准化生产管理，助力粮食丰产丰收。杨卓非常注重加强湖南林放农博园区的示范带动作用，形成以优质蔬果、茶叶、中药材、苗木、养殖等为重点的产业发展格局。依托中国科学院长江水产研究所、湖南农业大学、湖南省水稻研究所、湖南省农林工业勘察设计研究院、长沙市蔬菜科学研究所等科研院校的技术力量，获得先进实用的农业生产技术，使公司产业得到迅速发展。

产业兴旺是实现乡村振兴的基石，做优做强农业产业方能促使农民真正实现增收、致富。湖南林放农博园通过打造农业发展平台，拓宽农产品销售以及养老项目的推广，推动乡村产业发展壮大。

林放农博园抓住产业发展核心关键，积极构建高质高效乡村产业体系，走出一条通向农业强、农村美、农民富的乡村振兴之路。林放农博园在"土特产"方面做文章，推进农业供给侧结构性改革，扎实推动乡村产业全链条升级。充分调动村民闲置土地进行生态混养，大力推广"稻+鸭""稻+虾""稻+蟹""稻+鱼"等水系循环立体养殖。杨卓认为，解决多样化食物问题，根本出路在科技。农博园投资300万元兴建的4个养殖棚，可喂养1万只鸡鸭。此外，300多亩荷田用来发展水下、空中立体农业，400多亩用来喂鱼养龙虾等。积极发展"农业+"，深度助力"农业+旅游""农业+教育""农业+文化""农业+康养""农业+养老"发展，助力当地农民增产增收。如农博园携手养殖户利用闲置的30亩土地建立稻虾蟹生态种养示范基地开展生态混养，可取得年产值35万元以上的收益。

4."农业+扶贫"模式

湖南林放农博园积极调动当地群众的积极性，当"创客"不当"看客"，并以工业化思路经营农业，通过把农业包装成项目，打开村门，打破区域身份界限，引领群众和集体通过利益机制参与，实现多边共赢的农业产业化大格局。

在致力巩固脱贫攻坚成果上，湖南林放农博园进一步健全防返贫机制，重点加强扶贫户项目与农业产业的对接、扶贫资金和涉农资金的衔接，打造带富、带贫能力强的龙头项目，打造群众家门口的扎根产业，巩固和提升脱贫成果。

杨卓及其母亲汤林放董事长一行多次前往汨罗市弼时镇南龙村及影珠村进行走访，赠送食用油、空调被等慰问物资和慰问金还为当地提供合适的就业岗位、帮扶资金或致富项目，为共同富裕工作贡献力量。

湖南林放农博园重点加强扶贫户项目与农业产业的对接、扶贫资金和涉农资金的衔接，打造带富、带贫能力强的龙头项目，打造贫困群众家门口的扎根产业，巩固和提升脱贫成果，推动脱贫攻坚迈上新台阶。湖南林放农博园让贫困户用自己勤劳的双手摘掉贫困的帽子，脱贫致富，让生活变得更加美好。

（三）主要成效

产业兴旺是实现乡村振兴的基石，做优做强农业产业方能促使农民真正实现增收、致富。湖南林放农博园通过打造农业发展平台，拓宽农产品销售以及养老项目的推广，推动乡村产业发展壮大。湖南林放农博园抓住产业发展核心关键，积极构建高质高效乡村产业体系，走出一条通向农业强、农村美、农民富的乡村振兴之路。农博园在农忙季节，每天要请200多人干活，平时干农活的也有四五十人，农博园带领了当地老百姓能在家门口就业挣钱，在促进农民增收，带动当地经济发展方面做出显著成效。湖南林放农博园被评为长沙市市级龙头企业，2023年1月入选"2022《中国名牌》乡村振兴示范基地"。

下一步，湖南林放农博园将通过探索多元化市场主体参与，进一步完善联农带农利益联结机制，推动"农业+养老"生态融合迈上新台阶，把农博园建设成为一家现代农业与健康养老、观光休闲、青少年研学实践相结合的"现代农业+"示范基地。

二、新希望乡村振兴特色园区品牌实践

（一）案例概况

2017年，新希望集团响应成都市"东进"战略，在东部新区签约启动"乡村产业生态谷"项目，着力于把乡村产业建设、乡村环境改善、乡村人才培养和乡村文化提升作为重要目标，并开创性地构建了"输血惠农、造血惠农、活血惠农"三步走的乡村振兴路径。2019年，新希望文旅团队来到革命老区浙东余姚横坎头村，启动打造"希望的田野·余姚横坎头田园综合体"，项目立足当地独特的红色文化基因及农业、山水生态，打造红色旅游创新发展新样板、革命老区乡村振兴示范区，构建了客流、资源、人才、收益共享的新希望乡村振兴"菱形模式"。

（二）经验做法

1. 首创自然教育主题成长乐园

"新希望乡村产业生态谷"项目作为国内首个自然教育主题成长乐园，拥有三大创新元素，一是贯彻自然即课堂的理念，把自然体验、手工制作从教室搬到田园，让亲子家庭在最返璞归真的环境中体验自然的魅力，脱离室内空间束缚；二是促进文化与教育相融合，通过复原20世纪80年代老成都场景的小时享大食堂业态，让儿童感知历史，让家长重温过去；三是将景观细节与自然元素相融合，通过1000多个环创细节、100余个自然教育科普牌等设计元素，让景观充满自然教育元素，多维度体验自然。

2. 传承红色文化基因

"希望的田野·横坎头田园综合体"项目立足当地独特的红色基因及农业、山水生态，打造红色旅游创新发展新样板、革命老区乡村振兴示范区。项目深挖本地自然及红色文化资源，探索"红色+绿色""休闲+体验"的新型旅游产业发展道路，赋予乡村游、休闲游更深的红色情怀，摒弃传统的说教式教育，通过"PBL"项目制学习，体验式的教育模式，以寓教于乐的方式向青少年普及并传承梁弄的红色文化，让红色基因融入血脉、代代相传，加深人们对红色文化的理解和感知，促进红色文化的传承和发展。

3. 积极推动品牌发声

在乡村振兴特色园区品牌塑造上注重品牌宣传推广，借助大平台展示

自身品牌。2021年,"希望的田野·余姚横坎头田园综合体"以乡村振兴优秀人才储备、农产品绿色品牌建设、一二三产融合发展等贡献,两次登陆央视。同年9月项目斩获2021年浙江省青年创新创业大赛——"创青春"大赛乡村振兴组银奖,成为创新典范。

4. 积极投身公益事业

2020年起,着眼于为贫困山区儿童带来优质教育体验,新希望种子乐园(新希望乡村产业生态谷项目示范区)联合集团四川总部连续两年举办"希苗计划"公益游学活动,用授人以渔的方式,帮助百余名乡村学子走出大山,以游学形式探访重点科学实验室、参与名师交流会和高校体验之旅。将公益与企业文化充分融合,为解决社会问题贡献力量。企业的公益行动,不仅展现出强烈的社会责任意识与担当,也传播了阳光正向的品牌理念。

(三)主要成效

截至目前,"乡村产业生态谷"项目合计创造了1000余个就业岗位;培育了100余位会经营、懂技术的新农人;扶持了20家年收入超过15万元的餐饮店;高标准建设久隆美好社区,让200余户农民住进新家。

"希望的田野·余姚横坎头田园综合体"首期项目已于2021年7月全部建成开放。项目已解决百余名本地劳动力就业、公益培训近千名新农人、带动20余名种植大户增产创收百余万元、为近3万名中小学生及都市家庭提供了红色传承研学、户外自然教育、综合素质成长、稻田艺术生活服务,并积极参与当地党建和社区治理,有效带动当地社会经济发展。

三、案例小结

从特色园区项目案例看,当前的乡村特色园区一般表现为一园多能,越来越向综合化的方向发展。湖南林放农博园积极探索"农业+"发展模式,牢牢抓住产业发展核心关键,积极构建高质高效乡村产业体系,走出一条通向农业强、农村美、农民富的乡村振兴之路;新希望乡村产业生态谷主打教育研学、科普文化,希望的田野·余姚横坎头田园综合体突出红色文化、乡村旅游,总体来看乡村特色园区项目呈现综合性、多工能性。

第四节　经验启示

一、乡村振兴任重道远，宜久久为功

从许多乡村振兴实践案例来看，帮扶贫困，增加农民收入，提升农村生活水平依然是农村建设的繁重任务。乡村振兴接过了扶贫的"接力棒"，在扶贫工作成果的基础上进一步提升。因此，乡村振兴是一项长期工程，通过产业振兴、人才振兴、文化振兴、生态振兴和组织振兴全面筑牢脱贫攻坚战的成果，防止脱贫后的乡村返贫。促进农村经济、政治、社会、文化生态等全面发展。

二、数字化赋能未来乡村振兴建设

近几年，数字化转型一直是社会经济发展的一个热点。益农"共智富"联合体项目案例给人留下深刻印象，通过"智慧小脑"，搭建起能够全面归集和治理海量数据、赋能数据价值洞察、引领治理和服务模式全面革新的"乡村数字驾驶舱"，建立乡村益农"共智富"联合体，让乡村振兴各个领域的发展走上快车道。2023年2月底，中共中央、国务院印发了《数字中国建设整体布局规划》，规划指出建设数字中国是数字时代推进中国式现代化的重要引擎。可以预见，未来乡村振兴建设离不开数字技术、数字产业赋能。

三、品牌助力乡村振兴事业高价值化发展

从许多乡村振兴实践案例内容可以发现，品牌的理念、方法在乡村振兴区域公共类品牌实践中运用得比较少，品牌赋能乡村振兴战略，发挥的效用有待进一步提升。乡村振兴公共品牌具有公益性、不可交易性，乡村振兴的人才、文化、生态、组织等方面的建设成效最终体现在一个区域公共类品牌的价值提升上。与市场类乡村振兴品牌主体相比，他们塑造品牌

的积极性不强，这恰恰是区域类公共品牌欠缺的地方，对此应该提升品牌意志，重视运用品牌学科的方法、技术塑造品牌，提升品牌溢价，走乡村振兴高价值化发展道路。

四、挖掘独特资源优势，走特色化产业发展道路

不同地域乡村有不同的资源禀赋，环境条件，有的地方林木资源丰富，有的茶叶资源丰富，有的青山绿水环境优美，有的历史悠久，文化传承良好，针对不同的发展条件制定与之相匹配的产业发展道路是合理举措。但是从诸多实践案例中也发现，许多乡村振兴产业发展存在雷同，例如，乡村旅游产业，与乡村发展有着天然契合，许多乡村振兴实践几乎都离不开乡村旅游产业的发展，许多乡村旅游项目形式单一雷同，缺乏特色，难以吸引游客。可见不同乡村振兴品牌要充分发掘自身优势条件，走差异化、特色化产业发展道路。

第七章

乡村振兴品牌建设的市场主体案例分析[①]

摘要： 市场主体是我国乡村品牌建设的重要组成部分，国内各地区因地制宜、创新发展，涌现出大量成功、鲜活的案例，对贯彻落实党中央提出的乡村振兴品牌建设战略具有重要的示范意义。本文尝试按照乡村振兴过程中依托的产业结构类型作为分类依据，将所选案例大体分为依托农副产品、依托加工贸易产品和依托旅游产品等三种类型，并通过剖析各代表性案例的成功经验，为我国各省市市场主体推进乡村振兴品牌建设带来启示与借鉴。

---

① 执笔人：汪军，华东理工大学艺术设计与传媒学院副院长、副教授；倪海郡，华东理工大学艺术设计与传媒学院教授；金一，华东理工大学艺术设计与传媒学院讲师。

第一节　研究框架概述

激活乡村的内生动力是乡村振兴的核心，而内生动力的来源则是扎实的产业基础。总结乡村产业结构的建立，大多依托农副产品、依托加工贸易产品或依托旅游产品这三种类型。因此，本文聚焦乡村振兴品牌建设主体，基于所搜集的数十家代表性企业案例，遴选出一些典型性代表，仍以此三类为分类依据，探讨各市场主体在不同类型产品驱动的产业链构建中常用的路径与特点，并归纳规律。期许给有相似背景的乡村带来客观全面的可借鉴之处。

所选案例大体可分为依托农副产品、依托加工贸易产品和依托旅游产品等三种类型。总体分析思路如下。

一、依托农副产品类的案例分析

该类案例以发展一产为主，一二三产协同开发。所在乡村大多自身具有独特的农副产品类资源，并在各自领域极具竞争力，例如，普安红茶、冠县酥梨、侗藏红米等。

该类案例在品牌建设过程中尤其注重产品的迭代升级，在传统特色农业产品的基础上，主动加大研发力度，改良传统品种，培育出更具竞争力的新品种，如案例六中将传统安吉白茶创新性地研发出"白叶一号"，改善了原产品结籽少的缺点。该类案例主要通过种植、科技、产销、生态联动，推动一二三产融合发展，构建全环节提升、全链条增值、全产业融合的现代农业产业体系，从而达到传统农业产业扩量、提质、增效的目的。

二、依托加工贸易产品类案例分析

该类案例以发展第二产业为主，第三产业辅助。此类案例大多根植于地域特色资源，通过对资源的加工贸易，以产业发展为中心，因地制宜确定主导产业，延伸产业链条，促进产业升级转型，提升产业带动能力。

该类中的部分案例，在品牌建设过程中抓住互联网时代机遇，通过网络流量迅速打开市场，同时积极开发冷链物流等相关产业，打破地区间的壁垒，加快相关产品在各个领域的流通速度，促进产品对外输出，取得较好的经济效益，例如，案例四展示的江苏徐州沙集镇从偏僻乡村变身电商家具产业集聚地以及案例五河南南阳向寨锦鲤村已成为全国锦鲤养殖供应村。

三、依托旅游产品类案例分析

该类案例以发展第三产业为主，一二三产协同开发。此类案例所在乡村大多具有一定地域文化，品牌建设以文化挖掘和旅游体验提升为主要路径，提供多层次、多组合的旅游产品，提升品牌的核心竞争力。例如，案例二中的桃米乡抓准当时旅游市场上对于昆虫科普生态游的空缺，以此为机遇，创新性开创以"青蛙"为主题的生态旅游之路，使得原来微小几乎不可见的"隐形"旅游资源显性起来。案例三中的凤凰山庄则利用当地生产的"北京红"辣椒走出山区、远销韩国，土豆、洋葱、大蒜更是漂洋过海出口到泰国、柬埔寨、越南等国家。其中，"北京红"辣椒中的红色素作为特色美容的主要元素，有着非常大的附加值。这些产品与凤凰山庄旅游业相结合，成为凤凰山庄成为农业供给侧结构性改革的一部分，实现了产业链相加和价值链提升。

四、案例的共性特点

（一）多产结合，产业驱动发展

乡村振兴，产业兴旺是基础，本文所选案例充分验证了这一点。激活乡村发展的内生动力，促使内生与外在助力耦合是品牌建设的根本。品牌建设找准产业融合点，培育融合支撑点，支持激励有意愿、有能力的农民创业创新，拓宽小农户进入现代农业的渠道，引领带动农村产业融合发展，实现三产结合多层次的发展旅游产品。同时，推进产业链、价值链、利益链"三链同构"，高效配置各种生产要素，共同助力乡村振兴。

(二) 政企合作，创新发展之路

建立企业与政府之间畅通的双向信息沟通渠道，取得政府的信任、理解，以及必要的支持和帮助，为企业创造良好的政治环境，促进企业快速、健康的发展十分必要。诸多案例一致显示政企合作的积极作用，如徐州沙集镇通过"网络+公司+农户"方式，电商对农业的溢出效应不断放大。政府全力支持当地电商发展，通过组织宣传培训、加强信用体系建设、强化组织保障等一系列举措，全面复制推广"沙集模式"，助推农村电子商务迅猛发展。帮助打造一条集电子商务、研发、生产、物流、培训等于一体的简约家具上下游产业体系，推动产业结构完善。

在湖州市德清县莫干山民宿这一案例中，政府部门的积极参与在莫干山民宿旅游产业发展的全过程中起到了不可或缺的作用。当地政府主导进行一系列基础设施和环境治理建设为企业创造良好的政治环境。此外，政府部门还为品牌进行营销推广，积极引入教育资源吸引人才合作，促进企业快速、健康发展。在江苏昆山计家墩这一案例中也能看到政企合力的影子，政府与计家墩乡伴集团的引导与实施改造，吸引了更多当地社区居民以及如艺术家、企业家、设计者等外部社会力量共同参与。政府不断地出台文件针对当地产业进行扶持，加速了计家墩特色多元融合发展的进程，也为计家墩找到了一条创新之路。案例中的政企合作的模式让企业自身提高了社会认同度。

以下将分别从三个维度对具体案例展开生动而具体的分析。

第二节　依托农副产品的典型案例分析

一、自然资源推动产业振兴——山东省临清市桑黄生产基地

优越的自然资源优势在推动乡村产业振兴的过程中起到了关键作用。山东省临清市作为全国最大的桑黄生产基地，由于具有悠久的桑黄栽植和药用历史，古桑树群数量众多且树龄较长，目前根据古桑的自然资源优势，形成了公司、基地和扶贫项目相结合的产业模式。江苏省东台市新街镇方

东村抓住了苗木种植的市场需求，推出了"新街女贞"国家地理标志农产品品牌，强调苗木的附加功能，结合"绿色优先、农旅结合"的发展理念，将方东村打造成了生态美丽、和谐安宁的苗木特色村。浙江余姚横坎头村利用乡村周围青山绿水的自然环境，看到了水果种植的契机，从种植樱桃开始发展绿色产业，逐步增加了蓝莓、猕猴桃等不同品种的水果种植，推出了"初新绿品"特色水果品牌，并结合红色文化的历史走出了一条文农旅并行的乡村发展道路。

（一）自然资源助力乡村产业振兴的品牌故事

1."森林黄金"造就桑黄产业

（1）古桑树群资源丰富，桑产业初具规模

山东省临清市位于冀鲁的交汇处，依靠其关键的地理位置，具有独一无二的桑黄资源。桑黄，也称为"森林黄金"。根据历史记载可以了解到，黄河干流曾两次途经临清市，因而形成了面积达13万亩的沙河地并积累了规模庞大的桑树群和桑黄。位于临清黄河故道的古桑树群，不仅象征着黄河流域的农桑文化，而且它也见证了中国农桑文明发展史。古书中最先有记载的桑黄和能够调查证明到的也是山东省临清市的桑黄，桑黄本身具有较高的药用价值，有利于人体的抗癌和免疫力提高、肝脏保护和神经系统调节等不同作用。[1]

一方面，山东临清的黄河故道具备丰富的古桑树群，树群年龄高，具有充足的农业文化遗产；另一方面，桑叶自身具备的药用价值不低，与现代人崇尚养生的目标相符，且利用科技的手段将野生的桑黄转化为人工种植的桑黄更有利于扩大市场。古桑树群资源促使农产品初具雏形，积极吸引村民加入合作社种植桑黄，扩大人工种植规模，形成了桑叶面、桑葚等产品，中国桑蚕丝绸文化展也呈现了系列桑产品，桑产业初具规模。[2]

（2）引进科技优化种植技术，推动桑黄创新

王荣祥作为中国桑黄业内有影响力的人物，在桑黄产业的发展建设中起到了关键作用，他带领清源正本公司与山东大学、吉林大学等团队建立

---

[1] 参考文献：徐丽，宋月凤.临清出了个"桑黄王"[J].农民科技培训，2022（09）：29-30.
[2] 参考文献：张秀华.妙用"树疙瘩"为乡村振兴添砖增瓦[J].农业知识，2021（23）：48-50.

实验室和工作站，引进了德国、欧洲张友明教授等科技人才成立桑黄产业的科研基地，以院士和教授为领导组建以"桑黄"为核心的科研团队，运用"内引外联、高端引智"的手段推动桑黄产业的创新发展。在探索桑黄产业的变革道路中，王荣祥带领团队成员不断完善研究技术，首先根据野生桑黄的生活习性进行实验模拟并大量采集处于黄河故道的野生桑黄菌种，再利用科技挑选优质的人工种植桑黄，优化人工栽培桑黄菌株的种植技术，以此计算最佳的工艺技术参数达到提升桑黄品质的目标。另外，临清市也积极引进高水平人才，邀请国内顶级专家为桑黄产业的发展提供指导。同时，在临清召开了全国首届和第二届桑黄产业发展高峰论坛暨桑黄专业委员会成立大会，推动临清市建立"桑黄之都[1]"。

（3）开发双菌轮作新种植模式，促使桑黄升级

桑黄传统的种植模式体现为"一种一收"，即每年的4月份开始栽植桑黄，到9月底收获，这导致了10月至次年3月的土地浪费现象。因4℃—16℃为最适合羊肚菌的种植温度，40%—50%的空气湿度有利于冬季的大棚种植，科研人员反复实验最终对制作羊肚菌的培养基制作、提炼菌丝、菌种接种和人工栽培技术等操作掌控熟练，并获得了大棚试验桑黄种植的成功，随后羊肚菌与大鹏桑黄双菌轮作的新种植模式获得了推崇。

（4）完善产业链发展，联动电商推广品牌

随着人工栽植桑黄技术的提高和智能温室大棚实验的成功，临清桑黄省级现代产业园也开始注重第二、三产业的发展，注重桑黄产业链的发展。当地由桑黄衍生出了特色农产品功能性食品，如桑黄茶、桑黄粉、桑黄咖啡和桑黄中药饮片等。在产品销售过程中，在2000多家直营店中售卖桑黄中药饮片，并结合线上与线下平台联合销售的方式，获得了良好的产品市场口碑。政府积极推动桑黄产业的宣传和升级发展，积极申报特色商标和"三品一报"，通过农产品展销会和博览会大力宣传优秀的桑黄产品。

（5）政府加强干预，促进多产业融合

与此同时，政府也在号召企业与农民共同促进乡村振兴的发展，选

---

[1] 参考文献：张爱诚.临清市桑产业促进现代农业经济发展的成效与思考[J].山西农经，2021（18）：162-163.

取了"企业、合作社与农户"三大主体共同合作的途径，号召临清的周边农户主动栽植桑黄，不仅有利于增加农户的经济收入，也为推广临清乡村桑黄产业的品牌起到重要作用。目前，临清市仍在继续研究桑黄产业的新技术创新，申请了复合桑黄茶等国家专利，提高桑黄产品的质量，桑黄博物馆、科研楼、中国食药用菌交易中心处于稳步建设阶段[①]。基于临清的"十四五"规划和乡村振兴五年规划的文件指引，桑黄产业园已经被列为重点项目工程，临清市在《政府工作报告》中也连续两年提出了要大力发展桑黄产业[②]。针对桑黄产业的振兴力度会进一步加强，今后临清政府也计划从产业政策、资金投入和引进人才等层面促进桑黄产业的发展，推动世界古桑文化园、中国（临清）桑黄产业"智汇中心"等的建立，以形成一二三产业融合的良好局面，提高临清市桑黄产业的知名度。

2. 苗木生产带动乡村旅游建设

（1）森林覆盖广，苗木种类众多

方东村位于江苏省东台市新街镇的中北部，以苗木生产为主要特色，目前村内拥有约5000亩的苗木占地面积，绿化覆盖率达到65%，森林覆盖率约62.3%，属于盐城市森林覆盖率最高的乡村之一。方东村苗木栽植的兴起主要从20世纪80年代开始，方东村村民抓住市场不断尝试，苗木生产种类也随之扩大，从银杏、水杉变为黄杨和女贞等植物，种类超过了70种。

（2）多主体协作发展，引进科技扩大市场

基于方东村丰富的苗木资源，方东村抓住苗木栽植的机遇积极发展苗木产业，在发展方东村苗木产业的过程中，政府也采取了不同的方式来延长苗木产业链。首先，政府大力培养苗木生产技术，派送专业的科技人员指导村民苗木栽植和管理的方法，联合农技中心、苗木专业合作社、苗木经纪人、镇供销社和镇林业中心多个主体共同协作，打造了苗木专业合作社联合社。其次，方东村也积极开发新的苗木栽培技术，强调苗木产业的

---

① 参考文献：张秀华."树疙瘩"变身"桑黄金"——临清市大力发展桑黄产业助力乡村振兴[J].农业知识，2021（21）：11-13.

② 参考文献：邢启龙."临清桑黄"品牌推动黄河故道产业振兴[J].农业知识，2021（12）：4-5.

特色发展。推进苗木市场的建立并努力研发苗木新品种,结合"走出去、引进来"的方式拓展苗木产业的市场。

(3)开拓电商平台,实现"林业+电商"共同发展

方东村也通过电商平台扩大苗木产业的影响力。电子商务平台满足了多种功能的需求,包括展示产品、电商培训、物流运输、网络业务和众创众筹等,利用600万资金的投入建立了电商政务中心平台。以王陶培为典型的方东村苗木经纪人,利用电商平台的引入进一步宣传苗木产业的品牌,成立了"苗木58网"和"东台苗木网",结合网络优势塑造了"东台女贞"的品牌,依靠网络宣传增加了方东村苗木的销量,不仅拓宽了苗木的销售渠道,也更加突出了方东村苗木产业的特色,推动了"林业+电商"的发展。

然而,方东村在苗木产业发展的过程中也有遇到瓶颈的阶段。受到国家策略变化的影响,绿化树种市场在近几年呈现出饱和的趋势,苗木树种也逐渐脱离市场需求。在此情况下,方东村将重心投入到苗木质量和工程、园艺等内容的优化中,由原本粗放式的种植方式转变为精品化种植,保留了新街苗木的市场比例。

(4)挖掘苗木特色,打造"一条龙服务"

在"互联网+"的背景下,方东村正努力推动苗木产业向新的方向发展,打造"一条龙服务",创造乡村发展的新局面。

首先是完善方东村的苗木树种质量,推出了国家地理标志的农产品"新街女贞"。同时,村内与江苏省林业科学研究院、南京农业大学共同研发新的苗木树种,为突出东方苗木的特色和多样推出乡土树种和彩叶版树种。基于原有的新街粮棉夹套种植技术,开发新时代苗木的智能化种植,促进乔灌木搭配和常绿落叶树种的搭配,并结合鸡鸭、蔬菜等共同配置,注重提高苗木栽种的综合效益。

其次,方东村目前也关注着苗木市场的变化,积极开拓新市场。乡村开始了方东苗木市场的建设,计划建立沿海苗木交易中心,促进线上平台与线下店铺的共同发展。依靠互联网电商平台,重点发展王陶培等电商群体,利用大数据手机农户种植的信息,发展"订单式"种植的模式,分别实现"种植养护一条龙""收购输送一条龙"和"苗木工程一条龙"服务,如承担苗木工程的设计、施工、监督管理等工作。

（5）探索产业发展模式，推动苗木产业升级

随着苗木产业的发展壮大，方东村也在逐步将休闲农业与乡村旅游协同发展，努力促进苗木产业的转型和乡村振兴，积极推动多产业融合，主要形成了三种产业发展模式。

模式一："旅游＋乡村"。方东村通过宣传乡村的民俗文化和特色景观来推动旅游业的发展，结合苗木资源的优势和互联网平台打造了乡村民宿、苗木展示馆、垦殖文化馆等多个著名旅游景点，将不同景点连接成"一条线"，为游客提供观赏体验、科普教育、电商服务等功能，在延续垦荒种植的历史文化的同时也增强了生态文化村的品牌效应。一方面，有利于形成方东村独特的田园风貌，另一方面，完善了方东村的服务设施建设，提高乡村旅游服务的质量。

模式二："旅游＋农业"。方东村利用苗木树种和林业建设，积极开发观光农业，形成了"彩色化"树种示范园、黄杨盆景园等观光景点，丰富乡村果园采摘、河边垂钓的休闲功能，也带动了富硒番茄和土豆等农业品牌的兴起。另外，村内农户还对自家的田园进行包装升级，设计了独特的农业旅游路线来促进"苗木＋旅游"的发展。

模式三："旅游＋养生"。方东村还注重"林家乐 漫时光"的休闲旅游品牌建立，结合健康养老、自然生态、智慧旅游等项目的发展，完善乡村养生体验的功能，提升方东村对外地游客的吸引力，推动旅游产业的新升级。

3. 希望的田野：乡村旅游发展新样板

（1）樱桃种植盛行，乡村发展"初露锋芒"

横坎头村坐落在浙江省余姚市的梁弄镇南首，地处余姚市的西南部，是浙东抗日根据地的中心地。它具有良好的自然环境资源，周围环绕着绿水青山。早期，横坎头村的发展是从栽种樱桃开始的。2003年，横坎头村创建了梁弄镇首个樱桃种植基地，推出了横坎头村的特色水果品牌。村内的党员同志率先建立了集体樱桃园，经过两年的栽植管理实现了每亩约1万元的收入，由此促成了樱桃在横坎头村的盛行，村内也采取为农户免费下发樱桃苗的措施来激发村民种植樱桃的积极性。

后来，村内的水果种植积极发展新技术，与宁波农科院合作丰富樱桃品种，扩充樱桃品种资源，横坎头村通过两种方式帮助村民种植水果，一

种是与东海舰队合作实现"军民共建",以水果大棚的形式增加水果产量,另一种则依靠政府的政策引导资助水果大棚建立。目前,横坎头村也以樱桃、猕猴桃和杨梅等多种绿色农业和旅游作为乡村的支柱产业而著名。横坎头村的樱桃种植规模达到了800亩,结合乡村自身的山地条件和优势,横坎头村也在不端扩大绿色水果的种植规模,建立茶叶、杨梅等产业基地,充分发挥乡村的生态优势。

(2)加强水果种植技术培训,推广"初新绿品"

横坎头村依靠生态环境的优势,发展了蓝莓、樱桃等特色水果产业。2018年,启动了"希望的田野-横坎头田园综合体"的项目,由新希望文旅与余姚市旅投平台余姚阳明文旅共同营造,目前已经形成了初新绿品四大一期、初新营地、初新农庄等各类项目。项目团队与余姚农业农村局联合推出了新希望绿领学院培训计划,利用抖音直播、公益讲座和搭建其他线上平台等形式提供给上万人免费的培训课程,并设立了农业培训班来促进农户的种植技术和销售水平的提高。培训包括了实践和理论两方面的内容,帮助村民了解更全面的种植知识和技术。

基于横坎头村水果种植规模较大的特点,绿领学院开设了以水果种植技术为主题的培训,并及时与学员种植的水果进行反馈,为高品质的水果提供品牌包装,形成了横坎头村的特色水果品牌——"初新绿品",结合设计、新零售等模式融合扩大乡村农产品的品牌影响力。目前,"初新绿品"已经与20多个优质的农户协作,通过合作生产基地的建立帮助农户增加收入百万元;初新农庄也协同文旅资源、文化场景等激发新消费和新场景,融合了乡村风光、休闲娱乐、体验农活等活动,结合现代化背景加入了现代农业发展元素,构建了浙江乡村历史变革和实践教育的场所,有利于农产品品牌价值的提高和农户经济收入的增加。

(3)构建"四创合一"乡村振兴模式,走文农旅一体化道路

新希望文旅团队经过三年的考察,归纳了适合革命地区乡村振兴发展的模式,即"科创+乡创+社创+文创"四创合一,推动多产业的融合发展。在科创上,加大科研力量的引进,以此改进农业的产业链,提高农业和农副产品的质量;在乡创上,重点关注培训人才和共享生产要素;在社创上,将村集体、文旅等主体共同联合,追求商业发展、人文情怀和公益活动的

均衡发展；在文创上，激发乡村的活力和功能更新，推动乡村新业态和新风貌的建设，提高乡村的对外吸引力。目前，横坎头村已经存在关于"四创合一"的应用，如中国新乡村音乐节、市团委青青课堂等品牌实践。

另外，由于梁弄镇和横坎头村聚集了余姚市大部分的革命旧址①，村内具备浙东银行旧址、教导大队旧址等多个革命性景点，具有强烈的红色文化氛围。②以丰富的人文资源为基础，新希望文旅建立了初新营地，满足青年教育、宣传红色文化、成长体验的功能，有利于优化横坎头村的农业生产结构并推动产业新发展。在田园综合体建设过程中，新希望文旅围绕可持续化的乡村振兴，走"绿色资源、特色农业和红色旅游"三者并行的文农旅一体化乡村旅游道路。

（二）自然资源助力乡村产业振兴的路径特点

1. 依托资源优势，开辟产业之路

良好的自然资源为乡村奠定了产业发展的基础。结合临清桑黄产业、方东村的苗木树种和横坎头村特色水果种植的发展，乡村的自然资源优势在产业发展中至关重要，开辟了乡村发展产业的道路。依托独特的资源优势，一方面，有利于乡村引入外部资金和企业投资，对产业链和乡村经济发展都起到重要作用；另一方面，先天的资源优势能够助力乡村打造特色品牌，推进产业的特色化发展。

2. 内外联动协作，促进产业发展

乡村产业的发展离不开内外联动。在三个案例的发展故事中，村民都参与到了乡村项目中，充分体现了村民在乡村振兴中的主体地位。通过乡村组织内部群体的参与，促进了乡村产业的转型。同时，乡村在发展过程中也积极引进了科技人才和外部企业的资源，这不仅填补了匮乏的乡村资源，也实现了内外联动，推动了乡村业态的可持续发展。

---

① 参考文献：杨眉.突出乡村特色的景观环境规划——浙江省横坎头村整治改造规划[J].城乡建设，2006（07）：40-42.
② 参考文献：花淑琦，莫琦.乡村振兴战略下文农旅一体化的路径探究——以余姚市横坎头村为例[J].大众文艺，2020（03）：267-268.

3. 多产业融合发展，优化产业升级

目前，乡村振兴早已不局限于第一产业，而是积极推动一二三产业融合的新业态。结合乡村的自然生态优势，在乡村内部增设观赏田园风光、科普教育、休闲旅游等多种功能①，完善种植、加工、销售和研发的过程，延长农产品的产业链，不仅促进了乡村农业的全面发展，也满足了新时代需求，扩大乡村产业的影响力和吸引力。同时，这也有利于提高乡村的收益和激发乡村新业态的发展潜力，以此实现乡村产业振兴，优化产业升级。

（三）品牌打造经验总结

1. 推动科技创新，促进乡村产业发展

坚持科技创新将乡村品牌的打造提高到了更高的层次，企业和公司积极加强对乡村产业的科研投入力度。同时借助政府的帮助，针对乡村产业引入重要人才，引领乡村产业走在时代发展的前端；结合乡村的自然资源优势构建独特的乡村品牌，提升乡村产业的知名度和影响力。

2. 联合多方协作，提高乡村品牌影响力

另外，构建乡村品牌也离不开企业资本的投入和村民的力量。通过村民与企业的共同力量，推动不同的乡村主体展开共同协作，不仅能更好地推广乡村振兴品牌，也有利于富民惠民，将产业的发展最终落实到农民的增收。

3. 加强政府干预，实现乡村振兴升级

在政府干预上，政府也采取了各种措施推动乡村产业的发展。如政府积极引进企业，形成乡村合作社等组织，引导企业在乡村内开展技术培训等工作，并结合树种栽植和资金补贴的方式，推进乡村产业的进步；利用互联网平台和电商的兴起充分宣传乡村产业，帮助农户拓宽农产品的销售渠道，提高乡村品牌建设的影响力；以可持续化的乡村振兴为发展方向，追求商业运营与乡村自然风光的平衡，实现可持续发展的产业生态。

（四）小结：利用自然资源优势，构建特色化乡村品牌

乡村品牌的建设在乡村振兴过程中至关重要。在乡村良好的自然条件

---

① 参考文献：周立，李彦岩，王彩虹，方平. 乡村振兴战略中的产业融合和六次产业发展［J］. 新疆师范大学学报（哲学社会科学版），2018，39（03）：16-24.

基础上，各乡村积极探索实践，努力发现自然资源的契机，在建设中加强产业产品与自然资源的融合，从而构建特色化乡村品牌。根据市场需求并结合科研力量、网络平台等层面推动乡村产业的升级发展，吸引外来人口，提高乡村品牌的质量和影响力。最后，根据乡村的实际建设情况不断探索适合乡村的发展模式，在保护好乡村田园风貌和乡土文化的前提下，完善乡村品牌的商业管理，为村民营造和谐美丽的乡村环境。

二、茶叶子变"金叶子"——贵州普安县红茶"普安红"

声名鹊起的"普安红"已然成为贵州一张极具特色的明信片。普安县通过打造2000亩"白叶一号"感恩茶园，直接辐射带动周边种植白茶万余亩，实现了荒山变茶山、贫农变茶农、山区变景区的新三变。老百姓尝到了茶香里的甜头，生活更有了盼头，谱写了乡村振兴的新篇章。

（一）"普安红"的蜕变

1. 发展背景与历程

20世纪50年代，有知青到普安教授制作茶叶，普安已开始大力发展茶产业，建有国营新寨茶场、江西坡茶果场、沙子茶场、青山小屯茶场等。

1963—1965年之间，贵州省茶叶土产公司对普安县普白林场进行野生茶资源调查时发现，在普安万亩茶园不远的山林中，生长有2万多株野生四球古茶树，树龄上千年的有3000株，这是我国最早发现的茶树新品种之一。据统计，普安地域内现存的野生四球古茶树数量之多、范围之广、树龄之长，堪称世界唯一、普安独有。1981年，中山大学张宏达教授根据贵州普安大茶树特征定名。[①]

1980年，人们在普安、晴隆两县西部交界的云头大山笋家箐出发现100多万年前的新生代第三世纪四球茶茶籽化石，经中国科学院南京地质古生物研究所鉴定，该化石距今至少164万年以上，可见四球茶在黔西南州

---

① 央广网.贵州普安：做强做大做优茶产业带农增收致富［EB/OL］. http://gz.cnr.cn/dishizhibo/20211230/t20211230_525702706.shtml，2021.12.30.

已历经百万年的历史沧桑①。

1985年,在国家横向经济联合精神的指引下,普安县人民政府与贵州省农业厅农垦农工商公司联合依托原新寨茶场和江西坡茶果场基础上,开发万亩红茶基地,1987年正式成立普安县茶场。

2011年7月,中国茶叶流通协会授予普安县"中国古茶树之乡"称号。

2015年5月12日,现公安部部长(时任省委书记)赵克志同志,现重庆市委书记(时任贵州省省长)陈敏尔同志到普安调研时,品尝了普安红茶,对其大加赞赏,并将"福娘茶"命名为"普安红",寓意"普天之下、安定祥和、红红火火"。

2017年7月,中国国际茶文化研究会授予普安县"中国茶文化之乡"美誉,生产的"普安红"被评为"中华文化名茶"。

2018年4月,浙江省安吉县溪龙乡黄杜村20名农民党员给习近平总书记写信自愿捐出5000亩白茶苗,让5000人口脱贫。

2018年6月,浙江省湖州安吉县黄杜村党员代表和有关专家多次考察,黄杜村捐赠的白茶苗有600万株落户普安,种植茶园2000亩,直接让862户2577人建档立卡群众受益。同年10月,在普安成立了"中国红茶联盟",并现场发布《中国红茶联盟普安宣言》。

2020年,拓展种植"白叶一号"示范区达1.3万亩。2021年2000亩"白叶一号"感恩茶园实现开园采摘,采摘鲜叶4600斤,产值27万元,2022年采摘鲜叶33000斤,产值300万元,屯上村以及周边乡镇的村民在基地务工实现了增收脱贫,通过白叶一号茶产业,取得了"种植一片、带动一群、造福一方"的就业成绩。同年4月组建成立普安红集团,茶产业步入集团化发展轨道;同年12月,建成公安部点定帮扶万亩茶园10478亩。

2021年3月,普安县高质量、高标准建成习近平总书记亲自关心的共覆盖2个乡镇10个村(社区)贫困户862户2577人的"白叶一号"感恩茶园2000亩。

2022年8月入选首批"中国名牌乡村振兴示范基地"。

近年来,由于普安县把茶产业作为特色重点产业推进后,连续获得多

---

① 店小二美食.贵州特产:普安四球茶EB/OL].ww.sohu.com/a/129980249_649575,2017.03.23.

张名片,"中国古茶树之乡""中国十大魅力茶乡""中国茶文化之乡"。"普安红"荣获"中华文化名茶"、中国明星乒乓球队指定用茶等。这些成功的取得,与普安人扭住茶产业发展不放松,坚持不懈努力分不开。

2. 茶叶子变"金叶子"

产业兴旺是乡村振兴的首要任务,而贵州普安在党的领导下,更是做到了"因茶致富、因茶兴业",坚持"人均一亩茶"的产业发展规划,带领普安人民增加收入,为乡村振兴工作做出了巨大贡献。普安通过不断强化组织领导、资金投入、主体培育、品质提升和品牌打造,持之以恒抓基地、抓主体、抓市场、抓品牌、抓销售,使普安红茶产业实现了跨越式发展,普安红茶在全国茶产业强势崛起。①

(1)"打铁还需自身硬"

近年来,普安县围绕稳就业保民生,通过产业优势拓宽就业渠道、通过优惠激励政策援企稳岗等方式,多渠道拓宽就业,千方百计让群众牢牢端稳手中的就业"饭碗",通过"龙头企业+公司+专业合作社+农户"的合作模式,龙头带动闯市场,公司联动做产业,形成农户支持公司,公司带动农户发展的良好格局。

一是高山云雾出好茶。据《夜郎风物志》记载:"其茶香异于常,烹煮时香风溢野,饮之使人熏然欲醉如梦至南柯耳。"书中所记载的"茶香异常"的夜郎福娘茶,便是今日声名大噪的"普安红"。普安红茶茶干条索紧结、匀整、完整饱满;茶汤金黄透明,干净无杂;香气高醇、花果蜜香持久;滋味醇厚鲜爽、温润细腻、回甘顺滑;叶底呈红棕色,细嫩均匀1。普安茶叶之所以有这么好的品质,是因为普安地处北纬25°—26°,红茶茶园所处位置平均海拔1500m,常年云雾缭绕,土壤有机质含量丰富、空气纯净无污染,十分适宜茶树的生长。采摘烘焙过后的茶叶非常耐泡,水浸出物、氨基酸、茶多酚含量高,锌硒元素丰富,呈栗香、自然兰花香。因此,普安是名副其实的高山云雾出好茶!

二是茶园示范基地建设,高效管理技术体系。随着普安红茶产业的发

---

① 腾讯网.【康养胜地 人文兴义】普安:古茶树之乡奏响富民协奏曲[EB/OL]. https://new.qq.com/rain/a/20230219A04MSX00,2023.02.19.

展,其茶园规模是与日俱增,而普安红高品质的既有其自身得天独厚优势的加持,亦有茶园基础设施建设的助力。具体表现有以下四个方面:一是突出抓好茶园基地提质增效,加强茶园基础设施建设,示范推广标准化生产技术;二是提高茶园管护水平,加强茶园管护技术与标准,提高茶园单产水平和产品品质,开展茶园综合利用,提高茶园综合效益;三是保护古茶树资源,设立有效机制对古茶树进行保护、研究及开发,在保护古茶树品种资源的同时,亦为基地提供高品质种苗,为全县发展茶产业提供可持续发展的服务;四是基础设施提升规划,根据茶园规模和地形、地貌合理划分区、片、块布局道路,便于运输和茶园管理。

三是打造普安茶产业技术标准体系。全县围绕茶业全产业链打造技术标准,一是打造种植基地种植技术标准、管护标准、病虫害防治标准、古茶树资源保护标准;二是打造加工端加工技术标准、加工工艺标准、科技设备标准、清洁化标准、食品卫生标准;三是流通端打造物流链标准、包装标准、品牌使用标准、食品安全标准、产品定价标准等,且全面贯彻落实各端标准并实施,提高普安茶全产业链的附加值,为普安茶产业的发展保驾护航。

四是建设质量控制标准,打造现代加工体系。茶青质量是决定茶叶加工品质的关键因素,全县将制定相应的茶青采摘标准。经标准培训后由种植专业合作社、大户、采工执行标准,制定奖惩办法并进行淘汰处理相应岗位不合格工种。提出打造现代茶业加工体系,重点在初加工、精制拼配加工、延伸茶产业链条3个方面发力——巩固提升全县茶园基地加工规划布局,优化加工产能;积极引进国内外知名茶企落户或与本土龙头企业合作建设外销茶及茶衍生品加工基地、加工车间,推动精制加工能力建设;大力发展精深加工与综合利用的"茶+"产业,不断提高整体市场竞争力,加强名优茶园管理生产优质原料,为生产优质高端产品打基础。

(2)"靠人不如靠己"

做强做大做优普安红茶产业,龙头企业是关键。[1]普安县现有茶园总

---

[1] 郭真向,王林玉.茶产业助推富民奔小康的践行样本和重要启示——以普安县为例[C]//.2021黔西南党校论坛论文集(四).[出版者不详],2021:56-59.DOI:10.26914/c.cnkihy.2021.056562.

面积18.3万亩，投产面积12.5万亩，至2022年底茶产量9220吨，产值11.83亿元，综合产值17.08亿元。普安县始终坚持"人均一亩茶"和"一园两区三带"的茶产业发展规划，新建茶园全部由农户自种、自管、自摘，让普安的荒山变茶山、贫农变茶农、山区变景区。与此同时，普安利用财政扶持资金，重点对宏鑫茶业、正山堂普安红茶业、裕丰源生态茶业3家茶企进行扶持；并采用招商引资的方式，引进域外企业纵深推进茶产业全面发展。[①] 至2022年，普安县已培育省级龙头企业4家，州级龙头企业12家，全国500强合作社示范社1家，涉茶市场主体203家；建成省内外"普安红"专卖店、专柜185家，在北京、广州、呼和浩特、哈尔滨、新加坡、俄罗斯等建立"普安红"运营中心10个。

（3）"酒香也怕巷子深"

着力品牌打造，开拓销售市场。茶产业发展的关键要靠品牌，没有好的品牌就没有竞争力，就难成大产业。"普安红茶"作为"国家地理标志保护产品"和认证商标，证明普安茶叶在市场上是有知名度的，但仍需进行品牌打造。在严格规范加工流程和品质特质的基础上，通过统一设计包装标准、品牌形象标识等品牌核心元素，形成规范统一的品牌形象，围绕发展茶产业部署，坚持把质量安全贯穿在生产、加工、销售全过程。通过对产品实物进行抽检，加强日常监管，积极引导帮扶当地茶企进行相关认证申报工作，确保茶产品质量的安全性、稳定性，进一步巩固和提升普安红茶产品质量安全优势和知名度、美誉度。

在挖掘本地市场方面，在中心城区等人流量大的地方开展品鉴、洽谈等活动；积极部署进驻大型商场（超市），增设茶叶销售专柜和展示区；以茶文化为主体，打造集品茗赏艺、体验观光为一体的茶休闲场所；在外地市场方面，在北京、上海、广州、郑州等地开设普安红茶旗舰店和品牌店，进一步推动与各一二线城市的深度合作，借助一二线城市市场开拓俄罗斯等国外市场；组织参加国内知名展会及评比，通过展示展销活动，提高普安红茶产品的知名度；运用大数据、云计算等手段，通过各类电商平台拓

---

① 黄太富. 普安茶产业提质增效助力乡村振兴［N］. 黔西南日报，2021-09-22（001）. DOI：10.28636/n.cnki.nqxnb.2021.002408.

宽茶产品销售，扩展电商业务，发展线上线下融合营销模式。

（4）多元发展走宽路

一是人文生态发展，茶、文、旅多元建设。普安茶历史悠久，茶文化底蕴深厚，将人文生态系统纳入茶产业发展，通过挖掘"普安红"品牌独特元素，形成符合普安城市特色的茶文化品牌，深化茶文化内涵和提升"普安红"品位，开发包含普安红茶文化元素的文创茶产品，研发适合新消费趋势的茶产品，提升普安茶文化实力。通过参与、开展和举办各类茶事活动，推广茶文化进机关、进校园、进军营、进社区、进农村、进企业等，积极宣传普安茶文化，激活消费活力，引导普安红茶消费。从茶叶种植、加工与休闲观光、旅游步道、茶文化园、古树茶体验区、乡村体验等服务与乡村文化、古村落建设统筹规划，实现"茶区景区化，多业态融合，全域旅游"，普安县坚持以茶为媒，深入挖掘茶文化内涵，走出了一条依托茶产业的茶、文、旅融合的"以茶促旅、以旅兴茶"发展道路，实现了一二三产业融合的可持续发展。

二是古茶树资源保护，开发利用规划布局。加强县域境内古茶树的保护。对全州境内的古茶树分布区域进行分片保护，并定期开展古茶树的健康状况调查，保证古茶树健康生长；启动申报文化与自然双重世界遗产工作，同时，合理开发与利用古茶树资源。吸引国内外茶叶界研究专家，对古茶树基因及生化特性进行研究，建设"古茶树基因库"，开展古茶生化分析工作，依据生化指标将其内质发挥到极致；建立古茶树种苗繁育基地，为人工栽培古茶树，扩大古茶树种群提供种苗保障；建设古茶树博物馆，按"茶旅一体化"的思路完善该区域公路、住宿、文化等基础设施，提升古茶树生长区域的社会效益和经济效益。

3. 品牌打造经验总结

（1）过硬本领，赢得各方助力

"有一个神奇的地方，高山青，绿水长，云滔滔，雾茫茫，酿了茅台，酿茶香……"，这首由贵州省委原副书记李军亲自题词的《贵州茶香》在2014贵阳国际农产品交易会暨绿茶博览会上唱响了普安红茶，如今也在央视频道不断播出。以前，如今声名大噪的普安红茶并不叫"普安红"，而是"福娘红茶"。2015年前省委书记赵克志（现为河北省委书记）、省长陈敏尔

（现为省委书记）前往普安县就扶贫开发工作进行调研，品尝了普安红茶并对其大加赞赏，因而赵克志通知亲自为其取名——"普安红"。如今，"普安红"是省委机关的办公用茶。同年，在北京贵州年货节的宏鑫茶业公司展位上，"普安红"也获得了一众领导的认可，中央政治局委员、中央书记处书记、中央办公厅主任、中央直属机关工委书记栗战书、北京市副市长程红等在品尝之后赞不绝口，并大力支持推广普安红茶。① 而后来众多企业以及企业家更是主动为在红茶届"崭露头角"的"普安红"点赞，让"普安红"在网络上一度飘红。"普安红"以其自身的优越品质，赢得了各方的点赞与助力。

（2）丰富内涵，打响品牌知名度

为靓化"普安红"品牌，普安县持续深入开展宣传推介活动，提高普安红茶品牌的知名度与美誉度。2021年，普安县10余家茶企到北京参加茶叶展销会，积极参与茶事活动。同年7月，普安县组织全县茶企到内蒙古呼和浩特开展推介会，利用茶博会、展销会等宣传推介普安红茶。利用"贵州绿茶第一采"永久首采地，举办采茶制茶大赛。同年8月，以"普安红茶"制作为主，举办秋季采茶制茶大赛；制定"普安红茶"企业标准，以品质靓品牌；加大政策扶持力度，拓宽市场销售渠道，茶产业发展的路子越走越宽广，普安茶叶特色资源优势正逐步转变为经济优势。

（3）弄潮时代，引领茶文化风尚

随着普安茶产业的不断发展壮大，在茶文化的不断推广过程中也带动了旅游休闲业的繁荣，开辟了依托绿色环保产业脱贫致富的康庄大道。普安先后建成世界茶源谷景区、神农祠等项目，并完成了75km的国际山地自行车赛道建设，打造了马家坪古茶树保护区、白沙茶马古道等旅游景点，推出"奇行圣境、溯源朝圣、古道探秘、健康养生"等观光线路，并成功举办黔西南州第四届旅游产业发展大会及系列活动，旅游产业实现了"井喷式"增长。近年来，普安县坚持以茶为媒，深入挖掘茶文化内涵，打造普安茶文化生态旅游景区，延续茶的历史、展现茶的文化、讲述茶的故事，

---

① 旅游去. "普安红"堪称贵州"史上最牛茶叶"[EB/OL]. https://www.sohu.com/a/59605577_179188，2016.02.19.

不断将普安红茶产业打造为乡村振兴支柱产业，带领普安人民走向致富康庄大道。

（4）时代福音，搭载乡村振兴快车

普安县历届县委县政府始终把茶产业发展作为一把手工程来抓，围绕"乡村振兴""脱贫攻坚"和"产业发展"等工作目标，致力于打造一条"因茶致富、因茶兴业"的产业之路。但要发展一个主导产业并非容易之事，做大做强做优更是不易，而普安红茶产业链不断延伸，这又需要大量的人、地、物、财的支持，这一系列的过程都离不开好的政策的支持。普安县坚持"人均一亩茶"和"一园两区三带"的茶产业发展规划，整合涉农资金1600万元，新建茶园10000亩，新建茶园全部由农户自种、自管、自摘，让群众全过程参与茶园建设，改变"政府+企业""大户干、农户看"的传统模式。同时，普安县还利用财政扶持资金，重点对宏鑫茶业、正山堂普安红茶业、裕丰源生态茶业3家茶企进行扶持，力争3家茶企产值过亿元；采取招商引资的方式，引进域外企业纵深推进茶产业全面发展。自2017年起，连续以普安县委县政府和"两办"的名义出台了"普安红"产业优惠政策，优惠政策对种、管、销实现全覆盖。政府通过产业优势拓宽就业渠道、通过优惠激励政策援企稳岗等方式，多渠道拓宽就业，千方百计让群众牢牢端稳手中的就业"饭碗"。

2018年4月，浙江省安吉县溪龙乡黄杜村20名农民党员给习近平总书记写信自愿捐出5000亩白茶苗，让5000人口脱贫，总书记签批"吃水不忘挖井人，致富不忘党的恩"。普安有幸获得浙江省安吉县溪龙乡黄杜村捐赠的600万株白茶苗，以高标准建成2000亩"白叶一号"感恩茶园。全县上下以核心示范引领、多片联动推进、做大茶园规模，至2020年，拓展种植"白叶一号"示范区已有1.3万亩。2021年2000亩"白叶一号"感恩茶园实现开园采摘，采摘鲜叶4600斤，产值27万元，2022年采摘鲜叶33000斤，产值300万元，屯上村以及周边乡镇的村民在基地务工实现了增收脱贫，通过白叶一号茶产业，取得了"种植一片、带动一群、造福一方"的就业成绩。

（四）小结

绿水青山就是金山银山。普安县在党的领导下、在政策的保驾护航下，因茶致富、因茶兴业，让普安荒山变茶山、贫农变茶农、山区变景区、茶叶子变金叶子，在乡村振兴工作中留下了绚烂一笔；而普安红茶更是凭借其"古、早、净、香"在众多茶叶中脱颖而出，普安县通过做大产业园区、做优茶叶品牌、做深千年茶文化、做好配套扶持等，将"普安红"这一品牌从区域推向世界！

三、梨产业体系促增收——冠县农业产业园

冠县，全国著名的"鸭梨之乡"，鸭梨种植已有千年历史，随着乡村振兴工作的不断推进，更是不断涌现出万众瞩目的"梨中天花板"——山农酥梨，坐实了"果中顶流"的响亮名号。曾经令人棘手的困难局面，在科技手段的协助之下，被注入了新的动力，自此之后，冠县酥梨产业订单不断，供不应求，沉寂已久的水果江湖，迎来了新的篇章。

（一）冠县地区发展背景

聊城市冠县位于冀鲁豫三省交界处，东靠产业密集、经济发达的沿海开放窗口，西临市场广阔、资源丰富的中西部地区，位于省会城市群经济圈和中原经济区。

冠县是山东省梨产业大县，栽培历史悠久，现保存千余亩古梨园，称"中华第一梨园"。梨产业在当地农村经济发展中成为主导产业之一，种植面积达 0.53 万 hm^2 左右，年产量目前在全县所有果品中占比最高（约43%）。[1] 每逢阳春三月，梨花怒放，雪铺四野，所谓"堆雪铺玉三千顷，飞甜流香十万家"。据统计，现冠县有梨园面积 8 万余亩，年产量十几万吨，占全县果品产量的 43%，居各类果品的首位。梨产业已成为冠县农村经济的主导产业之一。

（二）对症下药，冠县的特色振兴路

传统农业以家庭为单位，经营管理和生产技术闭塞、落后，严重依赖自然环境影响，生态系统功效低等种种不利因素长期以来都限制着冠县梨

---

[1] 参考文献：闫凤景. 冠县酥梨优质丰产栽培技术［J］. 现代农业科技，2021，No.800（18）：84-85.

产业的发展。比如，种植户各自为营，各个梨园之间不同梨种长期混栽，梨花粉直感现象明显，梨果实外观品质因此下降；又比如，针对果木病虫害和土地肥力下降等情况，当地果农缺乏科学技术支撑，往往过量喷洒农药，过量施入化肥，造成梨病虫害发生越来越重，土壤中磷酸根大量存在，动摇梨果种植基础。此外，在国家经济快速发展和人口红利的逐渐消失的影响下，农村用工效益矛盾逐年突出，而梨园则用工量巨大，修剪、套袋、施肥、浇水、采摘等生产环节环环相扣，工序复杂，人工成本消耗巨大。这些问题困扰当地梨农已久，收益逐年减少，梨产业始终无法突破固有格局。

作为本地企业，面对难题，山东冠优农业有限公司利用自身技术和资源优势，发出以科技手段带动产业振兴最终实现现代化农业和乡村振兴的倡导，并明确提出"引进新品种、推广新技术、采用新装备"全面优化迭代升级冠县梨产业，以践行"黄河流域生态保护与高质量发展"为己任，努力打造以山农酥梨生物育苗、高端示范种植及科研、加工、品牌营销、农旅结合为一体的国家级酥梨产业示范项目。冠县酥梨产业自此成为全国"乡村振兴齐鲁样板"，助力谱写乡村振兴新篇章。

（三）科技助农，铺就酥梨"智"富路

1. 新型果园，科学培育

满园郁郁葱葱，一颗颗饱满硕大的酥梨挂在枝头，长势喜人[①]，这里是山东省聊城冠县的冠优"数字果园"种植示范基地。近年来，山东冠优农业公司通过梨品种品质升级助力果农增收，切实推进乡村"智"富路的发展。

山东冠优农业公司集水果生物育种（苗）、标准化建园服务及酥梨产业园区建设运营于一体，是掌握多种高新技术的现代化农业科技企业，公司扎根齐鲁大地，在山东省内建有多个冠优"数字果园"示范基地和水果种苗标准化育苗基地，常年稳定培育生产"山农酥梨"等多个高端水果产品，总结出"高技术条件下的北方落叶果木丰产栽培方法"等多项自主知识产权，相关成果受到市场、广大消费者和业内专家的一致好评。自建的冠优

---

① 参考文献：冠县范寨镇人民政府.冠县酥梨丰收忙，乡村振兴有保障.［EB/OL］.https：//mp.weixin.qq.com/s/0dfd1uhyPyatB0Vp8bvQig，2022-11-15

农业育种库中储备有上百万株酥梨优质种苗，随时可为当地果农提供种苗及技术服务等帮扶，并积极发挥科技龙头企业示范带动作用，不断塑造并加强冠县酥梨品牌美誉度和影响力，打造一二三产业融合的全生态链条，建设集品种、人才、科技、品牌为一体的现代农业综合创新高地。

"凡是乡村振兴，必有科技支撑"，牢记党的二十大要强化农业科技和装备支撑的指导思想，冠优农业自落户冠县以来，始终致力于农业科技的进步和创新，积极开展国内外领先的果业新品种、农业新技术、种植新装备和管理新模式的引进开发工作，在科技助力乡村振兴的工作上取得了一定成绩。2019年开始，基地先后与山东农业大学、山东省农科院、乌克兰国家农业科学院等国内外一流科研机构和院校建立了良好合作关系，共同承担了一系列国家、山东省的重大课题攻关项目，并引进山东农业大学"山农酥"梨优良品种，以此为突破口，全面实现冠县梨产业的迭代升级。

2. 农科教一体，"梨界顶流"诞生

"山农酥"梨是由山东农业大学园艺科学与工程学院陈学森团队采用"果树多种源品质育种法"历时十五年育出的中国第一优质晚熟耐贮藏梨新品种，其性状稳定、优良，果肉洁白细腻，多汁、味甜、香气独特，坐果率高，丰产性强，非常适宜在鲁西南地区大规模种植。该品种集多重优势于一身，2015年正式定名山农酥梨。2019年10月在冠县举办了"梨产业高峰论坛暨山农酥梨观摩会"，山农酥梨正式面世。①

在多方洽谈与积极协商，并对品种引进方法进行逐一的科学调研与验证推广，山东冠优最终成功确定将"山农酥"梨引入冠县进行大规模种植。截至目前，"山农酥"梨品种已在冠县地区种植超过3000亩，亩产可达5000斤以上。"山农酥"梨产品的突出特点是皮薄个大，酥脆甘甜，爆汁无渣，抗氧化、不褐变，单个糖度在15度以上，常温存放2个月，仍保持酥脆品质，该品种一经上市，便深受市场和广大消费者的青睐。产品远销北京、上海等一线城市。成功实现了通过酥梨产业推动县域经济发展的目的，

---

① 参考文献：冠县旅游."鱼与熊掌兼得"的梨界顶流，山农酥梨了解一下.［EB/OL］.https://mp.weixin.qq.com/s/xfiPBVzsA-lt1NreiplwOg，2022-10-12

进一步盘活了优质高端梨市场，唤醒提练了销售卖点[①]，为乡村产业振兴注入了新动能。同时，"山农酥"梨产品的种植、销售为当地农户提供了更多就业机遇，吸引周边200多农户就近就业，人均增收3万余元，扎实推进了当地村民共同富裕，实现重振冠县梨产业的宏伟蓝图。

3. 精进探索，"四步走"为酥梨产业持续护航

山东冠优农业有限公司在取得新品种育种推广的成功之后，再接再厉，继续着对新技术和新装备助力现代农业升级的探索，采用多重手段，持续为当地果农发展酥梨产业保驾护航。主要措施包括：

（1）示范应用集安全、优质、标准化、无公害优点于一体的梨果生产技术。注重密植栽培、人工授粉、疏花疏果、套袋、生态有机肥、自然生草、病虫害综合防治等新技术的推广宽行，充分发挥冠优水果种苗标准化育苗基地极其技术体系示范的作用，将冠县梨产业生产水平进行全面提升。

（2）将5G通信、物联网、无人智能机械等高新技术和高科技装备与现代林果种植业相结合，同时因地制宜，制定不同策略，积极推广水肥一体化、Y字树形、土壤改良、病虫害农药减量防控等技术，逐步在全县范围内普及应用"山农酥"梨标准化生产，实现区域规划栽培，最大限度地减少劳动用工成本。

（3）"走出去，请进来"。公司始终放眼世界，用发展的视野超越国界的阻隔，积极开展国际间农业学术合作，2020年，为有针对性的解决农业技术难题，真正实现把科学技术转化为现实的生产力，公司签约邀请乌克兰农业科学院副院长巴良院士团队来华工作。将院士请到田间地头，让当地果农亲身融入冠优"山农酥"梨科研体系，使得理论联系实际，让当地果农近距离感受国际一流专家教授的农业技术指导与服务，开阔新思路，进而大幅提升自身农业技术水平。

多年来，山东冠优农业有限公司通过其良好的示范、带动、聚集作用，实现了冠县梨产业由传统农业向现代农业的转变，进而带动了周边农村服务业、生态旅游等产业的发展，从而促进了冠县乡村农业产业结构的调整。

[①] 参考文献：南方日报. "产学研"助力乡村振兴. ［EB/OL］.https://finance.eastmoney.com/a/202207282464062058.html，2022–07–28

据统计,自冠优"数字果园"项目实施以来,周边区域新技术普及率提高到95%;资源有效利用率提高到80%。并且通过农业高新技术的导入,无害化生产技术的应用等,保护和改善了当地农业生态环境,改良了土壤盐碱化培肥能力,实现了生态环境和物质流良性循环,让当地农业生产和生态环境进入了一个良性循环的发展中,也让冠县农业种植走出了一条发展特色农业产业的新路子。

(四)小结

小小酥梨,起到了助力农业增收的成果。现如今,山东冠优农业有限公司已经在当地建成资本、科技、人才、信息、旅游等现代要素高度聚集,技术装备先进,经营规模适度,一二三产深度融合,品牌建设有效,利益联结紧密,生态环境可持续和农业竞争力提升的酥梨生态产业园,冠县也进入了构建全环节提升、全链条增值、全产业融合的现代梨产业体系新时代。以累累硕果,实现了对冠县人民的承诺,为实现冠县梨产业全面升级迭代与高质量发展,打造中国酥梨第一品牌打下了坚实的基础。

四、原始稻作文化的活化石——新晃侗藏红米

新晃侗藏红米,自2014年6月荣获中国重要农业文化遗产品牌、2018年获得国家地理标志保护产品后,再次获评《中国名牌》"乡村振兴示范基地"。不仅是国家的最高肯定,更为湖南新晃农业发展送来一股暖暖春风。春风的到来,离不开新晃侗家人将红米视为珍品、代代种植。同时,更离不开新晃县委、县政府把新晃侗藏红米产业发展作为打造乡村振兴品牌的着力点,明确提出"以品牌化助力乡村振兴"的发展思路,努力打造"一县一品"示范县和"一乡一业"示范存,使新晃侗藏红米产业成为全区域"农业增效、农民增收"新引擎,助力谱写乡村振兴新篇章。

(一)新晃侗族的"红宝石"——侗藏红米产业发展背景

1. 一方水土,孕育一粒神秘红米

新晃侗族自治县位于湖南省最西部,居住着侗、汉、苗、回等26个民族,总人口27万,其中侗族占80.13%。新晃是全国生态示范县、扶贫开发重点县、武陵山片区区域发展与扶贫攻坚试点县、比照实施西部大开发政

策县和省定革命老区县。新晃地处云贵高原苗岭余脉向武陵山系过渡地带，地理生态环境优良。全县林地面积156.9万亩，森林覆盖率67.8%，植被总覆盖88.84%，常年空气优良天数达320天以上，大气环境质量达到国家二级标准，有"湘西明珠"之美誉。①

新晃侗藏红米是神秘侗乡孕育的一颗"红宝石"，因珍藏于新晃侗族少数民族集聚区而得名"侗藏红米"②。

新晃古称晃州，虽是落后，但山清水秀，是侗族集聚区之一。据清嘉庆年间编纂的《晃州厅志》，其《物产卷·谷之属》载有："郡境稻名不一，粘者为糯，不粘者为粳"，"糯之种则有扫箕糯、光头糯、牛皮糯、红糯、白糯、种禾糯诸名"的记载③。其中，"红糯"就是侗乡山水孕育、侗民世代传承的新晃侗藏红米。侗族特别喜好红色作为吉庆色，取吉祥如意之意。新晃侗藏红米在当地不仅用作米饭食用，还配以红豆、小米做成红米粥，或磨成红米汁食用。在结婚、汤饼、乔迁等喜事来临时，还做成红米粑、红米甜酒、红米泡酒等食品以期对新人、对亲朋送上祝福；逢年过节等盛大节日都要邀请亲朋好友品尝红米酒、红米粥、红米饭，以期对来年图个吉祥、对事业图个红火。

这颗闪耀在侗家人历史长河里的红米，红而不艳、清秀细长、含有浓郁的豆味清香。经专家鉴定，它是一种罕见的籼粳糯复合型米，营养十分丰富，富含钙、铁、锌、硒、镁等微量元素和丰富的植物性蛋白。④

这里山涧的清清溪水灌溉稻田，随溪水而来的小鱼生长于稻田里，农民又在稻田择时放养鸭子。鱼、鸭在稻田里一边吃草、一边吃害虫，鱼、鸭的粪还可肥田。这种山上封山育林，山下引水灌溉，林稻相间，水旱轮作的种植系统与养鱼养鸭系统的有机结合，无形中建立了一套良性循环的农业生态体系，也保证了新晃侗藏红米绿色天然的特质。

---

① 注：本段内容来源于新晃县统计局、新晃侗族自治县人民政府等网站。
② 参考文献：周佳，赵小玲.新晃有颗"红宝石"——侗藏红米[J].食品界，2018（07）：84-87.
③ 注：本段内容来源于清道光5年修，民国25年重印的《晃州厅志》。
④ 参考文献：彭宏高，彭凤华.开发侗藏红米潜力大[J].湖南农业，2010（12）：9.

2. 一帮贵人，成就国家农业品牌

蜿蜒的舞水河，从贵州省瓮安县尖坡一路奔腾而下，进入新晃境内，曲折的河水在县城附近画了个"几"字后，从洪江市汇入沅江，流向洞庭湖，这样的水源孕育出有着历史悠久的稻作文化的红米之乡。1987年，考古队相继在新晃大湾罗乡打岩坡新石器时代遗址下层发现了稻灰及稻谷颗粒遗迹，这意味着至少在8000年前，新晃先民就学会了把野生稻驯化为栽培稻，进入了农耕时代。

2011年5月18日，新晃侗藏红米遗产传承人、国家品牌创建人姚茂洪来到袁隆平院士位于湖南省农科院的家中，与院士交流新晃侗藏红米稻有关挖掘和发展情况的汇报，袁隆平院士也认为新晃古老、健康、吉祥的侗藏红米是一个前景广阔的好项目，未来还需进一步研究它的生长习性，挖掘它的内在价值，让它真正成为造福一方的营养米和吉祥米。

同年7月，袁隆平院士委派他的弟子、省农科院白德朗教授和湖南农业大学水稻专家、博士生导师徐庆国教授一行深入侗藏红米生产基地进行实地考察。徐教授和白教授肯定了侗藏红米基地的生产环境和侗藏红米的生长态势，同时建议新晃的相关部门对侗藏红米稻的种植建立专门的规范流程，以便更好地开展研究，并提高侗藏红米的品质和产量。在袁院士及其团队的鼓舞和大力支持下，姚茂洪将全部精力投入到了合作社的建设上。合作社采用"合作社+社员"模式，做好侗藏红米稻选育、培育工作的同时，全面为成员提供相侗藏红米稻种植技术的统一培训、技术交流与咨询等服务，并负责侗藏红米的统一回收及销售。通过组建新晃侗藏红米稻种植专业合作社，原生态侗藏红米稻的传承、发展有了更好的保障，侗藏红米稻的种植技术有了统一标准，农民种植出来的侗藏红米稻有了统一销售的渠道，因而促进了农村经济快速发展，农户收益得以大幅提高。2014年，"新晃侗藏红米"成功入选农业部第二批"中国重要农业文化遗产"，之后，新晃侗藏红米因独有的价值，于2018年5月被国家质检总局入列国家地理标志保护产品名录，成为新晃继黄牛肉、龙脑后第三个获此品牌的产品。同时，在县市场监督管理局的领导下，新晃侗藏红米之"新晃红米"，于2020年3月还获得了国家地理标志证明商标，推进了新晃农业发展，成就了新晃的农业品牌。①

（二）"红宝石"的打磨之路——红米品牌发展路径

1. 一腔热血，成就一方产业

2011年，姚茂洪成立新晃侗藏红米以新晃侗藏红米种植专业合作社，整合各分散种植户，对种植加工进行全面规范引导，实施标准化作业。两年后，入社社员达1133人。同时，合作社先后投入200余万元，流转土地2000余亩，建成了晏家、扶罗、新寨、李树4个标准化新晃侗藏红米生产基地，种植面积达到3000亩，占全县种植面积的80%以上。投资120余万元，完成全套耕作种植机械的配置。2017年，组建了湖南侗都米业股份有限公司，投资500余万元，建设了年加工能力达5000吨的新晃侗藏红米加工生产线。2021年，全县种植面积达到5000余亩，年产新晃侗藏红米2000余吨。②

经过多年的不懈努力，新晃侗藏红米已形成集产业服务、生产开发、种子供应和流通服务于一体化的产业链条。产业服务体系方面，成立了新晃侗藏红米产业领导小组，下设新晃侗藏红米产业发展办公室，负责新晃侗藏红米产业发展工作，每个新晃侗藏红米生产乡镇均配备了一名专业技术员。生产开发体系方面，县农业局在扶罗建立了600亩新晃侗藏红米生产科技示范园。种子体系方面，形成了新晃侗藏红米稻专业合作社种子供应基地，确保了种子的质量和供应。流通体系方面，采取"公司+合作社（协会）+农户"的产业化运作模式，形成了新晃侗藏红米稻农民专业合作社等流通服务中心，产品远销北京、上海、广州、西安等大中城市。

新晃侗藏红米的销售主要采取线上线下有机结合的方式，与湖南电视台快乐购栏目组合作建立电视销售网络、与长沙电商平台等电商有紧密合作，与怀化怀仁集团签订了长期战略合作协议。在长沙和广州参股建立新晃侗藏红米体验店，在长沙、北京、上海、广州等城市招聘经销商销售新晃侗藏红米。

---

① 注：本段内容来源于湖南省市场监督管理局新晃侗藏红米编制说明，地理标志产品地方标准制定组撰写

② 注：本段内容来源于新晃侗藏红米遗产传承人、国家品牌创建人姚茂洪

为了促进新晃经济发展，2023年，新晃县委、县政府制定了新晃侗藏红米发展总体规划：即推广种植新晃侗藏红米10000亩，实现年产新晃侗藏红米5000万余吨，并在平溪河流域建设新晃侗藏红米产业园，将其打造成一座集种植、生产、加工、销售和旅游观光、休闲体验、教育展示于一体的现代化新晃侗藏红米产业园。

2. 一心科研，开创红米科技之花

新晃侗藏红米是常规稻老品种，若不通过科学保护和繁育，非常容易退化并消失。所幸在袁隆平院士的委托下，原国家水稻研究中心同事，原海南大学有色水稻研究中心主任周庭波亲自参与新晃侗藏红米的品种保护、提纯与提质育种工作。在周教授的精心指点及湖南农业大学徐庆国教授等专家多年的大力帮扶下，原生种源不仅得到了提纯保护，还于2019年底成功选育出带有浓郁香型核心基因植株，并于2020年10月，在扶罗东风成功产出了第一批核心红米样品，口感较原红米柔软清香、产量较原红米大幅提高30%，亩产达到1000余斤，使新晃侗藏红米种源提质科研跃上了新台阶。通过提纯复壮、提质优化后，新晃侗藏红米重新恢复了原有本色，并在香味和口感上有了更大的提升，其品种繁育技术、种植推广技术在2023年后全面稳定，并同时进行了品种审定工作。

其次，为了保全新晃侗藏红米的营养价值，加工方式与普通大米明显不同。为此，姚茂洪深入车间，相继对现有加工设备进行重新设计、改装，让出产的新晃侗藏红米品相更好、品质更优。经过一年的改装，并在此基

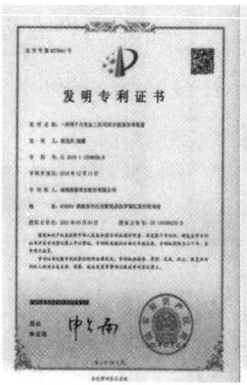

图7-1 部分专利证书

础上申报了近十项目发明专利,取得了较大的科研成果。其中,6 项目改造相继获得国家发明专利。

再次,为了增加新晃侗藏红米适口性,姚茂洪与团队人员根据传习俗、相继开发了侗藏红米代餐粥、侗藏红米银耳羹、侗藏红米茶饮料、侗藏原浆酒、侗藏红米炒饭等食品。[①]其中,《一种营养大米的加工方法》《一种饮品的制备方法》及《一种红米酒生产工艺》等产品相继成功开发,预计近年将全面走向市场。

创新虽不易,但通过努力,老品种也开出了科技之花。相继获得品种改良繁育新成果,发明专利 8 余项,实用新型专利 3 项。

(三)可复制的红米品牌经验

新晃侗藏红米,获得"中国重要农业文化遗产名录""国家地理标志产品保护名录""国家地理标志证明商标"三块国家级金字招牌,离不开新晃源远流长的原始稻作文化底蕴,离不开新晃侗藏红米自身珍贵的原生稻种资源优势,更离不开地方政府领导、各方面的专家及一帮贵人相助,这才造就了新晃侗藏红米这一国家级品牌。在侗藏红米品牌发展之路中,品牌创始人抓住了乡村稻作文化,在产品研发、质量提升等方面夯实基础,形成了专业优势,再经过技术提升、产品升级、一二三产业融合发展,推进了新晃农业发展。分析该农贸类品牌发展之路,在企业层面、技术层面和产业层面总结出以下特质。

1. 企业层面:"专业人才 + 规模效益"

专业人才包括领导层和技术层,为了将新晃侗藏红米更好地传承下去,新晃侗藏红米国家农业文化遗产传承人、国家地标品牌创始人姚茂洪,扛起了发展新晃侗藏红米产业大旗,从提纯育种、生产改造,加工销售,到助农脱贫等都进行了领导和决策。同时,领导层创办了合作社,在做好产品培育的同时,还能为村民提供统一的技术交流与咨询服务,帮助村民形

---

① 参考文献:姚茂洪.新晃侗藏红米:世界原始稻作文化的活化石[J].农产品市场,2019(18):30–33.

成内源式发展的内生动力[①]，带动地区整体发展。其次是品牌的发展离不开技术层的专业人才，团队需要积极与专家团队、相关高校和研究院达成合作，以此全面提升农产品的生产效率和质量。因此，品牌产业带动，不是一朝一夕之事，而是一个长期稳定的惠民工程，是一个个农户时时追求美好生活的期待工程，需要的是能人们全身心的投入，乃至一辈子的投入。

此外，新晃侗藏红米生产布局十分集聚，自合作社成立以来，姚茂洪将原先分散种植的个体户融为一个整体，建立了600亩新晃侗藏红米生产科技示范园，完成了全套耕作种植机械的配置，实施标准化作业。同时，形成了一整条产业链，集产业服务、生产开发、种子供应和流通服务于一体，这样的运作模式能最大限度发挥乡村农贸产业的集聚效应，实现该地资源最大化。

2. 技术层面："科技 + 创新"

第一产业为主的贸易市场一般竞争激烈，因此如何超越其他竞品，获得销售优势是一大难题，其中科技创新是助推剂，体现在农产品的品种培育、产品加工和后期销售上。

（1）在品种培育这方面，针对侗藏红米这样的常规稻，保护、繁育、通过科技创新提升产品品质尤为重要。对于不同的农产品品种，种植者也需要不断探索、研究、推广新品种，以及采用现代化技术[②]，不断内向挖掘、自我更新，提升产品价值。

（2）在优质品种稳定后，合理选择加工设备和方式，尽可能保持产品的原始特性，最大程度保证农产品的品相和品质。此外，农产品的包装也需要充分考虑产品的特性和市场需求，进行针对性的研发。整个生产加工的过程也需要依靠技术提高效率、降低生产成本，以增强品牌的市场竞争力。

（3）在对外销售时，快速察觉市场变动做出调整，同时针对不同的受众人群，按需供应产品。在互联网时代，通过电商平台等新兴渠道开拓市场，同时注重与传统渠道的结合，可以更好地满足市场需求，拓展销售渠

---

① 参考文献：王敏，花家俊.内源式乡村振兴发展路径探究［J］.安徽农学通报，2022，28（07）：4-6+15.

② 参考文献：罗歆.现代化农业助力乡村振兴模式研究［J］.农村经济与科技，2021，32（22）：158-160.

道，增强品牌的全国影响力。

3. 产业层面："销售能力+融合力度"

（1）抓住互联网机遇，与电商服务公司达成合作，创新营销模式增加客源。侗藏红米打响了自己的品牌，在新媒体时代，进行线上线下布局的多元化营销，比如与湖南电视台快乐购栏目组合作建立电视销售网络，在长沙、北京、上海、广州等城市都拥有自己的经销商，形成扩张式的发展模式。

（2）以包装作为销售的切入口之一。外包装作为产品给消费者的第一印象，通常也是吸引他们购买的第一步。侗藏红米整体包装心意满满，针对不同销售渠道、不同人群推出不同层次的产品包装。无论是包装的材质还是整体色系，都从保护和推广民族文化的角度来传递，树立侗藏红米"活化石"在消费者心中纯天然高品质形象。这样的包装不仅让消费者对产品的文化产生认同感，而且提升了品牌竞争力，增强了忠诚度。

（3）提升产业融合力度，打造一个现代化的综合产业园，集种植、生产、加工、销售、旅游观光、休闲体验以及教育展示于一体。在新晃侗藏红米产业园中，种植、生产、加工和销售环节相互协作，以实现生产和销售的高效性和品质的提升。同时，通过与旅游观光、休闲体验和教育展示等产业的结合，产业园为当地经济和文化发展做出了积极贡献。这种产业融合不仅能够带来经济效益，还能够促进文化传承和创新。对于其他地区的产业发展，可以适当复制这样的产业协作与整合模式，采用基于循环农业视角下的农旅双链模式，发展休闲农业[①]，构建起多元化、协同发展的产业体系，发挥它的多重功能和效益。

五、山水资源助力乡村——凤仪湾·中法农业科技园

凤仪湾·中法农业科技园位于南充市高坪区江陵镇，毗邻风景秀丽的嘉陵江畔，是嘉陵江流域内的原生态湿地。近年来，凤仪湾·中法农业科技园把果蔬产业发展作为打造乡村振兴品牌的着力点，发挥高坪区全国蔬

---

① 参考文献：孙志国，殷瑰姣，田敏，戴光忠，桑霞. 武陵山片区重要农业文化遗产保护状况的思考［J］. 浙江农业科学，2014（11）：1757-1761.

菜产业重点县与晚熟柑橘优势区的产业优势，以晚熟柑橘、桃、番茄为主导产业，高标准建设西部内陆一流的现代农业园区，着力打造成渝地区优质水果蔬菜供应基地、中法农业文化交流的窗口，推动区域农业产业高质量发展与乡村振兴。

（一）凤仪湾中法农业科技园：从"以水为患"到"以水为荣"

1. 立足山水资源环境，拉开凤仪湾乡村振兴序幕

千里嘉陵浩浩汤汤，大约7年前，中法农业科技园所在的地域面貌与如今大不相同。项目所在地凤仪湾原本是一片每年都要被江水淹没的废弃盐碱地，由于20世纪80年代盛行的采砂活动，导致河滩破败不堪。周围的村民常在附近种植花生和麦子以此提高滩涂地的利用率，但一直存在江水上涨造成庄稼淹没的危险。但鉴于这里四季分明的特征，湿度大、风速小的特点和丰富的山水资源环境，农旅融合发展的契机得到了显现。

自2017年2月启动了中法农业科技园的改造项目，项目总体定位为"中国农业公园、都市后花园、旅游目的地"，突出新农业、新旅游、新生活、新交流"四大重点"，结合乡村振兴战略建设嘉陵江流域绿色发展引领区、都市型高效农业示范区和美丽乡村综合体，主要结合山水资源优势建设了循环农业区、湿地农业区、美丽乡村社区三大板块。

2. 建立三大特色板块，推进凤仪湾农旅融合新进程

园区主要建设三大特色板块，推进凤仪湾农旅融合的新进程。项目完成投资16亿余元，建成区面积近1万亩，其中循环农业区基本建成，湿地农业区正式对外开放，正加快推进美丽乡村社区建设。园区成功创建为省级示范农业主题公园、省级农业对外开放合作试验区、省级农业科技示范园区。

（1）循环农业区

立足中法农业科技平台，以中国省农科院为依托，建立国家桃产业技术体系成都综合实验站凤仪湾基地，着力打造现代农业高质量发展标杆。现建成欧标伏季水果园、柑橘博览园，呈现欧标水果采摘、欧洲田园观光、亲子农事体验等项目业态，"凤仪湾农场"品牌农产品成功抢滩北上广中高端商超。引进建设国际领先的法国式智能温室，目前主体及设备安装已全面完成，正开展番茄种植试运行，力争建设成为西南地区唯一全国顶尖的

植物工厂示范项目。以酒庄聚落为主体，引进5个独具代表性的法国酒庄，打造红酒体验馆、咖啡故事屋、文学放映厅等体验展示区，实现旅游休闲与文化体验深度融合。

（2）湿地农业区

立足嘉陵江流域自然生态修复，重点建设休闲区、培育区、封育区板块，打造长江生态保护嘉陵江样板。拥有1万平方米的游客接待中心、9个服务点、5000平方米的后勤服务区，木屋酒店、宴会厅、美食厅、茶坊、帐篷营地对外运营，亲子乐园、水上乐园、休闲游船、自行车骑行、婚纱摄影等产品全面呈现，已于2019年10月对外试开放。

（3）美丽乡村社区

充分利用山水景观资源，引入村落式空间组织，与当地的新村聚居点、新农村综合体建设错位协调发展，实现农村规划、建筑、景观的"美丽""宜居"品质提升，构筑乡村生活新场景。目前，正重点加快推进一期法式康养水镇建设，融合中西方小镇生活营造，重点打造特色餐饮街区、香水文化馆、艺术展览中心、特色酒吧、经典影院、商业购物街、风情酒店等功能区，打造集旅游购物、互动体验、艺术展览、文化交流功能于一体的生态型乡村国际会客厅。

3.打造"限定款"凤仪湾有机桃，提高乡村产业的竞争力

凤仪湾·中法农业科技园基于良好的湿地生态环境，推出了以绿色和有机为代表的标准化生态种植模式，每一颗在这里生产出的蜜桃都成了"大自然的限定款"。2022年6月，"凤仪湾农场有机桃上市发布会"仪式正式在成都举办。发布会上最引人注目的是具有508克重的凤仪湾"果王"，以千元的高价售卖成功。

凤仪湾的农产品以番茄、桃和晚熟柑橘为主，园区着重打造"限定款"凤仪湾有机桃。有机桃售卖时间短，仅维持15—20天。为了保证产品的新鲜口感，科技园采用当天采摘和冷链运输的方式，尽最大努力维持有机桃的甜脆口感，为消费者提供绝佳的美味体验。另外，凤仪湾也具有众多的鲜桃品种，园区内已种植3000亩红玉、黄肉桃、早脆、春美和黄肉油桃等，均获得了国家有机认证，具备可靠的品质。不仅如此，园区内还栽种有30亩的有机水果与食用番茄，努力推动智慧农业的发展，突出当地的农产品

特色，提高乡村产业的竞争力。

中法农业科技园在经历了近7年的发展之后，始终利用湿地和山水资源的天然优势条件，形成以"水"为主体的产业园，为滨江农村在现代农业、湿地营造和乡村旅游建设三方面的发展提高了借鉴。2021年园区已达到了60万人次的游客接待数量，获得超5亿元的旅游综合收入，增加了园区周边村民户均约3万元的经济收入。中法农业科技园在今后的发展中将更加关注园艺化蔬菜基地、农业科技孵化和农产品加工冷链物流等项目，努力将中法农业科技园打造成真正的"中国农业公园、都市后花园、旅游目的地"。

（二）凤仪湾·中法农业科技园："面子新"和"里子美"的成功建设路径

凤仪湾·中法农业科技园围绕发展目标，探索产区景区化、田园公园化、产品高端化"三大化路径"，努力构建"产区变景区、田园变公园、产品更优质"的乡村面貌，推进南充乡村多产业融合发展的局面，促进"面子新"和"里子美"。

1. 产区景区化，助力多产业共同发展

中法农业科技园依靠嘉陵江边的地理条件，积极开展乡村生态和田园意象的环境营造。园区规划建设的一座湿地生态农业观光园，利用水体净化和生态修复等方式建立景区环境，推动规模化生态"花湖草海"的形成，激发"产区变景区"。中法科技园不仅注重景区面貌形象的构建，还关注景区业态的发展。在美丽乡村社区内，将重点聚焦在文化融合上，实现传统与现代融合、东方文化与西方文化有机结合，促进餐饮住宿、休闲展览和旅游购物等产业的兴起，丰富景区的商业活动，以此提高农业观光园对外地游客的吸引力。不仅如此，科技园还依靠高端的技术设备，围绕旅游度假和养生疗养的服务需求，努力推动园区内康养产业的发展，规划在园内建设中医健康养生基地和康养公寓等服务设施，实现现代农业、休闲康养和生态游览等多业态齐头并进，提高产区景区化的发展速度，助力乡村的"面子新"和"里子美"，深刻落实乡村振兴的农文旅融合之路。乡村的产业形态呈现向康养服务经济倾斜的趋势，由第一产业向多产业融合的变化，这符合国家对田园综合体的发展初衷。[①]

2. 田园公园化，推动乡村绿色可持续

为了合理改造原始的废弃盐碱地，维持嘉陵江水域的生态体系发展并推动沿江流域的正确开发，四川省滨水城乡发展有限责任公司凤仪湾水镇建设管理组基于湿地水系和水域附近的地形地貌开展了修筑堤坝的工作，最大程度上在嘉陵江流域构建最大最完整的生态湿地景观，打造生态湿地公园，为南充乡村振兴步入绿色可持续的发展道路提供了契机。

由于自然环境的改善，园内的鸟岛成功吸引了丰富的鸟群，黑天鹅、苍鹭、红嘴鸥……在原本一片废墟的土地上，如今容纳了14种二级保护动物和约3万只的鸟类，园区内部还具有上百种的植物栽植，创造了优美的生态旅游观光路线，形成了"田园公园化"的发展路径，保护了湿地生态，推动了乡村自然景观的绿色发展。另外，公园采取了"引水入镇"的手段，基于"看得见山、望得见水、记得住乡愁"的理念打造公园的乡村旅游活动，在公园内形成了绿色生态的消费途径，有利于乡村业态发展的绿色可持续。

3. 产品高端化，科技创新激发产业活力

在中法农业科技园的循环农业区内，在乡村振兴过程中，科技园加大科技创新，启动了中法技术合作的核心项目——智能温室，利用全气候智能控制和全无土栽培的高科技手段，开辟南充在现代化农业和建设高端化产品的新道路，园内还配备了生产室、育苗室等。自2021年起，水果园全面开启了智慧农业云平台灌溉系统，利用网络技术展开喷滴灌水肥一体化的所有工作，结合电脑系统完成施肥和滴灌等步骤，激发了现代农业的发展活力，初步获得了"优质产品、资源节约和减少人工"的"三赢"进步，利用科技创新激发园区产业活力。

与此同时，水果园的农产品也呈现出高端化的趋势。2021年伏季水果园的桃系列农产品发展速度最快，在获得有机认证后为北上广OLE等大型市场提供产品，奠定了今后循环农业区的农产品高端化发展销售的基础。

[①] 参考文献：演克武，陈瑾，陈晓雪. 乡村振兴战略下田园综合体与旅居养老产业的对接融合[J]. 企业经济，2018，37（08）：152-159.

园内也正不断加大科技创新，2022年，循环农业区开始探索"科技+农业"的发展模式，为消费者提供智慧生产休闲观光和亲子农活体验的功能，提高科技园产业的活力。

（三）凤仪湾·中法农业科技园品牌打造经验总结

1. 依托自然山水资源，品牌发展"初露锋芒"

自然山水资源奠定了凤仪湾·中法农业科技园乡村产业和品牌的发展基础。由于毗邻嘉陵江畔的地理优势，在原本废弃的盐碱地上通过合理建造湿地和引水等途径将自然环境"变废为宝"，促进中法农业科技园"面子"的改善。依托自然山水资源优势，一则有利于保护嘉陵江流域的自然生态系统，为建立园区和实现项目各项功能提供资源基础；二则吸引了公司、企业和机构的迁入，为园区的业态发展提供经济基础；除此之外，山水资源也推动了农业科技园营造乡村振兴的特色品牌，形成以果蔬产业为中心的发展方向，重点打造晚熟柑橘、桃和番茄的主导产业，乡村品牌发展"初露锋芒"。

2. 大力引进先进科技，助推四川现代农业转型升级

中法农业科技园在推动乡村振兴时积极引进先进科技技术，以此提升乡村产业的创新能力。在改造传统农业过程中，园区依托信息技术的基础，运用了生物工程、生态环保和智慧信息等现代技术设备和方法，推动了国际化农业平台的成立与合作。同时，园区也时刻关注农产品的生产质量和市场发展，联合了农业科研院所共同促进生态高效循环农业壮大，依靠四川省农业科学院和中国农科院柑橘研究所等为消费者提供优质的农产品，成立了专家工作站和综合实验站，助推四川现代农业转型升级，有利于提高乡村品牌的影响力。

在科技元素的带动下，凤仪湾农场品牌在两年时间内具有一定的市场影响力，得到了省市级最受欢迎的区域农产品品牌推荐，对四川现代农业转型升级起到重要作用。除此之外，科技的引入也带动了区、镇的农业升级。中法农业科技园项目辐射带动高坪区对标循环农业区建园标准，江陵镇和龙门街道办两个乡镇联合打造"百里柑橘产业带"和"中法农业科技园产业环线"，建成晚熟柑橘示范带，创建为南充市星级现代农业园区。特别是随着智能温室的建成投产、全链运营，将打造成最前沿农业技术的孵

化基地，大力助推四川乃至西部现代科技型农业发展。

3. 加大资本投入，促进公司企业与农户共同合作

为了更好地助推脱贫攻坚和乡村振兴的有效衔接，中法农业科技园也加大了资本资金的投入，以此促进公司企业与农户的共同合作，在增加农户的经济收入的同时，也解决了乡村就业的相关问题，优化中法农业科技园"里子"的发展。园区不仅采取了直接为当地农户提供土地租金收入的方式，还采取"劳务承包""公司+产业合作社"等多种方式促农增收，每年培养输出千余名农业专业人才，直接或间接带动农民3000户增收，户均增收5万元，每年实现为农增收5000万元以上。

同时，资本的投入不仅推动了园区内部的发展，也带动了周边乡村和农户的就业热潮，激活了乡村的"美丽经济"。主要表现在直接带动当地5个村259户875名建档立卡贫困人口快速脱贫，极大改善了生活生产环境，构筑公司与农户共同致富的良好发展局面。江陵坝村、元宝山村获评2019年省级"乡村振兴示范村"，江陵镇获评2020年省级"乡村振兴先进乡镇"。同时，项目全面建成后预计年接待游客200万人次，可直接带动周边10多个乡镇30多个村的老百姓自主创业增收，新增就业岗位5000个以上，缓解了农户的就业困难。

4. 政府积极干预，引导产业可持续发展

中法农业科技园作为川法合作的现代农业重点项目，是省委和省政府在"一带一路"的背景下提出的。该项目作为南充市100件大事之一和高坪10件大事之一，政府在项目规划建设过程中也积极干预，对凤仪湾产业的可持续发展也起到了重要作用。南充市农业农村局展开了2022年南充市基层农技人员知识更新培训（种植班），通过技术培训等方式提升农技人员的栽种技术，引导园区的农业升级。

5. 建立国际化平台，构建乡村发展新面貌

中法农业科技园作为国际合作项目，通过建立国际化交流平台促进南充"走出去"。欧洲作为世界的技术中心，具有先进的国际现代农业技术和设施。荷兰、意大利等各国公司企业代表曾抵达南充开展项目的调研考察工作，如原香槟阿登大区主席巴希先生、荷兰林保省的农科院等，有利于科技园内国际化技术的引入和使用，创造了国际化平台交流的开端。同时，

随着国际合作的深入，中法农业科技园充分把握巴黎气候峰会和法国沙隆农业展览会等渠道来提高园区的知名度和影响力，丰富了园区商业、康养和小手工艺者等不同业态；并积极在循环农业区引入国际文化元素，如电影文化和葡萄酒文化等，努力推动国际合作，促进南充乡村"走出去"并构建乡村发展的新面貌，以此开拓更广阔的国际市场。

6. 保护原始风貌，促进乡村绿色生态发展

在"面子"和"里子"逐渐完善的条件下，中法农业科技园也注重提高园区的综合品质，开始投入乡村的绿色生态和可持续发展建设。中法农业科技园始终坚持保护原始风貌，在建设中材料和元素均取自当地，在保留原始自然景观的同时合理配置与之适应的景观、树木和建筑，引江入湖，净化湿地，最大程度恢复保护好湿地的原始风貌。目前，已建成的生态湿地农业区吸引了58种鸟类和62种鱼类栖息繁衍，打造出人与自然和谐共生的美丽乡村。凤仪湾利用自然乡土元素真正做到"绿水青山就是金山银山"，为村民和外来的消费者提供舒适的田园生活，带领人们回归大自然，突出地域文化并深刻挖掘文化符号的使用，提升中法农业科技园的总体品质，有利于乡村品牌建设的可持续发展。

（四）小结：立足"水"，打造农林文旅全面发展的田园旅游综合体

凤仪湾·中法农业科技园立足"水"，坚持习近平总书记所倡导的"绿水青山就是金山银山"的理念，打造了循环农业区、湿地农业区、美丽乡村社区三大板块，积极推进田园旅游综合体的建设。在项目建设过程中，凤仪湾·中法农业科技园努力推进"面子新"和"里子美"。园区充分利用自然乡土元素，改善园内的景观环境，做好园区的"面子"；在产业发展中，依靠自然优势形成了果蔬产业为主导的发展方向，打造了具有特色的凤仪湾农场品牌。为促进产业的可持续发展和市场竞争力，采取了科技赋能创新、资本投入、政府干预、国际化交流合作等不同方式，推出有机桃等特色水果，完善乡村产业链的发展，引导乡村产业的转型与升级。结合现代化的发展需求，创建了康养服务、休闲观光、商业购物等不同活动，激发了凤仪湾的经济活力，助力园区多产业融合发展，提升了凤仪湾品牌的影响力和吸引力，促进了中法农业科技园的"里子"建设，实现打造农林文旅全面发展的田园旅游综合体。

六、一片叶子的新三变——浙江省安吉县溪龙乡白茶

浙江安吉白茶,一片玉叶飘香世界,以其独特的茶香茶韵诠释了安吉美丽乡村的动人风情。安吉白茶从一棵茶树到全国十强作为国家地理标志产品,从靠天吃饭到大数据种茶,从人均增收7600元到走向国际,走出了一条农产品致富的乡村振兴之路。

(一)安吉白茶的品牌故事

安吉地处浙江省西北部,是一个有着1835年悠久历史的江南古县,汉灵帝赐名"安吉",取《诗经》"安且吉兮"之意,有着中国第一竹之乡、中国书画之乡、中国白茶之乡等众多美誉。安吉是习近平总书记"绿水青山就是金山银山"理念的诞生地、中国美丽乡村的发源地,亦是全国首个生态县、全国首个联合国人居奖和首批生态文明奖的获得县。[①]

安吉是著名的茶乡,其"安吉白茶"全国独有且为茶中极品,是一种汉族名茶,为浙江名茶的后起之秀。安吉白茶虽名为"白茶",但此白茶非彼白茶,宋徽宗于《大观茶论》写道:"白茶自为一种,与常茶不同,其条敷阐,其叶莹薄,崖林之间偶然生出……须制造精微,运度得宜,则表里昭澈,如玉在璞,无与伦比也。"[②]安吉白茶具有绿茶固有的标志性特点"三绿",干茶色泽和冲泡后的茶汤、叶底均以绿色为主,安吉白茶外形挺直略扁,形如兰蕙;色泽翠绿,白毫显露;叶芽如金镶碧鞘,内裹银箭。冲泡后,清香甘甜且持久,滋味鲜爽,饮毕,唇齿留香,回味甘而生津。叶底嫩绿明亮,芽叶朵朵可辨。

近年来,安吉白茶斩获多项奖项,如中国名牌农产品、浙江省名牌产品、浙江十大地理标志区域品牌等[③],有力发挥自身优势,成功打造享誉世界的浙江安吉白茶品牌。

---

① 参考文献:白艳,赖建红.安吉白茶产业发展四十年[J].茶叶,2020,46(03):164-165.
② 参考文献:陈毛应,朱海洋.浙江安吉 一片叶子书写东方传奇[N].农民日报,2023-01-10(006).DOI:10.28603/n.cnki.nnmrb.2023.000168
③ 参考文献:何倩兰,曹永峰.特色农产品区域品牌建设研究——以"安吉白茶"为例[C]//.Proceedings of International Conference on Engineering and Business Management(EBM2012).Scientific Research Publishing,2012:968-971.

安吉白茶产业现已发展有40余年,经历树种发现培育、茶树规模种植、白茶品牌建设、产业转型升级四个阶段1,各阶段发展实践与所得成就如下:

1. 曾闻北宋如玉在璞 偶得安吉白茶之祖

"白茶自为一种,与常茶不同。其条敷阐,其叶莹薄。崖林之间,偶然生出,虽非人力所可致。有者不过四五家,生者不过一、二株,所造止于二、三胯而已……",从宋徽宗在《大观茶论》对白茶的描述中,可窥见"如玉在璞"的白茶在北宋年间亦是十分珍贵稀少、无与伦比的,只是后人只从其中知白茶之佳而不知其源,900年来,人们仅闻其名而不见其物,这也成为中国茶叶史上的一个悬念。①直至20世纪30年代,安吉县茶叶工作者在安吉县孝丰镇发现野生白茶树数十棵,据县志记载,茶树枝头新抽芽的嫩叶色白如玉,焙后微黄。1970年,浙江农业资源普查时,在天荒坪镇大溪村横坑坞800米的高山上又发现一株树龄百年以上的野生白茶树,嫩叶纯白,仅主脉呈微绿色,很少结籽,这株茶树被命名为安吉白茶祖,后育成"白叶一号"品种。

2. 白茶产业初具雏形 安吉白茶规模种植

1980年成立浙北茶树良种选育课题组;1982年尝试扦插育苗537个段穗,仅有288株成活;1983年移栽第一代无性系幼苗82丛,有75丛成活;1987年,开始第二代无性系繁殖育苗、种植尝试,实践证实实验茶苗性状与母树一致,具有稳定遗传性,可以在县域内尝试种植。至1996年,安吉县白茶种植面积已有1000余亩,但可采制的仅有200亩,产量共有200千克,产值20万元。自此,安吉白茶产业已有雏形。

1997年,安吉县政府成立了"安吉白茶开发领导小组",并相继出台安吉白茶产业发展"十五"规划、《关于安吉县鼓励发展白茶生产的若干意见》等相关政策,以每亩150元的无偿补助,引导农民种植白茶发展产业。1998年,市农业局、县农业局、中茶所、县林科所等共同合作完成《安吉白茶特异性状鉴定与利用》,"安吉白茶"茶树品种'白叶1号'被正式认

---

① 参考文献:浙江安吉白茶网.[EB/OL].http://www.baicha.cn/anjibaicha/

定为无性系茶树良种。[①]2000年，中国特产之乡命名委员会授予安吉县"中国白茶之乡"荣誉称号。至2002年，安吉全县白茶种植面积、产量和产值相较于1996年，分别增长了近36倍、44倍、31倍，实现了白茶产业规模化种植。

3. 安吉品牌声名远播 数字智能一码溯源

2003年4月，时任浙江省委书记的习近平同志前往安吉县黄杜村考察白茶基地，对于黄杜村因地制宜发展茶产业的实践给予了充分肯定，并提出了"一片叶子富了一方百姓"的重要论断。2005年8月，再次考察安吉的习近平同志，在这里提出了"绿水青山就是金山银山"的科学论断。[②]安吉县立足生态环境保护、产品质量提升、公用品牌铸造，坚持书写好"原产地"这篇文章[③]，首创"双商标"新型管理模式，使得在短时期内迅速树立规模化的"安吉白茶"品牌形象，同时建立"四统一"管理体系和"六合一"质量追溯体系，实现了从种植到采制、从加工到销售、从茶园到市场的全方位生产、管理与营销，并获得了诸方的一致好评。如今安吉白茶的生产全流程甚至可"一码溯源"，也通过阿里云区块链服务被安全存证，只要扫描包装上的二维码，即可看到所购白茶的生产加工全部环节，以确认购买到正品、安全的安吉原产白茶。安吉县先后主持举办中国·安吉白茶节、安吉白茶与《大观茶论》研讨会、"白茶仙子"评选等品牌推介活动。安吉白茶凭借其自然品质的优异与白茶品牌的成功塑造，声名远播并斩获众多奖项，1989年于浙江省第二届斗茶会上以茶名"玉凤"获99分的最高分，次年又获99.3分；1991年获浙江省一类名茶奖；2004年4月，"安吉白茶"被正式批准为原产地域保护产品，即地理标志保护产品；此后还获有中国名牌农产品、中国驰名商标、中国最具影响力的地理标志品牌、浙江省十大名茶、中国农产品区域公共品牌百强等众多荣誉。安吉白茶品牌荣誉度和知名度不断提升。

[①] 参考文献："安吉白茶"地理标志商标使用成效与建议. 茶叶，2012, 38（3）: 172 – 174.
[②] 参考文献：中工网. 习近平的扶贫故事第五集：一片叶子富了一方百姓，[EB/OL] https://www.workercn.cn/c/2021-02-22/6644589.shtml, 2021.02.22
[③] 参考文献：李书魁. 2016安吉白茶博览会开幕. 中国茶叶，2016, 4: 1.

4. "母子"商标创新模式 产业转型走向国际

安吉白茶在"母子"商标品牌管理模式下，形成"政府引领、协会监管、共同参与"的协作品牌管理体系，先后在 33 个国家和地区进行了国际注册，并被列入了全国首批中欧地理标志协定保护名录，被正式纳入国家茶叶产业技术体系产业经济研究数据采集品类[①]，其知名度与美誉度从中国走向了世界。在品牌成功塑造之后，安吉县坚持一二三产业融合发展，在做强安吉白茶第一产业的同时，结合观光休闲型旅游开发模式与互联网思维产品营销模式，积极推进安吉白茶系列产品研发，不仅推出了白茶饮料、白茶糕点、白茶含片以及白茶花精油、面膜等周边产品，还积极响应"中国最美乡村"的口号，在政府的指导与支持下，建成了中国白茶城、溪龙白茶小镇、宋茗茶博园等众多茶旅融合项目，同时开设采茶、炒茶、品茶的一体化茶文化体验服务。[②]茶园还引来了影视剧摄制组来此采景，如溪龙乡黄杜村是《如意》等知名电视剧的取景地。

在安吉白茶发展的四十年间，安吉县先后获得"全国十大魅力茶乡"称号、"茶乡旅游精品线路深度合作地区"等众多荣誉。至 2022 年，安吉白茶在安吉的种植面积已达 20.06 万亩，目前已建成国家级安吉白茶产业示范园，安吉白茶区域公用品牌价值达 48.45 亿元，为安吉全县农民人均增收 8600 余元，占农民人均可支配收入的 24% 左右。[③]

（二）一片叶子富了一方百姓

1. 根基深厚，培育产业发展催化剂

被誉为"茶叶一绝"的安吉白茶，品质超然，历史悠久，享誉世界，其自身具有鲜明优势，甚至宋徽宗赞其"如玉之在璞，无与伦也"。在安吉白茶被发现茶祖并规模化种植期间，它凭借其自然品质的优异与白茶品牌的成功塑造，声名远播并斩获国内外众多奖项，并积极完善标准化体系，实现了从县级标准到省级标准，再到国家标准的"三级跳"。目前，安吉白

[①] 参考文献：中国农业品牌研究网. 乡村振兴｜安吉白茶提速数智化［EB/OL］. http：//www.brand.zju.edu.cn/2021/0622/c57354a2397834/page.htm，2021.06.22.

[②] 参考文献：白艳，赖建红，汤丹. 浅谈安吉白茶一二三产融合发展之路. 中国茶叶，2018，12：40—42.

[③] 参考文献：刘趁. 浙江安吉：一片绿叶飘香世界［N］.农民日报，2023-02-07（007）.

茶标准化生产技术推广率可达95%以上，建成国家级无公害农产品认证茶园6.23万亩，绿色（有机）认证茶园2.6万亩，白茶产量385吨，年产值可达6.3亿元，有力发挥自身优势，成功塑造安吉白茶品牌。①

2. 效益最优，按下产业发展快进键

首先，安吉白茶产业为当地带来了显著的经济效益，白茶产业为安吉全县农民人均增收8600余元，其经济资源带动了全县乡村振兴。2018年，溪龙乡黄杜村有20名农民党员代表联名致信习近平总书记，汇报了村民依靠发展白茶致富的情况，并主动提出愿意捐赠1500万株茶苗帮助其他贫困地区困难群众脱贫致富。②其次，安吉白茶在规模化种植后，成功塑造品牌，用品牌效益带动了安吉白茶的产业链发展，成功带动了乡村振兴，现"安吉白茶"的品牌以享誉世界，其品牌影响力也提升了安吉的影响力。再次，习近平总书记在安吉县提出了重要的"两山"论断，安吉白茶产业实现的生态效益亦推动了乡村振兴。最后，有安吉白茶所衍生出一系列茶文化也为乡村振兴注入了源源不断的活力。

3. 三产融合，开辟产业发展新局面

安吉白茶在产业初具规模时，并未走传统的种茶—制茶—售茶路线，而是在做强安吉白茶第一产业的同时，走一二三产业融合发展的路子，结合观光休闲型旅游开发模式与互联网思维产品营销模式，积极推进安吉白茶系列产品研发，还积极响应"中国最美乡村"的口号，在政府的指导与支持下，建成了中国白茶城、溪龙白茶小镇、宋茗茶博园等众多茶旅融合项目，同时开设采茶、炒茶、品茶的一体化茶文化体验服务。"安吉白茶"品牌在深入挖掘品牌内涵的同时，还不断提升自身品牌附加值。

（三）安吉白茶的数智化品牌实践

1. 丰富深化品牌内涵

安吉白茶在做好产品的同时，认为区域特色农产品企业若想有更好的发展，品牌的塑造至关重要。因此，安吉白茶在做强第一产业的同时，走

---

① 参考文献：杨雪双，陈尔东，张秀娟，沈江龙.乡村振兴推动实现共同富裕——以安吉白茶为例［J］.智慧农业导刊，2022，2（23）：82-84.DOI：10.20028/j.zhnydk.2022.23.025.
② 参考文献：浙江安吉白茶产业：一片叶子富了一方百姓［J］.领导科学论坛，2020（06）：20.

一二三产业融合发展的路子，积极推进安吉白茶系列产品研发，响应"中国最美乡村"的号召，在政府的指导与支持下，建成了中国白茶城、溪龙白茶小镇、宋茗茶博园等众多茶旅融合项目，同时开设采茶、炒茶、品茶的一体化茶文化体验服务。"安吉白茶"品牌在深入挖掘品牌内涵的同时，还不断提升自身品牌附加值。

2. 巧用互联网营销模式

"安吉白茶"在品牌建设宣传过程中，投入了大量资金大力开展营销推广活动，推动品牌建设。在带领自身产品积极参加重要相关茶赛事并斩获各大奖项的同时，积极参加茶文化博览会、农业博览会等，此外安吉县自己也举办了"中国·安吉白茶节"和安吉白茶拍卖会，使得安吉白茶闻名中外。安吉白茶的宣传与营销也不止步于传统宣传途径，融合物联网、互联网等技术，开发了安吉白茶协会会员管理和年检系统、安吉白茶茶园证管理系统等，积极采用新媒体途径宣传支持建立如"浙江安吉·白茶网"网站和"安吉白茶"官方微信平台，拓宽服务渠道，优化服务方式，构建安吉白茶智慧服务云平台模式。①

3. 区域品牌数字智能化管理

安吉白茶首创"双商标"新型管理模式，即"安吉白茶地理商标+企业商标"的"子母商标"，同时建立"四统一"管理体系和"六合一"质量追溯体系，实现了从种植到采制、从加工到销售、从茶园到市场的全方位生产、管理与营销，并获得了诸方的一致好评，使得在短时期迅速树立规模化的"安吉白茶"品牌形象。同时，安吉白茶产品启用防伪标识并统一包装，严格实行"一码四标一监制"的"双商标"制管理模式。每一盒安吉白茶都具有统一的数字身份——安吉白茶防伪码，可做到一码溯源，有效避免市场良莠不齐、假冒伪劣现象的发生。

4. 政府积极干预扶持

政府在"安吉白茶"的品牌打造中起着不可替代的作用，积极推动产业发展与升级。首先，政府通过组织育苗、种植补贴政策、技术培训等方式，引导白茶产业升级；其次，通过推行品牌保护政策，管控市场，保证

---

① 参考文献：汪瑛琦.中国茶叶地理标志发展现状与安吉白茶实例分析［D］.浙江大学，2017.

了茶园品质和产业的良性发展；再次，政府组织成立安吉白茶协会，在政府的引导下，积极开展白茶宣传活动，打造品牌形象，拓宽销售渠道；最后，政府有效调节产业发展与生态保护之间的关系，保证了产业可持续发展。

（四）案例小结

在激烈的市场竞争中，安吉白茶脱颖而出，是通过品牌建设以提升区域特色农产品竞争力中的成功案例，安吉县"一片叶子再富一方百姓"的成功实践对于乡村振兴工作亦有着重要意义。安吉白茶的成功为我国其他茶叶品牌的发展提供了重要思路，亦为其他区域特色农产品的产业建设提供了新方向，安吉白茶野景继续书写茶文化、茶产业、茶科技"三茶"融合文章，向世界讲好安吉白茶的精彩故事。

第三节 依托加工贸易产品的典型案例分析

一、珍珠产业共筑全民富裕——浙江诸暨山下湖镇珍珠市场

山下湖镇坐落于浙江省诸暨市，国务院发展研究中心将其命名为"中国珍珠之都"。世界著名的珠宝杂志《亚洲珠宝》也在文章中赋予山下湖镇"世界淡水珍珠的市场霸主"的美誉。这座人口仅2.9万的小镇，每年生产的淡水珍珠总量占全球淡水珍珠总产量的7成，中国总产量的8成。从1970年起至今，山下湖镇在短短五十余年中，逐步发展成为全球规模最大的淡水珍珠产销中心，掌握着全球淡水珍珠的命脉。

（一）珍珠之乡初具规模

20世纪60年代，山下湖镇的农业产业以种植粮食作物为主，由于较低的地势易积水，不利于作物的生长，因此一直处在贫困镇之列。[1]直到70年代，一位名叫朱林昆的商人从江苏常州来到山下湖长乐村收购河蚌，他的不远而来为这座经济落后的小镇带来了转机。在村民的询问下，朱林昆慷慨地传授了用河蚌养蚌育珠的技术。常乐村村民何木根和何伯荣以自家

---

[1] 参考文献：许王芳，浙江诸暨淘宝村电子商务发展研究[D]，南京农业大学，2019.

的池塘做实验，通过第一批河蚌收获了700克珍珠。然而，这种河蚌产出的珍珠暗淡无光，质量也不算上乘。1979年，村干部邹昌德从江苏引进新的蚌育技术，新品种的河蚌产出的珍珠受到市场青睐。

1983年，山下湖镇掀起了养蚌育珠的热潮，家家户户开挖开塘养蚌。1986年，山下湖镇80%以上的农户开始养殖珍珠，每年珍珠的产量超过20吨。养蚌育珠技术逐渐扩散到邻里乡村，大家共同致富。文章《一个农民的心声》中这样描述："1960年，长乐村还是全县闻名的落后村，全村60%农户住的是草棚。通过养殖珍珠，到1987年底，这个村的村民已新造了2幢四层楼、15幢三层楼、66幢二层楼，全村共有摩托车28辆、彩电99台。"①仅用两年时间，山下湖镇的珍珠产业链就趋于完备，从珍珠繁育到产品加工再到销售一应俱全，不少村靠珍珠生意从贫困村变成了富裕村。

（二）珍珠市场六次迭代

1. 第一代珍珠市场，交易市场显雏形

1984年，江苏渭塘办起了全国第一个淡水珍珠交易专业市场，"诸暨人卖珠，渭塘人买珠"的现象成为主流，随着市场逐步做大，很多渭塘珠农把自家的养殖水面租给诸暨人。然而，缺乏养殖支撑的珍珠市场是没有生命力的。与此同时，经过几年发展的山下湖镇逐步开始"全民养蚌育珠"的热潮，在珍珠行业内有了些名气，省内周边的一些养殖户将自家经营的珍珠拿到西江村进行售卖。

受江苏渭塘珍珠市场的启发，詹仲华摆了几张课桌在自家门前的小道上，再在其上方挂了一块的横幅，名为"珍珠市场"虽然没有现在的经营执照但却拉开了山下湖村第一代珍珠市场的序幕，点燃了珍珠行业的星星之火。名声渐起，家门口的小道已经无法承担熙熙攘攘的消费群体，詹仲华便与广山村的其他户珠农共同合作，共同搭建了50个由毛竹、油毛毡等组成的简易摊位，按当时交易额的1%收取管理费。日交易人数超过500人，第一代珍珠市场——"广山珍珠交易市场"，就此诞生。1992年之前，珍珠属于国家统购统销的商品，而当时自营的第一代珍珠市场的既提供了可信赖的交易场所，又在一定程度上降低了自行销售违法的风险。

---

① 数据来源：《一个农民的心声》。

2. 第二代珍珠市场，交易市场规模化

1987年，珍珠必须归口经营的相关文件由中央下达，宣布珍珠行业需要实行统一经营，第一代珍珠市场受到巨大的冲击，黯然谢幕。

原西江乡党委政府为了山下湖村珍珠产业的可持续发展，决定另觅出路。在上级部门的支持和帮助之下，"西江农贸市场"走进人们的视野中。一个看起来与珍珠毫无关系的名字，20多张旧办公桌拼凑的摊位，和毛竹做的架子，简易且随处可见的材料却撑起了第二代珍珠交易市场。据数据显示到1989年底，摊位从最初的几十个发展为三百多个，每日交易的人数超过2000多人。名副其实的全国最大珍珠集散地之一，"西江农贸市场"就此诞生。

3. 第三代珍珠市场，技术研究新探索

国内及港台珠商和经营单位都在此设点交易，山下湖村的珍珠产业快速发展。在1989年，中央决策层率先下发给浙江珍珠业松绑的号角，诸暨县相关部门决心抓住此次机会，为了适应高速的发展速度，投资53万元，主体变更为西江乡政府，更名为"西江珍珠市场"，承重能力更坚固，外表更美观的彩钢瓦代替了先前朴素的油毛毡，下方支架采用支撑力更强的角钢，设摊686个[①]。到1990年，市场与珍珠紧密的捆绑、联系，推动了山下湖村珍珠行业的变革。山下湖农民们不再只是从事育蚌养珠最基础的工作，而是开始研究珍珠再加工的技术研究领域，进一步探索珍珠的附加值。据相关数据显示，此时，诸暨每天珍珠流通数量达1吨以上，每天来市场的国内外珠商超过2500人，规模空前之大，极大提高了市场的知名度。

"西江珍珠市场"，不仅是珍珠市场的第三次变革载体，同时也是诸暨市第一次具有专业珍珠市场定位的原型。

4. 第四代珍珠市场，品牌意识初形成

随着改革开放政策的逐步推进，山下湖村的珍珠产业迎来了新的发展机遇。原先的第三代西江珍珠市场，受限于地理位置偏僻和交通不便的因素，已经无法跟上市场的步伐，于是在1991年，多方联合投资，在交通更为便捷的诸湄公路交叉口，建立了设计、功能等完备且超前，整体现代气

---

① 参考文献：中国珍珠之乡 诸暨市山下湖 [J]. 今日浙江，2005（05）：50-51.

息浓烈的第四代珍珠市场——"诸暨珍珠市场"。1992年，市场正式营业，在产品优质，交通方便的双重优势之下，山下湖村养殖事业也在不断扩大，珍珠产业进入快速发展时期。

1993年，对于山下湖村而言，是一个新的转折点，在专业领域，市场内成立了有史以来的第一个珍珠研究所，不仅专攻珍珠养殖、加工技术研发，同时也为当地的珠农提供服务咨询与技术指导，由最初自发的小作坊到现在提供专业性的建议，专业化程度高；在销售产品方面，当时市场上的塑料项链给市场提供了更多珍珠加工可能性的灵感和案例，不到一年的时间，市场上珍珠项链货摊由原来的二十家扩展到一百多家，珍珠项链深得市场的喜爱，并且在1995年末，一条珍珠制作的虎造型产品吸引了国外商人的眼球，以5000元的高价成交的事件助力珍珠加工行业的变革，这一事件促进更多的农户加入珍珠再加工的行业当中；在市场角度，20世纪90年代后期，珍珠市场需求激增，山下湖人面对实时更新变化的市场需求，与时俱进，及时调整，不断地研究珍珠深加工产业，从完整的颗粒形态到粉状的研制，珍珠造型入手，探索加工新出路。山下湖人每一步付出和努力都得到广大消费者的认可，全镇珍珠交易额一跃，跨过亿元大关的门槛，成功跻身全球一线。

这一时期，得益于外部改革开放，全球化的社会环境下，珍珠行业发展加快，经济规模也在不断地扩大，诸暨珍珠市场应时地进入了走向世界的角色，走近了人们的眼中，品牌意识初步形成。

5. 第五代珍珠市场，山下湖村成第一

1999年，诸暨珍珠市场的珍珠生产量超过25万公斤，生产总值达到15亿元，并且整体处于逐年上升的趋势。国际淡水珍珠价格攀升，整体发展向好。为了与市场需求的同步，推动当地珍珠产业的协同发展，2000年，诸暨市委、市政府开始又一次投资，在新的集镇中心扩张"诸暨珍珠市场"，提供100间精品房，原先几百个摊位扩张为1000个固定摊位。

在2001年正式投入使用后，可容纳5000人同时交易，每日交易达到上万人，年珍珠交易总额超过20亿元，成交量高达700吨，占据全国淡水珠交易总量的 70%，全球的 45%。①

经国家发展研究中心认定，此时第五代"诸暨珍珠市场"已经取代最早成立的江苏渭塘珍珠市场，正式成为全中国最大的珍珠交易市场，这一时期的发展验证山下湖珍珠市场有更广阔的市场前景，为山下湖的珠商珠农们提供了更大的信心和舞台。

6. 第六代珍珠市场，线下渠道已成熟

2008 年，山下湖村的珍珠产业再攀登，进入又一发展新阶段。由香港民生集团控股斥资 30 亿元人民币投资，开发兴建"华东国际珠宝城"②，目标将其打造为"世界珠宝交易中心"。

市场内设有 2380 个门店，平台不仅提供珍珠交易、鉴定等基础交易之外，还提供珠宝设计、精加工、品牌宣传等相关功能，鼓励商户们探索珍珠药用、美容、保健等多种功效。华东国际珠宝城日均客流量超过 3 万人，市场珠宝成交量占全国总量的 80% 以上，并且港澳地区的珠宝市场 90% 以上均由此采购，占据大部分港澳台地区的份额。

除此之外，兴一业带百业，该珍珠市场每年吸引游客超过 10 万人次，不仅推动了浙江诸暨珍珠行业的发展，同时带动地区经济的提升，珍珠文化的兴起，让更多的人能了解中国珍珠，山下湖珍珠产业作为珍珠文化的又一代名词，名声渐起。

六代珍珠市场的更迭，磨炼了一代又一代的山下湖珠农，最终形成了自身高超的珍珠养殖技术和经验、外部雄厚的资金实力和在消费者心中累积的珍珠市场辐射带动的品牌影响力三大特有的优势。但同样六代珍珠市场不变的本质仍是线下渠道销售途径。面对现如今互联网时代带来的颠覆性的巨变，在数字经济的风口上，山下湖人又一次抓住机会，趁风而上，进入淘宝、抖音等平台，开始涉足线上直播的新销售方式，迅速适应并融入快速变化的时代。

---

① 数据来源：《【诸暨老街】珍珠市场在哪儿，街市就在哪儿！寻访山下湖珍珠市场 30 年六次变迁历程》，文明诸暨。

② 参考文献：许王芳. 浙江诸暨淘宝村电子商务发展研究 [D]. 南京农业大学，2019.DOI：10.27244/d.cnki.gnjnu.2019.000623.

(三)转型升级迎接新机遇

2005年,电子商务在浙江诸暨兴起,山下湖的村民从"珠农"向"珠商"转型,拥抱全新的数字时代。自2008年起,诸暨市把握浙江省"电商换市"的政策机遇,通过大力发展电子商务转型升级,寻找新的销售和服务模式,从"以规模为导向"向"以质量为导向"转变。[1]

1. "数字+珍珠",数字化转型

勇敢抓住商机的山下湖镇村民,开启了网络直播剖蚌销售,比起传统珍珠养殖,直播的效益更高。"一般从中午12点半开播到下午4点半,日均开400个蚌。"新长乐村的创业者何振钢说道。[2] 在山下湖镇新长乐村,有140多户像何振钢这样做剖蚌直播的村民。村两委班子为直播户聘请专业的电商团队,协助他们进行统一规划和运营。"数字+珍珠"的产业体系在山下湖镇形成,使之成了线上珍珠销售的最大发源地和货源组织地。

2016年以来,山下湖镇出台人才、资金等多方面的扶持政策,为电子商务健康持续发展提供了坚实保障。山下湖镇2018年的线上珍珠交易额高达300亿元,是线下交易额的2.5倍。山下湖镇的网红珠农"珍珠哥"通过直播,一年产值可达上亿元。越来越多的人投身直播销售,加速直播经济在山下湖集聚。山下湖镇为了吸引更多青年到山下湖创业创新,为主播们配备了直播间、演播厅,同时给予数字流量补贴。

除了网络直播,跨境电商也成了山下湖珍珠的增长点。跨境电商服务商通过阿里巴巴国际站、亚马逊等平台,将山下湖镇的珍珠产品销往美国、加拿大等国际市场。截至目前,在山下湖已有140多家珍珠企业和经销商涉足跨境电商,注册15个海外商标。这座小镇正努力从"中国珍珠第一村"进阶为"中国珍珠电商第一村"。

2. "绿色+珍珠",养殖模式转型

山下湖镇一直以来采用的粗放型养殖模式,导致当地水域受到严重污染、珍珠产量下降,人民生活也受到影响。2017年,山下湖响应中央的环

---

[1] 参考文献:丁敏悦,李文川,基于乡村振兴战略的珍珠产业提质增效路径——以诸暨市珍珠产业为例[J],管理观察,2018(34):162-164.

[2] 数据来源:浙江日报《诸暨"中国珍珠第一村":"数字+珍珠"助力富民强村》。

保要求，开始寻求珍珠养殖的转型升级，探索可持续发展之路。通过规范养殖区域，引入新型珍珠养殖和尾水净化处理等技术，为水质污染提供了解决方案，让秀美的环境与珍珠实现共存。

3."创新+珍珠"，经营理念转型

2018年，在政府的引导下，珍珠产业创新服务综合体在山下湖镇的华东国际珠宝城成立，其中设有珍珠研究院、珠宝创意设计中心、创新创业孵化中心、珠宝玉石质量监督检测中心、珍珠小镇展示中心、珍珠数字经济中心、和珍珠产业服务中心等七大中心。综合体大幅度促进政府、企业、大学、研究机构进行优势互补，带动传统珍珠产业的转型升级和协同创新。①

2021年，珍珠小镇建成珍珠产业大脑一期、工程师协同创新中心和珍珠产业创新服务综合体，落地国家级学会服务站1个、院士工作站2家、研究机构12家，3600余家市场主体"上云上平台"，产业链、创新链和数字链有效融合。引进淘宝等五大新零售平台，新建两个抖音BIC仓，整合了从平台直播、客户下单到商品采购、打包发货的交易全流程。培育线上珍珠销售市场主体5000余家，线上销售额突破170亿元大关，占总销售额的55%。全镇实现GDP达46亿元，居民人均可支配收入达6.7万元，超全省全市水平。② 随着珍珠博物馆、珍珠客厅、万亩田塘景观、大地灯光秀、珍珠湖公园、假日酒店等多个项目的竣工，小镇吸引了来自20多个珠宝资源国家和地区的专业人士齐聚山下湖，把中国的珠宝产业推向国际。中国（国际）珍珠节、首届珠宝展、珍珠首饰创意设计大赛的举办更是让山下湖珍珠向着全球产业的制高点攀升。

（四）小结

在消费升级、数字化转型，快速变化的消费者需求等的冲击下，山下湖村的产业转型势在必行。

现如今的山下湖镇正在努力推动珍珠产业的发展，并积极探索乡村振兴和共同富裕的有效途径，通过利用本地优势资源，发挥企业的带动效应，帮助各个村庄实现共同富裕的梦想。

---

① 数据来源：华东国际珠宝城。
② 数据来源：诸暨市政府网。

在未来，山下湖希望并且致力于通过"创新+、品牌+、旅游+"等措施，多元赋能珍珠产业，从珍珠加工制造到珍珠小镇旅游业的打造和当地珍珠文化的深耕等多项行动，推动产业的融合发展，进一步构建高质量发展的新格局，续写新一代的珍珠传奇。

二、全产业链锻造"强引擎"——明一国际集团

近年来，明一国际依托国家级生态县建宁得天独厚的自然环境，充分结合中国农业与奶业的发展特点，成功建成中国南方最大的乳业生态全产业链。明一国际建宁的乳业生态全产业链，实现一二三产业融合共促大格局，形成特色奶产业集群协调发展好局面，将建宁绿水青山变成金山银山，澎湃地方经济发展新动能，助力谱写乡村振兴新篇章。

（一）明一国际：全产业链锻造乡村振兴"强引擎"的发展之路

1. 依托建宁生态环境资源，展开乡村振兴发展的帷幕

据第九次全国森林资源清查显示，2022年福建省的森林覆盖率达到了66.8%，福建不仅成为我国最绿的省份，也是一个十分宜居的省份。在森林覆盖率、生态文明指数和植被生态质量指数等衡量指标中，福建省均名列前茅。在2022年度中国"绿都"的综合评价排名中，福建省三明市位于"中国绿都"之首，具有良好的生态自然背景。建宁县隶属于福建省三明市，地处闽赣边界，被誉为"闽水之源""闽地之母""闽山之巅"，拥有国内少有的优质高山生态体系。这里空气清新，水质澄澈，土壤肥沃、无污染，是个"林深水美人长寿"的生态宝库，非常适合打造有机牧场。

福建省建宁县作为国家级生态文明建设示范县，因其优越的生态环境和丰富的自然资源为明一国际企业在这里的乡村建设改造奠定了坚实的基础。因建宁肥沃的土地和较少的污染形成了优质的天然牧草，有利于奶业和农业的生态发展，于是明一国际在这里建立起高山奶牛养殖基地，形成了明一天籁生态牧场。企业通过引进荷斯坦奶牛、娟姗牛等多个奶牛品种，提高了牧场奶源的品质。同时，明一国际加大科技的投入，利用国际先进的设施设备和自动化控制系统，达成了对产品质量的高标准要求，有利于对外提供高端且原生态的优质奶。明一天籁牧场也因此获得了"福建省美

丽牧场"的称号,并成为福建省红领巾示范教育基地,由此展开了建宁乡村振兴发展的帷幕。

2. 以农牧业为重点,助力乡村振兴产业循环发展

明一国际在具备先天的自然环境优势的建宁县看到了农牧业率先发展起来的契机,重点围绕农牧业的发展,试图助力乡村振兴产业的循环发展并打造产业发展的新模式。企业通过将各个牧场的土地资源进行整合与利用,坚持高科技生态农业的建设理念,重点加大高标准农田建设的力度,构建了生产、休闲、旅游等多用途相融合的观光农业,激发建宁乡村振兴的活力。

在乡村建设和改造的过程中,有一千亩的高标准农田被用来种植"青贮玉米",即一种奶牛饲料。它具有含量较高的淀粉、粗蛋白丰富、产量高,是用于喂养奶牛的优质饲料。在青贮玉米种植完成之后,利用科技的手段将牧场上奶牛生产出的排泄物进行发酵,然后从管道将发酵后的产物运输到农田中去,并根据规定的有机标准对外输送农产品,最终再传输到牧场上来,从而达到可持续发展的生态农业循环体系。

另外,企业也依靠科技的力量对农田、牧场和相应的附属设施展开高标准的改造和提升。明一国际努力推动建宁县成立高科技生态农业示范基地,完善乡村农牧业种植、饲养、生产和休闲旅游观光的功能和品质,助力乡村休闲观光农业的兴起和农业的绿色循环生态发展。一方面,有利于缓解建宁乡村村民的就业问题;另一方面,农牧业的重点发展也推动了建宁地方经济的起步,对今后发展农业观光旅游新模式和农文旅发展起到了催化的作用。

3. 促进多产业融合,鼓励乡村振兴农文旅共同发展

科技的引进推动了万亩现代化生态农业、万头高山有机生态牧场和现代化的生态高新科技园的诞生和发展,明一国际以此为基础,逐渐将建宁乡村发展转向一二三产业融合发展的方向。企业打造家庭生态康养休闲文旅体验基地,抓住建宁特色产业的关键,重点研究乳制品的生产研发和观光农业的体验游览等,积极促进乡村振兴的多产业发展渠道。与此同时,明一国际秉持生态健康产业化的发展,以乳制品加工为主线,以高山奶牛生态养殖牧场为依托,结合农业旅游,以科技创新为引擎,以文化旅游为支撑，形成"农牧业+制造业+文旅康养"三产合一，打造集生态养殖、智能制造、旅游观光、休闲度假、文创教育等全产业链。结合明一天籁牧场，建造了天籁牧场康养研学中心，完善研学教育和休闲康养的功能，从而推进建宁产业的全方位发展，为建宁乡村营造"高山牧场、四季花海、美丽乡村、美好生活"四者兼备的乡村总体格局打下了坚实的基础。

（二）明一国际：谱写建宁乡村振兴新篇章的三大路径

1. 发挥特色生态优势，推动乡村产业可持续发展

明一国际谱写建宁乡村振兴新篇章的首要思路是依靠生态自然资源带动乡村的绿色发展，实现绿色赋能。建宁的自然背景为打造优质农产品创造了条件，实现了农户在农场中栽种莲子和杂交水稻制种的局面，村民在山上也可以种植桃树和梨树。特色农业的发展形成了建宁农户的支柱产业，村民通过种植和管理农产品获得一定的经济收入。

围绕莲子、种子、无患子、桃子、梨子"五子"特色产业，建宁加快推进了闽江源绿田莲产品、建宁莲子产业园、建宁猕猴桃和黄花梨系列产品的加工和项目建设，梨树新品种的推广超过了5000亩，全县的种莲规模维持在5万亩左右，企业积极完善建宁的莲子、种子和果品加工三大产业链，推广"建宁五子"的乡村品牌。

良好的生态环境和农业发展格局也为建宁县赢得了"中国森林氧吧"和"中国森林体验基地"等荣誉称号，它也被誉为"中国建莲之乡"和"中国黄花梨之乡"，促成了建宁县"两桃一梨"（猕猴桃、黄桃、黄花梨）的果子产业格局，形成了建宁产业发展的绿色名片代表，丰富的水果产量为农户带来了可观的经济收益。除此之外，明一国际在发展特色农业的同时也积极探索生态保护与经济发展的结合方式，力求获得生态发展与产业振兴之间的平衡关系，促进乡村产业的可持续发展。

2. 聚焦产业谋划，因地制宜深耕特色产业

建宁除了农业的发展，奶业乳业的发展也得到了深耕。明一国际重点关注乳业的发展，根据大众需求充分考虑奶系列产品的设计，深度挖掘乳业，聚焦建宁的重点产业规划。企业以家庭健康的保护为前提，通过提供全"生命周期营养家族"的方案，形成了不同主体、不同阶段的产品市场，如成人奶粉系列、营养品系列、婴幼儿奶粉系列、巴氏鲜奶系列等，深耕

于建宁的特色乳制品，满足大众的不同需求。如成人奶粉重点关注中老年人群体，酸奶系列将现代都市人群和追求健康"轻"生活的人群作为目标群体。其中，巴氏鲜奶系列是在《"健康中国2030"规划纲要》和"健康中国"的政策影响下形成的，试图在5G智能现代化牧场中生产优质鲜奶。

基于有机牧场的自然背景，乡村充分形成了奶产品的生态自然发展趋势和优良的产品质量，提高了建宁县产业在乡村振兴中的竞争力。为了更好地提高有机生态奶的品质，现已实现了全封闭自动真空冷链无菌输送系统，构成了从鲜奶到生产的半小时生态圈。与此同时，结合康养和文旅等方面，大力推动建宁奶文化的发展，以乳业生态全产业链实现乡村的快速发展。

3. 充分发挥辐射带动作用，完善乡村产业链的全面发展

乡村建设成功的原因同样离不开企业所担任的辐射带动的角色，吸引更多当地群众加入产业发展中来，并带动周边各类产业发展，为乡村振兴注入新的活力。已建成的天籁牧场经过发展已经具备了现代化畜牧养殖技术，发展为生态文旅、研学教育和特色牧场为一体的现代农业产业园，被誉为"国家级生态农场"。由于全产业链的发展，从奶牛养殖发展到牧场体验和休闲游览观光、旅游康养等产业，这样的做法促进了明一国际为建宁县的产业发展赢得了巨大的社会和经济效益，开辟了乡村振兴产业发展的新局面。

在品牌战略部署中，明一国际签约古天乐为明星代言人，借助明星效应带动品牌的宣传推广，提高品牌的知名度。[①]随着明一国际高山生态全产业链各项目相继落地，带动建宁农民劳动力逐步由传统农业向新产业新业态转型输出，已创造3000多个就业岗位，带动当地农民持续增收，累计带动人口4322户，有利于农户就业率低的问题解决。同时，这也间接带动了周边乡村民宿、农家乐、文旅观光等各类产业经济发展，为本土人才返乡创业提供了广阔的舞台，助推乡村振兴，有利于完善乡村产业链的全面发展。

---

① 参考文献：冯策，李宁. 明一奶粉携手古天乐，打响品牌升级战[J]. 乳品与人类，2020（04）：40-41.

（三）生态优势开辟建宁县乡村振兴发展新局面

明一国际立足于建宁县的生态环境资源，开启了"大生态 大健康"的乡村振兴发展之路，突出"更生态 更健康"的发展方向。近年来，明一国际在建宁规划建设的乳业生态全产业链，总计投资17.2亿元，集万亩高山生态牧场、高新科技产业园，及生态文旅康养于一体，充分发挥当地的天然有机生态资源，形成生态养殖、乳制品生产、绿色观光、电子商务等多产业集群链条式发展，对建宁县乡村振兴发展起到了关键作用。

1. 立足生态特色，助推乡村产业"初露头角"

建宁县的生态环境特色为明一国际助力乡村产业的发展和农产品品牌建设提供了契机。依托建宁县的生态环境，一方面，能够为乡村产业的发展夯实了资源基础，有利于维护建宁县的自然生态长久发展；另一方面，良好的资源环境也吸引了科技和企业进入乡村内部，有利于乡村振兴的经济发展。另外，建宁县独特的地理位置和条件促成了农业和乳业的特色发展，形成了"两桃一梨"的农业发展面貌，重点打造乳制品等乡村主导产业，带动旅游服务产业的兴起，助推乡村产业"初露头角"。

2. 实现三产融合，推动乡村产业的转型与升级

立足建宁县的自然环境，明一国际旗下建立了大型现代奶生观光牧场，成立了建宁县上黎生态牧业有限公司，对外提供教育研学、观光游览和奶牛养殖的服务，构建海峡"云上牧歌"田园综合体。基于建宁县丰富的森林资源和良好的地貌，"云上牧歌"田园综合体已开发了数十个以生态体验为主体的特色项目，是将特色牧业、科研教育、休闲旅游等集于一身的全产业链的田园综合体，形成了"牧业 + 农业 + 制作 + 文旅"的全方位发展模式，实现一二三产业融合。另在牧场附近设立了房车基地、儿童游乐设施、研学中心等，完善乡村旅游服务的发展，打造了乡村振兴建设的新地标。通过提高现代化和科技化的畜牧养殖技术的使用，推动了建宁乡村产业的转型与升级，从原本的传统乳业升级为服务业、旅游业和文化等产业，推动建宁的综合发展。

3. 坚持科研创新，助力乡村振兴的特色发展

科技创新在建宁的产业发展中是不可或缺的，助推了乡村振兴。首先，在"五子"特色产业的发展中，建宁县通过莲子科学研究所和国家水稻品

种区域试验站等科研平台,积极推进省内外科研院所的交流,优化了乡村农业科技,促成了全县、乡镇和村三级的网络建设,为乡村特色农产品育种基地、区试站等科技机构的建设助力。通过发动农民专业合作社的力量提高了现代农业的技术发展,也积极发动农民实用技术培训等工作,促进产业与科技的融合发展。

其次,明一国际在乳业发展中承担了重要角色。其科技创新策略主要分为智能制造和智能工厂两个方面,创建的生态高新科技园作为重要的核心生产基地,以现代信息技术的手段加快了先进液态乳和乳粉的生产。科技园的创建加速了科技运用与产业发展的紧密联系,突出了生产全自动化和信息化的特点,采用了多个信息管理系统,包括环境在线监测系统和生产信息实时自动采集系统等,充分将科技的数字化与智能化融入自动化生产线当中,为消费者和农户提供有力的保障,用科研创新助力乡村振兴的高质量发展。以明一奶粉为例,借助科技的力量展开奶粉配方的优化升级,对"OPO+乳铁蛋白+乳脂球膜+A2酪蛋白"成分进行科学配比,提高乳制品的品质。与此同时,企业还依靠明一国际研发中心的创新技术,对内外部的科研资源进行整合,创新了产品的研发,核心技术的进步推动了建宁产业的进一步发展,保障了明一国际全产业链的综合发展。

(四)小结:生态赋能品牌,坚持绿色发展

明一国际以建宁得天独厚的生态资源为依托,构建生态养殖、智能制造、绿色观光融合发展的乳业生态全产业链,实现三产融合,具备高度的产业集聚效能,是建宁乡村经济振兴的强心剂。同时,明一国际乳业生态全产业链也推动了建宁的生态旅游高质量发展,被列入省重点生态项目,得到了各级领导高度重视和关注,成为福建生态产业的一张名片,坚持以生态赋能品牌建设,推动乡村的绿色发展。

三、特色产业铺就致富"红火"路——河南省范县龙王庄镇小龙虾

曾经是满是坑塘洼地的"穷乡僻壤",如今是食客们和游客们心生向往的网红小镇。凭借小龙虾、菌菇等特色农产品火爆出圈的范县,在政策

的扶持下，因地制宜发展特色产业，夯实产业基础，走上了致富的红火路。范县人民在广袤的黄河冲积平原上，享受着母亲河的馈赠，他们努力奋斗，脱贫攻坚，不断奏响乡村振兴的凯歌……

（一）范县地区基本概况

河南省范县于1987年被确定为首批国家级贫困县，2002年被确定为国家扶贫开发工作重点县，2012年被确定为河南省"三山一滩"脱贫攻坚主战场。在此后的几年里，范县龙王庄镇始终把脱贫攻坚作为最大的政治任务和头号民生工程来抓，从而圆满完成了12个贫困村、2122户6044人的脱贫任务。范县在脱贫攻坚工作收官后，严格按照"摘帽不摘政策"的要求，矢志不渝，坚持认真做好监测帮扶、政策扶持、兜底保障、产业带贫等重点工作，在2021年巩固拓展脱贫攻坚成果工作考核中名列全市第一，为乡村全面振兴打下坚实基础。

脱贫摘帽不是终点，而是新生活的起点。2020年11月底范县实现贫困人口全面清零后，范县县委县政府以"不发生一户一人返贫致贫"为目标，深入开展监测帮扶、推动产业就业、提升基础设施、优化人居环境，巩固拓展脱贫攻坚成果与乡村振兴有效衔接工作取得阶段性成效。

近年来，范县龙王庄镇在濮阳市委、范县县委的坚强领导下，高举习近平新时代中国特色社会主义思想伟大旗帜，坚持以高质量发展为主线、以脱贫攻坚为统揽，切实把解决好"三农"问题作为重中之重，按照产业兴旺、生态宜居、乡风文明、治理有效、生活富裕的总要求，统筹推进产业振兴、人才振兴、文化振兴、生态振兴和组织振兴，推动了农业农村工作全面向好发展。

（二）振兴五步走，夯实特色产业基础

1. 合理规划，引领发展

在我国民族繁衍、历史延续变迁与文明传承的漫长过程中，农业占据了极大部分的议题，并衍生出如"自给自足的小农经济"此类关键词，由此，乡村振兴对于我国而言，不仅是国家现代化建设的需要，更是唤醒基因文明的必然选择。基于河南省多样的地貌、文明与人文环境的特点，其乡村振兴路线也必然是"因地制宜，多法并存"的。

范县因为所处地理位置的原因，滩区废旧坑塘和临堤低洼易涝区分布较多，该地选择重点对废旧坑塘进行标准化整修，对临堤低洼易涝区带进行挖塘抬田改造，针对产业发展路径进行科学谋划，加大废旧坑塘和涝洼地开发力度，充分利用稻田、藕田，大力发展水产经济，取得了显著成效。截至目前，水产养殖总面积达 4.07 万亩，水产品年总产量 9000 多吨，年产值 9000 多万元。近年来，范县加大废旧坑塘及低洼地开发力度，科学利用稻田、藕田优势，大力发展水产经济。为推动小龙虾养殖产业发展，范县成立水产业发展办公室，出台水产养殖及小龙虾养殖奖补政策，发放奖补资金 525 万元，投资 3460 万元配套建设水利基础设施，为小龙虾产业发展提供有利条件。目前，范县小龙虾养殖面积达 1.2 万余亩，其中包括千亩以上小龙虾基地 4 个、稻虾莲虾综合种养示范区 2 个。"火红"的小龙虾铺就了一条"红火"的乡村振兴路。

2. 政策支持，提供保障

针对范县龙王庄镇当地自然环境影响、贫困人群特征，龙王庄镇政府充分调研、上传下达，先后出台系列政策，为脱贫攻坚奠定牢固保障。范县龙王庄镇政府细化分工、压实责任，在《2022年防止返贫监测帮扶集中排查工作方案》印发后，先后召开党委（扩大）会议、培训会等相关会议，统筹部署各项工作，明确包村干部、第一书记、村两委责任。根据脱贫攻坚期网格化管理制度，一是充分调动镇村干部、第一书记、帮扶人及村网格员 900 余人排查盯紧"两不愁三保障"问题，做到应纳尽纳、一户不缺、一人不漏，将十类"重点人群"逐一确定。二是采取日上报、周总结的工作方式，每周对有收入下滑趋势的户逐户研判，制定针对性帮扶措施，确保全镇所有脱贫群众收入稳步提升。三是确保产业带贫政策持续性，对产业合同已到期的，对接带贫企业，积极签订合同；对仍在合同期的，尽全力帮助消除疫情影响，保障经营效益，确保年底分红；对新发展产业，积极探索带动模式，帮助困难群众就近就业，保证持续发力、精准用力、增收提质。

3. 转变方式，调整结构

根据农业农村部和省厅的要求，范县龙王庄镇积极响应、克难攻坚。面对产业数量规模和质量效益不平衡、生产发展及生态保护不平衡等多种困难，范县龙王庄镇政府因地制宜，聚焦农产品加工、温棚瓜菜、菌种种植和水产养殖，强化龙头企业带动，持续推动养殖模式向生态、绿色、健康、优质方向转变，先后引进相关行业先进生产设施设备，提高生产效率和效益，多元化产品类别、多样化市场渠道、最大化商品产量，筑牢了乡村振兴的产业根基。

其中在水产养殖方面，采用稻鱼综合种养、跑道养鱼等模式，以高达 $52.5t/hm^2$ 产量的流水槽循环水高效养殖设施和装置，充分提高了产品品质和效益，通过水循环利用、废水零排放的形式，在实现绿色低碳经济的同时，为当地乡村振兴建立了稳固渠道。

目前，该镇在速冻蔬菜加工、高端菌菇种植、小龙虾养殖等项目上已实现了产业规模化。"农业＋旅游"双车道发展新模式转变得到了充分保障与支持，并衍生出以农兴旅，以旅强农，推动农业、旅游业融合发展的经营模式，进一步助推乡村振兴。

4. 整合资源，提高利益

为进一步提高整体收益和人均收益，该镇深入贯彻"项目为王"理念，招商引资，先后引进中国华能集团生态新能源发电项目、飞蝗生态农业发展有限公司蝗虫养殖项目、濮阳鑫保银农业科技发展有限公司蔬菜加工项目、濮阳德润能源贸易仓储项目、濮阳亨通环境工程公司再生资源利用项目，共计收到投资5.2亿元，各项目有序推进，稳步运营。该镇充分巩固脱贫攻坚成果，稳抓牢抓粮食安全重任，清障树木5000余棵以推进邢庙灌区配套工程按时落地，县、乡级工程清淤长达45.94公里，土方量24.5万方，为乡村振兴打下了坚实基础。

5. 完善机制，扶贫带贫

一是特困人群帮扶。范县龙王庄镇依托国家特困人员救助供养政策，针对贫困老年人、重度残疾人等特殊群体的救助供养难题，在全县积极推行"居村联养、邻里照护、集中托养、村级日间照料中心"四种模式。按照"政府主导、部门联动、群众自愿、社会参与"的管理机制，范县将闲置土地、危房改建成敬老院，在功能设施、居住环境、供养容量方面持续优化完善，实现了特困老人进得来、留得住、生活舒心的目标。面对防止返贫动态监测帮扶、"两不愁三保障"问题整改、收入算账及动态管理、项目实施及资金拨付等五个方面工作，该镇持续加强管理、及时协调，凝聚全镇合力,逐一入户排查,梳理汇总各项排查问题坚持"问题导向、目标导向、结果导向",切实完善机制、落地举措,做到扶贫带贫。

二是贫困户稳就业。范县龙王庄镇将水产养殖作为当地脱贫攻坚的主导产业之一强力推进,带动余贫困户加入行业,提高人均收入,以脱贫致富。该镇采取"合作社(公司)+基地+贫困户"模式,拓展利益共享机制,贫困户入社享受分红不低于2000元,促进产业高质量发展,保障贫困人员可持续性收入,进一步为范县龙王庄镇打赢脱贫攻坚战建立了坚强堡垒。

(三)产业变品牌,打造出彩范县"名片"

1.优化环境,龙头企业带动发展

为了推动品牌发展,优化营商环境,政府一直牢固树立项目为王的理念,近年来,政府积极引进工业项目,使盛源科技节能改造(项目)、年产8万吨、年产8万吨顺酐扩建项目等建成投产,全镇工业实力不断增强。

火车跑得快,全靠龙头带。该县着力培育龙头企业,采取以奖代补、金融扶持等方式,因地制宜培育56家产业龙头。各大企业加大资本投入,通过龙头企业带头,共同带动产业发展。2018年,范县大米、范县黄金鳅、黄河之莲等品牌带贫效应日益彰显。龙王庄镇针对果蔬种植基地中存在的销路难、链条不完善等问题,政府推动主导产业发展,引进项目推动落地,通过培育龙头企业,延长农产品产业链,带动经济发展。河南永和食品有限公司蔬菜加工项目,采取订单式生产,保证农民受益。在果蔬种植的产业链上,推动前端原料延伸,新建了占地200余亩的秋葵种植基地,同时做好后端加工拓展,做到农产品"应加工、尽加工",提高产业综合效益。小洋子农产品加工项目则在原有生产线、包装线的基础上,投资800余万元,建设了冷库、包装车间、仓库及办公室于一体的二期工程,形成了周边果蔬种植,企业果蔬加工、销售的全产业链条。

2.创建品牌,打响"白腹美"名号

龙王庄镇张楼村及周边西屯、中屯等村的菌菇种植有着一定优势,凭借其菌菇种植优良传统,共投资3200万元,建设了占地150余亩,集菌种研发、菌包生产、菌菇种植及销售于一体的富远菌菇种植基地,打造菌菇特色品牌。地处黄河滩区的龙王庄镇则结合全镇废弃坑塘较多的实际情况,

有意识地引导小龙虾养殖产业发展。

"俺这里的小龙虾肚子白、个头大、体型健美，人见人爱！"在河南省濮阳市范县龙王庄镇龙东小龙虾基地，35岁的基地负责人宋艳辉拿起人称"白腹美"的小龙虾兴奋地说道。作为小龙虾养殖能手，宋艳辉对龙王庄镇的小龙虾的品相赞不绝口。同时，他提到，范县除了有适合龙虾繁殖的坑塘洼地之外，其水利基础设施也很好，利用黄河水更加方便。干净的水质养殖出来的小龙虾肉质鲜嫩，也不容易生病。龙王庄镇养殖的高质量龙虾为了突出产品优势，强调产品核心卖点，以"白腹美"命名，这样的特色龙虾品牌也美名远扬。

目前，小龙虾养殖已经成为范县农业经济的增长点。范县小龙虾养殖面积近1万亩，年产量2000吨，平均一亩水塘年产小龙虾600斤，毛利润超过1万元。投资1200万元，建成占地1000余亩的龙东水产养殖基地，龙王庄镇也成功打造出"白腹美"这一特色龙虾品牌。

3. 多方营销，绘就"虾经济"蓝图

为了进一步提升范县小龙虾的美誉，范县龙王庄镇的龙虾养殖基地也逐步精进养殖技术，扩大养殖规模。销售旺季时，每天销售多达2000多斤，销往郑州、江苏南京的"白腹美"一步步走出河南，声名远扬。围绕"虾经济"政府和企业共同举办活动，线上线下加大宣传力度，创新营销方式。2020年4月，龙王庄镇举办了首届小龙虾大赛，大赛上通过各种不同形式，如小龙虾烹饪比赛、虾王争霸等，民众们踊跃参加，进一步提升了范县小龙虾的知名度，扩大了地区特色影响力。

大赛现场，通过直播带货的方式为小龙虾拓宽销售渠道。县长赵丽玲为"范县小龙虾"的代言更是让龙虾线上销售迎来高潮，短短两天签约订单达3万单，销售额达到150余万元。如今，范县的龙虾养殖已经成为当地经济发展的新增长点，未来范县也将依托水产养殖基地项目，发展小龙虾深加工项目、建设小龙虾饲料加工厂，依托乡村旅游，把养殖基地打造成网红基地，为"范县小龙虾"引流，带动更多老百姓致富。

（四）小结

河南范县龙王庄镇坚持产业先行，政府引导，积极推动品牌和企业双向赋能，促进当地产业融合发展。以产业发展为中心，因地制宜确定主导产业,延伸产业链条,促进产业升级转型,提升产业带动能力。

聚焦农产品加工、温棚瓜菜、菌种种植和水产养殖,龙王庄镇打出了产品多元化、市场多样化和产量扩大化的"组合拳",筑牢了乡村振兴的产业根基。龙王庄镇特色品牌的打造,让范县的菌菇和小龙虾成果"出圈",带动当地农产品销售大幅度增长。产业发展不断为品牌赋能,曾经的废坑塘地也变成了农民们心中的聚宝盆。

四、偏僻乡村"变身"电商家具产业集聚地——江苏省徐州市睢宁县沙集镇

(一)"电商第一镇"的发展背景

2018年的"双十一"期间,一场持续了30个小时的"同频互动"在睢宁县沙集镇近两万名农村电商与全世界消费者之间展开。

"3分钟,10万元;21分钟,100万元。"农民电商程怀宝在金喜多家具有限公司里骄傲地回味着这傲人的战绩。在2010年到2017年这七年的时间里,这家位于徐州的家具公司搭上了电商蓬勃发展的顺风车,年销售额从103万元提高到了8000万元,"双十一"的销售数据更是接近直线式增长:从26万元跃升到943万元。

"十县十镇十村十企"沙集镇调研组负责人、江苏师范大学"一带一路"研究院执行院长沈正平认为,沙集农村电商以电商产业发展为主抓手,持续推动"发展提质、动力提档、落实提效",为镇域经济发展提供可资借鉴样本,其经验对欠发达地区脱贫有启示意义。

1. 破茧不成,反成"破烂村"

沙集镇位于江苏省徐州市睢宁县,以前的有着早期苏北农村的典型特征——贫穷、落后。村民们在人均不足一亩的盐碱地上种植水稻和玉米,地少并且土壤条件差,导致村民十分贫苦,许多青少年都选择外出打工,这也导致村中人劳动力流失。

沙集镇曾经尝试过发展养猪业,但是1998年的东南亚的金融危机给这次创业带来沉重一击,最终以失败告终。

后来的沙集镇开始尝试"破烂产业",全镇人参与到收破烂的活动中

去。截至 2005 年，沙集镇有废塑回收加工企业 1200 多家，从业人口近两万人。这种产业让村民的收入有所改善，但是同时也带来了非常大的负面影响，"垃圾如山，空气中弥漫着刺鼻的味道"是当时沙集镇的真实写照。这个小镇也因此被附上了"破烂镇"的标签。随着我国的环保政策日益严格和 2008 年全球金融危机的影响，沙集镇的二次创业最终也以失败告终，并且留下了非常棘手的环境问题。

2. 摸对路子，踏上辉煌路

从 2006 年开始，以失业返乡的青年：孙寒为首的"电商三剑客"开始尝试做简易家具电商。家具电商以"买全球、卖全球"的新业态涌现，逐渐激活了原有的工业生产要素。

东风村网店生意从无到有，从小到大，仅用了四年的时间。从 2006 年到 2008 年，是沙集镇网商的萌芽、起步、摸索和初步成熟阶段。在这一阶段，网商的商业模式初步成型，探索出了从商品设计、网上销售、网下加工、物流配送一整套成熟的商业运作模式。从 2008 年开始，村民们开始学习尝试电子商务，网店规模开启了爆发式地增长。

（二）沙集镇的"化蝶"之旅

1. 智勇"三剑客"，带领全镇勇夺先机

不宜耕种的土壤条件和集体创业的失败经历并没有击垮沙集人，而是激起了村民外出闯荡的决心，在改革开放初期，众多村民选择外出打工、创业，沙集人是敢闯敢干、有胆识的。

在沙集镇中有一个率先乘上互联网时代东风的"东风村"。村中的"三剑客"：孙寒、陈雷、夏凯开创了"沙集模式"，成为苏北农村电商行业中"第一波吃螃蟹"的人。

孙寒是从沙集镇外出求学，结束学业后在外地辗转多次始终未找到心仪的工作，最后放弃了县城移动 寒跑遍江浙，拿到宜家的仿制样品，请木匠师傅参考着做出性价比高的拼装家具，联系好客源挂在淘宝上售卖。积累了一定的资金和经验后，"三剑客"又投资建成了一个小型的家具厂，以"前店后厂"的方式来经营他的家具生意，当年就获得了令人满意的成效，拿到了 170 万的销售额。而后为了降低运费成本，他的合作伙伴陈雷、夏凯都分别加盟了两家快递公司。现时，沙集镇一带的快递费用已经发展成全国最便宜的快递,快递数量跃居全省前茅。

孙寒创业的动作村民们都看在眼中,纷纷想来"取经",想像他一样在家中就可以赚钱。跨入电商行业的村民逐渐多了起来。2008年至2017年,全镇工业总产值以16.7%的平均速度持续增长,物流、商贸、摄影等相关三产服务业得到快速发展。值得一提的是,沙集镇较早实现用秸秆作为菌菇种植的营养基,但由于技术不成熟,造成了废料堆积。电商模式为这种不可持续的模式提供了新的解决方案,把原先废弃的营养基结合生物技术改造成网络热销的多肉植物营养土,多肉植物销售现已占据网络市场份额"半壁江山"。

"随着互联网信息技术普及,电子商务凭借其交易成本和从业门槛低的优势,为各类地区提供平等的发展机会。"睢宁县电商办主任于春晓认为,互联网"东风"如星火燎原,沙集人敏锐抓住这一契机,开启电商创业大幕。

通过"网络+公司+农户"方式,电商对农业的溢出效应不断放大。2015年至2017年,沙集镇农业总产值年增长率超10%;全镇农村居民纯收入超过同期全县平均水平近50%,领跑苏北地区。"十县十镇十村十企"沙集镇调研组认为,"沙集样本"虽已历经12年演变,但首创精神仍是其始终不变的根本。

2. 政府全力支持,电商如虎添翼

2006年第一家家农村网店在睢宁县沙集镇上线运营,睢宁政府为了支持这一产业,在十余年间相继出台了一系列政府文件,通过基础设施投入、技能培训、土地、资金、考核激励机制等各种优惠政策,使沙集镇电商产业逐步走上专业化、市场化、集群化发展道路。并且通过组织宣传培训、加强信用体系建设、强化组织保障等一系列举措,全面复制推广"沙集模式",助推农村电子商务迅猛发展。

沙集镇率先成立电商办,全面服务电商发展。继成立电商办后,沙集镇又成立"综合执法局",着重围绕安全生产、消防管理、产品质量、品牌创建、诚信建设、放心消费和行业管理等方面,加强电商规范化经营。

沙集镇在2010年获得阿里巴巴集团颁发的"全球最佳网商沃土奖"这一荣誉称号。同年,睢宁举办了全国农村电子商务暨"沙集模式"高层研讨会,中国社科院、工信部、发改委、商务部、农业部等十余家部委领导与电商专家出席,"沙集模式"1.0版应运而生。

3. 推进可持续发展,建设信用电商

沈正平院长表示:"电商经济是'互联网+市场经济',它必然是信用经济。"沙集农民首创的"沙集样本"便是乡村信用经济的优秀案例。本镇电商的信用建设,是政府和企业共同推动的成果。

近几年,对信用经济的重视倒逼农村电商注重企业提档升级。程怀宝介绍,坚持走诚信经营之路,金多喜公司成功从传统家庭式作坊转型升级为现代化电商企业,获得"睢宁县重合同守信用企业"的荣誉。"产业在迅猛发展,若想不被落下,唯有信用第一。"同时,电商企业开始注重专利保护,金多喜公司所持产品专利就有60多项。

对于信用建设,睢宁县政府也是拿出了巨大的诚意。睢宁县顺势而动实施诚信优先发展战略,将信用管理融入政务、商务和社会管理等领域,全面推进社会信用体系建设。

2014年3月,由阿里巴巴集团和睢宁县政府本着"绝不让农村电商成为低品质代名词"的目的联合举办了"品质与责任——沙集'淘宝村'板材家具质量提升行动",活动显著提升了沙集家具网销产品质量。为进一步促进企业高质量发展,沙集镇政府还成功申报了"SJ沙集镇"集体商标,在前期免费提供给部分电商企业使用。2021年1月29日,沙集镇联合县企业诚信建设促进会、睢宁绿盾征信有限公司在镇政府会议室举行"信用赋能 信用服务进企业"活动

除此之外,沙集镇还建成国家木制家具及人造板质量监督检验中心,实验室拥有众多专业的质量检验检测仪器,可开展胶合板、刨花板、细木工板等人造板、木材,以及实木家具、板式家具等产品的质量检验检测。

沙集镇信用电商创建在路上,不断提升企业信用重视程度,不断实现从"管行为"到"管信用"的转变,不断营造风清气正的电商信用环境,不断推动镇域与入驻企业双向循环健康发展。良好的信用也为沙集电商企业带来了电商平台的更大支持,企业获得银行更大的授信额度,电商美誉度和产品销量越来越高。

4. 创新促发展,"小布网"开启电商新时代

沙集人不仅拥有踏实肯干,勇于探索的精神,同时也有不断学习,不

断创新的进取精神。政府会组织村民外出参与学习培训，也会举办各种先进论坛来讨论电商的未来发展之路。

2018年3月，睢宁本土电商平台"小布网"上线运行，它不仅延续了"互联网+"的特点，还融合了分享经济及新零售理念，是"沙集样本"改造传统零售业的又一探索。

"小布网"功能很强大，包含小布商城、小布云仓、小布商学院、果果猴新零售体验店、农业旅游5个板块。仅小布商城就拥有13万会员，单日订单达1万单以上，涉及汽车、家具、建材、母婴等多个传统行业。在消费者生活服务类评选中，一度超越滴滴、饿了么，跃居榜首，甚至一度超越淘宝、唯品会等女性最爱平台。小布网创新模式，带来的不仅是一种全新的新购物模式，也是一种生活方式的改变。

目前，沙集镇农村电商参与交易的平台早已从淘宝拓展到天猫、京东商城、苏宁易购等多家电商平台，同时涉足亚马逊、eBay、阿里巴巴国际站等世界级平台。近年刚刚兴起的微商、网络直播、分享经济等新业态，也已在沙集开花结果。

（三）地域规划：打造电商特色小镇

除了平台建设之外，沙集镇也没有忘记跟上小镇的地域规划。沙集镇以高起点规划为引领，优化电商特色小镇发展布局。

首先科学编制特色镇规划，将镇区划分为"精品商贸居住区、电商创业区、创意创新区"三大功能板块，并确立"一城一带两园两区"产业布局，形成具有沙集特色的电商生态圈。

在这之外，沙集镇还制定了《电商产业发展规划》，打造以1个电商创业园为龙头，5个省电商示范村为中坚力量，12个淘宝村为支撑，即"1+5+12"的发展格局，引领睢宁东部网销家具产业板块。

同时，不断拓展"产城融合"发展空间，依托同一乡镇范围内村庄建设用地布局调整，加快魏集村整村推进，以及三丁村、丁陈村等工矿废地复垦和土地增减挂钩项目，力争新增土地超1000亩。

1. 沙集镇现有产业基础

电子商务产业是沙集镇特色产业，拥有2000多个家具网销单品，入驻"中国质造"江苏产业带，多家企业通过ISO9001质量体系认证，在全国率先实现"淘宝村"17个行政村全覆盖。目前，全镇已建标准厂房面积近50万平方米，物流及配套用房面积15万平方米，1万平方米电商综合服务中心和众创空间、孵化基地已经投入使用。电商从业人员3.5万人，网店达1.6万家，实体企业1700余家，物流快递公司（子公司、分公司）83家，物流网点200多个，摄影机构24家，带动五金配件、板材贴面、油漆销售、策划运营、会计服务等配套产业发展，同时辐射周边地区50公里范围内农民共同发展电商产业。2017年全镇电子商务网销额突破百亿元大关。近年来，沙集镇先后荣获"中国淘宝镇""中国家具电商产销第一镇""江苏省电子商务示范镇"等20多种荣誉称号；沙集电子商务产业园获批江苏省服务业集聚区，"沙集模式"享誉全国。

2.沙集镇发展目标

未来3年，沙集镇将根据《沙集镇电商产业发展规划》要求，全面拓展产业链，打造一条集电子商务、研发、生产、物流、培训等于一体的简约家具上下游产业链条，力争到2020年网销额超200亿，物流营业额超30亿元，集聚6万人口，带动从业人员4.8万人。

沙集镇在未来三年将争创2个全国驰名商标、30个省著名商标，打响"沙集"整体品牌；同中国家具协会、全国家具标准化技术委员会和国家家具质量监督检验中心合作，制定家具行业标准，重点培育10-20家省内一流、国内知名的示范企业，引导电商走高质量、品牌化经营之路。

（四）从无到有：可复制的沙集模式

1.沙集模式的三大要素

可以从沙集模式中提取出三种要素。

有创新精神、勇于探索的农民。这里的农户在市场上并不被动，消息流通不闭塞，互联网的应用让他们可以直接对接市场，掌握信息，是自主经营按需生产的平等的市场主体。

本土生长出来的公司，不同于外加在农村经济之上、与农户成对立关系的传统公司，新公司形成了一个为农户网商服务共生多赢的新生态。

沙集村的网络是市场化的公共电子商务交易平台，农户从事网销既不要国家财政一分钱，自身应用成本又低、且实效显著的网络。

这三者相互作用，形成了农户自发、主动应用既有的公共电子商务平台、由网销带动加工制造，以信息化带动工业化和农村产业化的典型路径、以公司为基础、以市场化的新生态服务并促进农民网商进一步成长的关系。

三个环节循环往复，推动沙集电商行业不断发展壮大。

2. 沙集模式的五大特征

特殊的发展路径：农民自发开网店→细胞裂变式复制→网销带动工业→其他产业元素跟进→激发更多的农户网商创新＝产业链不断拓展／规模迅速扩张／经济社会发展。

明确的农户主体："沙集模式"以农户为主体，农民网商在发展中起了主导作用。农户间关系形成的农村特有的社会土壤，带来了一种有别于城市资本主义环境下的新型的竞争合作关系。对网商裂变式的快速复制起到重要的促进作用。

完善的基础设施：以淘宝网为代表的市场化公共电子商务基础设施，现在已经发展成熟。

良好的发展环境：物流、电信、IT、供电、信贷乃至政府等，各环节、各物种自我定位明确。特别是其中政府的"不缺位、不越位"，起到了非常关键的作用。

正确的起步方向：沙集网商开始时经过摸索，最后选择市场进入的门槛低，需求容量大，利润空间明显，又有新的拓展前景的家具行业。这就使产业的发展具备了很强的容纳性和快速扩张的条件。

（五）小结：沙集镇发展的启示

在我国农村的很多地方，电子商务是在不改变当地生产结构的前提下，作为现有农副产品销售的辅助手段应用的。沙集的家具行业可以说是从无到有，靠信息化带动起来的。

县域要想"无中生有"发展新产业做电子商务，对地域有一定的要求，最基础的就是该区域有较好的网络信息建设基础。但对于经济基础和电商都欠发达地区来说，就面临着"既要培育电商，又要培育类目产业"的双重压力。

由于进入门槛不高，这个模式又很容易导致县域企业进入"红海"市场，遭遇白热化的竞争。从长期来看，这对县域企业的创新能力、行业的运营效率和成本控制能力都提出了不低的要求，因此沙集模式比较适合传统产业都不突出的地域。

农村社会关系和电子商务基础设施的双重社会资本对普遍农村皆适用。加上选择好起步的产品，"沙集模式"就可以在全国的农村地区推广。

五、电商经济助力农产品上行——河南省南阳市镇平县侯集镇向寨村锦鲤

锦鲤是一种名贵的观赏鱼类，其美丽多彩的外观和文化内涵深受人们喜爱。河南省南阳市镇平县侯集镇有着悠久的金鱼养殖历史，然而在2000年前后，金鱼市场已经趋于饱和，销售量也逐渐下滑。为了创新发展，村民李长彦在2006年引进了高端品种——锦鲤。经过多年的探索和实践，向寨村建立了一座集观赏鱼养殖、旅游和营销为一体的锦鲤文化产业园，初步跻身进入锦鲤行业的前列。随着电商的兴起，向寨村依托当地合作社和电商基地，探索出了独特的线上销售和物流模式，形成了辐射周边多个行政村的电商产业中心。向寨村因此赢得了"中国金鱼淘宝村"的称号，成为全国第一个活体淘宝村。这不仅彰显了向寨村的创新精神和实力，也为中国农村电商的发展树立了榜样。

（一）"破茧"：从金鱼之乡到锦鲤淘宝村的"蝶变"

向寨村地处南阳盆地西北侧，伏牛山南麓，赵河西侧。靠近省道231和国道207，交通便利。地势平坦，水源充足，便于通过挖沟引水的方式进行渔业养殖。从空中俯瞰向寨村，可以看到村子从中央到四周都是大大小小的水洼。现在是观赏鱼养殖专业村，自20世纪80年代末以来，已经初步形成了一定的规模，尤其是在2001年，侯集镇以建设全国最大的金鱼养殖基地和地区休闲渔业示范区为目标，通过一系列措施比如政府资金支持、科技投入等措施不断扩大养殖规模，再加上向寨村村民的努力拼搏和创新精神，为村子赢来"中国第一（电商）锦鲤村"的称号。到2014年全村2000余亩土地基本变成了鱼塘，六成以上鱼塘养殖锦鲤。截至2019年向寨村年产值可以达到6亿元。一般家庭一年的收入在一万到两万元，而一个

养殖大户却可以赚 200 万以上①。

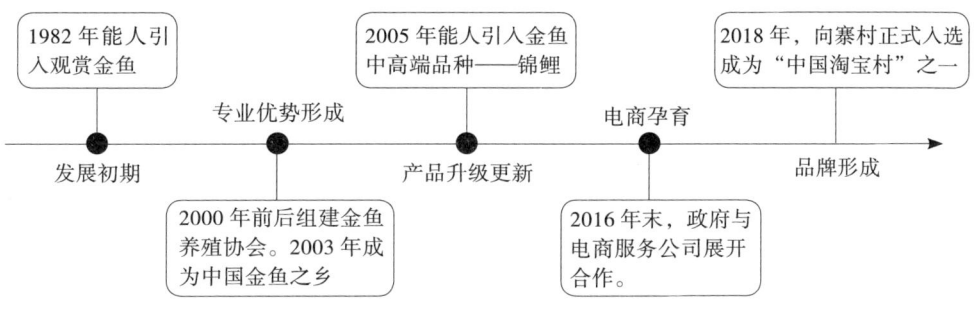

图 7-2　向寨村产业发展时间线

1. 产业发展初期：发现观赏鱼的商机

30 年前向寨村是一个以种植小麦和玉米为主的村庄，从未发展过渔业。直到 1982 年，村民李广志在集市发现了观赏鱼的商机，自学养殖技术，成功繁殖金鱼；待鱼长大后带到县城售卖，卖得好价钱后，其他村民纷纷效仿。后来养殖金鱼的村民越来越多，农田升级为鱼塘，小路在鱼塘间纵横交错。在起步初期，向寨村唯一优势在于养鱼所需的土地资源成本较低。通过养殖技术的推广和"利薄多销"，金鱼论斤被批发到北京、上海等地，给养殖户们带来了较大的收益。20 世纪 90 年代后，越来越多的村民加入弃田挖塘的行列，向寨村成了金鱼村，随着时间的推移，养殖金鱼逐渐向专业化发展。

2. 专业优势形成：成为中国金鱼之乡

2000 年前后，为了规范金鱼产业，提升品牌形象，侯集镇政府积极组织村内各金鱼经销商，组建金鱼养殖协会。另外，政府还筹集了大量的资金，开始建设金鱼批发市场。这两个项目的建设推进，为向寨村的产业发展打牢了基础。该阶段侯集镇已经在全国大中城市开设了 50 多家销售网点，并与国内十多家大型水产市场形成了长期的供销关系。为避免村内各商户的无序竞争，侯集金鱼通过统一价格标准、统一长途直销的方式进行

---

① 注：本段内容来源于南阳市农业局、镇平县农业局、镇平县侯集镇访谈等资料。

销售①，为后续打响侯集金鱼品牌，以及未来在同类行业的市场占有份额奠定基础。2003年6月，中国特产之乡组委会为侯集镇向寨村颁发"中国金鱼之乡"的称号。

3. 产品升级更新：抓住锦鲤养殖商机

2005年，村民李长彦在偶然之中接触到金鱼中最昂贵的品种——锦鲤，他在惊叹一条高端品种的锦鲤价格能高达200万之余，也抓住了其中的商机。而当时金鱼市场日渐饱和，向寨村的金鱼销量也受到了一定的打击。在这个时期，高端金鱼养殖或许能打破僵局，为向寨村产业升级找到一个突破口。但锦鲤的养殖要求和难度远远高于普通的金鱼，它需要对水域和水温进行严密的把控。在经历了几次失败后，李长彦通过学习国内外养殖经验和进行多次实践，终于在2008年培育出向寨村的第一条锦鲤。锦鲤的利润回报率更高，其他村民也陆陆续续开始转向锦鲤养殖，向寨村正式转型为锦鲤村。

4. 创新助推品牌发展：电商孕育和技术革新

与此同时，随着信息技术的不断发展和村民子女的返乡交流，互联网在2005年左右就开始进入村民的视野。向寨村通过网络、百度推广等渠道进行网络营销，逐步形成了自己的竞争优势。到2012年，高坤是村里第一个作为个体户线上销售活体锦鲤的。当时他刚从大学毕业，作为年轻人他很了解时代的潮流，思维也比较活跃。网络购物的便捷给他带来了启发，他将家里的锦鲤通过网络出售，发现能让向寨村村民接触到更为广阔的市场。当地政府也看到了互联网的带动作用，开始布局线上产业集群。到2016年末，政府与电商服务公司展开合作，同时进行电商培训与包装运营，实现了线上和线下销售的结合，使得金鱼的价格得到了进一步的提高。在这一段发展历程中，物流运输环节技术升级尤为重要。在进行活体运输的时候，袋子选不对就会存在漏气、刺穿这样的问题，进而导致金鱼死亡，带来一笔不小的损失。向寨村使用了十几种包装袋做实验，最后从超市真

---

① 参考文献：杨文磊，李家峰.河南镇平：小小金鱼壮大优势致富产业〔J〕.中国水产，2003（01）：35-36.

空食品袋中得到启发，得到了厚实又抗压的锦鲤运输袋。[①]后来随着包装技术的不断完善，以及政府引入的服务商公司"闪讯"科技的介入，专业的充氧鱼袋等全套包装设备被带到向寨村，运输问题终于得到完美解决，送往全国各地的锦鲤死亡率几乎为零。

到2018年，向寨村正式入选成为当年的"中国淘宝村"之一，也是当时唯一一个从事活物电商贸易的"淘宝村"。其实它成功的背后也离不开村子内部对产品的创新和探索。因为锦鲤的品质多样，价格也千差万别，在这一产业中价格与成本直接挂钩。高品质锦鲤的诞生，首先就需要在国内外搜罗品相优秀的种鱼，其次是需要更严格的饲料和环境要求，比如饲料中的蛋白质含量就要达到40%，还需要在饲养中控制紫外线辐射。[②]但这样的高品质锦鲤成品率低，一批鱼苗的繁育最后只有三成能作为商品卖出。锦鲤产业如同一座金字塔，行业内更看重的是锦鲤的稀缺性，而稀缺品种更多靠的是运气，这时候养殖户唯一需要具备就是筛选锦鲤的眼光和能力。向寨村每年都会举行锦鲤选美比赛，目的就是培养村民的鉴赏能力。在大赛激励下，村民也自主研发出新品种——荷包锦鲤，不仅有精品锦鲤特别的花色，还有金鱼一样的小体型。这项研发是专门迎合有家庭养鱼需求的客户，特点是鱼缸较小但又偏爱锦鲤。当时锦鲤鱼苗都是从国外引进，不存在以上特性的种鱼，向寨村村民决定做自己的品牌研发。通过长时期的研究探索，终于又走出创新的一步，但这种鱼是通过几代繁育而来的变种鱼，基因也不够稳定，还需长期实验来保证正品率。以上可以看出向寨村村民勤奋踏实的拼搏精神和严谨认真的态度，他们对于自身锦鲤品牌的深入挖掘都是成功道路上最强大的助推器。

（二）"侯集锦鲤"品牌发展的路径特点

1. 自主创新，能人带动

向寨村原本只是以种植业为主的小村庄，在李广志等能人的带动下，开辟了观赏鱼养殖业致富之路。在这样一个典型的农贸型"淘宝村"案例

---

① 注：本段内容来源于采访资料 https://haokan.baidu.com/v?pd=wisenatural&vid=7205913335695454839
② 参考文献：张羽."河南锦鲤村"启示录［J］.农家之友，2020（02）：40-41.

中，具有创新精神和企业家精神的能人发挥出了巨大的作用。从一个普通村庄到成为专业村，再到升级为电子商务专业村，离不开眼光独到的能人们。第一产业为主的贸易市场一般竞争激烈且利润不高，因此选对发展目标和主打的产品十分重要；在村庄发展农贸产品的过程中，如何超越其他竞品，获得价格优势是一大难题，需要依靠能人在不断创新和实践中得出经验；同时在时代进步中，能人们也能快速察觉市场变动，做出调整，抓住新的互联网机遇，引进新技术、新品种。但研究发现，向寨村依旧有很多农户未采用电商销售的方式，他们大多为创新意识或接受能力较弱的农户，依靠村内能人获得鱼苗鱼种，或者与能人合作从事电商配套服务。总的来说，真正拉动向寨村产品销售升级，利用电商技术的是年轻且学历较高的能人，未来向寨村也要依靠他们进行技术普及和产业带动。向寨村的能人凭借自身的创新能力，激发了地区的创业热情，打破了传统农业的销售模式，可见能人是农贸型产业振兴的催化剂。

2. 根基深厚，政府助推

在能人的带动下，向寨村的锦鲤品牌逐渐做大做强，能人为产品销售积累了经验和市场口碑，也将锦鲤引入到互联网销售这条先进的道路上。但单靠能人还远远不够，一是因为个体户在互联网的销售是分散进行的，推广模式比较单一，背后没有专业推手，无法形成广泛的市场对接；二是互联网销售的配套设施和技术有一定的限制，单靠能人也无法进行网络技术的广泛交流。这就需要政府介入引导，规范行业生产、引进技术和培训，以及进一步打开市场。在向寨村案例中，政府引导主要从三个部分体现。

首先，化零为整，形成品牌效应。在产业发展初期，向寨村还在养殖普通金鱼，政府组织了村里金鱼经销商组成养殖协会和合作社，将原先分散销售的个体户融为一个整体，在全国开设多家销售网点售卖。这样的举措无形之中推动了向寨金鱼品牌的形成，将向寨金鱼推向全国市场。政府推行"六个统一"[①]，即统一鱼苗、饲料、鱼病防疫、包装、品牌推荐和进行管理定价，避免内部商户无序竞争的问题，同时与国内大型水产市场达成供销关系。向寨金鱼可以通过统一价格一起直销出去，迅速让向寨金鱼在

---

① 参考文献：汪博. 欠发达农区淘宝村形成机理研究［D］. 河南大学，2019.

市场占有份额。

其次,配套技术改善。在产品升级和电商发展初期,政府致力于配套技术改善。向寨村锦鲤的养殖要求较高,对鱼苗、种鱼、温度、饲料、光照等均有要求,政府聘请了专业的团队,包括研究院专家和养殖能手等,成立专门的科研小组进行现场培训和指导。同时,配备通用的设备和专业的仪器,比如水电、鱼罐车等。在向寨村打入互联网市场后,政府也参与解决订单运输问题,引入电商服务公司,带来了专业的充氧鱼袋等包装技术[1],充分降低了锦鲤在运输过程中的死亡率,节约了线上销售的运营成本。

最后,营销方式转变。政府通过调研发现电商销售存在物流较慢、快递成本高的问题,遂引进韵达、圆通等物流公司,并提出"电子商务+物流"的一体化发展思路。与专业互联网服务商合作,探索营销新方式,即专业团队运营整合村内现有资源,采取"一个月培训+两个月深度孵化+两个月资源整合"的模式[2],带动村里缺少电商经验或者对互联网接受能力较弱的养殖户一起进步。同时,政府会根据村内不同人群特征制定相应的

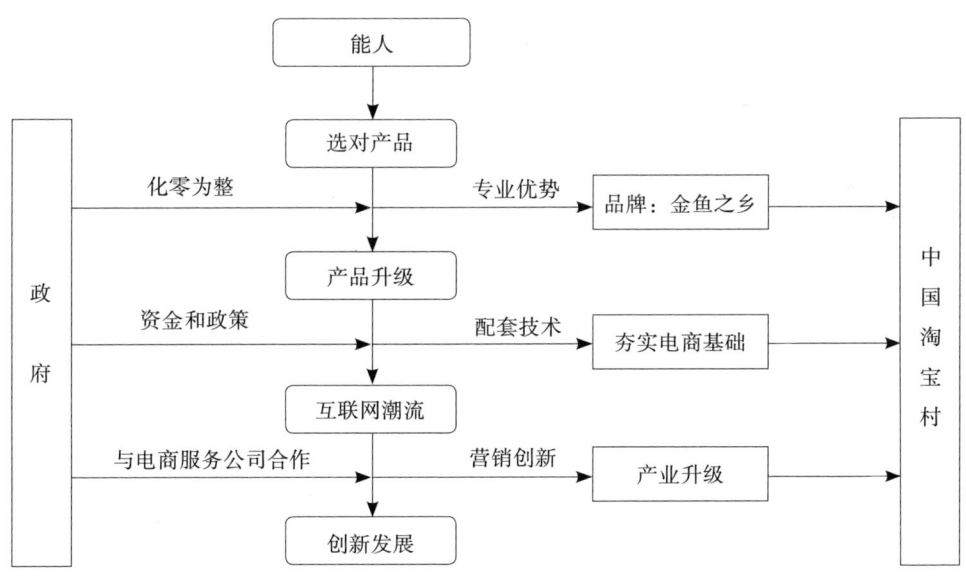

图 7-3 农贸型淘宝村乡村振兴路径总结

---

[1] 参考文献:傅哲宁."淘宝村"分类与发展模式研究[D].南京大学,2019.
[2] 参考文献:汪博.欠发达农区淘宝村形成机理研究[D].河南大学,2019.

政策：针对不愿意或者接受不了线上销售的养殖户，为他们提供依托龙头企业获取提成的模式；针对贫困户也给出了优惠政策，给予他们最低市场价购入权限。贫困户也可以通过参与电商配套服务（包装、发货等）来赚取工资。政府的政策兼顾到村内每一户农民，也完善了线上销售的流程机制，推进了产业升级与发展。

（三）独立发展的农贸型淘宝村经验总结

在欠发达地区以第一产业发展引领全村走上共同富裕之路并非易事，而向寨村更是做出了自己的品牌，发展成为独立自主的农贸型"淘宝村"。主要经历了从发现商机，到夯实基础、形成专业优势，再到产品升级，紧跟互联网的时代潮流，抓住机遇不断创新，发展线上销售的过程，可见品牌诞生背后的曲折和艰辛。分析该农贸类品牌电商发展之路，总结出以下几种特质。

1. *选择合适的发展对象，走上专业化道路，做精做强。*

以第一产业为主的农贸村一般前期发展比较滞后，普通的农贸产品成本与销售之间的差价比较小，利润额不高，需要走量销售。但一般农贸村配套设施不健全，无法进行规模化生产；前期品牌还未发展起来，也无渠道和国内外市场对接，销量得不到提升，从而陷入恶性循环。因此，首先要选择适合自身发展且具有广阔前景的农产品，自身品牌就具有辨识度的（比如盆栽、名贵林木等）可以依托地方性特色深入发展，其他可以另辟蹊径。其次进行产业规范，在村内制定价格、质量、包装等统一标准，化零为整，以村庄为单位形成一个销售整体。最后再向外寻求能达成供销关系的市场，在全国开设销售网点，打牢产业基础，为品牌在同类行业的市场占有份额奠定基础。

2. *迎合需求，与时俱进创新，做好新产品研发工作。*

在互联网时代下，农产品依托线上销售能广泛扩展市场，增加销售额，因此大部分第一产业品牌首要任务是发展电商销售。然后分析农产品类型，主要有两种：一是单价低、生产周期短、加工程度低、地方特色浓厚的产品，这类产品的主要受众为小区域范围内的消费者。可以针对受众人群，进行电商销售的本土化设计，注入当地特色元素作为品牌卖点。另一种是单价高、需要深度加工且受众范围极大的产品，需要将受众分类，按需做好产品的升级换代，整个过程都需要商家创新能力的提升。另外，电商运营最重要的是运输成本问题，农贸村需要引入专业包装技术、价格低廉的物流公司和配套的物流服务。

3. 政府支持，跟进基础设施，引入合作、资金和技术。

发展农贸型电商销售淘宝村，首先就要配备基础服务设施，除了水电外，最重要的是物流系统，政府在组织包装技术引进的同时，也要积极引入物流公司。除此以外，政府还要鼓励贫困户创业，给予资金支持。在互联网技术上，政府也可以和电商服务公司达成合作，创新营销模式增加客源。未来也可以根据自身发展情况，将第一产业和二三产业结合发展，比如发展纪念品加工以及体验式观光旅游等，实现产业升级。

（四）小结

总之，在农贸型淘宝村的发展之路中，有创新精神和敏锐投资嗅觉的能人起到了很大的作用。这类电商贸易村以第一产业为主，技术突破和拓展市场相对困难。而且传统农村资源有限，村民接触到新技术和高质量服务商的机会很少，在这个过程中，政府的政策和支持也起到了关键作用，甚至可以带来区域技术变革效应，倒逼推进产业发展模式以及产业升级。最后，农贸型淘宝村的成功不能单靠运气和机遇，更多需要依靠人的意志和广大农民勤劳的双手。

六、一滴牛奶的扶贫力量——内蒙古通辽市扎鲁特旗

内蒙古通辽市扎鲁特旗位于科尔沁草原腹地，地处大兴安岭南段，属于内蒙古高原向松辽平原过渡地带。这里交通便利，与北京、沈阳、锦州港、大连港等重要城市均有高速公路相连。全旗有林面积832.7万亩，耕地220万亩，草牧场1828万亩，牧业年度牲畜存栏247.1万头只。[①] 扎鲁特旗近年来现代畜牧业发展迅速，被自治区列为农畜副产品基地，是名副其实的畜牧业大旗，这里得天独厚的土壤、空气、水质、草种等天然资源为畜

---

① 注：扎鲁特旗人民政府 . 扎鲁特概况 -- 经济发展
http://www.zhalute.gov.cn/zltq/jjfz/2022-08/12/content_f97e0cbf22234160899a07c43251c4b6.shtml

牧业提供了良好的发展温床。在"吃生态饭、做牛文章、念文旅经"的发展思路下，扎鲁特旗充分发掘自身资源优势，着力发展高质量畜牧业，推进畜牧业产业化品、牌化发展，对良种繁育、种养循环、农牧结合等新型畜牧业技术着力引进努力实现畜牧养殖业由传统方式向现代牧业转变。联合蒙牛等国际知名奶企大力扶持全旗发展"幸福"牛产业，推进精准扶贫和乡村振兴建设。

（一）以乳业高质量发展助力乡村振兴

牛产业一直是扎鲁特旗的主导产业，着力推进打造牛全产业链，促进其高质量，大规模，高水平发展是该旗近年来经济工作的重心。为了实现传统畜牧业的转型升级，旗政府积极转变养殖业发展方式，采取围封禁牧、划区轮牧、舍饲禁牧等一系列管控措施，扶持壮大以罕山白绒山羊及肉羊、科尔沁牛及奶牛为重点的优势特色产业，成为扎旗经济发展的首要着力点。扎鲁特旗鲁北镇的小黑山村就是扎鲁特旗传统畜牧业转型实现高质量发展的缩影和排头兵，从2003年小黑山牧场奶牛合作社成立到现在通过自身不断地摸索、实践和蒙牛企业一直以来点对点的帮扶，实现了以乳业高质量发展助力乡村振兴的发展路径。

作为扎鲁特旗"牛产业"发展历程的重要代表和缩影，小黑山村的产业扶贫和乡村振兴路径经历了以下三个阶段。

1. 起步阶段

小黑山村养牛历史悠久，但大多是奶牛单产水平低，奶牛饲养规模小，分散在农户家，难以产生规模和经济效益，且原料奶中细菌数超标、脂肪和蛋白等指标达不到标准要求的现象经常发生，无法保证质量，加上奶牛业效益不稳定，奶牛养殖的亏损面容易扩大，导致奶价低、收入减少。

针对小黑山村养殖存在的问题，2003年4月小黑山建立了本村奶牛养殖专业合作社，合作社的建立少不了本村村委和村内一些养殖专业户的牵头和努力，王喜军就是村民养殖户的突出代表，他在2004年租了村里的几亩田地建立起了养牛场，但由于资金不足以及缺乏科学养殖的相关知识，在养殖场实际发展中遭遇了很多挫折和损失，后来在蒙牛乳业通辽奶源党小组的积极关切和帮扶下，小黑山养殖专业合作社受到了蒙牛技术团队的专业支持，还积极引导牧场负责人参加蒙牛举办的"牧场主大学"及"金钥匙"学习培训,逐渐将原始的喂牛模式转变为科学的奶牛饲养方式,牛舍也逐步在技术团队的带领支持下变成了现代化的标准牛舍。[①]2004年起小黑山养殖合作社就和蒙牛达成合作,其牧场也成为蒙牛的合格牧场,并在蒙牛标杆牧场的示范与指导下不断与国际先进牧业生产系统靠近。

2. 发展阶段

2017年4月,合作社积极响应国家精准扶贫号召,在鲁北镇党委、政府的大力支持协调下,与部分建档立卡贫困户达成入股分红合作的双赢发展模式。入股资金10000元,购买合作社1头挤奶牛;入股资金15000元,购买合作社1头挤奶牛和1头犊牛;入股资金20000元,购买合作社1头挤奶牛和1头育成牛;入股资金25000元,购买合作社2头挤奶牛。2017年以来,共有77户贫困户入股合作者社,入股资金达100.8万元,累计分红37.8万元,截至2018年底,77户贫困户全部实现脱贫。现带动贫困户就业2人。和贫困户结成了互利共赢的共同体。

2018年5月,牧场全面改建,打造通辽标杆型牧场,新建泌乳牛舍1栋(96米×30米),育成牛舍1栋(96米×30米),犊牛舍1栋(25米×30米),2400立方米青贮窖2个,现代化挤奶厅1栋,利拉伐全自动拖杯设备升级,860平办公楼1栋,工人宿舍8间,消毒室,兽药室一应俱全。总投资约1000万元,现基础建设已完工。

随着养殖规模的不断扩大,青贮和秸秆用量也逐渐增加,每年消耗全株玉米青贮6000余吨,玉米秸秆3000余吨,为此,牧场采取自产自销的种植方式,从2014年发展到2019年,共计收青贮6000亩,为周边农民带来相关收入300余万元,并于2019年与村民签订了1500亩的青贮收购合同,在小黑山村形成了一个良好的产业带动作用。通过高质量、集约化的规范生产,2019年小黑山村养殖专业合作社被蒙牛集团评定为A级牧场。[②]

同时,通过牛粪还田,提高了土壤的抗旱、保水、保肥能力,提高了农作物的品质,达到了抗病高产优质的目的。使本村的农业生产步入了一个良性循环的发展轨道,有效改善生态环境,具有较高的经济效益、扶贫

---

① 参考文献:以乳业高质量发展助力乡村振兴[J].实践(党的教育版),2021,(12):47-48.
② 参考文献:扎鲁特党建.【集体经济】产业扶贫托起稳稳的幸福[EB/OL].(2020-06-25)

效益、社会效益和生态效益。①

3. 转型阶段

2021年，小黑山村的乳产业也进一步迎来了转型升级，这一转型升级主要体现在奶制品产业链的延伸。合作社积极建设属于自己的奶制品加工车间，积极将小黑山村打造成奶制品全产业链基地。

依托小黑山奶牛养殖专业合作社的上游奶产品资源优势，2021年5月，合作社新建了一座名为喜民奶制品的加工坊，该工坊总投资90万元，占地面积2000平方米，现已建成奶皮子生产车间、奶豆腐生产车间、冷冻库、保鲜库、包装间、消毒间等。加工坊坚持纯手工、零添加，其生产的奶皮子、奶锅巴、奶豆腐等奶制品一经上市就受到了消费者的青睐，产品甚至产品销往乌兰浩特、舍伯吐、赤峰等地。如今，加工坊年营业额达300万元、利润60余万元，市场前景广阔。合作社在此基础上逐步扩大生产规模，一步一步延伸产业链，把市场主动权牢牢掌握在了合作社手里。

小黑山村如今已经成为名副其实的奶制品专业村，多户村民也通过制作奶制品，走上了发家致富的道路。今后，合作社还要带动周边嘎查村更多的村民走向共同富裕的小康路。

（二）扎鲁特旗小黑山村乡村振兴路径特点

1. 将本地"小特色"升级为"大产业"

依托着自身的自然资源优势，小黑山村很长时间以来都有着奶牛养殖的产业传统。在扎鲁特旗着力发展牛类养殖业的大背景下，小黑山村牢牢把握住了机遇和风口，依托着自身奶牛养殖的村内产业"小特色"，全力发展奶产业，对自己定位清晰，充分对自身资源和产业禀赋进行了调查，避开了和其他村子进行肉牛养殖的竞争。并在定位清晰的基础上，持续推进和蒙牛这样超大体量奶企的深度合作，也通过专业学习和科技引入不断延长村内的产业上下游链条，一步一步稳扎稳打地把本村特色小产业发展壮大为支柱型的大产业。

---

① 参考文献：李英震. 基于纵向一体化联盟的三产融合［D］. 东北财经大学，2020.DOI：10.27006/ d.cnki.gdbcu.2020.000085.

2. 在"精"上下功夫、在"扶"上做文章

小黑山村依托得天独厚的粮多草广优势以及村民的养牛传统，突出特色、精准发力，不断发展壮大具有优势的产业，培育品牌，规模化发展，实现了产业由小到大、由弱到强、由强到精的跃升。政府在扶持小黑山村产业发展的时候，在最开始的定位就是先发展起来合作社内一批"小"而"精"的高质量牧场，并为了实现粗放式养殖向精细化，科技化养殖的转型升级。

实现共同富裕始发站乡村振兴的重要目标，反过来，共同富裕也是乡村振兴能够更稳定、持续、全面推进的重要推动力。只有实现全体村民的富裕才能够更稳步地推动乡村振兴的良性发展，效率和公平是我们在发展乡村经济都要兼顾的重要部分。所以，基于小黑山村的村民经济现状，当地政府在2017年打出了产业扶贫的重拳，以"合作社+贫困户"的新发展模式让贫困户用扶贫资金购买奶牛并送入合作社统一托管饲养，并按照投入比例获得每月分红。真正做到了用一滴奶来带动全村脱贫。

3. 离不开蒙牛这样有责任的国民品牌的积极帮扶

"龙头企业+农牧户"也是扎鲁特旗在小黑山村产业振兴实践中探索出来的先进发展模式。可以说小黑山村的牛奶产业能够发展到今天的质量和规模离不开2004年以来蒙牛一直坚持不懈的点对点帮扶。

除了初期在生产技术和学习培训上的支持。蒙牛还积极在中国、丹麦两国农业部牵头下成立了中国丹麦乳品技术合作中心。小黑山村的牧场就是中丹项目试点之一，中丹项目小组成员实地驻场，围绕奶牛生产与营养、奶牛健康饲喂监控的准确性、犊牛生长监控等奶牛健康饲喂、犊牛健康管理方面改善，共解决问题12类，牧场奶牛单产提升超3公斤，公斤奶成本下降0.18元。

4. 延长产业链并通过"实体+电商"模式扩大市场

喜民奶制品加工坊是小黑山村民依托自身乳产业的上游产品优势，积极延长产业链提高村内附加值的生动实践。像喜民奶制品加工坊这样的奶制品作坊小黑山村还有18家。如今，奶皮子、奶锅巴、奶豆腐等已成为小黑山村产业发展的靓丽名片。奶业的蓬勃发展，给周边的村民提供了就近务工的机会。随着村内产业链的持续延长和精加工产业的不断引进，小黑

山村乳产业所能创造的经济效益会持续增长，给本村及周边村民能够提供越来越多的收入和就业机会。

此外，产业链和产品延长的同时，也需要在市场开拓和销售上的持续发力，小黑山村的奶制品加工坊还积极通过"实体＋电商"模式开拓面向全国的销售市场，目前相关产品订单量稳定，销路广阔，并在联合电商人才积极打造属于自己的奶制品品牌，进一步提升产品的知名度。

（三）品牌打造经验总结

1. 多发挥集体化、规模化、集中化的优势

小黑山村的奶牛产业始终以合作社为主要的产业发展主体，充分发挥社会主义集体经济能够集中力量办大事的优越性，将各家各户的资金和奶牛集中起来，在引进了高科技生产设备的合作社内集中统一生产，打造奶牛托管模式，大大提高了生产效率，从粗放式低效生产转变为高质量标准化的生产。

2. 打造特色产业全产业链条

合作社采取"合作社＋农户"的发展模式，围绕做优、做大、做强的目标，形成了从奶牛养殖、奶制品加工和产品销售为一体的全产业链条，做优品质，打响品牌。

3. 积极寻求行业顶端企业的合作与支持

在小黑山村面临 2004 年合作社刚建成技术资金等难题时，蒙牛对其的精准帮扶让其少走了很多弯路，进而能在高质量高标准的牛奶生产上，不断延长产业链，丰富了村内各类奶制品的加工产业。蒙牛与当地牧场长达十几年的合作在提升其产品生产质量与效率的同时也大大保证了产品的销路，提升了村内支柱特色产业的稳定性。

4. 发挥政府和党委的积极引导作用

小黑山村 2004 年面临规模化标准化生产难题时，是蒙牛乳业通辽奶源党小组在了解情况后，积极将企业和村合作社牵线进行定点帮扶，助力了小黑山村奶业持续腾飞。在 2017 年，也是当地政府和党委积极实施"合作社＋贫困户"的发展模式，促使小黑山村在经济发展，产业振兴的同时兼顾效率与公平，从而引导特色产业实现共同富裕的。

（四）小结：延伸特色产业链，打造乡村振兴新引擎

小黑山村通过乳产业带动全村脱贫致富是扎鲁特旗在发展"牛产业"的大方向上因地制宜、因村施策的生动实践。产业兴则百业兴，产业强则百业强，扎鲁特旗的成功经验启发我们在乡村振兴的道路上要想走得远，走得对，走得稳一定要牵好特色产业这个"牛鼻子"，并积极打造和依托产业的品牌效应，使其在市场上形成竞争优势。在针对各村的具体发展规划时一定要做好全面深入的前期调研，摸清各村"底子"，找准适合该地的发展"路子"，开对产业腾飞的"方子"，并积极引进科技加大和知名企业的密切合作，发展多样的特色产业，为乡村振兴不断注入新的发展动力，并通过科技赋能和产业链的不断延伸和完善形成本地特色品牌，带领农民走高附加值的产业致富之路。

第四节 依托旅游产品的典型案例分析

一、"民宿经济"引来返乡热潮——浙江省湖州市德清县莫干山镇

莫干山是天目山的余脉，因春秋时期吴国著名铸剑师莫邪与干将在此地铸成雌雄双剑而得名，其位于浙江省湖州市德清县的西部的莫干镇内，地处长三角腹地并在上海、杭州和南京三市所围成三角区域的中心范围内，因其得天独厚的地理条件被冠以"江南第一山""中国四大避暑胜地"的称号。莫干山镇处在长三角诸多核心城市的三小时经济圈内，交通和区位优势显著，镇中心的莫干山风景区在1994年和2011年先后分别被评为国家级风景名胜区、国家4A级旅游景区、国家级森林公园。近年来，莫干山依托自身优越的区位和资源优势，民宿行业在其境内蓬勃发展成为其支柱产业，并在国内外都享誉着较高的品牌度与知名度。

（一）多元文化沃土孕育"洋家乐"新业态

当下的莫干山民宿主要由"洋家乐"和本土民宿品牌组成。其民宿产业的发展最开始源于高端外资民宿所带来的莫干山"洋家乐"业态的萌芽。

"洋家乐"概念最早就是由德清县于2009年首次提出的,指的是由外国人租借中国当地本土的民居并将其改造成覆盖多种娱乐活动的休闲居住场所。"洋家乐"在本质上就是外国人作为投资主体打造的中外多种文化共融的新型多元素的民宿形式,能够将恬淡闲适的田园生活、环境优美的自然风光与新奇多样的西方文化有机结合在一起。

民宿在莫干山形成了突出的产业集群,对国内外游客具有很强的旅游吸引力并进一步带动莫干山乡村旅游业产业化、品牌化、国际化。进行到今天为止,可以将莫干山民宿品牌的发展分为1.0萌芽期、2.0成长期和3.0成熟期三个阶段。

1. 萌芽期（2007—2010年）

"洋家乐"能够在莫干山形成,在很大程度上也受到历史因素的影响:早在1842年鸦片战争中国近代化进程开始后,许多外国人定居中国,莫干山作为中国四大避暑胜地,吸引很多周边的外国人居住,他们在此修建私人城堡、别墅在莫干山传播了西方文化并留下不少西式建筑的遗迹,留存下了莫干山别墅群这样珍贵的遗产,这些文化与建筑遗存为莫干山"洋家乐"民俗的发展奠定了文化和物质上的双重基础。

2007年,在南非人高天成的设计与投资下,莫干山第一所"洋家乐"民宿"裸心乡"建成并运营。该民宿主要对莫干山三九坞的几栋乡村泥坯房进行了保留结构与风格的环保式的装修,以整栋房屋出租的形式为顾客提供西式餐饮和更加自由化的住宿模式。

自此,莫干山迎来了一轮投资热,许多国外和上海的资本都来此租房开始了民宿运营,莫干山民宿步入了萌芽期,这一时期的民宿发展规模较小,在莫干山镇范围内的几个村庄内呈零星点状分布。萌芽期的"洋家乐"民宿以"裸心乡"为代表,在设计装修上秉持"修旧如旧"和"低碳环保"的理念,重在体现本土建筑原生态的质朴风貌。

2. 成长期（2011—2013年）

2011年,高天成在"裸心乡"的基础上开发了吸引上亿投资的"裸心谷"乡村度假酒店,标志着莫干山民宿从小规模零星萌芽的萌芽期进入企业化运营的成长期。这一时期的"洋家乐"在设计风格上百花齐放,新设计、新风格和新建筑层出不穷、各有亮点,但整体风格的调性整体更靠近现代化吸引了很多年轻时尚和追求品味位调的顾客群体。成长期的莫干山民宿仍然是以中高端"洋家乐"为主体，但是在数量、接待规模、投资体量和客源市场上都得到了进一步的扩大，产业更加成熟和规模化。2012年莫干山民宿多次获得国内外知名杂志报道，更是被《纽约时报》评为"世界上最值得一去的45个地方"之一。莫干山"洋家乐"民宿的品牌知名度正式在国内外打响，越来越多的资金和游客流入当地，莫干山迎来民宿高速发展的成长时期。

成长期的莫干山民宿也开始得到了当地政府的大力支持。2011年当地政府举办了"捷安特"杯莫干山单车嘉年华等中外合作的文化活动、2012年政府报告中提出要培育"洋家乐"为代表的旅游新业态，并组建民宿行业协会、建立"洋家乐"民宿网站进一步推动莫干山民宿产业的规划化发展。

3. 成熟期（2014年至今）

2014年，德清县政府出台了《德清县民宿管理办法（试行）》，在文件中民宿的概念被官方使用并成为环莫干山地区接待业空间的统称。2015年德清县旅游委员会颁布了《乡村民宿服务质量等级划分与评定》，这是中国第一部地方性民宿标准，它将莫干山民宿分为标准民宿、优品民宿、精品民宿三个等级。这一系列政策制度确定了莫干山民宿在政府层面的产业主导地位，进一步规范了莫干山民宿的产业发展环境、发展节奏、发展质量，标志着莫干山民宿发展进入规范化、标准化、秩序化的成熟阶段。

成熟期的莫干山民宿在"洋家乐"之外也进一步发展了大批各具特色的本土民宿品牌，这极大丰富了莫干山民宿的种类，满足了更多客群的需求，促进民宿内部良性健康竞争、使民宿业态创新与活力迸发。而"洋家乐"也不再只有外国人开办，投资主体变得更加多样。民宿也越来越多地从个人或小规模运营转变为专业团队运作，逐渐酒店化和标准化。莫干山特色民宿聚落在此基础上正式形成，莫干山民宿品牌也进一步被打响。

民宿业的成熟发展也带动了民宿业上下游相关产业，如客运、旅游、餐饮、建筑业、设计、农产品加工等领域的共同发展，从多个维度进一步加快了莫干山乡村经济的转型升级，使莫干山经济增长越来越多地依靠旅游业的发展。成熟期的莫干山民宿从空间集聚向产业集群进行了高质量的发展转变。

（二）莫干山乡村振兴路径特点

1. 多元文化与新业态催生产业发展

在如今乡村产业同质化严重、千村一面现象频现局面下，乡村振兴发展的关键在于找到适合当地的具有特色的异质性产业。而莫干山乡村振兴路径成功的起点就是深植于其多元文化交融的沃土，在这片独特的文化沃土上受到外部环境的共同作用生长出了"洋家乐"这一适合当地发展的新树种，于是之后再由育苗人——政府进行推广培育，从而催生了莫干山民宿旅游产业的发展。

莫干山独特的文化形态在于经历了长期中西文化的交融碰撞，使得这个地方不仅有很多古诗文、古碑刻、古寺庙以及诸多富含古代人文气息的文化景观，还有许多西方人遗留下来的异国文化和百余幢各国风格的珍贵别墅等。这样互相融合共生的多元文化是最容易催生诸多新业态的沃土，在其中选择适合当地发展的业态进行引导和培育全局产业无疑是乡村振兴的一种重要路径。

莫干山这种多元文化交融的文化底蕴在区位、气候、生态、资本、社会背景等多方面因素的共同作用下，催化了外国人在此进行"洋家乐"创新创业的行为。接着，莫干山当地经过分析与评估新业态的价值与发展潜力，充分抓住"洋家乐"这一新业态作为当地的产业特色进行计划性、规范性地重点发展，于是便一步一步打造成了当下覆盖全镇域多产业链的莫干山民宿旅游发展集群。故而，可以说莫干山如今的民宿旅游发展集群，溯其本源是诞生于其自身的多元文化与多元文化所孕育出的新业态的。

2. 政府的"提质控量"优化产业发展

政府部门在莫干山民宿旅游产业的整个过程中始终积极主动地进行了参与，不断地为其创造民宿旅游产业集群所需要的制度环境和软环境，从而有计划地、科学地进行民宿行业"提质控量"的规范与发展，进而达到产业内部的优化和可持续。

具体表现在政府在逐渐适应莫干山民宿产业集群和集聚经济的发展需要，创新适应其发展的制度环境和软环境：政府部门在法国山居等一系列重点民宿项目中进行生态招商，引导可持续发展的产业趋势；在"裸心谷"项目中当地政府主导与企业一同探索出的适合本土的点状供地和"坡地村镇"项目并进行推广；德清县政府为解决民宿土地与房屋产权权益问题率先实施农村宅基地"三权分置"制度；当地政府主导进行一系列基础设施和环境治理建设优化民宿产业发展的大环境这一硬件，还牵头举办多样的节庆赛事进行品牌营销推广并积极引入教育资源吸引人才合作；当地政府更是发布条例规范限制片区民宿项目可新进床位数量，在控量的同时也做到了提质。

3. 竞争激烈倒逼产业内创新与转型

随着莫干山民宿集群经济的快速生长，不少卖点相似的"洋家乐"等民宿内部出现了激烈的恶性竞争的现象。但在莫干山民宿旅游产业集群的发展过程中，这些激烈的竞争在政府和企业等主体的正确引导下反而去倒逼了产业内的创新与转型，能在很大程度上积极地丰富了莫干山的旅游业态和旅游资源。

这些创新与转型一方面表现在核心民宿产业创造产业新路径，如民宿业主创新地去开办旅游集市等不同于民宿功能的其他旅游接待业；另一方面表现在民宿集群内分化出差异化种群生长路径，如精品民宿集群延长各自占有优势的产业链开创旅游或民宿文创产品，促进不同民宿集群的差异化和特色化发展。

4. 呈现从空间集聚到产业集群的趋势

莫干山民宿发展的实现了民宿从各自独立的空间聚集阶段向业态完整的产业集群的转型与升级。这样转型与升级的趋势是民宿发展量变到质变的重要过程。莫干山民宿在前期空间集聚的量变过程中，表现为民宿数量和密集度的快速增加以及分布范围的不断扩张，在此过程中，民宿与民宿、民宿与其他相关业态的联动较少并未能达成有机循环互动的产业集群。而莫干山民宿在中后期产业集群的质变过程中，是在市场资源优化配置和政府主动干预引导的条件下，实现了各产业链的发展与有机组合从而形成覆盖范围广、优势突出的民宿产业集群。

（三）品牌打造经验总结

1. 多层次全渠道地进行品牌传播

一是积极发挥政府的带头作用，提升传播的力度和广度。在多层次全渠道的产业品牌打造过程中，政府所具有的权威性使得其更适合去发挥领导带头作用。在莫干山民宿的实际发展过程中,德清政府在初期就积极地将民宿确定为莫干山当地品牌和支柱产业,在政策保障、引进互动、媒体宣传等方面都进行了积极的支持和引领,发挥了莫干山品牌建设主力军的作用。

二是吸引具有宣传优势的利益相关者,并挖掘品牌卖点。在乡村产业招商引资吸引各利益相关者入场的初期,需要积极吸引那些自带"流量"等宣传优势的投资者、企业、设计师、学者等能形成与本地品牌产业利益相关的主体入驻。莫干山民宿品牌的打响就和初期"裸心谷"等外国人投资的民宿产业发挥国际宣传优势有着密切的关系。

三是整合利益相关者树立品牌整合理念,集聚传播资源。乡村振兴中支柱性产业的品牌打造也需要整合各利益相关者去"集中力量办大事"。比如,在本地去搭建与品牌产业相关的行业协会,能够发挥联动各方去进行品牌的全面培育。莫干山于2016年成立的民宿行业协会,就对内担任了品牌内部组成成员沟通桥梁的作用,对外积极拓展了与外部品牌沟通合作的渠道,极大助力了莫干山民宿品牌的传播。

四是利用传统媒体拓宽消费人群,并宣传品牌核心理念。报刊、杂志、出版社和电视等传统宣传媒体对乡村振兴品牌产业的积极宣传,能够使其知名度在更多层次的消费人群中得到传播,使得各个年龄段的消费潜在人群对品牌的核心理念和旅游产品的卖点都有所了解,从而扩大品牌服务人群。莫干山民宿品牌在宣传前期就吃到了不少诸如《纽约时报》《福布斯》《人民日报》等传统纸媒的宣传红利。

五是增强新媒体利用度,完善渠道宣传并进行精准营销。抖音、小红书、微博等新媒体在当今社会的信息宣传上具有传播速度快、覆盖范围广和影响程度深等突出优势。在乡村品牌产业的搭建中应该积极探索电商合作、直播售货、达人探店等新媒体宣传渠道,全方位多渠道地吸引客流,新媒体和大数据的联动还能带来产品的定向和精准营销。莫干山民宿就通过积极和国内各大民宿平台合作、直播售卖旅游产品、吸引旅游达人探店等来不断扩大品牌知名度热度。

2. 提质控量与转型创新双管齐下

一是政府主导营造良好的政策环境和软环境"提质控量"。单一的不受政府等主体规范和干预的市场行为容易存在一定的无序性。所以在尊重经济规律，发挥市场在资源配置中决定性作用的同时，我们的乡村产业振兴也需要政府进行宏观调控对产业发展进行积极的干预与管理，在政策和产业发展软环境上进行支持与把握。

二是提高产业创新能力丰富母品牌下的子品牌产品种类。乡村的支柱型品牌产业发展到中后期，很容易出现产品同质化严重、竞争激烈等现象。这个时候能否提升创新能力对产业产品内容进行丰富与更新升级就显得尤为关键，所以在乡村品牌发展的中后期需要吸纳高质量的人才集聚，在原有产业链基础上积极开发新的创新型产品。

（四）小结

莫干山镇乡村经济的转型升级与乡村振兴的发展在很大程度上都依赖于莫干山民宿旅游产业集群的形成。而莫干山产业集群的形成来自其背后的三大助推动力。首先，长三角区域高度城市化带来了人们对恬淡宁静、惬意放松、亲近自然的乡村田园生活的体验需求。其次，基于莫干山独特文化特色诞生的第一批"洋家乐"和高品质民宿的新业态能具有吸引高素质和具有影响力的人群成为产业内的利益相关者的产业禀赋，为莫干山民宿后续发展的调性和品质奠定了较高的发展基础和发展上限。最后，当地政府经过科学的判断，对"洋家乐"和高端民宿这一新业态在政策环境和软环境等方面的大力支持和保驾护航。

二、废墟上的创意原乡——台湾桃米村"社区营造"经验

废墟上的创意原乡，20世纪90年代的一场大地震，使桃米村在原本"空心村"的基础上破而后立，历经多年重建，现在的桃米村以青蛙为代表的昆虫文化为核心，走出了"桃米"特色的生态旅游乡村振兴之路，从一个生态环境糟糕、发展动力不足的边缘社区，转型成为一个国内外之名的以青蛙为名，兼顾集有机农业、生态保育、文化创意等于一体的台湾生态观光社区营造优秀案例。

（一）"桃蛙源"的发展历程

要想真正走进"桃蛙源"的故事，我们要顺着时光回到20世纪50年

代,去看看台湾地区社区营造的那一株思想萌芽的诞生与成长。伴随着当时台湾地区农村劳动力的外移,各类开发开产对乡村本土生态环境的过度挖掘,台湾人民有意识地向外汲取先进经验与措施。他们的目光最终锁定在了"日本列岛改造计划",其中成功改善环境,实现社区可持续发展的"古川町"作为优秀案例为台湾人民提供了宝贵的理论结合实际的经验。由此台湾于50至70年代奠定了社区营造的思想基石,于80年代提出"社区总体营造"的策略。

20世纪80年代台湾社会的基层民主性,由于"文化自觉运动"以及"社会民主运动"的影响,带动了更多的普通人加入参与到社区自救中。各类面向有一定特殊技艺工艺人群的扶植计划,也吸引了许多艺术爱好者与专业工匠投入社区发展,这两者都在潜移默化中为"桃蛙源"的诞生备下了重要的人力人才库。除此之外,政府部门包括"环境生活总体改造计划""创建城乡新面貌计划"等,各类计划的颁布,吸引着各层级企业以及无政府组织(NGO Non-Government Organization)[①]例如,"新故乡"(全称:新故乡文教基金会)的加入,为后续不同社区的发展做好了政策经济的准备。

1. "桃蛙源":一场地震 破而后立

从地理位置的角度说桃米社区拥有较好的生态资源,桃米山、白鹤山等多山交集平均海拔600m,包括桃米坑溪主流、中路坑溪在内的六条溪流流经形成了丰富的湿地地貌,有山有水,农田,村落散布其中,更是位于中潭公路前往日月潭的必经之路,按理说应是良好的旅游资源。[②]

但多山多水反而导致了桃米社区地形复杂、以笋类菇类为代表的农产品曾在此有过一段小小的"辉煌",但随着工厂升级转移,大量青壮劳动力迅速外流,老人与狗成为主要留守者。更为雪上加霜的是社区内的垃圾场,就好像给桃米社区套上了一个减益光环,让桃米变得愈发失去活力,变得灰暗潦倒。

[①] 刘娟.生态文化旅游融合发展案例研究——以台湾桃米灾后旅游发展为例[J].经贸实践,2018(19)
[②] 范霄鹏,张晨.浅议生态社区营造策略——以台湾桃米村为例[J].小城镇建设,2018(06)

1999年9·21地震中，该地区369户房舍，168户完全倒塌，60户半倒塌。当地采取"破而后立"方式，由NGO组织"新故乡"，以此介入桃米社区的灾后重建工作。

2."桃蛙源"：一场调查 兴利除弊

重建？要重建一个什么样的桃米社区？答案肯定不是之前那个笼罩着灰蒙蒙的烟云的落魄小社区。要如何找到这个答案，不是照搬照抄其他社区，更不是负责人拍一下脑袋，也不是盲目得民主投票，"新故乡"的选择是因地制宜从头梳理桃米社区的资源，依靠专家开展详细的分析调查，期望能借此找到区别于其他社区的具有桃米特色的差异性资源。

值得庆幸的是，调查给出了一个振奋人心的结果，以往桃米社区中无人在意的各类青蛙，其品种达到了23类之多，几乎涵盖了台湾所有青蛙种类的75%，其他例如蝴蝶、蜻蜓的种类也很丰富。"新故乡"[①]在此基础上以引导者的身份积极与居民、专家开展会议沟通讨论，成立了属于居民的社区重建委员会，进一步嘉庆居民参与了解相关进程，最终确定了桃米社区以青蛙为核心的生态社区发展思路。

以廖嘉展先生的《从桃米青蛙村到埔里蝴蝶镇的愿景建构———兼谈生态城镇生态·生计·生活与生命的揉转效应》为例，他在其中提出："对内进行人才与组织的培养，建构各种不同的学习体系，激发居民营造精神和热情，培养其技能及知识，进行知识储备，进而以知识创造经济；对外架构跨领域的多元合作，通盘规划生态解说、民宿、餐饮、生态工法营造、工艺产品等产业。"居民们有了诸如此类的指导思想具体措施后，在"新故乡"的帮助下开设培训班详细了解生态知识，不仅如此，为了游客们能了解到正确丰富的昆虫知识，桃米社区借鉴了普通旅游导游考的导游证制度，形成了桃米特色的生态解说认证制度，不仅仅需要在纸笔功夫，PPT讲解能力，更需要野外实地辨识能力等才正在具有解说资格。以此为基础，居民们的生活围绕着生态村的建设敲锣打鼓井然有序得开展了起来，这种学习制度更是延续到了后期民宿经营培训、特色美食培训、手作DIY培训中。

---

① 高玉敏，纪芬叶.台湾社区营造对乡村振兴的启示——以桃米青蛙村和埔里蝴蝶镇为例[J].人文天下，2018（18）

"新故乡"所引导的这一种社区内人才培养计划为桃米社区的长期运营逐步强大起到了决定性的作用,每一个平凡的桃米人在不断地学习努力中都成了家乡最好的代言人,也吸引了很多青壮年劳动力回到桃米,共同建设。

3."桃蛙源":一份齐心 砥砺前行

时间已经来到了 2002 年,经过前期的专家考察,民众组织参与,桃米社区已经从灾后渐渐恢复生气,逐步走入人们的视野。一些新的利益纠纷矛盾也逐渐出现,桃米社区基于前期优秀组织化的经验,成立了各类社区社会组织保障社区的有序运行。其中,比较重要的是桃米生态村自然保育级生态旅游协会,这是一个完全属于桃米社区居民的组织,每家每户有一位代表共同商讨发展问题并商议解决方案,历经数次会议,社区公积金制度由此诞生,所有参与生态旅游的运营者将 5%—10% 的月收入放入公积金,帮助社区照顾弱势群体也参与修护社区环境。曾有论文统计早在 2004 年全年社区公积金的收入高达 48 万新台币,这意味着桃米社区的全年运营总收入已接近千万新台币级别。在属于政府的灾后重建补助及其他 NGO 组织减退后,这一份公积金的力量显得更为重大。

在公积金的补助下,当地落实经济补偿废耕,优先生态治理。砌石溪岸取代了曾经的水泥护墙,十年间,桃米当地物种因此增多了 50 倍。[1] 不仅如此具有桃米特色的文化产业也如雨后春笋般蓬勃发展起来,在原本昆虫为核心的青蛙王国、蝴蝶王国的基础上,各类居民参与搭建的特色景观构筑,建筑小品也丰富了桃米的形象,其中最出名的是桃米"纸教堂"。

直到今天,在社区组织的带领下,桃米的生态产业、文化产业不断完善发展,签订了运营公约,跟随时代发展潮流,开设社区旅游的网络平台,在各个平台推广桃米生态旅游。也成为一个社区营造的优秀典范,许多学者专家来到桃米了解经验,交流学术。

(二)"桃米"的振兴之路

1. 基于地域特色资源,培育产业核心竞争力

相对于崇山峻岭、滚滚江河、琼楼玉宇这类常见的旅游资源,昆虫微小的体型,朝暮之间便逝去不被人注意的特性,应当属于一种"隐形"旅

---

[1] 周琼.台湾桃米社区生态产业发展及其启示[J].台湾农业探索,2015(03)

游资源。[①]桃米社区没有忽视这一样在普罗大众过去的认知中不值一提,甚至是危害代名词的小生命,反而找到了当时旅游市场上对于昆虫科普生态游的空缺,积极创造开发其旅游价值,让人们在了解昆虫的过程中,再一次感受大自然的鬼斧神工,生态的奇妙,使得原来微小几乎不可见的"隐形"旅游资源显性起来。这也拓展到生态教育与科普中,使之成为昆虫游的衍生价值,反馈于桃米当地的生态资源永续开发保护,最终形成了桃米社区的核心竞争力。

为了强化桃米社区的昆虫意向,居民不仅栽种蝴蝶等蜜源动物所需要本地原生蜜源植物、寄生植物,吸引蝴蝶蹁跹;也在随处可见的各类引导牌上以图文并茂的形式科普蝴蝶、青蛙、萤火虫的生物学或生态学知识;设立专门的萤火虫观赏点,给游客独特的体验;社区的街口小巷随处可见昆虫样式的立体雕塑或卡通彩绘,居民们用村庄内丰富的木块竹篾资源,在墙上镶嵌出巨大的蜻蜓、青蛙团,编出巨大的蜻蜓"雕塑"。

这种对于昆虫的重视,也帮助了桃米社区不断改善生态环境,许多昆虫出于其对气候的敏感,可以用来作为生态环境的指示物种,其中蝴蝶是生物多样性变化的首选研究物种,蜻蜓等半水栖昆虫也常用于水环境的检测。正是基于这样的双向奔赴,进一步加强了桃米社区的核心竞争力。

2. 多方联动,保障产业组织化进程

在"921"地震后,首先值得重视的是 NGO 组织"新故乡"的积极参与,以其自身力量凝聚桃米社区外的各类力量,提供初始的知识与资金保障,并牵头带动桃米社区内部剧名共同参与,是不可忽视的社区发展先驱力量、重要协助者。而后是以暨南国际大学学者为代表的专家群体,作为外界的专业力量介于桃米的灾后重建工作,以其专业知识技能配合"新故乡",引导居民确定重建方向。

可以说桃米本地居民经历了一个"先育人,后造景"的过程,一个接一个普通桃米居民投入"桃蛙源"的建设,亲手改善建设家园的过程,也是居民素质提升,个人责任意识增强,对家乡的爱心信心不断升高的过程。

[①] 李芳. 试论昆虫旅游的科普价值——以台湾地区南投县埔里镇桃米社区为例[J]. 科普研究,2014,9(04)

从拒绝净化河流的封溪，到自发营造生态挡土墙、生态停车场、生态池，居民是生活于此的人，也是桃米的创造者、捍卫者、宣传者，他们希望让更多的人看到他们所热爱的桃米社区。从家庭主妇到生态讲解员，从农夫到生态科普导游人，切实的经济收入不断加强着居民们的积极性和主动性，他们成了整个桃米利益链的重要主体，参与社区利益共享。正是基于此，桃米居民才能设立公积金，实现利益再分配，关注边缘群体的需要，帮助桃米社区长期有序的不断发展建设。

政府的作用也不可忽视，其所提出的社区保障制度等，各类补贴扶持在各个层面保障了桃米社区经营所需的人力资源与资金需要，并配置了对应的监督制度，保证专项补贴资金的有效利用率。由于桃米社区在灾前运营较差，起点低，政府保障制度所联合的世新大学在内的多所大学为居民培训提供了支持。后续政府辅助帮助桃米游客中心的建立、信息系统的搭建，都为桃米的生态旅游社区的发展提供了组织化的保障。

3. 三产融合，再登产业发展新高峰

文化创意产业的介入最终帮助桃米社区，进一步巩固桃米形象，刺激周边产品消费，增加居民收入，成为桃米永续发展的动力之一。在例如"长青绘画班""让人人成为艺术家"的提出开设后，从桃米社区内的居民到外界的专业艺术家们，都在不断探索思考如何以创新的方式，将带有生态符号意味的各类自然元素融入社区的角角落落。2005年，桃米社区引入了坂茂先生（日本著名建筑设计师）作品"纸教堂"，给当地带来了新的文化意向。在文创产品蓬勃发展的过程中，昆虫意向不再局限于社区中许多具象的雕塑装置涂鸦，2014年一部以桃米社区为原型背景制作的3D立体动画电影《桃蛙源记》最终诞生，在当时以台湾动画片在中国大陆最高票房的佳绩，进一步扩大了桃米在大陆人心里的影响力。而如今桃米社区仍在不断探索寻找新的时代下，新的文创方式，不断攀登桃米产业发展的高峰。

（三）社区意识：打造特色"桃蛙源"

社区环境改造，社区特色产业振兴和文化创意活动介入这三个阶段，奠定了台湾地区社区营造的成功实践。[1]而在社区营造的发展中，居民始终

---

[1] 田云，邹越. 以桃米社区为例探析台湾社区营造的经验[J]. 艺术与设计（理论），2016，2（05）

是社区不能否定的主体，社区的规划营建离不开居民主体积极主动的参与推进，他们展现的社区自救力构成了社区营造的活力与能力，是一切的基础。NGO组织则像纽带一般联系其社区与政府，起到了多方联动的作用，从而建立落实针对社区营造有效的互助机制。

居民的社区意识是社区营造的核心。为正如2004年台湾地区出台的文件内容"社区营造的真正意涵是运用各种方法和手段，将居住在一个社区内的居民凝聚共识，通过大家的参与，共同规划社区的愿景，面对社区的问题，也就是希望恢复并提升社区中已经逐渐丧失的居民自主能力"。居民文化认同感与社区归属感所引领的社区认同意识，让桃米人可以达成集体意识，团结每个人的力量，汇聚成巨大的行动力。也正是居民的主动参与、广泛参与盘活了NGO组织、专家学者、政府等多方力量，让专业人士所提出的发展定位与后续细节能真正落实在桃米的土地上。

桃米的特色资源是社区营造的基础。纵然假使人们投入足够多的资源，我们可以破山开路落实各类产业作为地区振兴的新力量，但最好的选择始终都是利用原有资源优势，以其为核心发展极具特色的当地支柱产业。正如桃米，它紧紧抓住了"青蛙"这样一个核心，各类培训班课程体系带领居民学习知识，走进艺术，引导居民关注昆虫、关注自然、关注生态，启发居民制度创新、岗位创新、活动创新，走出自己的生态产业化，产业生态化道路。

居民与环境共赢是社区营造的终极目标。桃米社区无疑是一个将生活、生产、生态这三产紧密融合，并一体发展的典范。"桃蛙源"的诞生，到各类昆虫的出现定居，都印证了桃米人与昆虫的和谐共处，也印证了桃米社区环境改善事业的成功。"绿水青山就是金山银山"，这样优质的自然环境进一步反馈到桃米社区的旅游事业中，促进着社区服务业的加速发展。

（四）小结：从无到有的桃米模式

社区振兴离不开政府、专家、基金会组织的扶持引导，但其核心是一个振"人"的过程，让本地的留守居民以个人力量创造新的财富，吸引流出的青壮年劳动力有信心回到社区投入社区营造。在这个过程中，正如桃米居民寻找到"青蛙"，社区居民需要寻找到专属于自己社区的集体社区认同，以文化认同感和社区归属感为基础，激发人们对社区发展的动力，最终实现人与社区的共赢。

三、旅游带动农产品出口——山西省长治市壶关县凤凰山庄

凤凰山庄的地理位置位于山西省长治市壶关县集店镇岭东村旧址，距离浮山县城西南十公里，距离临汾市区约二十五公里，因居于此处的凤凰山上而得名凤凰山庄。凤凰山庄的建成成为周边县市人们盛夏避暑的"世外桃源"，凭借其三大支柱产业：民宿旅游、特色种植、林麝养殖，成为浮山县"千亩生态旅游观光园"和对外开放的窗口，也成为浮山县转型跨越、赶超发展的一个缩影。

（一）生态美景藏深山，凤凰民宿迎客来

1. 资源变资产，资金变股金

为了落实党的十七大、十七届三中、四中、五中全会精神，在县委、县政府大力推进、积极倡导开发绿色生态、发展绿色旅游产业的号召下，以开矿积累起"第一桶金"的民营企业家乔全锁、荆希梅夫妇共同投资兴建了这所避暑胜地。凤凰山庄自2007年开始修建，区域总面积为1500余亩，已累计投资5700多万元，并且和岭东村合作成立了长治首家乡村旅游专业合作社，利用岭东旧址163亩集体用地、山林、道路及公共设施等集体资源折价400万元，占股20%，共同开发凤凰山庄乡村旅游，构建了"资源变资产，资金变股金、农民变股东，收益有分红"合作社经营新模式。目前，仅岭东村股金分红每年9.2万元，群众务工收入达60余万元，土地流转年收入8万余元，村民实现了薪金、股金、租金三金收入。① 凤凰山庄自修建开始，建成凤凰山庄门楼1座，将军园、观音园、牡丹园、路坛园、葵花园等仿古院落7座，改造装修土窑洞100孔，修筑护坡及院墙5000多米，新建风景厅8个，栽植柿子树、红果树、樱桃树、栗子树、桃树、杏树、海棠树等数十种果树共计两万余株。

避暑山庄整体布局巧用地形，依山就势。山庄凭借岭东旧址森林覆盖率为89%的环境优势和紧邻长治东高速口1.5公里，太行欢乐谷1公里的区位优势，将旧址现有保存完好的300孔原始窑洞和70多个窑洞小院打

---

① 参考文献：牛宇星. 壶关岭东：老村庄飞出金凤凰［J］. 中国名牌，2022，08期.

造成窑洞酒店和独具特色的民宿小院。山庄先后开发民宿30多套，增设娱乐设施十余套、增设会议室等，接待能力大幅提升，如今日接待能力已达1000余人次，能为三百多名游客提供旅游住宿服务。凤凰山庄的自然风光风景秀丽，日月朝霞，美不胜收，可谓之"以人为之美入自然，符合自然而又超越自然"。在这里，春季，可观赏樱花、桃花、海棠花等多种鲜花，拍照留念；夏季，可在充满夏凉的土窑洞纳凉歇憩，舒缓压力，放松心情；秋季，可与亲朋好友亲自挑选采摘园区内的多种绿色无公害新鲜果蔬，亦可自选饭菜自行加工；冬季，可以与家人、朋友一起，坐在暖烘烘的土炕上共尝山间野味，谈心聊天、欢聚一堂。凤凰山庄也因此成了"吃、住、行、娱、购、游"一条龙服务的农业生态旅游休闲观光景点。

每逢节假日，山庄便成为周边市民游客团建研学郊游的主阵地，接待团建团体队伍突破6000人次。2019年，凤凰山庄入选了山西首批"太行人家"品牌民宿，这里的特色民宿也成为壶关县全域旅游高质量发展的"新名片"。受到疫情的影响，近年来"近郊游""亲子游"备受广大游客的青睐和热捧，每每周末和假期，凤凰山庄总是人头攒动，热闹非凡。结合乡村旅游的优势，山庄开发了时下流行的深受游客喜爱的网红项目，如1000多米的环形跑马场、越野卡丁车、彩虹滑道、射箭场、解压爆瓶机、绳网乐园……其中，亲子动物园里种类繁多的小动物更是拉进了人与自然的距离，不同于在动物园中只能隔栏观看的是，在这里游客可以置身园中，同小动物亲密互动，提高游客保护动物，珍爱生态环境的意识。不仅如此，2022年，凤凰山庄联合北京中恒环宇文化共同打造了晋东南首个行浸式光影山林乡村夜游项目《幻境·凤凰谷》，结合原有山村地形地貌，通过声光电等高科技手段重现凤凰山谷的传说故事。游客可穿过隐匿的森林到达神秘山谷，身临其境沉浸体验。①

此外，山庄还以尧文化和浮山剪纸为特色建设了天山凤舞大舞台、大型文艺演播室等，重点推出在农历三月初三至十九举行尧文化艺术节、八月十三至十五举行荷花红枣节、九月初七至初九举行重阳文化节、大年初

---

① 参考文献：Health care Shanxi. 壶关县·凤凰山庄：特色种养殖 民宿加旅游，老村飞出金凤凰. ［OA］2022–11–1.

一至初五举行文艺演出并预订团员家宴,并且还根据客户需求承办特色古典结婚庆典和老人祝寿庆典。保护和发扬了当地的民俗文化遗产。①

2. 农民变股东,收益有分红

特色民宿项目也吸引了省内外许多人士前来投资。如今,梧桐小院、栖山舍、凤凰居、沐丰庄园、清泉雅居、西坡十八号等不同风格的民宿在山庄陆续落户,搅热了昔日的寂静山村,一波又一波游客的到访,为凤凰山庄带来了源源不断的财富。同时,通过乡村旅游产业直接或间接辐射带动周边 4 个村 313 户困难群众增收 293 万元,乡村旅游已然成为岭东村乡村振兴的重要支柱。

凤凰山庄旅游业的发展使得留守在家的村民也有了在家门口就业的机会,人人都能当向导,家家吃上"旅游饭"已然成为当地老百姓生活的真实写照。"祖辈都生活在山里头,成天看着眼前的山和破窑洞,就觉得这日子没啥奔头。现在搬到了山下,合作社也发展得越来越好,越来越多的民宿也建了起来,我们才真正意识到绿水青山就是金山银山。山庄景色美、空气好,现在经常能看到来这儿郊游、搞团建、亲子游的客人。"岭东村村民路老扁这样说。

昔日"少人问津"的村庄如今游客如织,热闹非凡。这也让当地老百姓和游客看得见山,望得见水,留住了乡愁。"以前,漫山遍野都是杏树。好好的山杏没人要都烂了。如今,城里人来到我们这儿,看见山杏都是稀罕东西,十元五斤都抢着要。"路老扁除了享有入股分红外,村里还安排他看护山林。工作之余他总是顺便摘两筐山杏,守在山庄门口,一上午工夫就能卖个一两百元。"来的人多了,咱们的钱袋子也就鼓起来了,这日子啊,是越过越红火。"

(二)农业产品新发展,特色种植出国门

1. 发展订单式辣椒种植,带动农民增收

近年来,凤凰山庄农业科技园有限公司以市场为导向,引进新品种,引导农民订单式发展辣椒种植,带动农民增收,助力乡村振兴。公司生产

---

① 参考文献:张碧娇. 浮山县凤凰山庄:景色丰富,格调新颖[DB/OL],中国小康网 https://xianyu.chinaxiaokang.com/xianyuzhanshi/shanxilinfenshifushanxian/xiuxian/2019/0219/622017.html.

的"北京红"辣椒走出山区、远销韩国,土豆、洋葱、大蒜更是漂洋过海出口到泰国、柬埔寨、越南等国家,成为近年来培育壮大龙头企业、扶持农业产业化联合体、发展农业产业、促进乡村振兴的生动实践。

2019年,凤凰山庄农业科技园有限公司与韩国农水株式会社签订了红辣椒供应合作协议,并引进了"北京红"辣椒品种,先后与集店镇岭东村、东井岭乡城寨村农业种植合作社以及种植大户开展合作,发展辣椒种植。订单源源不断,不仅卖到全国,还远销国外,主要出口国家为韩国、柬埔寨、泰国。公司年出口量达1.5万吨,年平均出口额1.2亿元,农产品出口创汇7000多万元,目前在全市农产品出口额排名第一。

2.提供种植技术保障,贴心保驾护航

对于参与合作的农户,公司在蔬菜品种选育和技术保障上也为种植户保驾护航,提供贴心专业服务,让大家劳有所得、劳有所成,还负责保底收购村民的全部辣椒,让椒农们吃下定心丸。城寨村5000立方米和岭东村2400立方米冷库的投入使用,解决了辣椒的存储问题。公司年出口量达1.5万吨,年平均出口额9000多万元,农产品出口创汇7000多万人民币,目前全市农产品出口额排名第一。目前,全县种植北京红辣椒种植面积已经拓展到近1000亩,亩产量可达到3000斤,带动了上百户农民增收。

百姓的口袋鼓起来了,脸上的笑容多了,也过上了更好的生活。"我种的北京'红辣椒'主要用于提取红色素供美容产品使用。我这是第三年承包了,效益也是一年比一年好。去年公司以保底价1.2元收购的,今年市场行情不错,涨到收购价1.5元。"岭东村种植大户赵书兵高兴地说道。"这100多亩辣椒,亩产3000斤,毛收入一年就达到了40多万元,刨去工人工资各项费用,我这一年到头也能剩个十来万元。"

(三)乡村振兴新动能,林麝养殖致富路

在凤凰山庄林麝养殖基地内,一头头棕黄色、貌似小鹿的成年林麝,在圈舍东奔西跑,尽情撒欢儿。2020年以来,凤凰山庄投资700万元引进林麝人工养殖,为保护珍贵资源、带动地方经济、致富一方百姓开辟出一条新路。林麝,别名香獐、獐子、香子等,野生林麝为国家一级保护动物,也是世界濒临灭绝的重点保护物种之一。雄性林麝分泌的麝香是一种高级香料,也是一种珍贵的中药材,属于国家战略储备物资。由于其市场前景好，价格高，素有"软黄金"之称。而凤凰山庄作为全市唯一手续齐全的林麝养殖基地，目前已发展林麝 50 头，预计年增加存栏 19 头。

据凤凰山庄运营经理宋慧波介绍，基地内现有林麝 50 多头，雄麝通过肚脐处香囊分泌麝香，每年 10 月至第二年 3 月为采香期，采香时香味浓郁，弥漫山谷。林麝的生命期一般为 10—15 年，两岁时就可采香受益，每头雄麝一年平均可分泌麝香 20 克，按照每克 500 元计算，一头雄麝一年可创造经济价值万元。麝香由具备资质的药厂保价收购。而一头母麝一年最少可产 1 头麝仔，麝仔公司也会按 1 万元进行收购。连粪便也有专人收购，用于蚊香等制作。预计年投资回报率达 40%。

林麝养殖回报率高，成本较低，并且非常适合当地的生态环境。壶关大部分山区乡镇海拔高度都在 1000 米以上，环境安静，林草茂盛，干燥通风，而林麝养殖特别适合一些发展大型产业条件不具备的小村、自然村。小的地块、自家房前屋后都可养殖，只需加固养殖场地的围栏，并在四周修建 3 米高的围墙，保证安静即可，留守老人也能单独进行养殖。"别看养殖林麝效益高，但养殖成本却不大，榆树、桑树、杏树、苹果树、核桃树、连翘等植物叶子是它最喜欢的食物，而且林麝食量不大。再加上这些食物源山前屋后，随处可得。特别是连翘叶，我这山上转一圈，随手薅几把带回来，就够吃了。我这一年喂麝连带饲料的工资就有五万块钱，比种大棚还强，更别说种地了。"基地饲养员牛平则说道。

林麝养殖行业未来的发展前景无限，凤凰山庄乡村旅游专业合作社理事长刘立刚对此充满信心，正如他说道："目前，麝香主要用于医药行业。平均每年医药行业至少要消耗掉 1000 公斤左右的麝香。用量缺口很大，人工养殖林麝有着非常广阔的前景。公司提供全程的产供销一条龙服务，对种质繁育、麝香提取等技术，公司也会全程派技术员跟踪提供支持。而且公司还给每头麝都投了保，免除了养殖户后顾之忧。我们希望可以有更多的山区群众了解林麝，参与到林麝养殖产业中来，公司将一如既往带动群众增收致富，实现乡村振兴。"

（四）小结

壶关县凤凰山庄借助乡村优美的自然风光和原有的窑洞特色风土人情，开发窑洞民俗以及游玩项目，结合全域旅游发展趋势，融会旅游要素，全面整合资源,把旅游作为战略性支柱产业,建立了"政府主导、企业主体,整合提升、全城景区"的产业发展机制构建了"一产助推旅游、二产服务生态,三产激活全局"的全域旅游发展模式。[①]综合利用当地优美的田园风光,以"全域旅游"深度开发为核心,窑洞民俗、农产品出口贸易、林麝养殖三大板块协同发展,结合乡镇特色,完善服务体系,有机整合区域资源,融合产业发展,社会共建共享[②],丰富体验业态,打造集田园度假、农业休闲、文化体验、健康食品生产等功能于一体的生态田园休闲片区。此外,凤凰山庄也积极承担社会责任,在长治市和壶关县有关部门的大力支持下,积极和岭东村探索合作新模式,形成了"公司+村集体+农户"的模式。公司出资,村集体将旧村山林、退耕还林地、窑洞民居、水利设施等折价入股,积极打造出了乡村旅游新风向。

四、"空心村"变"理想村"——江苏省昆山市计家墩

在上海和昆山之间,存在着一座稻田环绕、水道交错的艺术家、创业者们的"理想村"——计家墩,政府与企业的努力让计家墩随着乡村振兴的步伐不断发展,在网络上走红,计家墩从一个差点消失的"空心村"变成了半年人流量能够高达14万人次的"网红村",村内民宿、餐厅、书店等三十多个业态协调发展,并且在2020年被评为了"中国美丽休闲乡村"。

(一)"理想村"——计家墩的品牌故事

1. 计家墩发展背景

计家墩的位于江苏昆山,作为一个仅是20世纪八九十年代建造的江南小村落,其本身并没有突出地在地文化以及历史价值值得探索开发,较于其他乡村振兴案例而言,计家墩并没有突出的第一、二产业的产品作为产业支撑,本身比较有优势的是其地理位置,处在上海和苏州之间,各自相

[①] 参考文献:黄波. 西峡县西坪镇"全域旅游+农产品加工+龙头企业带动特色产业"发展模式探索[J]. 四川农业与农机,2022,(5):68-70.

[②] 参考文献:戴学锋,杨明月. 全域旅游带动旅游业高质量发展[J]. 旅游学刊,2022,37(2):6-8.

距 67 公里与 55 公里，交通非常便利，且位于周庄古镇与锦溪古镇之间，拥有较大的周边游客市场红利优势。

2. "空心村"变"理想村"

随着乡村振兴战略的实施，自 2015 年以后，在昆山市政府与乡伴集团的通力合作之下，通过"理想村"这一创新的乡村振兴实践模式，为计家墩树立了不同往日的独特乡村形象，吸引到各类"志同道合的人"参与进了计家墩乡村振兴的建设中，搭建起了全国首个乡村生活共创群，以"乡村＋民宿""乡村＋文创"等方式使得计家墩焕发出了新的活力，将一个原本几近空心化的乡村转变为了能够吸引不同创业人才、各地旅游者的"网红"乡村，塑造了自身"理想村""文艺村落""乡野乌托邦""田园式周末"的形象标签。

如今，计家墩内民宿、餐饮、文创、书店等多个业态齐头并进、发展迅速，计家墩也于 2020 年获评中国美丽休闲乡村。计家墩的乡村振兴新模式作为一个重要实例，为参与乡村振兴的共作者提供了新的思路与方式。

（二）计家墩的乡村振兴新特点

1. 政企合力，乡村振兴"新合作"

在计家墩的建设过程中，不同于以往的政府单一主导模式，在政府与乡伴集团的引导与实施下，计家墩的改造引入了更多当地社区居民以及如艺术家、企业家、设计者等外部社会力量共同参与，在保留原有农业资源基础上，整合乡村资源，进一步促进计家墩建设的多元发展，满足城市与乡村各类人群多元化的需求，加速了当地产业的融合与活化。

昆山市政府于 2017 年发布的《昆山市推进美丽乡村建设管理的指导意见》中提供了宏观层面的规划与指导，为计家墩总体布局的规划建设提供了依据，并且由市、镇（区）两级财政共同承担计家墩建设的一定资金投入。与此同时，计家墩内部以及周边基础设施的建设全部依靠的是政府的资金投入，政府对于当地开发的政策扶持以及计家墩基础设施、周边配套的建设进一步吸引了更多企业的入驻，加速了计家墩特色多元融合发展的进程。

2. "1+X"开辟乡村振兴"新模式"

乡伴集团作为计家墩政企合作开发模式中的主导企业，不仅为计家墩的开发建设做出了规划设计,提出了乡村振兴的新模式、新思路,也通过自身的平台优势吸引到了各方社会资本投入进计家墩的建设中。

乡伴集团对计家墩的规划设计过程中,在保留原本乡村形态的基础上,创新性地采用了"1+X"的文旅乡村业态模型。

"1"即是将第三产业的民宿业态作为打造的重点,以此带动、整合当地文化创新、新型农业、休闲体验等多元的文旅资源,将计家墩打造成乡村休闲综合体。目前,计家墩已入住多家民宿品牌,对原有民居的修缮改造过程中,以江南水乡的风格为基础,保留原有的风貌肌理,营造更多的公共休憩空间,加强民宿与周边配套业态的交流,形成与餐饮等公共类业态、文创店等零售类业态、皮划艇等休闲类业态的多元互动,丹木工坊、陶庐、自然农场、船艇工作室等的打造更加丰富了农村生活场景,将计家墩打造成一处乡村文化地标。

"X"则为开展自然教育、艺术展演、会展培训等作为主题的文旅发展方向。在计家墩内开展的"理想村·田上生活节"邀请了各方艺术家与新老村民一同活动,开展的艺术展、音乐巡演等活动,在将城市居民的活动范畴扩大的同时,也进一步激发了乡村的活力,促进计家墩新型乡村社群的建设与生长。计家墩的各类农耕体验、自然教育、亲子采摘等活动在丰富民宿居住体验,也打开了当地农业生产发展的新路径,多种活动的策划在丰富民宿、文创等第三产业的同时,不仅拉长了外来游客在计家墩的停留时间,能够更好地挖掘其消费能力,也积极拉动了当地第一、第二产业的升级与发展,使得一二三产业能够协调发展、互相促进,保障了当地乡村振兴的实施。

3."老村民"遇上"新村民"

计家墩的建设更热衷于在乡村振兴的过程中引入新的村民,带动"人的重新乡村化",依托乡伴文旅的用户平台,邀请艺术家与创客进村、搭建文创交流平台、探索与高校合作建立实训基地等,营建一个原住民、新住民、游客融为一体的新型乡村群落。

计家墩新村民与旧村民的融合不仅通过线下参与社区建设、企业合作互动的形式,还依托互联网的线上社交平台提供了更便捷的交流途径,预先策划村内活动,组织线下活动的开展,最终返回线上将记录下的活动再次反馈、分享到各方社交平台上，村内活动的进行不仅加强了新老村民的交流、加深了新老村民对于社区的归属感与认同感，也能够在线上传播的过程中吸引更多的人群转化为新村民。多类人群的融合加速了当地产业的融合与活化，促进了产业的发展与创新，不断加入的新村民也为当地产业的发展、创新注入更多的新鲜血液，不断提升当地产业发展的潜力。

计家墩的"网红"属性是其乡村振兴路径的重要特点之一。在抖音、小红书、知乎等年轻人占比较大的社交平台上，各个博主依托计家墩各式各样乡村文旅活动、知名设计师打造的名宿等当地特点所进行的一系列宣传也在源源不断地吸引游客来到计家墩进行游玩，这不仅仅是一个计家墩"理想村"品牌打造树立的过程，也是一个转化更多人群成为新村民从而为当地乡村振兴不断注入新鲜活力的过程。并且随着多样人群的不断加入，计家墩的建设也会更为年轻化，村内不断新增的小火车、大白鹅、咖啡馆等打卡点除了增强计家墩在网络上的吸引力，也从侧面反映出了计家墩的乡村振兴与其产业正在不断多元化、年轻化。

（三）多方力量打造"网红村"名牌效应

计家墩的"网红"属性无疑是很强的，小红书、抖音等各种网络社交平台上个体、官方用户的宣传是加快打造计家墩品牌形象的重要方式。

1. 计家墩的"网红"之路

乡伴集团在进行计家墩乡村振兴规划时便把民宿作为当地产业发展的核心，计家墩内民宿依靠其新颖、年轻而又富含当地水乡特色的设计以及本身所具备的一定名牌效应，依托一定的网络宣传，在加大计家墩本身知名度的同时，这些民宿本身的特色也加速塑造了计家墩的品牌形象。村内如小火车、大白鹅、咖啡店、书屋等打卡点的塑造，不仅仅是对民宿的补充，也是在品牌塑造的同时让其更具视觉性，让计家墩在网络上的传播更加吸引人也更加容易被注意到，而且还丰富了计家墩内本身的游玩内容，能够让游客更全面地认识到计家墩的多元特色。定期举办的水上集市、艺术节、画展等也进一步加强了计家墩在网络社交平台上的吸引力，让计家墩的品牌形象更加立体、丰富，也更加年轻化。

但是"网红"属性仅仅是计家墩品牌打造的一个助力，在计家墩品牌打造的过程中，政府、企业、个人三大主体均有其不可或缺的重要作用，其各自发挥本身的职能优势，不仅仅帮助计家墩进行物质上的建设，也焕发了新型乡村振兴建设的活力，对当地乡村品牌形象的打造提供了多方面的帮助。

2. 党群合作，建设乡村"新形象"

政府在计家墩的打造建设过程中不仅在前期提供了政策上的引导与制度保障，在随后的建设过程中也为计家墩的品牌打造起到了支持与监察管理作用。

当地政府与企业通力合作下，依托"理想村"这一新模式，在当地政府的努力下整合好乡村周边资源，优化配置整合后的资源，立足现状，拓宽销售渠道、搭建更多平台，积极推动计家墩内已有产业的发展与升级，同时依托美丽菜园示范村品牌，夯实第一产业基础的同时，拓展其附加值。

在计家墩的环境与硬件资源方面，村内一是加速各类道路系统建设以及配套的管线布设，二是高标准完成乡村污水、河道、河岸等水资源相关方面的提升，三是有机结合人居环境以及乡村旅游品牌的打造，过程中计家墩突出党员的"一线冲锋"引领作用，做好党群结合共作，通过绘制彩色墙绘、播放村广播、发放宣传册、党员干部带头等方式，引导全村居民参与，重点推进50亩农田整治、40亩"美丽菜园"提升，积极参与"最美庭院"评选工作，使得当地特色的民俗集群与闲适的自然环境交相辉映，做好计家墩的品牌打造工作。

计家墩设立的创客学院、管家学院、乡建学院等，也在帮助着当地村民提高个人素养，同时也吸引更多的在外青年返乡参与进当地乡村振兴工作中，为乡村振兴注入源源不断的动力。村内主导制定实施的幸福驿站管理办法，依照"四不见""四规范"要求对村民进行的打分，在激发村民环境整治积极性的同时也进一步促进了村民的素质培育工作，使得优秀的村民也成为计家墩"理想村"这一品牌的吸引点。

3. 企业助力，汇聚乡村"新理想"

乡伴集团作为计家墩乡村振兴计划实施的重要主导企业，弥补了当地政府部门职能的弱项，发挥自身作为企业的优势，吸引各方资本入驻计家墩，并且帮助一些小型企业、创业者在当地落实特色产业项目，保障村内产业的经济收益，树立计家墩"理想村"的品牌形象，有效地制定一系列策划促进文化产业、乡村旅游以及当地基础资源的高效融合。

乡伴集团通过一系列的活动策划、文创产品创新、吸引设计师参与民宿建设等方式，充分利用起计家墩的农业生产景观以及江南特色水乡建筑，打造了当地特色的民宿形象。在民宿的设计上，委托知名设计师、设计公司，将计家墩打造得更为年轻化，进一步吸引青年创客、设计师来到村内成为乡村产业新的活力。当地乡村特色活动的举办，不仅仅是对于新老居民融合的促进，也是在活动过程中不断更新社区成员与游客的参与感和体验感，给社区内的消费者留下深刻的品牌印象。乡伴集团将以民宿为重点的文旅产业作为核心，推动了社区多元业态的融合发展，形成强而有力的产业集群，带动了产业链的延伸发展，用富有自身特色的运营与管理模式串联起当地特色农业、乡村景观、民宿旅游以及文化创新产业，联合新老村民营造了一个整体的大社区概念，逐步实现社区产业集群式发展，也将计家墩打造成一个含有"理想村""文艺村落""乡野乌托邦""田园式周末"等形象的品牌。

计家墩内社区居民的构成与传统乡村有所不同，不仅仅有当地居民、村内社区工作人员，还有后续不断吸引来的艺术家、企业家、设计者等各行各业的人所转化而成的新村民，所以不同于传统乡村中长期形成的较为固定的生活与交往方式，计家墩在不断融入不同的生活方式，各类人群利益之间的协调的过程成为计家墩乡村振兴过程中不可避免的一点，多方参与的乡村建设也就使得计家墩的品牌形象更为多元化。

（四）多方力量打造"理想村"品牌形象

计家墩能够实现乡村振兴的成功并且成为"网红"村，其创新性的"1+X"业态整合模型功不可没，整合再利用村内的集体资产，积极发展乡村文旅业态。计家墩对于民宿业态的着重打造，不仅促进了三产融合，使得乡村更为多元化，也是树立计家墩独特品牌形象，最终成为"网红"村的关键要素。

很多乡村之所以能够成为"网红"村，其原因就是在于抓住了自身的特色，围绕自身特色营造村内丰富的业态，树立其相关的独特品牌形象，例如，湖北宜昌的点军区牛扎坪村就是在做好基础设施建设的基础上，将自身的花卉苗木产业作为重心，打造如花卉交易基地、科普基地、研学基地等特色产品，使当地居民富起来的同时，吸引到了不少的游客，实现了"穷山村"到"网红"村的转变；还有同样在湖北的宜都市全心畈村，以本地黄桃特色产业为主体，开展桃花节、花季农家乐等，成为当地的"网红"村，桃花节时半个月就能吸引超过 10 万人次的游客。

计家墩作为一个成功的乡村振兴实例，以"网红"的身份为大家熟知。需要明确的是，"网红"属性是建立在扎实的实体产业创新发展上的，网络平台的宣发只是加速产业升级发展以及品牌形象树立的优良催化剂，扎实的产业基础、产业的创新与发展才是乡村振兴能够成功的关键要素。在这个过程中也需要政府、企业、居民等多方的通力合作，在乡村振兴中发挥好各自的优势，互相弥补各自的劣势，做好资源整合、开发的工作，一同树立好乡村的品牌形象。

五、金融服务"贷"动乡村——江西省广丰广信村镇银行

广丰广信村镇银行是金融机构借助科技赋能，驱动农村金融数智化转型，扶持乡村振兴的典型案例。银行通过下调贷款利率，适当延后还款时间、援建乡村学堂等方式，实实在在让利于民，支持乡村振兴项目建设，助力共同富裕。

广丰广信村镇银行成立于 2010 年 2 月 5 日，是上饶市第一家村镇银行。广信银行以"服务三农、服务小微"为市场定位，自成立以来始终坚持着"做广丰人心中的好银行"的经营理念，积极投身地方的经济建设，践行社会责任。

（一）广信村镇银行品牌故事

广丰广信村镇银行成立于 2010 年 2 月 5 日，是由上饶银行发起的设立的江西省第二批、上饶市第一家村镇银行。

1. 广信村镇银行建立背景

永丰街道是广丰经济发展的一个区域中心，交通便利，区域优势明显。随着经济的发展，该街道又掀起了全民创业热潮，各类贷款需求旺盛。但农民贷款现主要依靠广丰农合行，渠道单一，农民小额贷款存在极大的困难。

一是农村待发展，金融成短板。2007—2009年来，广丰县财政收入快速增长，平均增长速度为10%；投资保持增长势头，平均增长速度为40%，经济运行质量有较大提高。截至2009年9月，广丰县有金融机构营业网点59个，永丰街道现有金融机构营业网点19个，广丰县金融机构存款总额为61.20亿元，贷款总额为38.27亿元。

虽然近年来广丰县农村金融服务发生了积极的变化，但总体看农村金融发展和服务相对滞后，与农民和农村经济发展不断增长的需求相比不适应，存在金融机构覆盖率低、信贷支持不足、金融服务功能不充分、农村资金外流严重，农民"贷款难"等问题。

二是逢农村改革，沐政策东风。党的十七届三中全会，《中共中央关于推进农村改革发展若干重大问题的决定》以及省委贯彻落实意见，基于农村金融发展现状，提出要建立现代农村金融制度，创新农村金融体制，引导更多的信贷资金和社会资金投向农村。2007年，银监会调整和放宽了农村地区银行业金融机构准入政策，按照"低门槛、严监管"的原则，鼓励社会各类资本到农村地区设立村镇银行、贷款公司、农村资金互助社等新兴农村金融机构。

2. 农村金融促进现代新农村建设

随着农村经济体制改革的不断推进和多种经济成分的不断发展，组建村镇银行对促进农村经济有十分重要的意义，农村金融是现代农村经济的核心，新农村建设需要充足的金融血液．

一是满足当地发展需要。在当地设立村镇银行，能创新金融产品，增强服务功能，拓展筹资渠道，加大信贷投入，更好地为地方经济发展服务。

二是弥补金融服务空白。村镇银行与其他金融机构相比，具有决策链短、机构小、人员少、经营机制相对较灵活的特点，能够针对当前农业的农村经济发展的实际情况研发创新业务产品，形成贴近农村实际的业务操作流程，在服务"三农"、支持新农村建设中发挥重要作用。

三是推进社会主义新农村建设。组建广丰广信村镇银行将满足一般农户的小额信贷需求，也满足农村中小企业的融资难题。通过强化支农服务意识，提高支农服务水平，为"三农"多做实事，多办好事，支持社会主义新农村建设。

（二）发展故事

1. 稳步前进：三个发展阶段

阶段一：积极开拓市场，推进网点布局阶段

2010—2016年期间广信村镇银行以"同样的银行 不同的服务"为经营理念，在广丰县域内设立了营业部、广场支行、洋口支行、五都支行、下溪支行等营业网点，开设了首家夜间银行、裕丰社区银行、永丰社区银行，推进网点式布局的同时适应经济发展水平的提高和客户个性化的需求，以此积极开拓农村市场、发掘市场潜力。

阶段二：优化内部管理转型，培养专业人才、建设专业部门

到了2017—2022年期间，广信村镇银行进入了建团队、重管理的阶段。广信村镇银行以企业文化引领全员的思想和行为，进一步巩固发展基础，激发内生动力，提升专业能力，提高市场竞争力，持续维稳自身增长势头；确立了"传承：诚信 感恩；坚持：创新 分享"的核心价值观，建立了"热情 真实 高效 热情"信贷品牌文化。

阶段三：以党建引领推动企业内涵式发展

2023年开始，广信村镇银行在党的领导下，始终坚持党建引领的发展方向，将党建工作融入经营管理、转型发展中；以党建引领推动企业内涵式发展，真抓实干、着力推动高质量发展；坚持以问题为导向，找差距、补短板、强弱项。

2. 产品迭代，摸索前进

为实现乡村振兴，我国政府对"三农"也给予了高度的关注，对金融支持农业加大了政策及财政支持。中央一号文件连续多年强调金融支持农业。2020年，中央一号文件在前期基础上加入了对中央及地方财政"三农"投入力度，在财政预算中向农业农村倾斜，要求地方政府在一般债券指支出中安排一定规模支持符合条件的易地扶贫搬迁及乡村振兴项目建设，并扩大用于支持乡村振兴的专项债券发行规模；强化对"三农"信贷的货币、财税、监管政策正向激励，给予低成本资金支持，以财税、信贷及综合化服务为主体的综合金融服务为"三农"服务提供更加全面的资金支持。结合2021年中央一号文件的部署，展望"十四五"，金融支持农业发展将有望迎来新机遇。基于国家对农业金融的高度关注，以及乡村振兴的迫切需求。

为响应国家政策，广信村镇银行在发展过程中也不忘持续创新相关金融产品，包括小额信用贷款、涉农产业带动贷款、农业农村基础设施建设贷款、农业政策性保险、政府性融资担保为主体的涉农金融产品体系等。

一是小额信用贷款。为结合当地农村资金需求特点，广信村镇银行陆续推出针对农业生产经营开展的农户小额贷款、针对农村收购经营开展的自然人贷款、针对涉农企业开展的小微企业贷款等，并初步形成"农商贷""创业贷""可续贷"等一系列品牌化金融产品。这些金融产品主要是服务于三农、中小企业，为缓解中小微企业融资难发挥了积极作用。小额信用贷的推出合理地将一些民间资金集中了起来，规范了民间借贷市场，同时也有效地解决了三农、中小企业融资难的问题。

二是无抵押贷款激活"三农"。涉农企业贷款政策不仅更优惠，还为农村、农业的发展所需资金提供制度层面的保证让农民贷款更无后顾之忧。而无抵押贷款的出现不仅让贷款门槛降低，也能够为当地人民提供更高的贷款额度。

广信村镇银行开发的"农易贷"承诺无息无担保无抵押，"三无"福利贷款政策帮助企业资金周转，使小微企业及农户贷款无负担。

三是"同舟贷"共度疫情。恰逢疫情，大部分的中小企业和个体经营者都受到资金问题的困扰。广信村镇银行高度重视也密切关注信贷客户的资金问题，推出了"防疫贷""同舟贷"等特殊时期金融产品，解决困难期间客户经营的资金需求，全力支持复工复产，不仅利率低、审批快，而且可以量身定制，与客户共渡难关。

（三）广信村镇银行的特殊之处

1. 科技性

通过广泛应用已有金融业领域的先进技术，完善农村金融市场的制度、产品和金融模式，提升金融支持乡村振兴的便捷性和有效性。

2. 普惠性

2020年中央一号文件就明确指出，稳妥扩大农村普惠金融改革试点，推出更多免抵押、免担保、低利率、可持续的普惠金融产品。

组建村镇银行是农村金融改革的重大创新，对促进农村金融体系的完善和农村金融服务水平的提高，促进城乡金融和城乡经济的协调发展，促进社会主义新农村建设与和谐社会的构建具有十分重要的意义。广信村镇银行如何促进适当有效的农村金融产品和金融服务的推广应用，使其普及到整个农村地区。

3.融合性

乡村振兴的基础是产业振兴，通过金融服务与产业融合进一步实现金融服务与乡村振兴融合，推动乡村经济发展。广信村镇银行与当地经济发展状况结合，开设了许多信贷项目，比如马家柚、天桂梨等，针对性促进当地发展。

（四）典型案例

1.龙头企业带动，服务乡村振兴

江西齐力酒业有限公司是广丰县一家集酒类酿造、研发、销售于一体的民营企业，经过多年的发展，企业现固定资产达5000多万元，建筑面积5000平方米，年产值达一亿多元。现以"龙头企业＋低收入农户＋种养基地"的方式，直接带动当地5000多户农民从事杨梅种植，仅此项户均年增收达3500多元，是江西省著名的"农业产业化龙头企业"。企业的发展离不开银行的金融支持，江西齐力酒业有限公司的董事长，张处平便是广丰广信村镇银行的信贷客户。

一是小规模团队，企业初形成。公司的前身是沙田酒厂。说是酒厂，在当时不过是一个以生产当地高粱酒为主，条件简陋和设备陈旧落后的小工坊，并且因为技术力量竞争优势不足，酒厂濒临倒闭。1997年，恰逢国有企业改革成为重点，张处平在亲朋好友的支持下收购了酒厂。企业创办之初，前期需要大量现金投入，用于现有设备、厂房进行更新、引进技术人才、购买原料等。资金紧张、人员不足，为降低成本，张处平和工人们不仅需要寻找销售途径，同时还参与生产、搬运等工作的第一线，初步形成自己的项目团队，经过几年的努力打拼，在2000年正式更名江西齐力酒业有限公司，以酒起家，开启企业化经营的道路。

二是"金融+"帮扶，种盛开之花。江西省惠农政策专门针对小微企业面临"贷款门槛高、贷款额度低、融资成本高、审批周期长"的问题和现状，提出"惠农信贷通"贷款政策，主要为当地符合产业发展规划的企业提供1—3年期利息相对较低的专项贷款。而广丰广信村镇银行以此贷款条例为核心，结合企业自身情况，进行适时改变，定制化设计服务，满足多样新需求，进一步拓展银行的业务范围。

2017年，张处平了解到广丰广信村镇银行对乡村产业发展助力方面的政策，向广丰广信村镇银行提出惠农信贷通贷款申请。广丰广信村镇银行基于齐力酒业深耕本地杨梅酒研发，助力乡村振兴的经营现状，从名不见经传的家庭式小作坊发展到现如今具有上千万元固定资产的现代化企业强势的发展劲头，综合风险分析判断，为齐力酒业贷款担保难的问题，定制了以股权质押担保及第三方保证担保的形式，为张处平发放198万元贷款，为企业发展注入了活力。

经过几年的发展，如今他已是当地农业产业化领头人，公司利用当地正宗野生杨梅、马家柚等水果进行研发，填补了江西省果类酒的一项空白，从自身角度，成功打造企业差异化特色，促进自身发展，从乡村振兴的角度，企业的发展解决了部分就业问题，齐力公司与当地种植户签订采购协议，采购大量水果用于产品的研发和加工，有产有销，不仅在一定程度上激发了农民种植的积极性，同时还带动了周边村镇的农业经济效益。目前，齐力酒业拥有白酒，养生酒，杨梅酒，干红杨梅酒等8个系列产品的18个品种，产品畅销浙江、上海、福建、广东等沿海地区，进一步打开了市场，成为江西省又一特色名片。

以张处平为例，广丰广信银行希望通过"金融+"的帮扶服务，大力发展"龙头企业+农业专业合作社+低收入农户"的产业链增信模式，提升扶贫小额信贷的支持能力。解决小微企业贷款难的问题，以促进企业的发展助力乡村振兴，带动更多群众就业致富。

2. 突出产业带动，服务乡村振兴——马家柚

（1）十年磨一剑，金柚托起致富梦

"天赋广丰好山水，地孕红心马家柚"。起源于广丰区大南镇的马家柚原本只是一个名不见经传的地方土柚品种，十余年间一跃成为江西上饶的龙头水果，闻名全国，甚至走出国门。2019年，上饶市马家柚种植面积首次突破40万亩，预计产量达7000万公斤，可实现产值超16亿元。十余年间的发展，广丰的马家柚"硕果累累"：先后通过了"国家地理标志保护产品"和"农产品地理标志保护"双重认定，拥有"江西省注明商标"、江

西省地方柚类第一名"中华名果"等殊荣。成功的背后伴随着波折和挑战，马家柚是如何发展成为广丰的当家好柚的？

马家柚历史悠久，作为当地的土柚品种，多为农户零星栽培，村民们在房前屋后种植，供自家人食用。1991年，广丰县（现为广丰区）从当地的百年柚树上摘了18个柚子，参加江西省柚类资源普查总结及柚子评鉴会。马家柚在会上凭借恰到好处的酸甜比例和合适的口感一举夺魁，获得"江西省酸柚第一名"；2009年时，马家柚种植面积仅为2.7万余亩，10月份摘得"华东十大精品水果"美誉；2009年12月通过江西省农作物品种审定委员会认定，为中国八大名柚之一。虽然马家柚一向"低调"行事，但随着其优良的品质不断获得认可，其发展潜力也逐渐凸显，再加上当地缺乏知名的水果品牌，广丰区下定决心要将马家柚作为现代农业的"拳头农产品"来打造，开启规模化、集约化、标准化发展之路。

（2）发展之初，推广成难题

万事开头难。彼时广丰区并没有发展农产品的成功经验，农户们对自己房前屋后的柚子也充满了顾虑，即便政府多次召开动员会，果农的疑虑也很难消除。整个上饶市都缺乏品质优良的龙头果业，且当时马家柚的种植户都是零散种植，种植规模小且缺乏资金支持，因此马家柚在推广之初阻力重重。

（3）各类贷款出台，助力产业发展

广丰广信村镇银行贯彻落实国家宏观政策，积极跟进本地"十四五"发展规划，组织开展"普惠金融，春风行动""助企纾困""进园区、进商圈，下社区、下乡村"等系列活动，发放"金柚贷""林权贷"等贷款1.22亿元，支持马家柚产业发展。

为解决果农资金不足、担保难等问题，履行金融惠民的责任，广信村镇银行专门为马家柚种植户开设业务，为马家柚种苗培育，土地流转、种植、销售等多个环节提供信贷支持，有力促进了马家柚的种植推广。同时，践行"绿水青山即食金山银山"理念，推进绿色金融发展，为马家柚种植户提供"金柚贷"特色金融服务。在广信村镇银行的助力和市场拉动的共同作用下，广丰农民种植马家柚积极性空前高涨，马家柚从房前屋后扩大到田间地头、山场林地，马家柚产业的热潮逐步掀起：广丰区桐畈镇毛溪村，2010年开始种植，2015年初步挂果，产值超过200万元；吴村镇路亭山村，2012年掀起种植热潮，仅1年时间种植苗木超过10万株……

近年来，上饶市林业部门不断完善集体林权制度改革，大力推进林权抵押贷款。截至2021年，全市协同金融机构累计发放的林权抵押贷款超12亿元。"林权贷"让农民手中的林业资源变成流动的资本，充分发挥林地潜在效能。随着马家柚的规模化种植和产量的大幅提升，广丰广信村镇银行推出"林权贷"帮助马家柚产业发展壮大，保障了当地老百姓的就业，促进农户稳定增收，积极助力乡村振兴。

受疫情影响，许多企业存在资金周转困难，广丰广信村镇银行了解到这一情况后，第一时间上门对接金融需求，根据该企业实际，优化授信方案，开通信贷审批绿色通道，并量身定制产品与服务，解决了企业资金紧缺问题。广丰广信村镇银行切实帮助解决家柚种植户的实际困难与问题，保障农业生产，让"强农惠农富农"落到实处。

（五）小结

历时十余年，广信银行始终以服务全区经济工作大局为己任，不断为农户带来更便利、更多样的金融服务，各项工作都有了长足的进步，目前已取得良好的经济效益和社会效益。广信银行在发展中逐渐步入了高质量发展的"快车道"，成为服务当地经济不可或缺的金融力量。这家"广丰人心中的好银行"在广丰这片肥沃的土地上，让农户们可以安心地通往致富之路。

六、文旅 IP 焕发古村镇新生——厦门朗乡投资公司

厦门朗乡投资有限公司成立于2010年，自2015年开始涉足乡村振兴领域。先后在福建、浙江、江苏、山东启动不同规模、不同类型的系列项目。打造了"三落厝""朗乡溪园""颜神古镇"等系列知名的文旅IP。逐渐形成企业在文化旅游产业方面独特的品牌影响力。

秉承"专业、专注、协同、持续"的经营理念，致力于成为中国具有活力的乡村旅游品牌构建专家，为实现"融古今、通城乡"的愿景而不懈奋斗。

（一）挖掘乡村的无限可能：朗乡文旅 IP 故事

厦门朗乡投资乡村振兴之路时间线：

2010年，开创文旅之路。

2016 年，建设第一个乡村度假酒店，

2018 年，建设坂顶村三落厝景区

2020 年，坂顶村被评为福建省金牌旅游村

2020 年，建设颜神古镇古窑村片区

2022 年，以"历史文化名村"项目入选山东省历史文化保护传承示范案

2022 年，颜神古镇被评为 3A 级景区

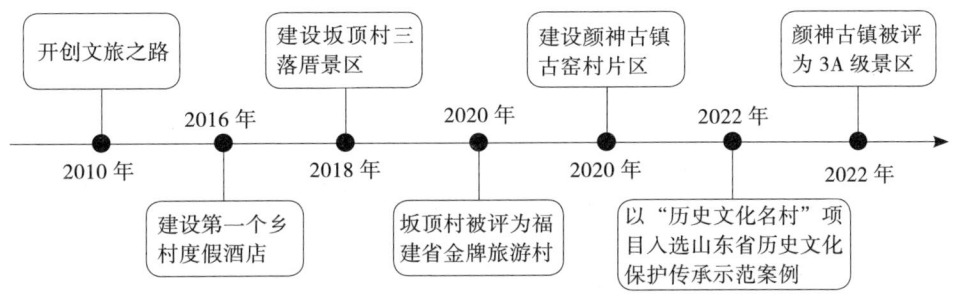

图 7-4　朗乡投资乡村振兴项目时间线

（二）三落厝——容纳现代生活的古老村落

1. 三落厝的"前世今生"

杜棠村，位于福建省福州市连江县的丹阳镇，历史可以追溯到唐末，村里出过连江县的第一任进士，后官至礼部尚书。然而，除了村口自明朝保留至今的三落厝，今天的杜棠村已看不到什么昔日辉煌的证据。和现在国内大部分农村一样，青壮年大多外出务工，村里只剩一些中老年人和儿童留守……

三落厝始建于唐朝景福年间，原为张姓人家所建，明朝时被火烧毁，养蛋鸭暂居至此的郑氏族人买下了这片土地，于嘉靖年间在原址上重建了三落厝。①三落厝建筑面积达 3000 多平方米，三栋建筑水平排列，以溪流相隔，过雨亭相连，具有"山泉入园、园中有溪、溪上有厝"的独特景观。20 世纪 90 年代初，郑氏族人陆续搬出三落厝，在周边建起了新的房子，三落厝和它左侧及后方的民居群落也因为无人居住而残破不堪，它们被青苔、荒草与枝蔓包裹着，隐入这本来就不热闹的村子暗淡的背景之中。只有在夜里，这片黑黢黢的老屋才兀自从青灰的月光中浮出。

---

① 本段内容来源于：百度百科 https: // baike.baidu.com/item/ 三落厝 /20136144?fr=aladdin.

2016年，朗乡开始介入杜棠三落厝的改造。在改造之前，朗乡花了很多精力做了杜棠村的整体规划，通过人类学的田野调查方法，理解村民生活日常的质地与对未来的期望，而后不断地讨论和修改方案，寻找更接近真实的村落肌理。在既有环境里找出原有的隐藏秩序和关键问题，针灸式地进行改善。得益于前期的规划，政府在新村部分开展的"美丽乡村"及其他基础配套设施得以有效地和三落厝区域无缝衔接，它有着公共性和活性，除了旅客的乡村体验，村民和他们的日常生活还是村落的主体。

图 7-5　三落厝改造后

2. 容纳现代生活的古宅街区

在古民居的外围区域，在菜园和草丛中，遗留着石墙及柱础，朗乡依托之前的旧址，在丹阳的老街上寻找到 5 栋传统形制的商铺，让当地师傅应用传统工艺加以重建，让留存的古村结构变得完整。通过这些建筑的围合，恢复了村落的水街、戏台、广场，使之成为村民和游客共享的叙事空间。古村也由此自然形成了三个高低层次，溪水从后山流入水街，穿过祖厝，再流入三落厝。进一步强化了村落的秩序感和溪水萦回的村落意象。

街区着重突出其文艺范，三落厝正后方的祖厝被改造成与艺术、建筑及村落保护相关的艺术馆、其余的民居被改造成了餐厅、书店、书院等，而在水街则置入陶艺、古法磨豆浆、古法造纸、扎染、叶拓、绘画等丰富的度假业态。①

四年间，在朗乡团队不间断的努力下，这片溪水萦回、木墙黛瓦，有

---

① 参考文献：赖勇虎. 杜棠三落厝 容纳现代生活的古宅街区[N]. 第一财经日报，2020-02-06（A12）.

着唐风遗韵的古老建筑群落，成为具有会议、餐饮、培训、娱乐、住宿等复合功能的时尚度假中心。[①] 门外是风情万种的古老建筑，门内却是现代的度假生活方式，一步之遥，古今映照，形成了杜棠所独有的魅力。

作为乡村振兴和福州古厝改造的经典案例，杜棠三落厝引起了社会的广泛反响，受邀参加了在德国柏林 Aedes 建筑画廊和巴西库里蒂巴双年展的展览，中央电视台与新华社也多次报道，前来参观考察的人络绎不绝，"三落厝"也从福州常见的一种建筑形态变成一个专有名词。

许多人来到三落厝，第一个反应是：原来村里的老房子可以改成这样，第二个反应是：我们村也有很多老房子，也可以改成这样的。杜棠三落厝在他们的心里埋下了一颗种子，传统村落和传统建筑是有价值的，它们并不是落后和贫困的代名词，当它们经过更新与活化参与到现代生活时，它们是充满魅力的。

因为三落厝的运营，陆续有村里和邻村的年轻人从县里和镇上回到村里工作，随着度假者和游客的增多，村里也逐渐变得热闹起来。

（三）古窑村——让传统艺术产业重焕光彩

1. 千年的陶瓷古村华丽"蝶变"

古窑村位于博山区山头街道办事处，是淄博陶瓷的发祥地，20世纪90年代末，烧制陶瓷琉璃的老牌企业纷纷倒闭。荒废的车间疏于管理，杂草丛生。老陶瓷厂所在的古窑村一度成为当地"棚户区"。糟糕的居住条件，让许多人选择卖掉老宅，逃离故土。

图 7-6　古窑村的"蝶变"

---

① 参考文献：陈川，何烈孝，李小晓. 从福建三落厝看当前中国民宿发展的创新［J］. 福建建筑，2019（12）：8-13.

2018年，在当地政府的大力支持下，朗乡担负起让一度落寞破败的老厂区、古村落重新振兴的重任，试图把它打造成有当地特色的文化旅游及陶琉艺术的产业村落，使千年的陶瓷古村华丽"蝶变"，重焕生机。

2. 古今对话，活力重现

作为国内唯一成规模的原生古窑集群，采用匣钵、窑墼等独特的陶瓷辅助材料砌筑的民居，散布在其中的13座古窑，让古窑村极具辨识度。虽然由于原来的产业依托没有了，原来的村民大部分搬迁了出去，但只要将更新后的传统产业从业者重现导入，即可再现古窑村的文化活力。①

幸运的是，古窑村并不仅仅是遗存，而是保留了陶瓷所赋予她的"灵魂"。与这个传统物质载体相匹配的传统手工业并没有消亡。当年诸多国企所培养的大批优秀人才和生产技艺犹在，并且非常完整的从传统的手工业体系传承了下来。这是一个活的古村，是当代能找到的既具有历史价值，又具有文旅价值的项目，可遇不可求。

图 7-7 古窑村的新生

于是，幽静的街巷、带着余温的古窑、百余座明清古建筑群落，这些真正代表博山文化的精华和缩影，在多位大师的规划下走向新生。朗乡将传统民居进行了加固修缮，将古老圆窑与当代建筑交接呼应，在保留过去原貌的基础上融入了各类现代元素。在村落中既不失方便的现代生活节奏，又能体验到村落清幽宁静的乐趣，让古老建筑与新式生活完美结合在一起。

作为国家级第一批文化出口基地之一，博山依托的就是以陶瓷与琉璃

---

① 参考文献：梁涛，刘红，夏国芳. 中国传统民居的现状及保护和利用策略探讨——以淄博市博山区山头古窑村为例［J］. 中国文物科学研究，2022（03）：16-22.

为主要特色的传统产业优势。古窑村则成了传统产业最重要的推广平台。

古窑村最大的资源优势就是有160多位省级以上工艺美术大师，还有数量众多的新生代艺术家，他们有着巨大的影响力，自带产业还自带流量。匠人们的回归，让古窑村重新恢复了活力。①

图 7-8　工艺美术大师赋予古窑村新活力

如今的古窑村涵盖了度假酒店、民宿、古窑酒吧、大师工作室、琉璃工艺实验室等，有地方特色民俗、美食街区，有陶琉精品展示、交易市场，有民间地方艺术品收藏博物馆群，有全国性的大专艺术院校学生实习培训基地，有陶琉文化为主题的少年儿童艺术教育研学基地，以及北方区域艺术家聚集群落，同时搭建并运行青少年研学平台，文化产业研发、生产、营销平台……

图 7-9　古窑村少年儿童艺术教育研学基地

整体性修缮保护、改造提升、"活化"利用、业态导入，古窑村正在逐步成为古老遗存与现代业态交织映衬，历史文脉与文化创意相得益彰的文化新地标。

---

① 参考文献：林崇华，冯媛媛．"业缘"影响下的传统民居可持续发展研究——以博山区山头镇古窑村为例［J］．美术大观，2017（05）：104-105.

（四）小结：行业标杆朗乡投资的乡村振兴经验总结

朗乡通过超前的规划设计理念，现场设计调整及施工质量把控保证项目完美落地，再到导入业态和持续运营，成为集设计研发、运营管理、精品民宿、教育培训于一体的专家型文旅企业。

从单一乡村酒店到乡村振兴项目，以标杆实践促进专家能力积淀。朗乡的专家能力内化于自身发展历程中，通过一个个标杆项目的实施逐步积淀形成。自 2015 年以来，朗乡经历了从单一乡村酒店，到包含酒店、文创街区的古村落改造，再升级为包含陶瓷琉璃等传统产业升级的古村镇复兴。

持续聚焦乡建领域，整合沉淀定制产品。朗乡持续深耕乡建领域，结合自身优势与技术能力，在不断的实践中完善乡建的解决方案。针对前期规划策划、项目落地直至运营，形成了针对每个乡村定制的解决方案。

（感谢韩梦梦、代永昕、汤轶、梁译匀、刘畅、刘云霞、黄艺苑、任淑娟、宋茜悦、张梓茜、朱迎、程毓涵、唐欣怡、孙逸臻、褚晟杰、陈羽心等参与本章撰写。）

第八章

品牌经济为乡村振兴注入新动能
——基于福建省南平市拓展全域绿色食品的调查[①]

摘要：品牌经济贯穿产业供给体系全过程，覆盖全产业链、全功能链、全价值链，是区域和产业综合竞争力的突出体现。在我国已进入质量兴企、塑造品牌的新时代背景下，消费者对产品品种、品质、品牌提出了更高要求，因此加强乡村振兴品牌建设具有迫切的内在要求。本文以福建省南平市为案例，在深入考察研究的基础上，对其品牌经济发展背景与成效进行系统阐述，提炼出多维度的经验启示，并就完善提升"南平模式"提出对策建议。

---

① 执笔人：关锐捷，原农业部巡视员、研究员。

我国自古就是农业生产大国，农耕文明源远流长。20世纪70年代末全面启动农村改革以来，中国农业迅速崛起、持续长足发展，在经历了吃饱穿暖、吃好穿靓的历史性转变之后，已经全面实现小康目标，向吃得健康、穿的时尚进军。但相对而言，我国农业农村现代化发展水平依然落后于工业化、信息化、城镇化发展水平，处于弱势地位。

人民对美好生活的向往就是我们的奋斗目标，我国已进入质量兴企、塑造品牌的新时代。经过近40多年的高速发展，模仿型、排浪式消费阶段基本结束，个性化、多样性消费成为主流，消费者对产品品种、品质、品牌提出了更高要求。福建省南平市具有得天独厚的将潜力转化为优势的品牌经济拓展基础，具有底蕴深厚的加快全域农业绿色发展的区位、生态、资源、品牌四大优势。

中共南平市委、市政府牢记习近平总书记当年在南平调研时提出"要好好挖掘'绿色食品'品牌这方面的潜力，扩大规模效益，抢占市场制高点""抓住绿色食品发展，这是今后努力的方向""突出打好'大武夷'品牌，带动相关产业发展"的嘱托，围绕推动绿水青山转化为金山银山，把品牌建设作为加快绿色发展的重要保障和推进动能转化的重要抓手，突出特色农产品优势区建设、全国绿色食品标准原料生产基地打造和"三品一标"认证，以促进农业主导产业绿色食品全域化、产品主要品类绿色食品全域化、绿色食品生产加工园区全域化、原料生产绿色标准基地全域化为四大拓展目标，在全国率先将"全域绿色食品"高质高效发展贯穿在特色农业品牌创建及农业供给体系全过程，取得了令人瞩目的显著成效。

第一节 区域公用品牌发展综述

福建省是习近平总书记生态文明思想的重要孕育地，也是践行这一思想的先行省份。2002年，习近平总书记在福建工作时就对南平提出了"发挥比较优势，打出名牌，创出特色，把生态优势、资源优势转化为经济优势、产业优势"的要求。同时还指出，"突出打好'大武夷'品牌，开发具有闽北特色的旅游产品、生态产业，带动旅游农业、绿色食品业、旅游工业、旅游商贸等相关产业发展"。近两年来，南平市把生态资源优势与武夷山"双世遗"品牌优势有机结合，实施"武夷品牌"建设工程，坚持"统一打造品牌、统一质量标准、统一检验检测、统一营销运作"，坚持绿色兴农、质量兴农、品牌强农原则，进一步统一粮食、果蔬、茶、食用菌等农产品的质量标准体系，全力打造"武夷山水"区域公用品牌，把生态资源优势转化为品牌优势，让品牌为南平绿色优质农产品产业、为实施乡村振兴战略赋能。

一、特色产业品牌建设稳步推进

南平市立足生态资源禀赋和产业特色，高度重视农业品牌创建工作，创建多个国家级和省级示范区（县）、产业集群、产业强镇等，塑造了一批省级以上的区域产品品牌，鼓励和引导新型农业生产主体进行"三品一标"产品认证，取得较好成效，许多产业品牌知名度和美誉度较高。如享誉海内外的武夷岩茶等，以及国内知名的浦城仙芝科技、顺昌神农菇业、武夷山武夷星和正山茶业、延平享通蔬菜和延平百合、政和隆和茶业等。2021年以来，南平市累计发放产业补助资金5040.05万元，扶持脱贫户30342户（次）自主经营、自主创业，发展特色优势农业；依托合作社、家庭农场等新型农业经营主体带动脱贫户发展生产16923户（次）。优先扶持台资农业企业许可使用"武夷山水"区域公用品牌，并将许可使用"武夷山水"品牌的台资食用农产品生产经营主体纳入农产品质量安全追溯平台。

二、特色产业品牌数量持续增加

截至2022年底，南平市全市有注册商标112060件，数列全省第6位。平均每5个市场主体拥有1件注册商标。注册地理标志商标108件，列全省第2位，被认定中国驰名商标32件，排名全省第7，其中地理标志驰名商标7件，居全省第2；共有1148个地理标志专用标志合法使用人（地标保护产品981个、地理标志商标167个）；2022年9月发布的"2022中国品牌价值评价信息"中，南平市 13 个品牌上榜。在区域品牌（地理标志）榜单中，武夷岩茶以品牌价值 720.66 亿元，位居区域品牌（地理标志）前 100 榜单第 4 位，连续 6 年蝉联中国茶叶类区域品牌价值第 2 位，此外，武夷红茶、东峰矮脚乌龙、政和白茶、北苑贡茶、政和工夫等多个地理标志产品上榜。

三、特色产业品牌影响迅速扩大

武夷山水品牌创新布局线上线下的营销渠道使品牌影响力快速扩大。近年来，"武夷山水"品牌经历了从设想到实践、从单一到多元的跃进式成长阶段，由最初的 34 家企业授权发展到 394 家企业预授权，58 家企业授权，"武夷山水"品牌企业规模壮大，品牌影响力和整体价值得到全面提升。通过绿色品牌产业链的全域探索，2022 年，"武夷山水"品牌平台销售额 3156.78 万元，印有武夷山水品牌 Logo 的产品销售额 6.29 亿元，"武夷山水"品牌授权及预授权企业销售额 171 亿元，较 2019 年增长 211.65%，大幅高于"壶兰耕读""红古田"等其他区域公用品牌。

通过快速搭建线上线下销售平台，拓展多种销售模式，已建成"武夷山水"天猫官方旗舰店、微信商城、官方抖音旗舰店、拼多多旗舰店等电商销售矩阵，建设实现线上团采一站式供应链服务的武夷山水数字化交易平台，初步形成"源武夷，达天下"的"武夷山水"销售网络。通过打造产品统一体系，解决全品类区域公用品牌品类繁多、产品缺乏统一视觉、统一包装的问题，形成更具竞争力、更具辨识度的品牌统一形象，印有"武夷山水"品牌的产品 221 款，其中统一包装产品 103 款，构建较完整的品牌建设体系。

以品牌加持实现产品的"优质优价"，促进企业良性扩张，不断在打品牌中延伸产业链、提升价值链，在产品质量、深度加工、技术改造及产品研发上锤炼本领、提升品质的良好氛围。"武夷山水"企业中获省政府质量奖企业 1 家，占比 33.3%；提名奖 2 家，占比 50%。获市政府质量奖企业 12 家，占比 57.1%；提名奖 2 家，占比 33.3%。

四、特色产业品牌效益不断攀升

多渠道营销推广和质量提升形成了品牌效应，对南平市产品溢价增值产生了明显的带动作用。2022年数据显示，建阳橘柚价格从10元/千克增长到18元/千克；顺昌芦柑价格增长了2/3；浦城"武夷山水"优质稻米售价10元/千克，比一般大米售价高出150%，带动了1.2万多户农户增产增收；茶产品价格增长显著，"武夷山水"授权的白茶、红茶、绿茶企业印标产品价格均有提升，有力地推动全市农业生产经营主体强化绿色发展意识。

五、出台优惠政策促进品牌发展

南平市品牌发展的实现，除了市场主体的积极探索创新，在很大程度上得益于地方党政对于品牌工作的关注与扶持。2018年以来，出台一系列扶持政策措施，印发《南平市支持绿色产业品牌、质量、标准化建设奖励实施细则》《南平市扶持"武夷山水"区域公用品牌发展政策（试行）》。从地理标志申报、质量提升，到标准化制定和区域品牌建设，政策辐射范围广泛，方向统一延续性强，且财政支持力度较大。

第二节　区域公用品牌发展成效

一、塑造区域公用品牌

中共南平市委、市政府将南平生态资源优势与武夷山"双世遗"品牌优势有机结合，借鉴"沙县小吃""五常大米"等成功品牌打造经验，以绿色农业的名优农副产品为突破口，统一打造具有本地特色的公用品牌——"武夷山水"区域公用品牌，将农业、旅游、文化创意、生物产业等绿色产业作为"武夷山水"区域公用品牌的重要支撑。2022年3月《南平市全域规模化花化彩化改造提升实施方案》明确，重点推动各县（市、区）中心城区及周边、主要景区、轻轨（高铁、高速、国省道）沿线"一重山"等重点区位林相规模化、花化、彩化改造提升工作，进一步推动城乡品质提升，充分展示新南平新形象。

二、强化政策制度创新

通过一系列的政策和制度创新不断优化产业发展环境、提升品牌工作者的主观能动性，对品牌的发展和品牌知名度、美誉度的提升起到了至关重要的作用。政策创新：设立"武夷山水"品牌建设专项基金，加大品牌培育政府采购支持，设立品牌培育扶持奖励政策，加大授权产品税收优惠力度，完善品牌监管运营保护体系，加强品牌建设人才培育引进。制度创新：建立系统保护机制、综合治理机制、责任追究机制、考核评价机制，完善项目推进机制。

三、品牌赋能三次产业

2022年，南平市的七大绿色产业加快发展、稳步提质。数据显示，绿色产业的规模以上工业增加值占全比重86%，对规模以上工业增长贡献率高达93.1%，成为全省唯一入选农业绿色发展全国先进行列地区。品牌带动第一产业快速发展，累计获得有效"三品一标"认证产品730个，其中无公害农产品420个，绿色食品250个，有机食品51个，农产品地理标志9个。品牌助力第二产业平稳发展，南铝、南缆、南孚、南纺、南纸，在全国范围形成了一定的品牌效应。品牌优势转化赋能第三产业，聚焦发展"新三线"，选定"朱子、茶、建盏"这三大闽北特色文化名片重点塑造。

四、品牌提升产业集群

产业集群是提高区域经济竞争力的有效途径，是经济发展到一定阶段的必然趋势，显示出了旺盛的生命力和强大的竞争力。经过多年的发展，在南平区域内形成了大大小小的产业集群，如武夷岩茶产业集群、延平百合产业集群、顺昌海鲜菇产业集群等，对南平地区的区域经济发展形成了强有力支撑。《南平市统筹"茶文化、茶产业、茶科技"高质量发展的意见》，力争到 2023 年，建成一批特色茶加工专业园区和"三茶"示范项目，着力打造茶种质资源、茶文化、茶产业、茶科技和人才培养高地。到 2025 年，建成全域绿色生态茶园，创建国家级茶树种质资源圃，茶叶全产业链产值突破 500 亿元，着力打造全国"三茶"融合发展示范区和海峡两岸茶文旅融合发展示范区。到 2035 年，培育规模以上茶企 200 家以上，茶叶全产业链产值到 1000 亿元以上，着力打造世界级茶叶生产、交易、文旅、教育、科研、康养中心。

五、品牌引领全面发展

南平市经济从高速增长过渡到高质量增长。围绕发展现代农业、旅游、健康养生、数字信息、生物、先进制造和文化创意产业在内的七大绿色产业，南平市地区生产总值逐年平稳提升，2020 年前保持在 6% 的同比增长速度。助力农业产值增速明显反弹，从 2018 年 0.8% 逐年上升至 2020 年的 3.9%。2021 年 10 月发布的《南平市环武夷山国家公园保护发展带先行方案》，围绕生态环境保护、历史文化遗产保护、基础设施提升、文旅融合发展及乡村振兴示范等五大方面提出重点工作任务。

第三节 区域公用品牌发展经验

南平市品牌经济迅速崛起的实践，积累了发人深省的基本经验，为乡村振兴品牌建设积累了宝贵经验。

一、党政高位引领

针对"好产品"面临着有资源优势无市场优势、有口碑优势无品牌优势、有品质优势无价格优势等问题，市委、市政府践行习近平总书记"绿水青山就是金山银山"发展理念，围绕农业供给侧结构性改革，结合福建省"清新福建·绿色农业"的规划，把"两山"转化的着力点放在绿色发展创新上，力求结合地方特色优势从根本上改变发展制约窘境，在全国首创"武夷品牌""生态银行""水美经济"三项创新，组织权威专家团队，编制《南平市优质农产品品牌发展规划》《"武夷品牌"发展战略规划》及《"武夷山水"品牌运营规划》，绘制"武夷品牌"建设路线图、施工图，制定了一系列品牌发展政策。颁布实施《南平市食品产业千亿产值行动计划食品安全保障工作实施方案》，重点培育"3+4+5"产业集群（即食品加工、林产工业、旅游康养3个千亿产业集群，机电制造、新型轻纺、新型建材、氟新材料4个五百亿产业集群，新能源、生物医药、电子信息和数字产业、现代物流、教育文化5个百亿产业集群），培优做大"一座山、一片叶、一只鸡、一根竹、一瓶水"等绿色产业。

二、部门服务助推

市党政组织各部门密切合作，精心打造实施品牌发展战略的宽松服务环境，设立了市武夷品牌建设领导小组办公室，各县（市、区）负责围绕当地"一县一品"和主导产业建立具有地域特色的品控体系并抓好体系的落地，实现营销增值增效。研究制定了《南平市绿色产业发展行动纲要（2017—2025）》《"武夷山水"区域公用品牌管理办法》。

三、社会携手维护

市党政鼓励打组合拳，整合社会资源，调动各方积极性，采取走出去和引进来相结合的方式，先后成功举办中国南平"武夷品牌"建设发布会、中国笋竹产业（建瓯）高峰论坛、浦城大米品牌（福州）发布会、"武夷山水"品牌北京、上海、深圳等160场宣介活动，组织546家（次）农特优企业参加103场国内外大型会展交流活动。举办全国赛事，吸引全国各地消费者及媒体的关注和报道，携手助推"武夷山水"品牌。

四、质量标准规范

将高质量发展要求贯穿"武夷山水"品牌建设全过程,以"绿色、质量、安全、健康"作为品牌建设的生命线,以高品质铸就靓品牌,实行全生态种养、全品类定标、全过程追溯。高标准制定包括产地环境、农药化肥、饲料添加剂、卫生防疫等方面的22个大类、59个小类的《"武夷山水"产品质量技术规范》,基本涵盖全市优势特色产品,形成七大绿色产业全产业链标准体系,突出重点企业和行业龙头企业的标准引领作用,全面提高产品供给质量,让"武夷山水"品牌质量过硬、标准过硬。

五、企业创新营销

全市积极推进创新企业市场化营销,加快"武夷山水"品牌线下展示展销中心和旗舰店建设。融入数字化信息技术,运用多媒体投屏、多媒体互动等设备,展示南平各县市区的生态环境、优质产品和"武夷山水"品控系统,加深消费者对南平城市及"武夷山水"品牌的了解。与商超等连锁机构建立供应链直供模式,在京东、天猫、微信等高流量电商平台建立"武夷山水"旗舰店。完成257家企业319款产品的信息录入,发码145.39万个、激活90.01万个,通过扫码,可以了解产品的种植、生产、加工、流通全过程有关信息,实现"武夷山水"产品来源可溯、去向可查、责任可究。

第四节 完善南平模式的对策建议

品牌象征着品质、代表着产业和区域发展的成熟度,加快推进品牌建设、全面提升品牌价值,是当前和今后一个时期加快推进农业农村现代化建设的重大国家战略。习近平总书记强调,"要大力培育食品品牌,让品牌来保障人民对质量安全的信心";发出号召:"推动中国制造向中国创造转变,中国速度向中国质量转变,中国产品向中国品牌转变。"尽管我国在农业农村品牌建设方面取得了长足进展,但与先进国家相比尚有较大差距,结合国情有针对性地学习发达国家品牌价值提升经验势在必行。品牌价值包括有形资产、无形资产、创新、质量、服务"五要素"。创新发展久久为功：做大有形资产，做响无形资产，做强创新机制，做优产品质量，做实全程服务。四化引领砥砺前行：产业化运作，品牌化营销，社会化服务，标准化规范。

南平市大力拓展绿色经济、积极推进品牌发展战略，收到了令人振奋的显著成效，已经处于全国领先地位，其基本经验可以综合归纳为可复制、可借鉴、可推广的"南平模式"："党政高位引领，部门服务助推，社会携手维护，质量标准规范，企业创新营销"，值得在全国广泛宣传、大力推介。

针对存在问题，分析优势潜力，借鉴国际经验，研究发展对策，完善提升"南平模式"，发挥引领带动作用，提升质量效益和竞争力，将对贯彻落实党的十九届五中全会和二十大精神，配合实施"十四五"规划，打造全域绿色食品，全面实施乡村振兴战略，产生不可低估的重要影响。

一、打造全域绿色食品品牌建设体系

围绕"武夷山水"区域公用品牌，通过开展品牌认证，推广品牌商标，实现全域品牌、区域品牌、产业品牌、企业品牌、产品品牌兼容并进、融合发展，强化风险防控。充分发挥各级传统媒体、今日头条、抖音等新媒体以及网红直播等自媒体作用，多元化拓展品牌宣传覆盖面。建议政府将品牌建设财政补贴，部分用于团体综合标准制定和企业第三方卫生质量认证。根据自愿的原则，确定若干个龙头企业作为团体综合标准牵头制定单位，将现有市品牌运营公司的企业标准，转化为国家级行业协会编制发布的团体综合标准（产前、产中、产后全程管理）；由国家主管部门授权的第三方认证机构，按照相关团体标准制定认证方案，进行卫生质量认证，请国家产品质量监督检验机构进行卫生质量检测；认证合格后，可在产品标签上使用双标：团体标准标识、卫生质量标识，形成企业和品牌产品的权威背书，逐步培养一批消费者信得过的企业和产品，既从根本上解决"老王卖瓜，自卖自夸"的问题，也对区域公用品牌发挥重要的支撑作用，使之相辅相成、相得益彰。

二、有效开展绿色食品品牌宣传推介活动

瞄准粤港澳大湾区、海西经济区、京津冀地区、长三角地区，加快推进"武夷山水"农产品品牌旗舰店布局。加强与中国绿色食品发展中心和中国绿色食品协会合作，在"绿色食品博览会""有机食品博览会"中打造"武夷山水"绿色食品专区，扩大品牌影响力。加强与阿里巴巴、京东等电商平台合作，开展形式多样的农产品网络促销活动。加大对品牌的保护力度，保障绿色食品产业品牌合法权益。

三、学习借鉴国际提升产品品牌价值经验

发达国家在提升产品品牌价值方面的长期实践探索，形成了一些较为成熟、行之有效的做法。如以现代化、规模化产业为特色的北美：建立产品质量法规及监管体系，政府扶持运营主体并配套服务体系，依靠科技创新支撑品牌价值提升，发挥协会的作用实现专业化经营；以精品化产品品牌为特色的欧盟：建立产品安全法规与质检体系，完善并规范产品品牌认证体系，建立多种产品品牌建设促进机构，注重国家和民族精品的打造；以精准产业为特色的日本：重视和制订产品品牌的战略规划，政府扶持建设市场体系和品牌打造，标准化程序打造和高品质定位追求，实施全方位的产品品牌保护。

四、增强提升地区全域绿色食品品牌意识

进一步强化品牌在企业经营中所起的重要作用与所占重要地位的观念与认知，以及对品牌价值的认同。持续加强品牌意识培训，强化政府服务意识，加强政策引导、公共服务和监管保护，切实做到执行过程中不跑偏；持续加强对相关企业负责人的线上培训力度，激发品牌打造的创造活力和发展动能。结合南平市闽越文化、朱子文化和武夷茶道文化等，讲好"武夷山水"故事。结合当地产品特色，推出一批契合"武夷山水"品牌文化元素的主打产品，通过线上线下多渠道多方式推广。品牌宣传的创意应多

结合当下热点，尤其是年轻人关注的内容。比如，针对热播的古装剧，剧中人物手握建盏的画面，就可以与南平当地历史相关联推广。强化绿色食品品牌监管。通过开展品牌认证，推广品牌商标。

五、拓展地区全域绿色食品品牌发展战略

品牌创建是一项系统工程，涉及生态环境、生产加工、流通消费各环节，必须厘清各方责权利，统筹设计、稳步推进，上下统一思想明确目标、细化具体实施方案，切实有序推进品牌工作。梳理信息共享平台，将重要的引导政策、市场信息和企业信息及时共享，以便进一步优化产业布局。全品类区域公用品牌在发展前期不宜"贪大求快"，应明确品牌的定位、范围和品类。品牌发展与品牌价值提升，应以企业为品牌建设行为主体，借助政府强力推动，彰显行业协会作用，做大做强区域公用品牌，发展壮大龙头企业品牌，打造一大批强势优质产品品牌，形成具有较强国内外竞争力的南平产业、产品集群。除加大政策支持力度、进一步增大公共财政支撑以外，整合社会资源，采取多种形式，加大扶持力度，撬动社会资本参与企业品牌和特色产品品牌建设，引导银行、证券等金融机构参与品牌建设，拓宽资金来源渠道。建立现代种质资源圃，保护、创新和稳定种子优良性状，以便选育更优质的果、蔬、菌类等。从提高产品国际竞争力的角度进行系统分析，制订品牌产业集群推进方案。

六、强化地区全域绿色食品品牌市场运营

探索建立并不断完善绿色食品品牌价值评估体系，指导品牌建设主体客观、准确地认清自身品牌的优势与需要解决的问题，采取更有针对性的措施提升品牌价值。统一规范区域公用品牌产品标识的使用，帮助消费者通过标识来快速判断绿色优质产品。建立科学的综合标准体系是农业品牌发展壮大的基础。积极引入团体标准评价体系，把产前、产中和产后各环节纳入综合标准化管理，将现有市品牌运营公司标准体系（实际上是企业标准）逐步转化为团体标准，形成与国际、国家、行业、地方、团体相衔

接的综合标准体系；针对农产品自身属性，深入挖掘次级要素和次级维度，提出影响区域公用品牌与企业品牌、产品品牌价值的系列指标，科学分析确定指标权重，探索建立并不断完善农产品品牌价值评估体系，指导品牌建设主体客观、准确地认清自身品牌的优势与需要解决的问题，采取更有针对性的措施提升品牌价值。完善健全农产品产业链建设，注重培养龙头农业企业并发挥其示范带动作用，形成"基地＋农户＋农民合作社＋龙头企业＋市场"的联动作用，鼓励并扶持"武夷山水"企业产业升级。

七、壮大地区全域绿色食品品牌工作团队

建立实用人才队伍，助推品牌战略理性前行。持续加强品牌建设专业人才培养，通过线上和线下培训或者实地参观交流的形式，以新型经营主体为重点，全方位加快培育一批能为品牌建设服务的新型人才队伍：既有专业理论知识、基层实际经验、策划管理能力、实际操作能力，又对品牌建设事业怀有深厚感情。建设专业素质高、创新能力强、国际视野广的人才队伍，提高品牌经营管理水平。

展望未来，将是中国乡村振兴品牌发展壮大的黄金时期，将有越来越多的企业、产品和区域公用品牌闪亮登场，跻身国内国际舞台，丰富中国百姓和世界人民的餐桌乃至美好生活，向世界展示中国农业农村的发展力量，弘扬中华农耕文化的独特魅力和深厚底蕴。毋庸置疑，品牌经济将持续为我国乡村振兴注入源源不断的新动能，为中国特色社会主义新时代谱写辉煌壮丽的新篇章。

后 记

《中国乡村振兴品牌报告（2022）》是在农业农村部、国家乡村振兴局等有关领导大力指导支持下，紧紧围绕党中央、国务院提出的"乡村振兴品牌建设"一系列战略部署与政策要求，由新华社《中国名牌》杂志社发起，组织京、沪等地的科研院所、社团组织、龙头企业等方面的专家，最终得以组稿编撰。在此，对原农业部巡视员、研究员关锐捷，国家乡村振兴局开发指导司原副司长刘晓山，美丽乡村建设评价国家标准专家审查组组长、原农业部美丽乡村创建办公室主任魏玉栋，北京工商大学品牌传播研究中心主任罗子明，中国人民大学品牌农业课题组组长、福来咨询创始人娄向鹏，上海社会科学院世界中国学研究所所长沈桂龙研究员等多位领导、专家的指导帮助表示衷心的感谢！

作为国内相关主题的首本蓝皮书报告，对组建跨学科、跨领域的专家团队提出很高要求。在课题组组长周志懿的主持下，关锐捷、刘晓山、姜卫红、罗子明、魏玉栋、鲁芳校、杨曦沦、铁丁等专家参与多轮研讨与指导。在课题组的统筹协调下，最终汇聚了学界业界的十余位专家共同构成编写组，历经半年有余、反复研讨，最终成稿。具体执笔情况为，总报告由姜卫红、周志懿、邓壮执笔，闫彦明、徐思源参与对图表、数据的整理补充；第二章由孙小雁执笔；第三章由陆超执笔；第四章由姜卫红、闫彦明、邓壮执笔；第五章由蔡炳贞、周莹、梁文蕙、江婷婷执笔；第六章由邓壮整理并执笔；第七章由汪军、倪海郡、金一执笔；第八章由关锐捷执笔。闫彦明、邓壮、杨虹协助开展组稿协调、统稿等工作。在此，对撰稿组各位专家半年多来的辛苦工作表示感谢。

在蓝皮书编撰过程中，本书编委会主任、《中国名牌》杂志社社长税立对蓝皮书项目给予了巨大支持，《中国名牌》杂志社杨虹、曾峥、张驰，上海黄浦江南品牌文化促进中心姜圣洁等工作人员全程深度参与，这是本书最终成稿的重要条件。本书从创意起步，到组建团队、编撰成稿，时间紧迫，过程中得到新华出版社大力支持，在此对蒋小云等编辑同志的帮助支持表示感谢。

由于组稿时间仓促，加之执笔者水平有限，本书的篇章结构、内容观点、文献归纳、政策建议等方面都还存在诸多不足，恳请广大读者不吝赐教、批评指正。

《中国乡村振兴品牌报告（2022）》蓝皮书编写组

2023 年 3 月